METODOLOGIA DA PESQUISA JURÍDICA

www.editorasaraiva.com.br/direito
Visite nossa página

Eduardo
C. B. Bittar

METODOLOGIA DA PESQUISA JURÍDICA

Teoria e Prática da Monografia para os Cursos de Direito

18ª edição
2024

Av. Paulista, 901, 3º andar
Bela Vista – São Paulo – SP – CEP: 01311-100

SAC | sac.sets@saraivaeducacao.com.br

Diretoria executiva	Flávia Alves Bravin
Diretoria editorial	Ana Paula Santos Matos
Gerência de produção e projetos	Fernando Penteado
Gerência de conteúdo e aquisições	Thais Cassoli Reato Cézar
Gerência editorial	Lívia Céspedes
Novos projetos	Aline Darcy Flôr de Souza
	Dalila Costa de Oliveira
Edição	Samantha Rangel
Design e produção	Jeferson Costa da Silva (coord.)
	Rosana Peroni Fazolari
	Laís Soriano
	Guilherme Salvador
	Tiago Dela Rosa
	Verônica Pivisan Reis
Planejamento e projetos	Cintia Aparecida dos Santos
	Daniela Maria Chaves Carvalho
	Emily Larissa Ferreira da Silva
	Kelli Priscila Pinto
Diagramação	Desígnios Editoriais
Revisão	Silvana Cobucci Leite
	Caio Leite
Capa	Tiago Dela Rosa
Produção gráfica	Marli Rampim
	Sergio Luiz Pereira Lopes
Impressão e acabamento	Gráfica Paym

DADOS INTERNACIONAIS DE CATALOGAÇÃO NA PUBLICAÇÃO (CIP)
VAGNER RODOLFO DA SILVA – CRB-8/9410

B624m   Bittar, Eduardo C. B.
   Metodologia da Pesquisa Jurídica / Eduardo C. B. Bittar. - 8. ed. - São Paulo : SaraivaJur, 2024.
   408 p.
   ISBN 978-85-5362-233-7 (Impresso)
   1. Direito. 2. Pesquisa Jurídica. 3. Metodologia da Pesquisa Jurídica. I. Título.

	CDD 340.072
2023-2653	CDU 34.001.5

Índices para catálogo sistemático:

1. Direito : Pesquisa jurídica	340.072
2. Direito : Pesquisa jurídica	34.001.5

Data de fechamento da edição: 04-10-23

Dúvidas? Acesse www.editorasaraiva.com.br/direito

Nenhuma parte desta publicação poderá ser reproduzida por qualquer meio ou forma sem a prévia autorização da Saraiva Educação. A violação dos direitos autorais é crime estabelecido na Lei n. 9.610/98 e punido pelo art. 184 do Código Penal.

| CÓD. OBRA | 16376 | CL | 608915 | CAE | 844709 |

O ato de escrita é um ato de resistência.
Resistência contra o caráter imperdoável da história,
que produz continuamente apagamento.
Recusar-se a aceitar isto é tornar-se um(a) escritor(a)
e, portanto, um(a) preservador(a) da memória.

Este livro é dedicado à memória de
meu pai, *Carlos Alberto Bittar*,
incansável doutrinador da causa autoral.

"O ato de entender é vida"
(Aristóteles, *Metafísica*, XII, 7).

"Pois é preciso que de muitas coisas sejam inquiridores os homens amantes da sabedoria" (Heráclito de Éfeso, *Fragmento*, Clemente de Alexandria, *Tapeçarias*, V. 141).

"Na verdade, porém, toda docência implica pesquisa e toda pesquisa implica docência" (Freire, *Pedagogia da esperança*, 9. ed., 1992, p. 192).

"Pesquisa e elaboração são oxigênio da vida acadêmica" (Demo, *Aprender como autor*, 2015, p. 185).

"O trabalho nu obceca e mecaniza; a obra possui e, no meio de dúvida tão radical que vale por uma incerteza invertida, embriaga o criador" (Guérin, *O que é uma obra*, 1995, p. 33-34).

"Um livro nunca pode ser mais do que a impressão dos pensamentos do autor. O valor desses pensamentos se encontra ou na matéria, portanto naquilo sobre o que ele pensou, ou na forma, isto é, na elaboração da matéria, portanto naquilo que ele pensou sobre aquela matéria" (Schopenhauer, *A arte de escrever*, 2007, p. 63).

"Toda a ciência começa por uma recusa. Recusa da evidência, recusa do testemunho muitas vezes enganador dos sentidos, recusa das ideologias ambientes. O espírito científico mede-se pela sua capacidade de requestionar as certezas do sentido comum (...)."
(Ost, *O tempo do Direito*, 2001, p. 327).

SUMÁRIO

Apresentação.. XV

I — Método e monografia... 1

II — Método, metodologia e ciência.................................. 7

   1. Método.. 13
      1.1. Espécies de método... 20
      1.2. Os déficits metodológicos históricos no ensino e na pesquisa jurídicos.................................... 22
      1.3. A mudança recente da qualidade da produção intelectual na ciência do direito....................... 23
      1.4. Qualidade de ensino e qualidade de pesquisa... 25
      1.5. Pelos caminhos da interdisciplinaridade.......... 29
   2. Método e metodologia... 31
   3. Método e ciência... 36
   4. Método, ciência e contribuição com a sociedade...... 47
   5. Método, ética, ciência e responsabilidade social....... 50
   6. Método e ciências humanas..................................... 52
   7. Método e ciência do direito..................................... 57
   8. Método, ciência do direito e as transformações do saber jurídico.. 61
   9. Método e discurso jurídico-científico...................... 63

10. Método, discurso jurídico-científico e interpretação 71
11. Método e linguagem jurídico-científica..................... 83

III — Método e linguagem científica.. 93
1. Método e formação da linguagem da obra................ 93
2. Método e linguagem.. 98
3. Método e multiplicidade de linguagens..................... 104
4. Método, linguagem e estilo... 107
5. Método, inspiração e escritura.................................... 109
6. Método, razão dialogal e linguagem plural............... 112
7. Método, espaço público cultural e diálogo citatório 117
8. Método, linguagem e auditório................................... 120
9. Método e interpretação da obra.................................. 122

IV — Método e direitos autorais... 127
1. Método, autoria e autonomia...................................... 127
2. Método, criação e direitos autorais............................ 129
3. Direitos morais e patrimoniais do autor.................... 134
4. A obra: fusão dos interesses privado e público......... 138
5. A obra: interesse privado.. 140
6. A obra: interesse público.. 144
7. A exteriorização da obra: o início dos direitos autorais 148
8. As medidas legais de proteção dos direitos autorais 151

V — Método e limites da pesquisa científica........................ 157
1. Método, Iluminismo e desenvolvimento humano..... 157
2. Método e limites político-ideológicos da pesquisa ... 158
3. Método e limites materiais, técnicos e científicos da pesquisa 160
4. Método e limites éticos da pesquisa.......................... 162
5. Método e limites jurídico-legais da pesquisa............ 172

VI — Método e políticas públicas de pesquisa científica...... 179
1. A pesquisa como processo sociolibertário................ 179
2. As políticas públicas de pesquisa no Brasil.............. 184
    2.1. Os déficits das políticas públicas de incentivo à pesquisa no Brasil.. 185
    2.2. A crise contemporânea do financiamento da pesquisa brasileira... 193
    2.3. As políticas públicas de incentivo à ciência, à pesquisa e à inovação.. 195
    2.4. Os déficits da pesquisa jurídica no País........... 197
    2.5. A cultura institucional refratária à pesquisa..... 200
3. A imperativa necessidade da pesquisa e a ética de responsabilidade social do pesquisador.................... 207

VII — Método e instruções técnicas de pesquisa científica 211
1. Método e técnicas de investigação em Direito.......... 212
    1.1. Técnicas de investigação teórica..................... 215
    1.2. Técnicas de investigação empírica................... 219
2. Método e trabalhos alternativos no Direito 228
3. Método e fontes jurídicas de pesquisa..................... 233
4. Método e fontes imediatas jurídico-formais de pesquisa 236
    4.1. Utilizando as fontes imediatas jurídico-formais de pesquisa 242
    4.2. Utilizando as bases de dados digitalizadas para a pesquisa jurídica... 252
5. Método e áreas de pesquisa científico-jurídica.......... 255
    5.1. Método e linha zetética de pesquisa jurídica.... 257
    5.2. Método e linha dogmática de pesquisa jurídica 258
6. Novos horizontes da pesquisa jurídica..................... 259
7. Método, pesquisa individual e grupos de pesquisa ... 261

8. Método e organização da pesquisa científica............ 264
9. Método, disciplina e dedicação à pesquisa............... 266
10. Método e estrutura do trabalho científico.................. 268
    10.1. A formulação do problema e da hipótese de trabalho... 268
    10.2. A redação, a formatação e a estrutura final do texto científico.. 271
11. Método e corpo do trabalho científico....................... 273
12. Método e citação no trabalho científico..................... 275
    12.1. Método e técnicas de citação............................ 280
    12.2. Método e bibliografia do trabalho científico.... 283
13. Método, Internet e pesquisa.. 293
14. Método, ciência e plataformas digitais...................... 296
15. Método e simbologia metodológica........................... 297
16. Método, gráficos e estatísticas.................................... 299
17. Método, arte e imagens... 302

VIII — Método e roteiro instrutivo da pesquisa científica... 307
1. Fase exploratória da pesquisa..................................... 308
2. Fase inicial da orientação no desenvolvimento da pesquisa 312
3. Fase de formação do projeto de pesquisa.................. 314
4. Fase de execução do trabalho científico..................... 316
5. Fase de textualização do trabalho científico.............. 318
6. Fase de avaliação do trabalho científico.................... 322

IX — Método e outras modalidades de trabalhos científicos. 325
1. As modalidades de trabalhos científicos.................... 325
2. Artigos científicos... 326
3. Projetos de pesquisa 330
4. Fichamentos.. 332

5. Apresentações de trabalhos 334
6. *Pôsteres* 335
7. *Papers* 337
8. Relatórios científicos 338

X — Método e os espaços de divulgação da pesquisa científica 341

1. O poder de influência da pesquisa científica 341
2. As arenas, os foros e os espaços nacionais de debate em pesquisa científica 343
3. As modalidades de eventos científicos na área do Direito 345
4. O intercâmbio da pesquisa nacional em ambiente internacional 351
5. A mobilidade internacional de pesquisadores 355

Conclusões 359

Decálogo do pesquisador 361

Bibliografia 363

APRESENTAÇÃO

Com a preocupação de fornecer ao leitor um texto que tratasse da metodologia aplicada às práticas jurídicas e à pesquisa das fontes jurídicas é que se traçaram as linhas que compõem este livro. Assim, a obra se constrói na lógica da busca do conhecimento e em torno do conceito de método, se desenrolando em partes específicas que fornecem luzes a temas importantes e de conhecimento necessário para aquele(a) que pretende desenvolver a pesquisa científica e, com isso, lidar com informações, argumentos, textos jurídicos, dados e fontes de pesquisa na preparação de monografia, dissertação ou tese, além de outras modalidades de textos científicos.

Sabendo que o tecnicismo formular, instantâneo e afobado, que apenas reúne informações de como elaborar um texto científico, quando desamparado de um conhecimento crítico, conceitual e analítico do que seja a ciência, a prática científica, a importância social que desempenha, o que é capaz de produzir, só está apto a fomentar ainda mais a inconsciência de causas e efeitos, fins e meios, é que se conferiu ao tema um tratamento mais extensivo, reflexivo e teórico, sem descurar da tarefa de apontar o que se deve fazer na prática da formulação do trabalho científico.

Repelindo a mera redução da *Metodologia da Pesquisa* ao confinamento do estudo das formas e técnicas de apresentar um trabalho científico (monografia, dissertação, tese e outras modalidades de trabalhos científicos) é que se procurou delinear no contexto desta obra um conjunto de reflexões capazes de conduzir o(a) leitor(a) a um conhecimento rigoroso e crítico, reflexivo e problematizante, aberto e interdisciplinar. Pretende-se, portanto, extravasar os interesses utilitários de um saber imediato; por isso, a preocupação do livro é a de fornecer as condições conceituais e estruturais favoráveis à construção de uma arquitetura sólida em torno dos temas e das questões que giram em torno dos interesses científicos, intelectuais, jurídicos, técnicos, éticos, sociais e ideológicos envolvidos nas práticas científicas.

Entende-se também que, quando a *Metodologia* se converte em empecilho formal, em purismo perfeccionista, em lustro textual..., cerceia-se a liberdade criativa daquele que experimenta a ciência por suas próprias mãos, impedindo-se a renovação dos saberes e das formas de apresentação dos saberes. Com isso, estar-se-ia a deturpar a principal função da *Metodologia*, qual seja, a de servir de instrumento para as ciências; inverter-se-ia mesmo seu papel, uma vez que ela abandonaria seu posto e sua serventia como instrumental da ciência, para converter-se em camisa de força do conhecimento científico. Em função dessa postura é que o estudo das normas e dos regramentos técnico-acadêmicos a respeito da pesquisa ganha um caráter acessório, com relação à importância conferida à temática reflexiva, no contexto desta obra. Este é o seu principal traço.

É curioso notar ainda que este livro se justifica por si só enquanto texto metodologicamente concebido. Criado para servir de guia, em meio às trevas e à escuridão do percurso do conhecimento, ele é fruto de sua própria preocupação, assim como espelho de sua intenção. A resultante indireta deste trabalho: uma metalinguagem da própria obra.

Fato é que o que está a marcar o âmbito das ciências, e, inclusive, das ciências jurídicas, é o corolário do perpétuo sucateamento da ciência pela própria ciência, na busca da *scientia scientiarum*, o que justifica o perene movimento de busca de conhecimentos metodologicamente lastreados. Mas o que mais tem evidenciado uma renovação dos saberes contemporaneamente é a necessidade não de se multiplicarem os saberes, mas de fazê-los, antes de tudo, interagir. Os saberes modernos – enquanto compartimentados, divididos, estanques, incomunicáveis – têm sido substituídos gradualmente por formas interativas de compreensão dos fenômenos. Dessa forma é que a interdisciplinaridade vem se impondo como uma outra maneira de lidar com o conhecimento e que dista da tradição até então consagrada.

Ao que se diz, deve-se ajuntar a coexistência de uma perene insatisfação dos pesquisadores, enquanto desbravadores dos conhecimentos. Mas esta tarefa é de crucial importância para o desenvolvimento humano, educativo e científico, bem como para o progresso das ciências. Nesse sentido, toda conquista científica nutre um importante circuito de transformação de mentalidades, de visões, de compreensões. Por isso, a ciência é determinante para a vida social moderna, na medida em que sedimenta as conquistas passadas, fermenta as conquistas presentes e projeta as conquistas futuras.

Se o método tem que ver com o procedimento de conquista do saber, então ele deve ser a escora e, ao mesmo tempo, o estímulo e o reforço, para que se ampliem os horizontes dos conhecimentos e se pratiquem de forma segura as técnicas científicas. A ciência tem esta função precípua de fortalecer os saberes e também de permitir, em certa medida, a emancipação humana da ignorância e do desconhecimento. Mas nada disso é possível sem o incremento da pesquisa, ou seja, da prática concreta da ciência, e é com esse fito que se colocam estas ideias a favor do público leitor, consideradas especialmente as tarefas que cumprem especificamente à *Ciência do Direito*.

Eduardo C. B. Bittar

I – MÉTODO E MONOGRAFIA

A atualidade e a importância do estudo da *Metodologia da Pesquisa Jurídica* são incontestáveis. A exploração dos canais de produção do conhecimento, bem como os de sua veiculação, tem que ver com as preocupações metodológicas. Um conhecimento que se pratica sem o apuro técnico e a orientação epistemológica acaba se revelando frágil e insustentável; daí a louvável iniciativa de atrair os estudos metodológicos para a formação do ensino jurídico ser considerada um significativo avanço para a autorreflexão das práticas de conhecimento da área do Direito. Apesar de ser algo relativamente recente como preocupação mais sistemática no ensino jurídico nacional, seus frutos, avanços e conquistas podem ser vistos onde a prática metodológica foi incorporada à dinâmica curricular com seriedade, regularidade, institucionalidade, fomentos e consistência.

Assim, o mister da monografia jurídica tem tornado dia a dia mais importante conhecer técnicas de pesquisa na área jurídica. O termo "monografia"[1], aqui, é utilizado em sentido geral, e quer dizer estudo detido de um assunto, de um tema ou de um autor (trabalho de conclusão de curso; monografia ou *paper* de especialização; dissertação de Mestrado; tese de Doutorado).[2] É evidente que a vocação

---

1. "O prefixo grego *monos* (de onde derivam palavras como monge, mosteiro, monossílabo, monolítico, etc.) corresponde ao latino *solus* (solteiro, solitário, solitude), significa 'um só' e *graphein* = 'escrever'. Como se pode verificar, etimologicamente, monografia define um trabalho intelectual concentrado sobre um único assunto" (D'Onofrio, *Metodologia do trabalho intelectual*, 1999, p. 70).

2. "A dissertação e a tese são trabalhos monográficos exigidos para obtenção dos títulos de mestre e doutor, respectivamente. Na escala dos trabalhos monográficos de conclusão de curso, são os que mais demandam planejamento e pesquisa. Fala de tempo, de dedicação e de interesse são incompatíveis com esses trabalhos"

de cada um destes trabalhos é específica e se molda segundo parâmetros diversos, mas a qualidade comum de todos eles é dada pelo caráter genérico do termo "monografia".[3] Além da "monografia", este livro também se dedicará a apresentar outras modalidades de trabalhos científicos que são correntes da vida acadêmica.

De toda forma, a própria regulamentação dos cursos jurídicos no País destaca o estudo monográfico como incremento para a formação dos estudantes. Sabe-se muito bem que se aprende a *fazer ciência* praticando as *exigências científicas*. É da prática docente, da necessidade de se conferir teoria ao ensino jurídico[4] e da experiência estrangeira que se extraiu essa regra para os nossos cursos jurídicos. Porém, se a ideia foi implantada recentemente no Brasil, não significa que ela seja de todo uma concepção de ensino nova, pois muitos foram os estudos e as propostas até que se chegasse à ultimação da medida[5].

(Queiroz, Feferbaum, Formatos possíveis de trabalhos de conclusão, *in Metodologia jurídica*: um roteiro prático para trabalhos de conclusão de curso, 2012, p. 49).

3. "Também aqui há sintonia entre a norma da ABNT e o parecer do CFE no sentido de prescrever à tese de doutorado a exigência de contribuição para o conhecimento existente acerca de seu tema, diferentemente da mera capacidade de sistematização pedida no mestrado" (Queiroz, *Monografia jurídica*: passo a passo, 2015, p. 22).

4. "Centra-se o novel regulamento em três posturas básicas..., a saber: a) necessidade de conjugação de teoria e prática na ministração do curso; b) execução da parte prática através de mecanismos vários de participação e de integração dos alunos; c) apresentação e defesa de monografia final para a conclusão do curso" (Bittar, A reforma oficial do ensino jurídico no Brasil, *in Revista da Faculdade de Direito da USP*, v. 90, p. 85, 1995).

5. Acerca dos estudos que redundaram na publicação da Portaria n. 1.886/94 do MEC: "Com efeito, sob a epígrafe de comando destinado à fixação de diretrizes curriculares e de conteúdo mínimo para o curso jurídico, o diploma em questão contém, em verdade, importantes modificações na disciplinação jurídica do ensino do Direito, acolhendo, para nossa satisfação, ideias e sugestões que, como professor universitário, oferecemos em longo trabalho que, preparado em 1985, foi discutido em vários congressos, conclaves e seminários e publicado na *Revista da Faculdade de Direito da USP*, sob o título *Reforma do currículo da Faculdade*, 1986, v. 81, p. 117 e ss." (Bittar, A reforma oficial do ensino jurídico no Brasil, in *Revista da Faculdade de Direito da USP*, v. 90, p. 85, 1995).

Tal medida se justifica pela utilidade didática e pedagógica. Mais ainda, justifica-se pela capacidade de despertar nos estudantes a responsabilidade de pesquisa e cunhagem de trabalho de autoria própria[6], o que somente pode somar às habilidades exigidas para a formação jurídica, segundo as *Diretrizes Curriculares* do curso de Direito. Muitas vezes, o despertar para a vida acadêmica pode surgir neste contexto formativo. A importância da monografia na formação acadêmica está claramente delineada, e não há dizer que sua prática não incremente o ensino jurídico ou, muito menos, a formação humanística geral dos estudantes de Direito.

No entanto, houve várias tentativas de se revogar a obrigatoriedade da monografia jurídica como trabalho de conclusão de curso na estrutura do ensino jurídico graduado brasileiro. Aliás, há que constatar que essas instabilidades não são tão recentes assim, e o escamoteamento desse projeto, trazido e inaugurado pela Portaria MEC n. 1.886/94 (art. 9º), foi-se verificando ao longo do tempo com a edição das Portarias MEC n. 3, de 9-1-1996, 1.252, de 21-6-2001, e 1.785, de 9-8-2001.

Entende-se que, apesar das instabilidades, pelo episódio da tentativa de revogação da Portaria MEC n. 1.886/94, com a edição do Parecer CNE/CES n. 146/2002, que provocou profundo debate nacional e mobilizou a comunidade acadêmica, a ponto de provocar sua revogação pelo Parecer CNE/CES n. 67/2003, a monografia é algo que veio a acrescentar muito à experiência do ensino jurídico brasileiro, motivo pelo qual se entende infundada a pretensão de sua abolição. Essa questão restou resolvida desde a edição da Resolução CNE/CSE, 9-9-2004, cujo art. 10 trata expressamente do Trabalho de Curso.

Ademais, há que considerar que a experiência acadêmica só se vê realmente plena quando o estudante é instigado à pesquisa, fator

---

6. "Precedidos de orientação, direcionados para o debate de questões de interesse social no momento, cercados de estudos, pesquisas e meditações, podem os trabalhos resultantes, a par do preenchimento da finalidade precípua, vir a constituir-se em valiosas contribuições de jovens bacharelandos para o próprio aperfeiçoamento das instituições do país" (Bittar, A reforma oficial do ensino jurídico no Brasil, *in Revista da Faculdade de Direito da USP*, v. 90, p. 86, 1995).

primordial para a valorização do estudo aprofundado e a leitura crítica do Direito. Não por outro motivo, os atuais debates levados adiante pela Comissão de Reforma do Marco Regulatório do Ensino Jurídico no Brasil (MEC/OAB) deverão considerar que qualidade de ensino deve caminhar lado a lado com garantia de aprendizagem, protagonismo intelectual e com autonomia para pesquisa.

Deve-se ter presente, ademais, que, mesmo com a aprovação de eventual legislação modificativa do quadro atual do ensino jurídico, quebra-se a obrigatoriedade, abrindo-se a facultatividade para a experiência da monografia aos cursos jurídicos. Isso significa que a IES poderá optar por aplicar políticas ligadas à monografia em seu âmbito interno, de acordo com o projeto pedagógico do curso e regulamento específico, o que somente deporá a favor da qualidade e seriedade do ensino nela instituído.

Além disso, há que dizer que a importância do tema da pesquisa continua em tela, com ou sem a obrigatoriedade da monografia. Isso porque pesquisa é mais que monografia. A pesquisa é parte inerente do ensino universitário, como se pode depreender da própria dicção da Lei de Diretrizes e Bases do Ensino Nacional (LDB), ademais de que a iniciação científica e todas as práticas investigativas continuam sendo fatores de diferenciação e valorização do espaço acadêmico. As próprias comissões de especialistas do ensino jurídico (INEP/MEC) lançam conceitos sobre esse item em suas verificações *in loco* das condições de ensino, avaliando e valorizando a dinâmica, o funcionamento, a aplicação e a utilidade da pesquisa nas práticas do ensino superior. Deve-se considerar, pois, que, não obstante a flutuação do cenário político-educacional, a pesquisa é e sempre será um item de destaque na vida acadêmica, sobretudo naquela de caráter universitário, executável por diversos recursos e instrumentos.

Por último, deve-se dizer que as recomendações e reflexões contidas nesta obra não se circunscrevem nem se atrelam a contextos imediatos da realidade brasileira. As lições técnicas acerca das normas da ABNT (NBR 6023/2002, NBR 14274/2011 e outras cabíveis) aplicam-se à monografia jurídica, seja ela obrigatória ou voluntária. As digressões sobre a ética na pesquisa, e outros temas correlatos, continuam a representar chamas acesas para orientar a tarefa dos pesquisadores. Ademais, é de considerar que os ensinamentos aqui contidos não se circunscrevem à dimensão dos cursos de graduação, mas também aos cursos de pós-graduação (*stricto* e *lato sensu*) em Direito. As regras técnicas são cabíveis para monografias de graduação, textos ou *papers* de especialização, assim como para dissertações de mestrado e para teses de doutorado, e a disciplina *Metodologia da pesquisa jurídica* entende-se indispensável seja para a formação graduada, seja para a pós-graduada.

II – MÉTODO, METODOLOGIA E CIÊNCIA

A investigação científica oferece suporte para que se possa fazer a ciência avançar e colocar um tijolo no grande muro dos saberes humanos. A pesquisa, aí, aparece como forma de desbravamento[1]. Ademais, suas fronteiras são sempre expansíveis, como se estivéssemos diante de um verdadeiro livro ativo, como bem aponta a metáfora de Gaston Bachelard[2]. Por isso, a produção do conhecimento se faz sempre dentro de pretensões limitadas e por especialidades. É impossível tudo conhecer, de modo que a pretensão do conhecimento deve obedecer a buscas metodologicamente guiadas. O método, nesse sentido, oferece a vantagem de fornecer uma perspectiva para que se enxergue a realidade e, ao reduzir o foco projetado sobre ela, confere segurança ao percurso investigativo.[3]

---

1. "Defini pesquisa como questionamento reconstrutivo, buscando uma terminologia suficientemente precisa e abrangente: i) pesquisar é questionar – começa com colocar em questão algo que se imagina saber, ou experimentando novas achegas a um tópico ou fenômeno, desconstruindo o que pareceria vigente, na tradição da teoria crítica; é também exigência do conhecimento autoinovador, disruptivo e rebelde que não se contenta com o que está na praça, mas busca ver além da colina, sempre; para realizar esta obra, é preciso manejo metodológico que pode ser simples na criança e sofisticado no profissional, em particular o uso de formalizações condizentes em suas várias expressões; ii) pesquisar é reconstruir – surge a produção própria de conhecimento, uma reconstrução que, para ser coerente, pode interminavelmente ser arguida; o processo reconstrutivo admite muitos relevos, empírico, teórico, prático, metodológico, implicando contraproposta naturalmente aberta" (Demo, *Aprender como autor*, 2015, p. 38-39).

2. "O pensamento científico é um livro ativo, um livro a um tempo audacioso e prudente, um livro em ensaio, um livro do qual se desejaria apresentar uma nova edição, uma edição melhorada, refundida, reorganizada" (Bachelard, *A epistemologia*, 2020, p. 171).

3. "Uma pesquisa científica é, portanto, uma empreitada de produção de um conhecimento até então desconhecido, ou ao menos carente de confirmação, por

No campo das ciências, a condição do(a) pesquisador(a) se define a partir das tarefas do método. E isso porque o estatuto dos pesquisadores é o estatuto da busca do conhecimento. O termo "pesquisador", na língua portuguesa, neste ponto, designa o(a) profissional dedicado(a) à pesquisa científica, cuja tarefa é fazer avançar o conhecimento. Mas o termo na língua portuguesa não é tão preciso quanto o termo na língua francesa (*chercheur*; *chercheuse*). Derivado do verbo *"chercher"*, que significa "procurar" ou "buscar", o termo é perfeito para indicar o estatuto do(a) pesquisador(a). Este(a) é aquele(a) que se dedica, de forma profissional e sistemática, à "procura" do conhecimento, de modo que o seu estado normal é o gerúndio da condição de "quem está buscando". Ele(a) é movido(a) pela vontade de conhecimento, pela curiosidade e pela busca do alargamento das fronteiras científicas. Daí, escorar-se no método como meio para a realização dos fins do conhecimento[4].

A disciplina da pesquisa[5] é o que se chama método;[6] corresponderia a uma espécie de planejamento de recursos, técnicas e meios de se investigar determinado objeto de estudo; o método será o diferencial que haverá de conferir aos conhecimentos adquiridos na área jurídica a sistematicidade necessária para a elaboração de

---

meio de métodos aceitos pela comunidade acadêmica" (Queiroz, Como encontrar um bom tema dentro de minha área de interesse?, *in Metodologia jurídica*: um roteiro prático para trabalhos de conclusão de curso (Rafael Mafei Rabelo Queiroz; Marina Feferbaum, orgs.), 2012, p. 56).

4. "Um dos químicos contemporâneos que pôs em ação os métodos científicos mais minuciosos e mais sistemáticos, Urbain, não hesitou em negar a perenidade dos métodos mesmo os melhores. Para ele, não há método de investigação que não acabe por perder a sua fecundidade primitiva. Chega sempre uma altura em que já não se tem interesse em procurar o novo na esteira do antigo, em que o espírito científico só pode progredir criando métodos novos" (Bachelard, *O novo espírito científico*, 2020, p. 130).

5. "A pesquisa científica é um aspecto, na verdade o momento culminante, de um processo de extrema amplitude e complexidade pelo qual o homem realiza sua suprema possibilidade existencial, aquela que dá conteúdo à sua essência de animal que conquistou a racionalidade: a possibilidade de dominar a natureza, transformá-la, adaptá-la às suas necessidades. Este processo chama-se conhecimento" (Pinto, *Ciência e existência*: problemas filosóficos da pesquisa científica, 1979, p. 13).

6. "A pesquisa é desenvolvida mediante o concurso dos conhecimentos disponíveis e a utilização cuidadosa de métodos e técnicas de investigação científica" (Gil, *Como elaborar projetos de pesquisa*, 6. ed., 2019, p. 1).

uma pesquisa científica. A resultante do trabalho científico deverá ser um todo articulado e logicamente concatenado[7].

O método é, sobretudo, uma seleção apurada, criteriosa e cuidada de fontes de pesquisa, pois, como é sabido, a fonte de informação determina os resultados reflexivo e conclusivo de qualquer pesquisa. Trata-se de uma verdadeira arte de, entre textos, construir o conhecimento, valendo-se das fontes de pesquisa disponíveis. Assim, para que a pesquisa se converta de mero levantamento de dados a especulação científica, é mister um criterioso processo de escolha, filtragem e tratamento de informação. Nem toda informação tem proveito científico. Isto porque a pesquisa não resulta da simples congregação de dados esparsos; a pesquisa é, antes de tudo, criação, pois a partir da testabilidade de uma hipótese, da submissão de uma teoria ao combate dialético, da união e análise de acontecimentos esparsos, da correlação entre causas e efeitos, da verificação da relação meio-fim... pode-se alcançar a criação final.

O método científico implica a tarefa de redução das margens de erro, seja na construção das hipóteses científicas, seja na construção das demonstrações que comprovam a veracidade ou a sustentabilidade das hipóteses científicas. Assim, nas práticas científicas, o risco e a dúvida são ingredientes que acompanham todo o processo de construção das hipóteses e das explicações que lhe dão sustentação[8]. Tendo-se presente o que a este respeito afirma a epistemologia não-cartesiana de Gaston Bachelard, isso é uma verdade, tanto para as ciências naturais, como para as ciências humanas.

Dever-se-á, com vistas à realização deste empreendimento, partir do que é mais evidente em pesquisa, ou seja, de onde as ideias vêm e

---

7. "Toda teoria, enquanto sistema, tende ao fechamento lógico de seu sistema de proposições, por especificação analítica, ou mesmo axiomática, desta última" (Bruyne, Herman, Schoutheete, *Dinâmica da pesquisa em ciências sociais*, 1991, p. 112).

8. "Por outras palavras, um método científico é um método que procura o risco. Seguro de sua conquista, arrisca-se numa aquisição. A dúvida está à sua frente e não atrás como na via cartesiana. Por isso, pude afirmar, sem grandiloquência, que o pensamento científico era um pensamento empenhado. Está constantemente a pôr em jogo a sua própria constituição" (Bachelard, *A epistemologia*, 2020, p. 157).

para onde se direcionam[9]. Ter-se-á de se conhecer qual é o bom fermento para a criação e dispersão de ideias, ou, em outras palavras, o que é que determina, condiciona ou estimula a criação e a pesquisa. Encontrar essa ligação entre o *nihil*, de um estado pré-criativo, e o produto inventivo ou criativo é equivalente a encontrar o elo perdido. Ver-se-á que existe um paralelo verdadeiro entre o aprimoramento da observação da realidade e o aprimoramento das técnicas de fazer pesquisa científica[10].

Criar não é um processo simples; porém, a elaboração da forma pela qual se exteriorizam as criações é processo ainda mais complexo. Há acentuada diferença entre o que se pensa e o que se expressa. Torna-se, por vezes, necessário: discorrer sobre a historicidade do tema; discorrer a respeito dos comentadores do tema; destacar o engajamento sociopolítico-econômico do tema; manifestar a semântica, as origens etimológicas e a terminologia extraídas de uma tradição cultural em torno do tema e de seus designativos; elaborar definições; delimitar

---

9. "O contexto da descoberta é aquele no qual nos perguntamos como encontramos, como construímos nossas hipóteses e nossas teorias; eis aí, evidentemente, um contexto que a reflexão metodológica não pode deixar de lado sem se condenar a um formalismo pouco compatível com a função heurística que toda metodologia consequente deve promover" (Bruyne, Herman, Schoutheete, *Dinâmica da pesquisa em ciências sociais*, 1991, p. 109). Porém, afirma Karl Popper: "O estágio inicial, o ato de conceber ou inventar uma teoria, parece-me não reclamar análise lógica, nem ser dela suscetível. A questão de saber como uma ideia nova ocorre ao homem – trate-se de um tema musical, de um conflito dramático ou de uma teoria científica – pode revestir-se de grande interesse para a psicologia empírica, mas não interessa à análise lógica do conhecimento científico" (Popper, *A lógica da pesquisa científica*, 1993, p. 31).

10. "A verdadeira função da teoria, concebida como parte integrante do processo metodológico, é a de ser o instrumento mais poderoso da ruptura epistemológica face às prenoções do senso comum, devido ao estabelecimento de um corpo de enunciados sistemático e autônomo, de uma linguagem com suas regras e sua dinâmica próprias que lhe asseguram um caráter de fecundidade.

A teoria assim concebida impregna todo o processo concreto da pesquisa, é imanente a toda observação empírica; toda experimentação, no sentido mais amplo de confronto com o real, é uma questão colocada ao objeto real, sobre o qual se baseia a investigação, em função da teoria construída para apreendê-lo" (Bruyne, Herman, Schoutheete, *Dinâmica da pesquisa em ciências sociais*, 1991, p. 102).

o campo de estudo e de abordagem; justificar a escolha do tema; justificar as exclusões que a escolha do tema possa produzir; escolher a ciência adequada para tratar o tema e sua metodologia; analisar o conteúdo do tema; estabelecer as relações do tema com outras preocupações afins e relevantes; elaborar propostas construtivas sobre o tema; estudar as contribuições de possível doutrina comparada; elaborar conclusões[11].

Assim, ao produzir um texto de cunho monográfico, dever-se-á ter presente essa complexidade. Dever-se-á moldar as ideias que se concebem às necessidades que as cercam. Quando da produção de uma pesquisa, o princípio é o do autogoverno do texto; o texto criado já não deve precisar de seu autor para ser compreendido. A obra final se torna um texto autônomo para uma comunidade aberta de intérpretes. Isso significa que a obra corresponde a um todo que, se compreendido, é capaz de transmitir coerentemente conhecimentos, o que revela autonomia didática e independência conceitual.

Por isso, a pesquisa e a investigação demandam dispêndio de tempo e esforços muito grandes. Não é simples a indagação, e por isso se reconhece tradicionalmente: *ars longa, vita brevis*. O ato de investigação demanda envolvimento mais que mental, pois também é ato de paixão, paixão pelo conhecimento; foi esta paixão que permitiu o surgimento da filosofia (amor pela sabedoria), a base de todas as ciências. A paixão pelo conhecimento, a inclinação à busca do saber, a que se refere Aristóteles no início da *Metafísica*, faz parte do vertiginoso espanto do homem em seu outro conhecimento e no reconhecimento do mundo objetivo.

---

11. "De todo modo, não será mais a ciência quem fala, neste caso, e, em consequência disso, existe um segundo imperativo fundamental, qual seja, o da imparcialidade científica, que consiste no seguinte: em tais casos, é necessário indicar aos leitores – e digamos a nós mesmos – em que momento cessa a fala do pesquisador e começa a fala do homem que está sujeito a intenções e a vontades, em que momento os argumentos se dirigem ao intelecto, e em qual se dirigem ao sentimento. A permanente confusão entre a elucidação científica dos fatos e a reflexão valorativa é uma das características mais difundidas em nossas disciplinas, e também uma das mais prejudiciais" (Weber, A "objetividade" do conhecimento na ciência social e na ciência política, *in Metodologia das ciências humanas* (org. Paulo de Salles Oliveira), 1998, p. 81-137, p. 90).

O estudo metodológico será, portanto, guia nas tramas práticas da pesquisa[12]. Se as ideias se sucedem num processo indefinido de criações científicas[13], a metodologia representa a escora para a manipulação delas, porque a ciência desprovida de cuidados metodológicos cederia ao primeiro impulso contestatório que viesse a sofrer; a ciência deve ser um saber sustentável, comprovado em suas aquisições e formulações[14]. Se suas teses se substituem, e são instáveis, o método é o elemento mínimo de escora, segurança e estabilidade das teses científicas.

Essa análise deverá prever como preocupação o estudo detido do problema da linguagem, uma vez que os recursos metodológicos se abeiram da problemática da manifestação do pensamento por meio de signos. As características da linguagem científica são: o rigor; a precisão terminológica; a formalidade; uma especialização técnico-expressiva[15];

---

12. "A reflexão metodológica deve apresentar a maior gama possível de procedimentos epistemológicos, teóricos, morfológicos e técnicos, para colocá-la à disposição dos pesquisadores particulares: esta é a ambição de uma metodologia geral" (Bruyne, Herman, Schoutheete, *Dinâmica da pesquisa em ciências sociais*, 1991, p. 28).

13. "O velho ideal científico da *epistéme* – do conhecimento absolutamente certo, demonstrável – mostrou não passar de um ídolo. A exigência de objetividade científica torna inevitável que todo enunciado científico permaneça provisório para sempre. Pode ele, é claro, ser corroborado, mas toda corroboração é feita com referência a outros enunciados, por sua vez provisórios. Apenas em nossas experiências subjetivas de convicção, em nossa fé subjetiva, podemos estar absolutamente certos" (Popper, *A lógica da pesquisa científica*, 1993, p. 308).

14. "Poderemos, se quisermos, distinguir quatro diferentes linhas ao longo das quais se pode submeter à prova uma teoria. Há, em primeiro lugar, a comparação lógica das conclusões umas às outras, com o que se põe à prova a coerência interna do sistema. Há, em segundo lugar, a investigação da forma lógica da teoria, com o objetivo de determinar se ela apresenta o caráter de uma teoria empírica ou científica, ou se é, por exemplo, tautológica. Em terceiro lugar, vem a comprovação com outras teorias, com o objetivo sobretudo de determinar se a teoria representará um avanço de ordem científica, no caso de passar satisfatoriamente as várias provas. Finalmente, há a comprovação da teoria por meio de aplicações empíricas das conclusões que dela se possam deduzir" (Popper, *A lógica da pesquisa científica*, 1993, p. 33).

15. "As especializações constituem, no domínio do pensamento científico, tipos particulares de progresso. Seguir-lhes a retrospectiva é captar a própria perspectiva de progresso preciso. A ciência, nas suas diversas especializações, ensina-nos o progresso" (Bachelard, *A epistemologia*, 2020, p. 178).

a impessoalidade; a objetividade; a neutralidade; a universalidade; a publicidade; a racionalidade crítica, argumentativa e/ou probatória[16].

Assim, o *texto científico*, ao revelar-se em linguagem científica, sendo uma modalidade de texto entre muitas outras, deve exercer papel específico perante a comunidade científica, portanto devem ser destacadas as suas qualidades específicas. Cada campo de significação caminha com seus traços próprios. Por isso, o *texto científico* tem as seguintes qualidades, que lhe são próprias, devendo revelar: a) objetividade; b) clareza; c) boa redação; d) pesquisa; e) uso adequado de fontes de pesquisa; f) encadeamento lógico; g) atualidade; h) precisão terminológica; i) reflexão; j) avaliação; k) inovação; l) demonstração de limites, obstáculos e/ou dificuldades de pesquisa. Se assim é, esse universo, dentre outros, deverá ser detalhado e especificado para sua melhor compreensão. Porém, inicie-se esta discussão pelo que é mais elementar, ou seja, pela noção de método.

1. Método

O termo "método" retira sua origem do grego *méthodos*, de onde derivou, em latim, *methodus*, e, então, a absorção pelas línguas neolatinas (método, *méthode*...), significando "caminho". Assim, a própria significação da palavra "método" indica que sua função é instrumental, ligando dois polos, a saber, um polo de origem ou ponto de partida (estado de ignorância), outro polo de destinação ou ponto de chegada (estado de conhecimento)[17]. Entenda-se que o processo detido de reflexão, o processo de manipulação aprimorada de conhecimentos, enfim, o processo de construção do saber, consiste exatamente nisto, ou seja, no abandono do estado de ignorância e na

---

16. "O requisito de rigor para a linguagem decorre do progresso metódico da pesquisa e da sua finalidade social, que é a transferência do saber adquirido a todos os membros da sociedade. Por isso, o conceito, a valia e o critério de rigor da linguagem são variáveis, e puramente históricos" (Pinto, *Ciência e existência*: problemas filosóficos da pesquisa científica, 1979, p. 80).

17. Sendo que o conhecimento pode-se definir da seguinte forma: "O conhecimento é a apreensão intelectual do objeto" (Diniz, *Compêndio de introdução à ciência do direito*, 1988, p. 11).

aproximação do estado de conhecimento. Nesse ínterim se percorre um espaço, a que se convenciona chamar caminho, e, para a ciência, essa mediação entre os dois polos é feita com base no método.

O método é mais que raciocínio, e não é o mesmo que ciência; o método também não é a demonstração ou a argumentação que fundamentam uma tese ou postura teórica. O método corresponde ao grande empreendimento de construção do saber científico, da fase investigativa à fase expositiva, do *fiat lux* da primeira ideia concebida a respeito do tema à colocação *in discursus* da referida ideia, da fase de levantamento de dados às fases probatórias e conclusivas. O método se confunde com o processo por meio do qual se realiza a pesquisa científica, devendo-se apontar que tanto o método quanto a ciência se encontram em estado permanente de transformação, retificação do saber e alteração dos pressupostos de pesquisa[18].

Essa aproximação do ponto de chegada pode ser aferida pelo gradativo aumento, à medida que se explora o objeto de conhecimento desconhecido, à medida que se recolhem dados e informações a respeito do tema, à medida que se analisam os elementos e os componentes relevantes de uma situação, ato, fenômeno, acontecimento, coisa, discurso, lei, decisão..., de respostas plausíveis a respeito do que se pesquisa. Nesse sentido, o método tem que ver com ordem e organização de conhecimentos desorientados e fragmentários[19]. Em momento algum, entenda-se bem, poder-se-á dizer que se alcançou o ponto de chegada definitivamente, pois o conhecimento se submete sempre a uma progressiva escala de modificações, alterações... Dizer que a respeito de uma situação, de um ato, de um fenômeno, de um acontecimento, de uma coisa, de um discurso, de uma lei, de uma decisão... existem respostas definitivas, absolutas, seria o mesmo

---

18. "Ora, o espírito científico é essencialmente uma retificação do saber, um alargamento dos quadros do conhecimento. Julga o seu passado histórico condenando-o. A sua estrutura é a consciência dos seus erros históricos. Cientificamente, pensa-se o verdadeiro como retificação histórica de um longo erro, pensa-se a experiência como retificação da ilusão comum e primeira" (Bachelard, *O novo espírito científico*, 2020, p. 166).

19. "O método é a garantia de veracidade de um conhecimento. Método é a direção ordenada do pensamento na elaboração da ciência" (Diniz, *Compêndio de introdução à ciência do direito*, 1988, p. 16).

que admitir a inquestionabilidade dos saberes adquiridos, e, portanto, estar-se-ia a recorrer à indefinível noção de verdade[20], tão problemática para a filosofia e para a epistemologia.

Fato é que, ao exercer pesquisa, nos domínios da ciência, está-se a buscar e a produzir constantemente conhecimentos que se substituem, comprometendo-se sua aspiração à definitividade, na medida do progresso das técnicas, das ciências, das filosofias e do próprio homem[21]. As respostas alcançadas, se não definitivas, ao menos em dado momento representam e espelham o que determinado momento humano foi capaz de pensar a respeito de algo. A escora para o alcance dessas respostas, cientificamente constituídas e elaboradas, por mais provisórias que sejam, é o método. Um estudo sem método é um estudo que não se sustenta a si mesmo.

Isso quer dizer que o método não se erige de si para consigo mesmo como algo importante; sua importância reside na instrumentalidade de que se reveste, pois sua utilidade decorre de sua aplicação nas práticas científicas, portanto do fato de ligar dois pontos, que só se comunicam porque são intermediados pelo caminho, ou seja, pelo método.

Nesse sentido, o método é a ponte de ligação entre dois extremos, e sua utilidade decorre exatamente do fato de existir entre dois extremos. O que se quer dizer é que o caminho não é importante de per si, mas sim porque relaciona dois pontos distantes entre si. O método é o instrumental da pesquisa; toda pesquisa rigorosa deve estar amparada pelo método, quando se almejam resultados científicos[22].

---

20. Esse tipo de preocupação com a verdade aparece, por exemplo, no conceito de método exposto por R. Jolivet, quando faz sua doutrina se coadunar com a cartesiana: "No seu sentido mais geral, o método é a ordem que se deve impor aos diferentes processos necessários para atingir um fim dado. Se nos colocamos no ponto de vista do conhecimento, dir-se-á, com Descartes, que o método é 'o caminho a seguir para chegar à verdade nas ciências'" (Jolivet, *Curso de filosofia*, 18. ed., 1990, p. 71).

21. "Sendo a ciência também um fenômeno histórico, é propriamente um processo. O conceito de processo traduz a característica de uma realidade sempre volúvel, mutável, contraditória, nunca acabada, em vir-a-ser (...) Em ciência estamos sempre começando de novo" (Demo, *Introdução à metodologia da ciência*, 1987, p. 29).

22. Assim é que: a sociologia não pode depender de fatores aleatórios para extrair suas conclusões, e é por isso que se vale de pesquisas de campo, análises

O método é o melhor critério para distanciar da pesquisa o subjetivismo do autor, do escritor, do criador... Quando se buscam, por meio de conclusões científicas, a generalização e a universalização de respostas para questões teóricas ou práticas, não se pode ter por base, para a tomada de eventuais decisões, apenas opiniões que retratam um ponto de vista pessoal e rigorosamente individual. O mais das vezes, as opiniões pessoais e individualizadas são marcadas por profundo sectarismo, ou espelham opções ideológicas unilaterais, ou retratam paixões subjetivas, ou se fazem memoráveis por serem tendenciosas...

Por romper com isso é que o método representa uma escora científica[23]. Isso, pois, intervém como forma de garantir resultados científicos aceitáveis, e de isentar, em grande parte, o criador, o autor ou o escritor da responsabilidade de suas conclusões. O método preenche de objetividade uma prática subjetiva, de um (pesquisa individual) ou de vários sujeitos (pesquisa coletiva). Porém, há que se advertir que a aplicação do método não espanta da pesquisa a presença da ideologia e muito menos de um sistema de referência de acordo com o qual se elegem premissas e se constroem conclusões[24].

Quer-se *re-afirmar* que o método se justifica na medida em que é necessário para a investigação científica. Também este outro argumento vem a testemunhar em favor do que se vem dizendo até aqui:

---

estatísticas, referências matemáticas para a elaboração de conclusões cientificamente garantidas; a física não pode depender somente de especulações abstratas, devendo curvar-se ao exame empírico da ocorrência ou não ocorrência de suas fórmulas; a química deve colocar à prova seus experimentos, assim como deve debruçar-se por sobre o resultado de suas pesquisas laboratoriais, questionando-se sobre a utilidade, a finalidade e a aplicabilidade de suas conquistas sobre os elementos...

23. É o que afirmam, no mesmo sentido do que se vem entendendo neste texto, os autores da *Dinâmica da pesquisa em ciências sociais*: "O conhecimento científico só merece este nome se foi elaborado segundo as regras da metodologia científica. Só esta permite garantir um conhecimento fiel sobre a realidade, demonstrando ela própria sua validade ao propor um tipo de compreensão, de prova e de controle ao fornecer explicação e predição" (Bruyne, Herman, Schoutheete, *Dinâmica da pesquisa em ciências sociais*, 1991, p. 27).

24. "Um conhecimento só é conhecimento verdadeiro quando relacionado a um sistema de referência. O sistema de referência é condição do conhecimento. Este é um princípio fundamental" (Telles Júnior, *O direito quântico*: ensaio sobre o fundamento da ordem jurídica, s.d., p. 176).

a ciência (*epistéme*), como forma de conhecimento, era entendida pelos gregos como um conceito flagrantemente contrário ao conceito de opinião (*dóxa*)[25]. Pode-se verificar nessa preocupação dos gregos uma necessidade de depurar o científico do meramente opinativo. E isso é o que se pode afirmar de modo sintético como sendo o fulcro do emprego do método nas práticas científicas[26]. O método há de aparecer como sendo o principal distintivo entre o que se pode definir como científico, investigação lastreada metodologicamente[27], e o que se pode definir como opinativo, expressão de um subjetivismo.

Enfim, o método é a divisa d'águas entre, de um lado, a mera opinião apaixonada (conhecimento vulgar), a tecnologia aplicada (conhecimento tecnológico, aplicado ou prático), as artes (conhecimento estético), a religião (fé e crença), e, de outro lado, o conhecimento metódico, a ciência (conhecimento científico).

A radical oposição entre o mundo como algo existente (nele incluído o próprio homem) e o mundo como algo pensado (nele incluído o próprio homem) é que funda a necessidade de se insculpir o método como forma de garantir o rigor conclusivo. Nem tudo é realmente tal

---

25. Essa reflexão dicotômica marcou a filosofia antiga. Na verdade, ela resulta de uma oposição que se delineia com o pensamento socrático entre aparência e essência, no fluxo das influências pré-socráticas, redundando num bem elaborado sistema de justificação da necessidade de superação da opinião e construção da ciência em favor da verdade, seja em Platão (teoria idealista do conhecimento), seja em Aristóteles (conhecimento das *aitia*, e não do contingente – *symbebekos*). Também em Aristóteles (*Metaphysica*, 1025b–1026a) aparece a distinção entre ciências práticas (*epistéme praktike*), produtivas (*poietiké*) e teóricas (*theoretiké – mathematiké; physiké; theologiké*). A esse respeito consulte-se Peters, *Termos filosóficos gregos*: um léxico histórico, 1983, p. 77-9, verbete *epistéme*.

26. "Mas existe algo em comum que deve amalgamar todas essas linguagens, distinguindo a atividade verdadeiramente intelectual do charlatanismo: a seriedade da pesquisa, a busca da verdade, a honestidade profissional, a coerência metodológica, a indignação perante a mentira, a injustiça, a tirania, o estímulo à reflexão sobre a vida na natureza e em sociedade com a intenção de melhorar o convívio entre os homens" (D'Onofrio, *Metodologia do trabalho intelectual*, 1999, p. 39).

27. Em poucas palavras: "O método tem como fim disciplinar o espírito, excluir de suas investigações o capricho e o acaso, adaptar o esforço a empregar segundo as exigências do objeto, determinar os meios de investigação e a ordem da pesquisa. Ele é, pois, fator de segurança e economia" (Jolivet, *Curso de filosofia*, 18. ed., 1990, p. 71).

qual se pensa; percebe-se que a existência lógica dos objetos pensados não é a mesma que a existência real dos objetos existentes.

É a partir dessa percepção que se torna claro o fato de que nem tudo o que se vê é tal qual é, nem tudo o que se sente é tal qual é... O homem pode pensar de diversas formas um único objeto, e a hipótese verdadeira pode residir apenas numa única dentre as perspectivas aventadas. Se o homem pensa, ele é capaz de criar, e, se cria, é capaz de verdade sobre as coisas e de falsidade sobre as coisas. É esse dilema verdade/falsidade que pode ser traduzido num outro dilema, aparência/ essência, que, na verdade, funda todo o pensar da filosofia e da ciência[28].

Se se for buscar na história da ciência e da filosofia o que significa "método", de fato, tropeçar-se-á num caleidoscópio tão diversificado de propostas sobre o termo que se poderá, então, perceber que sua história corresponde e, por que não, se mistura com a própria história da ciência e da filosofia. Fazer uma história do método, ou das concepções que se tem do método, seria o mesmo que se dispor a retraçar as agruras do percurso histórico das ciências e da filosofia; neste caso, estar-se-ia a discutir os diversos sistemas e conceitos formados em torno da noção de método.

De fato, em cada filosofia se encontra a defesa de um conceito de método condizente com os pressupostos e princípios intrínsecos ao próprio sistema filosófico (método idealista, método empírico, método dialético, método fenomenológico, método analítico...); adentrar nesse grande número de investigações seria tarefa gigantesca que não encontra espaço nesta sucinta reflexão. Desse modo é que se lançam apenas considerações perfunctórias a respeito de algumas contribuições filosóficas[29].

---

28. Entre os gregos, o pensar filosófico se iniciou com o espanto (*thaumátzein*) produzido pelo mundo, e reproduzido no olhar atento daquele que se debruçava no conhecimento do céu, dos astros, das revoluções astronômicas, na essência do universo... Os pré-socráticos, pensadores gregos anteriores ao séc. V a.C., de forma geral, foram sobretudo pensadores da cosmologia e da natureza (Tales de Mileto; Pitágoras de Samos; Anaxágoras; Anaxímenes...), atentos observadores das causas naturais e universais.

29. Resumidamente, lições desse tipo se encontram em: Pitágoras: método hermético, em que religião, metafísica e numerologia se confundem (o método está voltado para a compreensão da essência das coisas nos números); Sócrates: método maiêutico (ironia, diálogo e maiêutica); se o conhecimento está na alma, é dela que se deve extrair

Não se quer fazer uma história do método na literatura filosófica, mas uma reflexão acerca de seu conceito, de seu alcance, de sua importância para a ciência e de seus desdobramentos para as práticas de pesquisa. Quer-se, enfim, reduzir a discussão à seguinte categorização dos métodos: a) métodos discursivos: dedutivo (o raciocínio parte de uma proposição abstrata para construir a proposição discursiva concreta)[30], indutivo (o raciocínio parte de uma proposição concreta para construir a proposição discursiva abstrata)[31] e dialético (o raciocínio parte da análise dos contrários e dos opostos para alcançar a síntese discursiva)[32];

---

o conhecimento por meio da parturição de ideias; Platão: método idealista, de acordo com o qual o conhecimento da verdade depende das etapas *dóxa, diánoia, noêsis*; a Realidade das Ideias (Ideal) se opõe à falsa realidade das cópias das ideias (terreno) e do conhecimento, aquela é tarefa do filósofo (*República*, V, mito da caverna); *Aristóteles*: o conhecimento se faz empiricamente a partir do contato sensível com as coisas existentes, pois quando de seu nascimento o homem é uma *tabula rasa* na qual se imprimem os conhecimentos humanos, a partir da experiência, da experimentação e da abstração lógica; durante o *Medievo*: apesar das diversas correntes de pensamento que se desenvolveram nesse período, a principal característica do movimento foi a valorização da *contemplatio* e da *revelação*, na Escola Patrística, e da *disputatio*, na Escola do Escolasticismo; durante o *Renascimento*: o método converte-se em um instrumental laico novamente, diferenciando-se com nitidez o esclarecimento da razão e a libertação da idade da fé; *Descartes*: com seu *cogito ergo sum* (*Discurso do método*), prega a abolição de dogmatismos e a necessidade de matematização das ciências; *Bacon*: em seu *Novum Organum*, prega o empirismo experimental como método científico, o que acaba por tornar-se a base da ciência moderna: sua doutrina se resume em poucas palavras ao combate e destruição dos *idola tribus* (erros humanos), *specus* (erros devidos à apreensão da aparência), *fori* (erros da linguagem), *theatri* (erros devidos à imaginação); com isso, enfrentadas essas etapas, deve-se voltar para a formulação de hipóteses e prová-las empiricamente; *Popper*: propõe ruptura com o logicismo, além de refletir a respeito da testabilidade das ciências naturais, trazendo suas contribuições para a ampliação dos espectros metodológicos e epistemológicos da atualidade. A este respeito consulte-se D'Onofrio, *Metodologia do trabalho intelectual*, 1999, p. 9-39.

30. É o caso do imperativo categórico da doutrina moral kantiana, segundo o qual todos se devem orientar.

31. É o caso da doutrina aristotélica, que constrói suas reflexões ético-morais, e mesmo físicas, metafísicas, biológicas... a partir dos dados empíricos e da observação da realidade.

32. É o caso da doutrina hegeliana, que observa essa necessidade do movimento dialético para a construção do raciocínio.

b) métodos intuitivos[33]: intuição sensível (parte-se de impressões ou evidências dadas diretamente à razão desde os sentidos), intuição intelectual (parte-se de impressões ou evidências dadas diretamente à razão desde a própria razão) e intuição espiritual (parte-se de impressões ou evidências dadas diretamente à razão desde a *psyché*). Esses são, portanto, os conceitos fundamentais que se encontram nas lições das diversas doutrinas e concepções acerca do método.

1.1. Espécies de método

São diversas as propostas de estudo dos múltiplos métodos existentes. Maior ainda é o número de classificações existentes, indicando-se ora um critério, ora outro, como forma de demonstrar e explicar os métodos das ciências (naturais e humanas). Há maior confusão ainda quando os autores se detêm em explicar os conhecimentos e os métodos, isso porque as distinções não são feitas com o devido cuidado e discernimento. Se o método é o diferencial entre os diversos tipos de conhecimento (religioso, vulgar, artístico, mitológico...), deve-se, pois, dizer quais os métodos mais relevantes para o uso das ciências. O método aplicado ao conhecimento científico é o que interessa ao pesquisador, de modo que serão esses os métodos fundamentais a serem colocados em evidência nesta parte.

Há que dizer, sobretudo, que, quando esses métodos adentram a área jurídica, e são efetivamente aplicados ao raciocínio jurídico, produzem resultados específicos, passíveis de crítica ou de elogio (fala-se em apriorismo kantiano, em função da postura dedutiva do filósofo Kant; fala-se em empirismo positivista, em função da postura imediatista dos filósofos positivistas; fala-se em intuicionismo naturalista, em função da postura dos pensadores adeptos ao jusnaturalismo; fala-se em diologismo, quando se considera o pensamento pós-viragem linguística, em especial as contribuições de Jürgen Habermas). Desse modo é que, compreendidos os conceitos básicos sobre o método, que seguem no estudo abaixo, sua

---

[33]. É o caso da doutrina husserliana, de acordo com a qual a fenomenologia parte de intuições sensíveis para a construção de todo o saber.

transposição para as ciências jurídicas não será de todo uma atividade complexa.

O quadro que segue oferece uma síntese das principais características dos métodos mais recorrentes, cujos representantes na história da filosofia e da ciência mais se destacam (Aristóteles, Platão, Hume, Husserl, Hegel, Marx Adorno, Habermas...). Nele encontrar-se-ão a definição do método e algumas de suas principais características*.

Método	Definição	Características
Indutivo	Corresponde à extração discursiva do conhecimento a partir de evidências concretas passíveis de ser generalizadas.	Procede do particular para o geral, ressaltando-se a empiria do ponto de partida.
Dedutivo	Corresponde à extração discursiva do conhecimento a partir de premissas gerais aplicáveis a hipóteses concretas.	Procede do geral para o particular.
Intuitivo	Corresponde à apreensão direta e adiscursiva da essência da coisa conhecida por contato sensível ou espiritual.	Retira evidências indemonstráveis imediatamente da coisa conhecida.
Dialético	Corresponde à apreensão discursiva do conhecimento a partir da análise dos opostos e da interposição de elementos diferentes.	Procede de modo crítico, apreendendo leis da história concreta, ponderando polaridades opostas, até o alcance da síntese.
Dialógico	Corresponde à construção do conhecimento compartilhado, pelo diálogo interdisciplinar.	Parte da evidência de que não existe uma verdade estanque, e pondera sobre diversos conhecimentos adquiridos para construir convenções transitórias úteis ao conhecimento e à aplicação.

* Este quadro foi elaborado com base na comparação das contribuições sobre o tema de diversos autores, a saber: Paulo Nader, *Filosofia do direito*, 7. ed., Rio de Janeiro: Forense, 1999; Marilena Chauí, *Convite à filosofia*, 12. ed., São Paulo: Ática, 1999; García Morente, *Fundamentos de filosofia*, 8. ed., Rio de Janeiro-São Paulo: Mestre Jou, 1980; João Álvaro Ruiz, *Metodologia científica*, São Paulo: Atlas, 1996; R. Jolivet, *Curso de filosofia*, 18. ed., Rio de Janeiro: Agir, 1990.

1.2. Os déficits metodológicos históricos no ensino e na pesquisa jurídicos

Se são muitos os déficits da pesquisa jurídica no Brasil, sobretudo entendendo-se que escassa é a intimidade da grande massa de operadores do direito com os procedimentos científicos e com as reflexões metodológicas, há que destacar que o maior déficit da pouca produção científico-jurídica brasileira, ou seja, aquele que mais acentuadamente marca a defasagem das pesquisas jurídicas em face das demais ciências, é o decorrente da ausência de pesquisas empíricas na cultura jurídica nacional, à exceção de raríssimos esforços de grupos de pesquisa, sociólogos e correntes teórico-empíricas pontualmente localizáveis em algumas instituições[34].

Ao que se deve isto? Qual a marca do saber jurídico que o faz ser um conhecimento estritamente exegético? Que tipo de método é mais usualmente empregado na construção do conhecimento jurídico? Tudo isso decorre do fato de a cultura jurídica estar profundamente lastreada em seu caráter de ciência social aplicada? Estas são questões que estão implicadas nessa problemática.

Diferentemente das demais ciências sociais, muito afeitas e íntimas às instituições de pesquisa brasileiras (história, política, sociologia, antropologia, filosofia...), as ciências jurídicas não se constroem nos mesmos moldes, devido a resistências tipicamente decorrentes do *modus* cultural pelo qual o direito ainda é visto e interpretado, praticado e ensinado, vivenciado e assimilado pela comunidade jurídica, bem como pela própria sociedade. Também, se comparadas às demais ciências científicas (biológicas e físico-matemáticas), o diagnóstico não é muito diferente, na medida em que a intimidade com o laboratório é questão estrutural para a construção do conhecimento dessas ciências.

Enfim, o saber jurídico que se constrói usualmente não chega a ser dentro de critérios metodológicos, ou, muito menos, por vezes, a produzir material de pesquisa adequado dentro de parâmetros de

---

34. Sobre esse levantamento das pesquisas empíricas, *vide* José Eduardo Faria e Celso Fernandes Campilongo, *A sociologia jurídica no Brasil*, 1991.

produção intelectual das ciências humanas, pois se vale exaustiva e insistentemente de métodos dedutivo-normativos para a construção do conhecimento jurídico (norma → caso, ou norma → dogma → ciência), que raramente extravasa a linha da exegese textual da lei.

Enquanto isso, os estudos de casos, a jurisprudência comparada, a pesquisa empírico-sociológica, a discussão e o debate hermenêuticos, a historiografia dos fatos jurídico-políticos, os estudos da aplicação das penas, a criminologia empírica, as implicações ético-profissionais das práticas jurídicas, os estudos processuais de inclusão social pelo acesso à justiça em regiões periféricas de grandes centros urbanos e regiões metropolitanas, as tramas do raciocínio decisório, as pesquisas de politologia jurídica, a arqueologia dos projetos de lei, os estudos estatísticos das tendências do Judiciário, o levantamento de documentos históricos referentes aos episódios de forte significação para o sistema jurídico brasileiro, são todas questões relegadas ao esquecimento, ou a uma notoriedade tão opaca que seja incapaz de extravasar o âmbito das academias de ensino do direito.

1.3. A mudança recente da qualidade da produção intelectual na ciência do direito

Foi-se o tempo em que se falava da incapacidade do direito para se dedicar à pesquisa e à produção sustentada do conhecimento, com continuidade, veículos aprimorados de publicação e caminhos institucionais reconhecidos para esta tarefa. As políticas desenvolvidas e produzidas pelo MEC, Conpedi, Abedi, ANDHEP ou pela Capes foram capazes de modificar em grande medida o anterior cenário desolador da produção de pesquisa em direito no Brasil; promoveram-se eventos, incentivou-se a produção dos docentes e discentes, aculturando o desenvolvimento da pesquisa e da investigação monográficas, promovendo a cultura da busca pelo reconhecimento do saber de outras áreas, e conseguiu-se reverter um longo quadro de apatia que medrava na área do direito, e que, inclusive, permitia falar dos déficits metodológicos da área. Este processo, certamente, remonta à Portaria n. 1.886/94, como marco normativo, consolidando-se posteriormente com a Resolução CNE n. 09/2004, mas ganhará um espaço notável e um reconhecimento mais amplo, impassível de retorno, a partir de

2000, quando a produção do direito se consolida em qualidade e em quantidade.

Por isso, fala-se em uma mudança na qualidade, pois os trabalhos estão cada vez mais interdisciplinares, criteriosos e investigativos. Mas, também, pode-se falar em quantidade, uma vez que nunca se produziu tanto na área do direito como a partir da primeira década do século XXI, no Brasil. O salto na área do direito foi grande. Já se saiu de um estado de *hipoprodução* em direção a uma *hiperprodução,* muitas vezes, a despeito do rigor necessário. A boa medida está na produção criteriosa, inovadora, criativa, séria, competente, técnica e bem fundamentada. Mas não se deve perder de vista que há grande espaço editorial, há grande circulação de revistas institucionais, há uma enormidade de títulos à disposição, há grande consumo na área do conhecimento do direito e, cada vez mais, os profissionais, bem como os acadêmicos, percebem a importância da educação continuada e da formação mais ampla. Assim, o campo do direito, como um campo propício ao desenvolvimento dos estudos e de pesquisadores de grande relevância, avançou bastante. Seu reconhecimento pelas agências de fomento, como uma área de especial atenção, para políticas de investimento e dedicação na formação e na investigação, também vem da mudança ao longo da última década. Instituições como CNPq, Capes, Finep e as Fap's cada vez mais instituem políticas voltadas para o reconhecimento da área do direito, como produtora de conhecimento e cultura. A ocupação de excesso de produtividade não deve estagnar a área, sob risco de se perder os caminhos já avançados. O registro mais atual sobre esses avanços da produção científica na área do Direito vem sendo fornecido pelo Documento de área 2013, produzido pela Coordenação de Aperfeiçoamento de Pessoal de Nível Superior (Capes – Área do Direito), onde se pode ler: "Hoje a produção científica brasileira da área do Direito adquiriu inserção e respeitabilidade internacionais, o que se deixa traduzir pelo elevado número de publicações e participações de docentes e discentes brasileiros no exterior, bem como o despertar do interesse pelas escolas superiores brasileiras de Direito".

Também se recolhe grande legado da tarefa que a interdisciplinaridade desempenha e desempenhou ao modificar a cultura de isolamento cultural que a tradição positivista provocava para a área do direito. Atualmente, não há área do direito que não esteja em conexão com outros campos do saber: o direito agrário com os estudos da ecologia; o direito de família com os estudos da psicologia; o direito constitucional com os estudos da filosofia; o direito penal com os estudos da sociologia da violência; a teoria do Estado com os estudos de história; os direitos humanos com os estudos da antropologia. É, a partir desta abertura de fronteiras entre as diversas áreas do conhecimento, que se torna possível incrementar e fomentar o desenvolvimento de uma sabedoria mais apropriada na forma de se produzirem juízos normativos e juízos decisórios no âmbito do direito.

1.4. Qualidade de ensino e qualidade de pesquisa

A qualidade de ensino, pesquisa e extensão, como fatores combinados, dá condições para afirmar a diferença do que se produz na Universidade, sabendo-se que sua vocação é estimular não somente a reprodução, mas o protagonismo intelectual, a produção de novos conhecimentos e soluções, bem como a criatividade no exercício das tarefas que giram em torno dos saberes. Assim, o fortalecimento da *Universitas* é de fundamental importância para que o ensino encontre perspectivas cada vez mais amplas e afirmadoras da importância do direito social à educação, como também é determinante para o que o país como um todo produz, delimitando distâncias cada vez mais acentuadas de autonomia econômica e criativa, com relação à dependência e à heteronomia no campo do conhecimento, da cultura e da produção econômica. O fortalecimento da vocação das universidades também ambiciona proporcionar condições para que a pesquisa prospere, fomentando novas visões e perspectivas de afirmação dos conhecimentos no âmbito do direito.

É de conhecimento geral que a pesquisa desenvolvida nas Universidades tem caráter determinante para exercer o empuxo favorável ao desenvolvimento de saberes, métodos e critérios do conhecimento que fortalecem as tarefas da produção científica. A criação de ambientes de produção de pesquisa não é tarefa fácil, pois requer investimentos, disciplina, corpo docente especializado, laboratórios de pesquisa, escritórios de extensão, núcleos e grupos de estudos com bolsistas, cronograma de atividades integradas, centros de pesquisa, biblioteca com acervo de ponta, acesso a revistas internacionais, intercâmbios e atividades internacionais, produção qualificada segundo exigências criteriosas de publicação, entre outros fatores. É exatamente por isso que nem todo centro de ensino é também um centro de pesquisa. Além do ensino, e também da extensão, conforme determina a LDB, a Universidade deve ser capaz de desenvolver ambientes epistemológicos favoráveis ao desdobramento de atividades de pesquisa.

Sabe-se que, atualmente, no país, estão ativas 197 instituições de ensino, públicas e privadas. No RUF 2019, elaborado desde 2012 pela *Folha de S.Paulo*, inúmeros rigorosos requisitos são levados em consideração (inovação; ensino; pesquisa; mercado; internacionalização).[35] A respeito desses rigorosos critérios para a avaliação de Universidades, devem-se considerar pedagógicos, pois podem servir como bom indicador dos esforços para elevar a qualidade de ensino e pesquisa no Brasil, em todas as áreas, quais sejam: a) critério para pesquisa: trabalhos científicos publicados pela instituição; citações desses trabalhos em outras pesquisas; proporção de citações por publicação; publicações por docente; citações por docente; publicações em revistas científicas nacionais; recursos captados em agências de fomento; b) critério para internacionalização: citações de trabalhos da instituição em publicações internacionais; publicações da universidade em coautoria internacional; docentes estrangeiros em relação ao corpo docente total; c) critério para inovação: pedidos de patentes inscritos; d) critério para ensino: professores que avaliam cursos de graduação para o INEP-MEC; professores com doutorado; professores com dedicação integral; nota ENADE; e) critério para inserção no mercado de trabalho: aceitação no mercado profissional a partir de fontes de recursos humanos.

O RUF 2019 é liderado por duas instituições paulistas, a saber, a Universidade de São Paulo (USP) e a Universidade de Campinas (UNICAMP). Aqui, deve-se fazer uma observação, para destacar o resultado de um estudo da Universidade de Leiden, na Holanda (*Leiden

---

35. *Ranking Universitário Folha*, RUF 2019. Disponível em: <https://ruf.folha.uol.com.br/2019/>. Acesso em: 31.12.2019.

Ranking 2020), que aponta a USP como a 7ª Universidade que mais produz pesquisa no mundo.[36] Depois da USP e da UNICAMP, vem muito bem posicionada a Universidade Federal do Rio de Janeiro (UFRJ). A região Sudeste e a região Sul persistem sendo as localidades do país que concentram as melhores universidades, destacando-se na região Centro-Oeste a Universidade de Brasília (Unb). As universidades públicas concentram um grande número de instituições bem posicionadas, e, entre as universidades privadas, a PUC-RS (18º lugar) e a PUC-Rio (19º lugar) se encontram entre as 20 melhores, destacando-se ainda PUC-PR (30º lugar), Mackenzie (34º lugar) e UNISINOS (36º lugar).[37]

Assim, numa listagem geral, segundo o critério de melhor rankeamento geral, as melhores universidades do país são: 1º) Universidade de São Paulo (98,02); 2º) Universidade de Campinas (97,09); 3º) Universidade Federal do Rio de Janeiro (97,00); 4º) Universidade Federal de Minas Gerais (96,72); 5º) Universidade Federal do Rio Grande do Sul (95,68). Se a pesquisa, dentro do RUF 2019, for filtrada, a partir do critério pesquisa científica, o rankeamento específico passa ser: 1º) Universidade de São Paulo (41,63); 2º) Universidade de Campinas (41,34); 3º) Universidade Federal do Rio Grande do Sul (40,69); 4º) UNIFESP (40,64); 5º) Universidade Federal do Rio de Janeiro (40,54).[38] Se a pesquisa, dentro do RUF 2019, for filtrada, a partir do critério mercado, o rankeamento específico passa ser: 1º) Universidade de São Paulo (18,00); 2º) Universidade Paulista (17,91); 3º) Universidade Federal de Minas Gerais (17,91); 4º) Mackenzie (17,72); 5º) Universidade Federal do Rio de Janeiro (17,72); 6º) PUC-Minas (17,53).[39]

---

36. A este respeito, consulte-se *Leiden Ranking 2020*. Disponível em: <https://www.leidenranking.com>. Acesso em: 16.7.2020.

37. Cf. Righetti, USP é a melhor universidade do país. Unicamp ganha 2º lugar no RUF 2019. Disponível em: <https://ruf.folha.uol.com.br/2019/>. Acesso em: 31.12.2019.

38. *Ranking Universitário Folha*, RUF 2019. Disponível em: <https://ruf.folha.uol.com.br/2019/>. Acesso em: 31.12.2019.

39. *Ranking Universitário Folha*, RUF 2019. Disponível em: <https://ruf.folha.uol.com.br/2019/>. Acesso em: 31.12.2019.

Por sua vez, a área de Direito, possuindo quase 1.200 instituições ativas em todo o país, entre públicas e privadas, com 923 instituições de ensino integrando o RUF 2019, atrai muitos estudantes e registra o maior número de ingressantes em universidades desde o RUF de 2016.[40] A área registra enorme distorção, reconhecendo-se que os dados do RUF 2019 permitem afirmar que 51 instituições na área do Direito aprovam mais de 50% dos alunos na OAB, sabendo-se que o Exame de Ordem é um dos critérios do RUF 2019. Numa avaliação em termos de rankeamento geral, o RUF 2019 apresenta a seguinte distribuição de cursos: 1º) Universidade de São Paulo; 2º) UFMG; 3º) FGV-SP; 4º) Unb; 5º) UFRJ.[41] Quando a avaliação se concentra nas instituições particulares, destacam-se: FGV-SP (3º lugar); PUC-SP (9º lugar); FGV-Rio (11º lugar); Mackenzie (14º lugar); PUC-RJ (19º lugar); UNISINOS (20º lugar). Porém, especificamente, quando se trata do quesito aprovação no Exame de Ordem, destacam-se a UNESP, em 1º lugar, a UFPE, em 2º lugar, a UFV, em 3º lugar, a UFERSA, em 4º lugar, a FGV-Rio, em 5º lugar, a UFMG, em 6º lugar, a USP, em 7º lugar, a UFJF, em 8º lugar, a UFPR, em 9º lugar, a UFC, em 10º lugar.[42]

Independentemente de toda e qualquer exigência que coloque em competição entidades, instituições, universidades e critérios de avaliação, que são muitos, o que se deve considerar de relevante no trabalho de ranqueamento, bem como na tarefa de explicitação de resultados concretos do processo de empenho por qualidade, é a elevação das formas pelas quais se considera o trabalho exercido no âmbito da formação humana, do desenvolvimento de capacidades, habilidades e competências, entre as quais deve se encontrar a capacidade de fomentar ideias, desenvolver projetos, iniciativas investigativas, dúvidas e

---

40. Cf. Righetti, USP é a melhor universidade do país. Unicamp ganha 2º lugar no RUF 2019. Disponível em: <https://ruf.folha.uol.com.br/2019/>. Acesso em: 31.12.2019.

41. *Ranking Universitário Folha*, RUF 2019. Disponível em: <https://ruf.folha.uol.com.br/2019/>. Acesso em: 31.12.2019.

42. Cf. Alvarez, Righetti, Gamba, Minoria dos cursos de direito consegue formar a maioria dos seus estudantes. Disponível em: <https://ruf.folha.uol.com.br/2019/>. Acesso em: 31.12.2019.

novos critérios, avaliar resultados e chegar a novas fronteiras do conhecimento. A partir desses estímulos, entende-se como produtivo o processo de inovação das ferramentas de avaliação, bem como as ferramentas de fomento ao desenvolvimento da pesquisa em geral, como, especialmente, da pesquisa em direito no País.

Mas, afinal, o que a preocupação com avaliação e ranqueamento vem revelando é uma melhoria da qualidade de ensino e formação no País, devendo-se destacar que a própria qualidade das instituições vem mudando nas últimas décadas, com destaque para algumas instituições de ensino. Ademais, no que tange à qualidade da pesquisa, desenvolvida nas instituições de ensino brasileiras, a qualidade da produção nacional chegou a uma medida atual em que se tornou decisiva a correspondência internacional.

1.5. Pelos caminhos da interdisciplinaridade

Considerando que o direito não pode ser conhecido senão como fenômeno social, é em sua complexidade que colhemos a tarefa do pesquisador da área. E isso porque, basicamente, para conhecer e estudar, aprofundada e adequadamente, o direito, é necessário que isto seja feito na base da interdisciplinaridade. A importância de uma formação jurídica interdisciplinar já foi mais do que perseguida e bem discutida, mas não custa afirmar que sua tarefa esculpiu uma nova forma de pensar e pesquisar o direito. Pode-se, sem qualquer sombra de dúvida, afirmar que os estudos de antropologia, filosofia, política e sociologia visitam cada vez mais os campos de domínio do conhecimento jurídico[43].

Isto é claro e evidente, como necessidade, especialmente quando especiais caminhos de investigação determinam um objeto evidentemente mais complexo a ser enfrentado pelo pesquisador. Exemplos podem ilustrar com clareza a situação: para uma pesquisa sobre direitos indígenas, fica clara a importância de um estudo antropológico aprofundado, para que o pesquisador tenha condições de se pronunciar

---

43. Nalini, Carlini, *Direitos humanos e formação jurídica*, 2010, p. 3-118.

sobre o tema, quando a antropologia jurídica desempenha um papel inovador; para uma pesquisa sobre direitos humanos e a questão racial, fica evidenciada a importância do estudo da sociologia nacional, que se pronunciou sobre a formação do país, e sobre as questões do racismo, para que o trabalho sobre direitos humanos chegue a bom termo; numa pesquisa sobre acesso à justiça e direitos sociais, a importância do estudo da sociologia judiciária destaca-se como um caminho indeclinável da tarefa do pesquisador; para uma pesquisa voltada para a compreensão de questões regulatórias do meio ambiente, é interessante e importante que se compreenda o conjunto dos estudos ecológicos e ambientais mais recentes, antes que a investigação se detenha apenas no caminho do estudo da legislação ambiental específica.

É por isso que a interdisciplinaridade (transdisciplinaridade) tem surgido como um recurso que supera os caminhos monológicos da tradição dos estudos positivistas e centrados na autocompreensão do direito a partir das normas jurídicas. Isto é importante, pois amplia a capacidade de formação e melhora a qualidade da reflexão jurídica, estimulando o nascimento de normas jurídicas mais justas, operadores do direito com uma visão de mundo mais ampla, estudiosos capazes de uma reflexão crítica sobre o direito, bem como o desenvolvimento de uma pesquisa mais reconhecida pela capacidade de interconexão com outras áreas do conhecimento. É pluralizando os olhares sobre o direito que se promove, hoje, um movimento de compreensão mais aberto, dilatado e qualificado sobre os múltiplos aspectos envolvidos nas discussões do direito.

Nesse caso, a boa condução dos caminhos das pesquisas deve oferecer a capacidade de trânsito e de assimilação de conhecimentos diversos, para a estruturação das conclusões do trabalho de pesquisa. Assim, é sincreticamente que se opera o processo de consolidação da pesquisa. Ela deve, portanto, ser conduzida com olhos centrados na precisão de duas ou três áreas interconectadas, para que se chegue a uma conclusão correta sobre o objeto de pesquisa tomado como foco do trabalho. Assim, não há nada que autorize que a interdisciplinaridade se converta em uma desculpa para o descuido no foco do trabalho, pois é sempre muito fácil se perder diante da complexidade dos estudos. Daí a necessidade de destacar que a interdisciplinaridade é um desafio, que deve ser executado com competência, para que seus resultados sejam válidos e de fato capazes de consagrar a sua identidade diversa no campo da pesquisa, sob pena de banalização de um discurso sobre a interdisciplinaridade desconectado da prática efetiva da interdisciplinaridade[44]. A boa condução da tarefa de produzir interdisciplinaridade é, por isso, um grande desafio, que em prol da qualidade do ensino e da ampliação dos horizontes de compreensão no âmbito do direito os pesquisadores devem saber desenvolver com cuidado e desenvoltura.

2. Método e metodologia

Tendo-se em vista o que já se disse a respeito do método, a metodologia (*méthodos* + *logía*) passa a significar o estudo desse caminho que se percorre ao se exercer a ciência. Então, deve-se dizer, a metodologia nasce a serviço da pesquisa científica, consistindo no estudo das práticas do saber e das práticas de exercício do saber, tendentes ao aperfeiçoamento dos conhecimentos humanos.

A Metodologia Jurídica não figura no rol das disciplinas obrigatórias do art. 6º da Portaria n. 1.886/94, que identifica o conteúdo mínimo do curso jurídico. Não obstante, sua necessidade no currículo do curso de Direito é, nos dias atuais, praticamente imperativa. Pode-se acostá-la no início do curso ou mais próximo da etapa de elaboração do trabalho acadêmico.

Se os saberes se aprofundam, se multiplicam, se pluralizam, se ramificam, se modificam... tudo isso ocorre, ao menos em parte, devido à manipulação de recursos metodológicos de que se dispõe e que se criam constantemente como suportes para avanços tecnológicos, científicos, culturais, teóricos... Ou seja, a atividade intelectual metodologicamente amparada consiste no trabalho prático de

---

44. A este respeito, a mesma advertência é apontada por Rafael Mafei Rabelo Queiroz: "Além de ter a clareza de que a interdisciplinaridade não é um caminho obrigatório para uma pesquisa jurídica de qualidade – embora, eventualmente, seja necessária, a depender do objeto da pesquisa, e seja muito positiva se bem feita –, é muito importante ter claro que se tornar um pesquisador com capacidade interdisciplinar não é algo que se faz da noite para o dia" (Queiroz, *Monografia jurídica*: passo a passo, 2015, p. 85).

levantamento de dados, de informações, uso e consulta de canais de comunicação e informação, cruzamento de dados e informações, elaboração de conclusões. Deve-se estar consciente de que a produção e a reprodução dos saberes vêm acompanhadas e escudadas pelo *saber-fazer* (*savoir-faire*) metodológico, que lapida os meios para o alcance dos fins demonstrativos, expressivos, persuasivos, e realizativos das pesquisas científicas. O método pressupõe, portanto, a aplicação sistemática de regras de estudo e expressão[45].

Em outro passo, deve-se dizer, a metodologia é, a um só tempo, ciência de caráter acessório, ao fornecer recursos, ao elucidar dúvidas, ao tratar tematicamente da pesquisa, ao explicitar os meandros metodológicos, assim como ciência de caráter normativo, ao estudar a regulamentação[46], a padronização e ao imprimir rigor técnico às diversas práticas científicas.

A metodologia passa a representar, dessa forma, um saber sobre o *saber-fazer* das práticas científicas. Em outras palavras, trata-se, através da metodologia, de conhecer o que se faz quando se estuda cientificamente algo, quando se adota determinado objeto acerca do qual se entende necessária a especulação. Trata-se do exercício da razão sobre os meios e recursos disponíveis de prática da razão. A metodologia pensa o homem pensando e praticando ciência[47].

Um conjunto de conhecimentos dispersos, caoticamente desordenados, ainda que coligidos, não forma qualquer tipo de aparato

---

45. Veja-se a este respeito: "É essa relação sistemática entre as regras que torna cabível falar numa teoria do método. Reconhecidamente, os pronunciamentos dessa teoria são, na maior parte, e como o demonstram nossos exemplos, convenções de uma espécie mais ou menos óbvia. Não se deve esperar verdades profundas da parte da metodologia. Não obstante, em muitos casos, ela pode auxiliar-nos a ver mais claramente a situação lógica e mesmo a resolver alguns problemas de longo alcance, que até agora se revelaram insuscetíveis de tratamento" (Popper, *A lógica da pesquisa científica*, 1993, p. 57).

46. "As regras metodológicas são aqui vistas como *convenções*" (Popper, *A lógica da pesquisa científica*, 1993, p. 55).

47. Com outras palavras, corroborando essa tese, lê-se: "A razão torna-se metódica com o aparecimento da autorreflexão, que é definida pela capacidade de conceituação do conceito" (Pinto, *Ciência e existência*: problemas filosóficos da pesquisa científica, 1979, p. 103).

significativo capaz de transmitir saber. Assim é que a metodologia fornece o instrumental necessário para que se possa construir ciência e para que se possa pensar a respeito das práticas científicas. A metodologia, de fato, constitui o estudo do instrumental da pesquisa científica[48]. Mais que isso, procura uma unidade metodológica nas práticas científicas para fornecer um aparato teórico e prático suficiente para desembargar as dificuldades do cientista ou do pesquisador[49].

Muita celeuma se encontra quando se quer determinar qual a adequada inserção da metodologia em meio aos saberes, e isso porque ela é ora confundida como parte da lógica, ora como mera disciplina, ora como teoria da ciência, ora como ciência autônoma constituída de um objeto específico de estudo... Tendo em vista que a metodologia pode, como ciência que é, apresentar-se confusamente de muitos modos, deve-se dizer o que não significa e com o que não se identifica. Assim, é tarefa esclarecer que a metodologia:

- não se reduz a mero estudo da tecnologia acerca das práticas científicas, apesar de não prescindir de investigar o polo técnico da pesquisa científica;
- não se confunde, em sua função, com a filosofia da ciência ou epistemologia, parte da filosofia que investiga o alcance, as metas, as vantagens e desvantagens, assim como mede os resultados das atividades científicas, averiguando fins e meios, estados constitutivos, contribuições, formas de se chegar a determinados efeitos e resultados..., apesar de se valer da epistemologia para dela extrair contribuições indispensáveis para a sua reflexão;

---

48. "Metodologia é uma preocupação instrumental. Trata das formas de se fazer ciência. Cuida dos procedimentos, das ferramentas, dos caminhos. A finalidade da ciência é tratar a realidade teórica e praticamente. Para atingirmos tal finalidade, colocam-se vários caminhos. Disto trata a metodologia" (Demo, *Introdução à metodologia da ciência*, 1987, p. 19).

49. "O objetivo da metodologia, que é uma praxiológica da produção dos objetos científicos, é o de esclarecer a unidade subjacente a uma multiplicidade de procedimentos científicos particulares, ela ajuda a desimpedir os caminhos da prática concreta da pesquisa dos obstáculos que esta encontra" (Bruyne, Herman, Schoutheete, *Dinâmica da pesquisa em ciências sociais*, 1991, p. 27).

- não representa o mesmo que a lógica da ciência, embora recolha das contribuições desta a interessante análise dos raciocínios e das formas de construção dos raciocínios científicos;
- não é lógica do raciocínio, ou parte da lógica, pois se o fosse, importaria em abeirar-se de uma perspectiva lógico-filosófica e assertórica muito mais acentuada, que efetivamente não constitui sua competência teórica.

Em suma, a metodologia lida com as práticas do saber criteriosamente constituído, o saber científico, mas não possui a autoridade nem o grau de abstração e de liberdade crítica que possui a epistemologia[50], assim como não se restringe a ser mera tecnologia da escrita monográfica ou dissertativa, ou muito menos se confunde com certa tecnologia de expressão de conhecimentos (técnicas de redação de monografias...)[51], pois estas se bastam na simples e mera sistematização de normas técnicas e em sua explicitação didática. A metodologia ainda não se resume a estudar juízos lógicos ou assertivos[52], e muito menos se detém na análise dos raciocínios[53], tarefas estas desempenhadas por outros ramos do saber.

---

50. Mas, de qualquer forma, a epistemologia possui essa preocupação em comum com a metodologia: "A epistemologia, de qualquer modo que seja definida, coloca, de certa maneira, que uma ciência da ciência é possível" (Bruyne, Herman, Schoutheete, *Dinâmica da pesquisa em ciências sociais*, 1991, p. 42).

51. "A prática científica não é redutível a uma sequência de operações, de procedimentos necessários e imutáveis, de protocolos codificados. Tal concepção, que converte a metodologia numa tecnologia, repousa sobre a visão rigorista e 'burocrática' do *design*, fixado no início da pesquisa e de uma vez por todas, concretizando-se no que W. H. White chama de *mania do projeto*" (Bruyne, Herman, Schoutheete, *Dinâmica da pesquisa em ciências sociais*, 1991, p. 30).

52. A proposta de Karl Popper é a de identificar na lógica do conhecimento a ciência das ciências empíricas: "De acordo com proposta por mim feita anteriormente, a Epistemologia ou lógica da pesquisa científica deve ser identificada com a teoria do método científico" (Popper, *A lógica da pesquisa científica*, 1993, p. 51). Ou ainda: "A tarefa da lógica da pesquisa científica, ou da lógica do conhecimento, é, segundo penso, proporcionar uma análise lógica desse procedimento, ou seja, analisar o método das ciências empíricas" (p. 27).

53. Álvaro Pinto entende ser a metodologia uma concretização da lógica, como se pode verificar da leitura do texto: "A reflexão metodológica tem de descobrir,

Dito o que não é, não se disse tudo o que é mister nessa matéria. A definição do que se entende como sendo metodologia deve ser dada não pela negativa, mas sim pelo que positivamente congrega de específico esse estudo. Assim, entende-se que a metodologia consiste numa praxiologia, ou seja, estudo que propõe reflexão sobre as práticas científicas de pesquisa e sobre o processo de criação científica[54], e isso porque: 1) propõe o conhecimento sobre meios, técnicas e fins em pesquisa, facilitando a consciência sobre os processos de criação e pesquisa; 2) favorece e estimula a dispersão adequada de ideias, propondo os meios para tanto; 3) discute critérios e métodos, assim como confere suporte reflexivo à regulamentação normativa das práticas científicas; 4) desmitifica o estatuto do saber científico, desnudando as formas de alcançá-lo, diferindo-o também de outros saberes; 5) fortalece o conhecimento da forma, entendida esta como a adequada maneira da divulgação de conhecimentos, e erige o rigor como condição não suficiente para o fazer científico; 6) identifica os meios de recolhimento, tratamento e divulgação de informações; 7) separa, identifica e organiza conhecimentos de interesse para a construção da pesquisa; 8) eleva a importância do discurso como forma de prática do saber e divulgação de resultados de pesquisa.

Deve-se, portanto, reivindicar à metodologia o estatuto de ciência incumbida do estudo dos processos de criação, de pesquisa e expressão científica. Entender-se-á que esse estudo corresponde ao

---

classificar e definir os diversos tipos de métodos, e compor o sistema geral que os unifica racionalmente e explica as suas relações mútuas. Este trabalho intelectual vai constituir a seção da ciência da lógica chamada metodologia" (Pinto, *Ciência e existência*: problemas filosóficos da pesquisa científica, 1979, p. 39).

54. A expressão "processo de criação científica" ganha importância nesta passagem na medida em que sua assunção significa também o repúdio pelas concepções estáticas do conhecimento. Neste sentido: "A metodologia é a lógica dos procedimentos científicos em sua gênese e em seu desenvolvimento, não se reduz, portanto, a uma metrologia ou tecnologia da medida dos fatos científicos. Para ser fiel a suas promessas, uma metodologia deve abordar as ciências sob o ângulo do produto delas – como resultado em forma de conhecimento científico –, mas também como processo – como gênese desse próprio conhecimento" (Bruyne, Herman, Schoutheete, *Dinâmica da pesquisa em ciências sociais*, 1991, p. 29).

de uma ciência auxiliar das ciências, na medida em que, conhecendo e explicitando a disciplina por meio da qual se pratica a ciência, está capacitada para investigar como se constituem as práticas científicas, facilitando a passagem do saber vulgar para o saber criticamente constituído[55]. A metodologia científica possui autonomia didática e estatuto teórico independente, pois seu objeto é o método científico, com seus respectivos reflexos e entrelaçamentos temáticos, preocupando-se em estudar a disciplina da pesquisa científica, com suas técnicas e formas de *saber-fazer*.

3. Método e ciência

A ciência encontra no método o seu distintivo, enquanto atividade cognoscitiva. E é nesse sentido que reclama mais que simples conhecimento, ou exposição de conhecimento. A ciência é, em verdade, o conhecimento sistematizado, testado, organizado, diluído em uma trama de postulados metodológicos[56]. Em poucas palavras, a ciência é uma prática racional da qual resultam conhecimentos[57].

---

55. É dever do pesquisador encontrar-se consciente do que faz, do por que faz, do como faz... ao elaborar suas contribuições: "Qualquer que seja o campo de atividade a que o trabalhador científico se aplique, a reflexão sobre o trabalho que executa, os fundamentos existenciais, os suportes sociais e as finalidades culturais que o explicam, o exame dos problemas epistemológicos que a penetração no desconhecido do mundo objetivo suscita, a determinação da origem, poder e limites da capacidade perscrutadora da consciência, e tantas outras questões deste gênero, que se refere ao processo da pesquisa científica e da lógica da ciência, não podem ficar à parte do campo de interesse intelectual do pesquisador, que aprecia conhecer a natureza do seu trabalho, porque, conforme mostraremos, este é constitutivo da sua própria realidade individual" (Pinto, *Ciência e existência*: problemas filosóficos da pesquisa científica, 1979, p. 3).

56. "O termo ciência é encarado de um ponto de vista objetivo e de um ponto de vista subjetivo: a) objetivamente: a ciência é um conjunto de verdades certas e logicamente encadeadas entre si, de maneira que forme um sistema coerente (...); b) subjetivamente: a ciência é o conhecimento certo das coisas por suas causas ou por suas leis" (Jolivet, *Curso de filosofia*, 18. ed., 1990, p. 76).

57. "Ciência é conhecimento que resulta de um trabalho racional" (Chaui, *Convite à filosofia*, 1997, p. 251).

Assim é que se pode dizer que o grau de probabilidade e de certeza nas conclusões científicas é maior que no conhecimento vulgar[58].

Ao seguir de perto o que a este respeito afirma Gilles Gaston-Granger, deve-se reconhecer que a ciência envolve três traços fundamentais, a saber: é visão de uma realidade parcial;[59] descreve e explica os objetos de conhecimento;[60] é uma forma de conhecimento que busca critérios de validação.[61] Deve-se dizer desde já que não há ciência sem pesquisa, e que esta se constitui no trâmite de estudo para o alcance de conclusões metodologicamente constituídas. As evidências primeiras que surgem a respeito de determinado objeto de conhecimento são, gradativamente, substituídas por proposições dotadas de maior certeza, sejam estas conformes às evidências iniciais, sejam estas contrárias a elas mesmas[62].

A ciência busca validade universal e eficácia definitiva, expressando-se inclusive de forma a alcançar definições universais e englobantes[63], tendo em vista que busca resultados que atinjam o maior

---

58. A pesquisa científica corresponderia, portanto, a uma desenvolvida etapa do conhecimento: "A largos traços distinguimos três grandes etapas no processo do conhecimento: a) a fase dos reflexos primordiais; b) a do saber; c) a da ciência" (Pinto, *Ciência e existência*: problemas filosóficos da pesquisa científica, 1979, p. 20).

59. "Primeiramente, a ciência é *visão de uma realidade*" (Granger, *A ciência e as ciências*, 1994, p. 45).

60. "A ciência visa a objetos para *descrever e explicar*, não diretamente para agir" (Granger, *A ciência e as ciências*, 1994, p. 46)

61. "O último traço de uma visão científica de conhecimento que gostaríamos de assinalar é a preocupação constante com *critérios de validação*" (Granger, *A ciência e as ciências*, 1994, p. 47).

62. "Pesquisa é a atividade científica pela qual descobrimos a realidade. Partimos do pressuposto de que a realidade não se desvenda na superfície. Não é o que aparenta à primeira vista. Ademais, nossos esquemas explicativos nunca esgotam a realidade, porque esta é mais exuberante que aqueles" (Demo, *Introdução à metodologia da ciência*, 1987, p. 23).

63. "As teorias científicas são enunciados universais. Como todas as representações linguísticas, são sistemas de signos ou símbolos" (Popper, *A lógica da pesquisa científica*, 1993, p. 61).

número de pessoas no maior dilastério de tempo. As ambições científicas de alcance do maior auditório e da maior constância no tempo contrastam com as parcas ambições dos juízos emitidos pelo conhecimento vulgar. Isso porque a ciência é um produto de todos e para todos, enquanto a opinião é uma expressão de pensamentos subjetivos de ambição circunscrita, fugaz, apaixonada, tendenciosa e, na maioria das vezes, de incomprovada demonstração. O que, por vezes, parece evidente aos olhos, uma vez submetido ao rigor metodológico das práticas científicas, sucumbe ante a comprovação do contrário[64].

A atividade científica, em seu sentido geral de busca do saber, de identificação e explicação de causas dos fenômenos..., antes de afirmar, em primeiro lugar duvida, discute, postula, submete à prova, testa, analisa, enfim, pesquisa[65]. E isso com o intuito de cumprir sua

---

64. "Os fatos ou objetos científicos não são dados empíricos espontâneos de nossa experiência cotidiana, mas são construídos pelo trabalho da investigação científica. Esta é um conjunto de atividades intelectuais, experimentais e técnicas, realizadas com base em métodos que permitem e garantem:

- "separar os elementos subjetivos e objetivos de um fenômeno;

- "construir o fenômeno como um objeto do conhecimento, controlável, verificável, interpretável e capaz de ser retificado ou corrigido por novas elaborações;

- "demonstrar e provar os resultados obtidos durante a investigação, graças ao rigor das relações definidas entre os fatos estudados; a demonstração deve ser feita não só para verificar a validade dos resultados obtidos, mas também para prever racionalmente novos fatos como efeitos já estudados;

- "formular uma teoria geral sobre o conjunto dos fenômenos observados e dos fatos investigados, isto é, formular um conjunto sistemático de conceitos que expliquem e interpretem as causas e os efeitos, as relações de dependência, identidade e diferença entre todos os objetos que constituem o campo de investigação" (Chaui, *Convite à filosofia*, 1997, p. 250-251).

65. "O que distingue a atitude científica da atitude costumeira ou do senso comum? Antes de mais nada a ciência desconfia da veracidade de nossa certeza, de nossa adesão imediata às coisas, da ausência de crítica e da falta de curiosidade. Por isso, ali onde vemos coisas, fatos e acontecimentos, a atitude científica vê problemas e obstáculos, aparências que precisam ser explicadas e, em certos casos, afastadas. Sob quase todos os aspectos, podemos dizer que o conhecimento científico opõe-se ponto por ponto às características do senso comum:

função social, qual seja, a dispersão de conhecimentos, o aprimoramento da técnica e o progresso da capacidade cognoscitiva humana. Não se pode pensar que nas páginas de uma obra científica se encontrarão expressas ideias com a mesma desatenção, com a mesma insensatez, com a mesma precipitação, com a mesma insolência, com a mesma informalidade... com que se pronunciam e expressam ideias de conhecimento vulgar nos juízos quotidianos sobre as coisas.

A pesquisa metodicamente constituída deixa de ser mera manifestação de uma opinião (*dóxa*) isolada de um pesquisador ou grupo de pesquisadores, para alcançar o grau de um conhecimento objetivamente construído, ou seja, cercado de cuidados que o impedem de

---

• "é objetivo, isto é, procura as estruturas universais e necessárias das coisas investigadas;

• "é quantitativo, isto é, busca medidas, padrões e critérios de comparação e de avaliação para coisas que parecem ser diferentes (...);

• "é homogêneo, isto é, busca as leis gerais de funcionamento dos fenômenos, que são as mesmas para fatos que nos parecem diferentes (...);

• "é generalizador, pois reúne individualidades, percebidas como diferentes, sob as mesmas leis, os mesmos padrões ou critérios de medida, mostrando que possuem a mesma estrutura (...);

• "são diferenciadores, pois não reúnem e nem generalizam por semelhanças aparentes, mas distinguem os que parecem iguais, desde que obedeçam a estruturas diferentes (...);

• "só estabelecem relações causais depois de investigar a natureza ou estrutura do fato estudado e suas relações com outros semelhantes ou diferentes (...);

• "surpreende-se com a regularidade, a constância, a frequência, a repetição e a diferença das coisas e procura mostrar que o maravilhoso, o extraordinário, ou o 'milagroso' é um caso particular do que é regular, normal, frequente (...);

• "distingue-se da magia (...);

• "afirma que, pelo conhecimento, o homem pode libertar-se do medo e das superstições, deixando de projetá-los no mundo e nos outros;

• "procura renovar-se e modificar-se continuamente, evitando a transformação das teorias em doutrinas e destas, em preconceitos sociais. O fato científico resulta de um trabalho paciente e lento de investigação e de pesquisa racional, aberto a mudanças, não sendo nem um mistério incompreensível nem uma doutrina geral sobre o mundo" (Chaui, *Convite à filosofia*, 1997, p. 249-250).

se circunscrever à esfera restrita da opinião (*dóxa*) do autor ou dos autores. Apesar dessa verdade, há que dizer que a ciência não é, nem pode ser, uma prática isenta ideologicamente[66]. Toda construção científica é fruto de um gênio histórico.

Os cuidados de que se cerca a pesquisa científica, seja na seleção de fontes de pesquisa, seja na utilização dos recursos de pesquisa, seja na construção da linguagem por meio da qual se exporão os resultados de pesquisa, são suficientes para que as conclusões daí extraídas sejam não somente a expressão do que uma ou mais pessoas pensam, mas sim a expressão aferida a partir da manipulação de dados, informações... Esta é a garantia e, ao mesmo tempo, o diferencial do que se concebe como sendo ciência e como sendo pesquisa[67].

É certo que a ciência é sempre produzida por uma ou mais pessoas. Não se está a negar o caráter humano da pesquisa. Não se está a negar muito menos o caráter histórico da pesquisa. O que se quer dizer é que a pesquisa, para galgar o nível da cientificidade, deve submeter-se a algumas condicionantes, que são aquelas que confirmarão ou não seu *status* na hierarquia do conhecimento. Tal submissão a determinadas condicionantes, sem dúvida nenhuma, cria óbices e entraves para o desenvolvimento fluido da atividade de conhecimento, mas, ao mesmo tempo, torna o produto dessa atividade seguramente mais sólido no sentido da realização de seus fins: explicar, descrever, construir sentido, diferenciar, criticar, averiguar, discriminar, identificar, ratificar, criar...

Toda dose de preocupação de que se cerca o cientista se justifica na medida em que as margens de erro são sempre muito amplas

---

66. "Os cientistas sociais não conseguiriam isentar-se politicamente porque é marca do espaço público fazer da isenção uma tomada específica de posição. Ficar 'em cima do muro' é estar num lugar determinado, assim como não estar alinhado é ter outra linha" (Demo, *Ciência, ideologia e poder*: uma sátira às ciências sociais, 1988, p. 71).

67. "A pesquisa, estritamente falando, consiste na sequência de procedimentos que, articuladamente, tentam responder uma dúvida particular dentro de uma área de interesse de pesquisa" (Queiroz, *Monografia jurídica*: passo a passo, 2015, p. 26).

e na medida em que a divulgação dos resultados impróprios (inadequados, equivocados, errôneos) de pesquisa possa produzir males ainda mais vultosos que a própria ausência desse conhecimento adquirido.

Além de possuir as noções distintivas que o método confere ao conhecimento científico, com relação ao conhecimento vulgar, a prática científica distingue-se de outras práticas do saber, igualmente destacadas por sua importância: conhecimento técnico, com suas artes e ofícios, visando à resolução de problemas práticos e aplicativos; conhecimento mítico, e as dimensões da sabedoria popular, da sabedoria imaginativa e outras manifestações do inconsciente coletivo; conhecimento religioso, e sua importante missão de explicação do atrelamento humano a causas supranaturais; conhecimento artístico, e todas as dimensões das práticas estéticas.

Mas há que questionar, com todo o cabimento e propriedade: o que é que justifica o mister metodológico para a prática da ciência? Essa pergunta tem cabimento neste passo da discussão, uma vez que se disse que a ciência tem amplo comprometimento com o método e suas injunções. Quando se faz literatura não se exige do literato maiores cuidados e rigores metodológicos. Quando se poetiza, a metodologia é dispensável, e pode representar mesmo a castração da criatividade e da liberdade de se fazer poesia. A arte e as criações estéticas em geral seguem as mesmas regalias, produzindo-se autonomamente com relação a constrições metodológicas mais rigorosas. E, então, o que justificaria a necessidade do método para as ciências (humanas ou sociais, exatas ou naturais)?

Entre outros motivos, pode-se dizer que, quando se produz ciência, se constroem conclusões que possuem grande poder de sentido. Ou seja, as conclusões científicas (um teorema, uma equação, uma criação científico-tecnológica, uma solução física, uma especulação filosófica, uma proposta jurídico-doutrinal *de lege ferenda*...) repercutem demasiadamente no âmbito social para serem consideradas meras palavras, meros discursos, meras teorias... desvinculados de quaisquer efeitos práticos. Os efeitos sociais, culturais, aplicativos... das conclusões científicas são absorvidos pela comunidade que os recebe. O homem constrói o seu meio a partir da expansão de suas próprias capacidades e faculdades, sobretudo aquela racional[68]. O progresso tecnológico, assim como o aperfeiçoamento dos saberes humanos, deve muito às especulações científicas. Estas se afirmam, concretamente, por meio de enunciados científicos, e estes se tornam enunciados verificáveis.[69] Não são eternos, nem perenemente estáveis no tempo, os enunciados científicos vão sendo modificados, ao longo do tempo, e é a isso que se costuma chamar progresso científico,[70] algo que não ocorre sem a acumulação dos conhecimentos.[71]

Em outras palavras, as consequências das práticas científicas (aplicáveis ou não) são de extrema importância como produção de sentido (elaboram-se conceitos; modelam-se terminologias; debatem-se problemas; fornecem-se soluções; criticam-se opiniões; desenvolvem-se hipóteses; reorganizam-se ideias; destroem-se modelos; erigem-se ideologias; iniciam-se revoluções; contestam-se estruturas políticas; logram-se curas e paliativos...). É isso que torna essa produção de saber um produto de interesse social, que deve ter como contrapartida a justificativa dos meios pelos quais se alcançaram os resultados científicos. Essa justificativa, que é o diferencial da ciência, é dada pelo método.

Quando se está diante de uma pesquisa científica, entre outras coisas, quer-se, fundamentalmente: a) saber se o caminho percorrido

---

68. "Por ser a razão ou o senso a única coisa que nos confere a qualidade de homens e nos diferencia dos animais, quero crer que se ache integralmente em cada um e acompanho, nisso, a opinião comum dos filósofos que dizem que há apenas mais e menos entre os acidentes e não entre as formas, ou naturezas, dos indivíduos de uma mesma espécie" (Descartes, *Discurso do método*, s.d., p. 14).

69. "A ciência propõe-nos enunciados verificáveis, mas não verdades imutáveis, já que existe uma história das ciências ao longo da qual boa parte desses enunciados se modificou ou foi substituída" (Granger, *A ciência e as ciências*, 1994, p. 101).

70. "De um modo muito geral, o progresso científico é assinalado por uma extensão de um campo de conhecimento, por uma precisão maior e por uma melhor compreensão" (Granger, *A ciência e as ciências*, 1994, p. 108).

71. "Assim, os progressos de cada ciência se realizam realmente por invenções e renovações, mas sempre tendo como fundo conhecimentos anteriormente acumulados" (Granger, *A ciência e as ciências*, 1994, p. 112).

pode ser refeito por outras pessoas, como garantia para gerações futuras; b) tornar público e comum, acessível a todos, o que poderia ser resguardado como intimidade de consciência e criação do autor; c) definir a testabilidade dos meios e a eficácia do produto do saber; d) averiguar o rigor e os critérios para o alcance dos fins; e) distinguir o que é mera fabulação do autor e o que é algo objetivamente alcançável; f) adequação de meios e fins na realização do empenho intelectual.

Enfim, a liberdade que se concede ao cientista não é a mesma que se concede ao artista; o cientista está aferroado a um conjunto de normas de proceder que encontram a justificativa de sua imperatividade nos motivos acima expostos. É imperativo para a sociedade que o produto de seu saber esteja escorado no método; ele é a garantia, até certo ponto, da isenção, da certeza, dos limites... da criação científica. Isto não impede que o cientista tenha também forte inflexão estética e que o estilo esteja proscrito do ambiente científico.

O que é que torna esta hipótese mais próxima da verdade que aquela outra? O que faz desta a melhor resposta para este/aquele problema? Quer-se, mesmo antes da aplicação de um modelo teórico, solução ou hipótese científica, certa margem de garantia de resultados, certa previsibilidade das consequências que possam advir da aplicação do modelo teórico, da solução ou hipótese científica.

A ciência é, desse ponto de vista, produto social, por acompanhar a gradual evolução da relação meio/homem, e instrumento de transformação, pois é ela que conduz o homem a novas formas de interação e convívio com o meio. Se o homem é também produto histórico de seu tempo, o saber que produz também não o seria? Do ponto de vista ideológico, ora ela representa a forma de perpetuação, de manutenção e conservação de um *status quo* dominante, simplesmente espelhando e compactuando racional e intelectualmente a conquista de momento ou o pensamento predominante ou a opinião comum, ora representa o papel das ondas revolucionárias, críticas e contestadoras, impondo as regras para as mudanças e rupturas necessárias, tudo com vistas à instauração da crise salutar.

Há, portanto, um profundo relacionamento da pesquisa científica como ato social em meio a atos sociais, como ato político em meio a atos políticos, como atitude eticamente equilibrada...[72]. Ela produz conhecimento e, como se sabe, conhecimento também é poder. Especialmente num contexto histórico, em que a informação se torna ponto central da dinâmica do poder, o conhecimento ganha especial relevância e destaque.

Mas, há que dizer, a ciência, em seus múltiplos ramos, compartimentou-se como fruto de uma secular evolução dos saberes humanos[73]. Quando se pensa na compartimentação dos saberes, talvez se veja nisso um linear processo de produção de novidades até o alcance de um estado mais evoluído. Em verdade, a história das ideias, e sobretudo da ciência, demonstra que os saberes se conquistam por revoluções, muitas vezes sem compromisso com seu tempo, período, estado técnico... Enfim, são saltos que se entrelaçam e, finalmente, produzem algo chamado ciência[74]. Há que dizer ainda que a ciência é produto da necessidade, e surgiu na medida em que a razão humana se foi destacando como forma de conhecimento, cálculo e domínio. Pode ser dita um esforço de controle racional, previsão e compreensão[75]. É em interação, premida por necessidades (materiais, psicológicas, morais, sentimentais...), que as conquistas se foram burilando.

---

72. "Definimos a pesquisa científica fundamentalmente como um ato de trabalho sobre a realidade objetiva. Sendo um ato de trabalho, cabe indagar em que consiste. A resposta anuncia-se assim: consiste em conhecer o mundo no qual o homem atua. O segundo aspecto da definição resume-se em que, sendo ato de trabalho, a pesquisa científica é sempre produtiva, inscreve-se entre as modalidades da produção social" (Pinto, *Ciência e existência*: problemas filosóficos da pesquisa científica, 1979, p. 457).

73. "O que aconteceu? Pois aconteceu que grandes setores do ser em geral, grandes setores da realidade, se constituíram em províncias. E por que se constituíram em províncias? Pois precisamente porque prescindiram do resto; porque deliberadamente se especializaram; porque deliberadamente renunciaram a ter o caráter de objetos totais" (Morente, *Fundamentos de filosofia*, 8. ed., 1980, p. 31).

74. "A ciência, portanto, não caminha numa via linear contínua e progressiva, mas por saltos e revoluções" (Chaui, *Convite à filosofia*, 1997, p. 258).

75. Neste sentido: "As teorias são redes, lançadas para capturar aquilo que denominamos o mundo: para racionalizá-lo, explicá-lo, dominá-lo" (Popper, *A lógica da pesquisa científica*, 1993, p. 61).

Ela permite, sem dúvida alguma, melhor interação do homem com o mundo que o cerca pela via da compreensão.

A compartimentação das ciências teve início já com as contribuições de teóricos na Antiguidade, sobretudo com a classificação das ciências (ciências práticas, ciências teóricas, ciências produtivas) e o desenvolvimento de múltiplos de seus ramos (biologia, psicologia, cosmologia, lógica...) com Aristóteles (século IV a.C.). Diversas outras conquistas hauridas durante o Renascimento e o Iluminismo (Leonardo Da Vinci, Bacon, Newton, Leibniz...) vieram a acalentar ainda mais essa necessidade de experimentar o mundo, de uma perspectiva cognoscitiva, a ponto de se alcançarem sentidos mais e mais precisos acerca da realidade, física ou metafísica. Nesse sentido há que ressaltar, sobretudo, a proposta cartesiana de construção de um método científico sólido[76], unívoco, *more geometrico*[77], capaz de

---

76. No capítulo *"Principais regras do método"*, Descartes propõe quatro regras lúcidas de construção do método científico: "Essa foi a causa de considerar eu ser necessário achar um novo método que, englobando as vantagens dos três, estivesse isento de seus defeitos (geometria, álgebra e lógica). E como o excesso de leis dá desculpas, muitas vezes, ao vício, de forma que um Estado é muito melhor regido quando, possuindo apenas muito poucas, elas são rigorosamente observadas, acreditei, por isso, que, em vez dos inúmeros preceitos de que a lógica se compõe, ser-me-iam suficientes os quatro seguintes, logo que tomasse a firme e constante resolução de não deixar de observá-los nenhuma vez" (...) "O primeiro consistia em jamais aceitar como verdadeira coisa alguma que eu não conhecesse à evidência como tal, quer dizer, em evitar, cuidadosamente, a precipitação e a prevenção, incluindo apenas nos meus juízos aquilo que se mostrasse de modo tão claro e distinto a meu espírito que não subsistisse dúvida alguma; o segundo consistia em dividir cada dificuldade a ser examinada em tantas partes quanto possível e necessário para resolvê-las; o terceiro, pôr ordem em meus pensamentos, começando pelos assuntos mais simples e mais fáceis de serem conhecidos, para atingir, paulatinamente, gradativamente, o conhecimento dos mais complexos, e supondo ainda uma ordem entre os que não se precedem normalmente uns aos outros; e o último, fazer, para cada caso, enumerações tão exatas e revisões tão gerais que estivesse certo de não ter esquecido nada" (Descartes, *Discurso do método*, p. 40).

77. Cf. Morente, *Fundamentos de filosofia*, 8. ed., 1980, p. 176.

fazer do conhecimento uma atividade certeira e precisa, assim como clara e fácil[78]. Enfim, o idealismo do *cogito* cartesiano introduziu a dimensão do sujeito na filosofia, trazendo, por consequência, toda uma ordem de reflexões infectadas pela ideia de unidade entre os saberes científicos, que poderiam estar sob um único manto metodológico derivado da razão matemática[79]. O homem sujeito do conhecimento, de posse do método, estaria suficientemente instrumentado para desvelar a natureza das coisas, a realidade e suas verdades[80].

Todo esse percurso culminou na formação do espírito cientificista e positivista do século XIX, momento de grande acúmulo de conhecimento e técnicas, sob os auspícios de cuja orientação se alcançou a compartimentação dos saberes. Se, no início da história do pensamento, a filosofia correspondia ao saber sobre tudo e todas as coisas (sobre o *ser*, suas contingências, seus atributos, suas qualidades, os juízos a seu respeito...), paulatinamente, esse saber foi-se fragmentando em províncias a que se chamam ciências. Cada ciência possuindo seu próprio objeto de estudo em específico, e seu território científico, forçosamente possui uma área de competência indelegável. Mais que isso, com a especialização das ciências, com seus ramos, braços, derivações... tornou-se necessária a especialização também

---

78. "Em consequência do que, passando em revista, mentalmente, todos os objetos que até o presente se tinham apresentado aos meus sentidos, atrevo-me a declarar que não percebi nada que não pudesse facilmente explicar com os princípios que encontrara" (Descartes, *Discurso do método*, p. 117).

79. "Essas longas cadeias de razões simples e fáceis, das quais usam os geômetras servir-se para atingir as suas mais difíceis demonstrações, deu-me azo a imaginar que todas as coisas que podem ser submetidas ao conhecimento dos homens seguem-se do mesmo modo, e que, desde que se possa evitar ter como verdadeira alguma que não o seja e desde que se consiga conservar sempre a ordem necessária para fazer a dedução uma das outras, não existirão tão distantes que não sejam alcançadas, nem tão escondidas que não sejam descobertas" (Descartes, *Discurso do método*, p. 40-41).

80. "É que o método que ensina a seguir a ordem real e a numerar com exatidão todas as circunstâncias daquilo que se busca contém tudo quanto dá certeza às regras de aritmética" (Descartes, *Discurso do método*, p. 44).

dos métodos por elas adotados, de modo a que se possa dizer que cada ciência possui seu método próprio[81].

Enfim, o abrangente saber filosófico foi cedendo, historicamente, mais e mais para saberes especializados que se pronunciavam, eram conquistados ou descobertos. As múltiplas perspectivas científicas atuais (ética, lógica, direito, economia, biologia, química, fonoaudiologia, matemática, geometria, geologia, paleontologia, física, astrofísica, astronomia...) estão a demonstrar a ampla dimensão e a ampla responsabilidade que possui o homem no conhecimento de si e do que o cerca.

4. Método, ciência e contribuição com a sociedade

A divisão dos saberes, a ramificação dos conhecimentos, a especialização da ciência e o aumento do hermetismo das linguagens científicas são consequências diretas do processo de desenvolvimento científico. Somente se progride, em ciência, com o aprofundamento da análise. Somente se avança, superando limites e fronteiras anteriormente estabelecidas nas aquisições do conhecimento. Desta forma, o próprio processo de afirmação da ciência traz consigo consequências, entre as quais se encontra aquela que gera o gradativo isolamento dos conhecimentos científicos, produzindo-se um *gap* na relação entre ciência e sociedade.

Por isso, se torna sempre muito importante reafirmar a contribuição que o trabalho de pesquisa científica traz ao desenvolvimento da vida social, com benefícios que podem não ser diretamente conhecidos pela sociedade (inclusive, sequer conhecidos à época de determinada descoberta científica) ou sequer propagados, disseminados,

---

81. "Compreende-se que cada categoria de ciência, sendo por definição irredutível às outras categorias, exige o emprego de um método diferente. O método a empregar numa ciência depende da natureza do objeto desta ciência. Não se estuda a inteligência, que é imaterial, pelos mesmos processos que se utilizam para conhecer o corpo e seus órgãos. O estudo da vida pede métodos diversos dos do estudo da matéria inorgânica ou da pura quantidade abstrata" (Jolivet, *Curso de filosofia*, 18. ed., 1990, p. 79).

divulgados ou noticiados, mas que acabam gerando inúmeros benefícios. Não raro, uma parte da pesquisa científica acaba sendo estocada em centros de documentação sem política de disseminação de conteúdos ou, ainda, acaba congelada pelo excesso de burocracia dos centros de pesquisa, pela elitização do conhecimento provocada por um número significativo de veículos de publicação internacional, pela dificuldade de compreensão dos conteúdos gerados pelas diversas frentes de pesquisa, pela dificuldade de transposição da linguagem científica em direção à linguagem comum ou, ainda, pela falta de comunicação de universidades e centros de irradiação de conhecimentos com a sociedade.

Aqui, a tarefa de afirmar a importância do conhecimento científico é compreendida como a tarefa de apreensão da ideia de que sem a ciência não há a possibilidade do desenvolvimento humano. A ciência é uma peça fundamental do progresso social. Em sociedades modernas isto é ainda mais decisivo, pois não há modernização possível sem o apoio dos conhecimentos científicos. A estagnação do conhecimento, portanto, não é algo que colabora com a vida social, pelo contrário, em certos momentos históricos, a revolta ante as ciências costuma revelar apenas a vontade de proteção da tradição e de uma visão de mundo restrita aos horizontes do passado. Assim, a consciência humana se atualiza e se transforma, acompanhando (direta ou indiretamente) as mudanças provocadas pelas ciências na vida comum em sociedade.

Mas, quando se quer afirmar a presença das ciências na vida social, se deve, antes de tudo, tomar conhecimento de que uma enorme parte daquilo que já se encontra incorporado às práticas cotidianas, à compreensão hodierna de mundo, à linguagem cotidiana de interação entre os sujeitos sociais revela a decisiva presença da ciência na vida social. O uso de medicamentos, o uso de transporte aéreo, a construção de edifícios, o processo de alfabetização e escolarização, o uso das tecnologias digitais, a aplicação da inteligência artificial para soluções profissionais são apenas exemplos de como a ciência está presente no cotidiano dos indivíduos, e não necessariamente é identificada por esse nome. Então, as conquistas científicas de uma geração podem se tornar *saberes incorporados* ao cotidiano, na medida em que historicamente se sedimentaram para fornecer novas condições de vida social que, para as gerações futuras, se tornam *conquistas científicas intransparentes*. Então, salvo situações em que as mudanças científicas são sentidas como *erupções vulcânicas*, as conquistas das ciências vão sendo incorporadas discretamente nos novos *fazeres* e *saberes* cotidianos, de modo que a sua presença cotidiana se torne incorporada aos consensos sociais.

Assim, as ciências (naturais e humanas), se equivalendo em contribuição e em papéis simultaneamente válidos e reciprocamente condicionados, contribuem com a sociedade, de muitas formas, sendo capazes de: i) fomentar o desenvolvimento social, econômico, político e cultural; ii) fornecer explicações fundamentadas, sistemáticas e racionais a fenômenos naturais, sociais ou culturais de interesse humano; iii) educar, formar e preparar através do conhecimento embasado, racional e sustentado em premissas metódicas de trabalho científico; iv) descobrir novas tecnologias, medicinas e soluções práticas para a melhoria das condições de vida e proteção ambiental; v) criar soluções, práticas e conquistas que colaborem para facilitar as condições de vida das populações; vi) gerar a difusão do conhecimento; vii) promover a inovação e o desenvolvimento de novos conhecimentos; viii) gerar o avanço dos conhecimentos estabelecidos; ix) criar novas fronteiras de conhecimentos; x) transformar visões de mundo, concepções de sociedade, paradigmas sociais e tradições culturais; xi) gerar condições cognitivas para que os indivíduos possam lidar com as transformações históricas, sociais e culturais, em condições de intensa aceleração social; xii) discutir, problematizar e questionar as condições de socialização, num determinado momento histórico.

Desta forma, é possível relacionar um conjunto significativo de contribuições das ciências (naturais e humanas) para com a sociedade. No entanto, quando se trata de ressaltar especificamente a contribuição da ciência do Direito, se torna indisfarçável a percepção de que, somente através do conhecimento do Direito, se pode alcançar mais justiça, cidadania, igualdade, diversidade, respeito e solidariedade na vida social. O Direito é compreendido como uma *ciência humana dos problemas humanos e sociais*, tendo a tarefa de lidar com os conflitos sociais e com as respostas justas que possam equacioná-los. Neste sentido, a tarefa da ciência do Direito é muito específica, enquanto ciência que se ocupa das *normas jurídicas* – e de seus vínculos internos com a sociedade e a justiça –, e é nisto que traz sua colaboração mais decisiva, desenvolvendo o conjunto de conhecimentos que permite alcançar o aprimoramento do corpo de legislação, das formas de decisão judicial e de funcionamento das instituições do Estado, com vistas à criação de condições de vida e socialização mais próximas da satisfação das exigências que apontam para o respeito à dignidade da pessoa humana.

Desta forma, não é difícil perceber o quanto as ciências (naturais e humanas) e, em especial, a ciência do Direito, trazem significativas contribuições para a sociedade, fortalecendo as condições de racionalização da vida, de produção de conhecimentos metodicamente validados e de fomento à transformação das condições de vida. É através da pesquisa científica que se processam as condições metódicas para a construção do futuro. Não por outro motivo, normalmente, os membros da comunidade científica mundial costumam dedicar o tempo integral de suas vidas, não somente para alcançar objetivos pessoais de pesquisa, mas, sobretudo, visando estabelecer resultados de pesquisa e contribuições no plano dos conhecimentos que venham a trazer impacto qualitativamente transformador para a humanidade, o que, direta ou indiretamente, acaba por influenciar a vida de outras pessoas.

5. Método, ética, ciência e responsabilidade social

Se a ciência ganha distinção, entre outras formas de saber, há que fazer duas ressalvas. A primeira é a de que a ciência não aniquila nem suprime os saberes tradicionais, uma vez que aquilo que chamamos de ciência nada mais é do que o conjunto organizado dos saberes produzido pela "ciência moderna". Assim, existem civilizações, povos e culturas muito mais ancestrais que o moderno desenvolvimento do modelo de ciência que decorre das inspirações do *Novum Organon,* de Bacon, e isso não significa que esses outros saberes são um *minus* com relação a um *maius*. Analisar isso é sopesar, na balança do relativismo, o peso que se costuma conferir aos saberes científicos, racionais, empíricos, modernos, ocidentais e americano-cêntricos ou eurocêntricos. Admitir que os saberes são múltiplos e acreditar que sabedorias tradicionais e ancestrais podem ter uma eficácia comprovada ainda maior que determinadas conquistas da ciência moderna é reconhecer que as ciências modernas possuem limites, fronteiras, barreiras e obstáculos, muitas vezes insuperáveis, e que, portanto, a vontade de onipotência da razão moderna não pode se realizar sem trazer juntamente consigo irresponsáveis consequências. Marginalizar religiões, filosofias, saberes tradicionais, culturas ancestrais em nome da crença na ciência moderna é algo tão violento quanto a predação cultural. Evitar esse deslimite é colocar limite na tarefa da ciência.

A segunda, e que também avulta como uma consequência direta da Segunda Guerra Mundial, é a questão da ética na ciência. Enquanto a ciência se projeta para algo, ela se destina a um fim. O seu fim não pode estar deslocado de uma série de preocupações que circundam as ciências. É importante afirmar que os saberes não estão isolados. Os saberes científicos são práticas sociais de conhecimento, que racionalizam a realidade para lhe conferir sentido. Nessa medida, a ciência deve ter um propósito, e este propósito não pode ser justificado na base de uma despreocupação com fins, com consequências e com desdobramentos sociais. O cientista que conhece os riscos de seu experimento deve estancar a prática, antes que os riscos extrapolem do ambiente da pesquisa e afetem vítimas reais, pessoas, cujos direitos podem ser violados por conta do desvio de cálculo nos rumos da produção do conhecimento[82]. Essa preocupação fica ainda mais clara quando se reflete à luz da ciência de Josef Mengele, o conhecido *Todesengel,* "Anjo da Morte", que atuou em Auschwitz, exercendo pesquisas em seres humanos, que nada justifica que o deslimite da ciência. A dignidade da pessoa humana é um bom critério,

---

82. "É na conjunção desses fatores sociais e de sua personalidade que o cientista pratica seu ofício e assume suas responsabilidades sociais. Parece, por vezes, ir contra a corrente das tendências sociais dominantes. Em outros momentos, contribui para sua alimentação e até para sua justificativa. A história das ciências humanas está repleta de tais contribuições e justificações. Através delas, veem-se as tendências e os interesses de uma época, e, também, a função social e as responsabilidades dos pesquisadores" (Laville, Dionne, *A construção do saber*: manual de metodologia da pesquisa em ciências humanas, 2007, p. 60).

aliás erigido pelas Nações Unidas, através da Declaração de 1948, de que toda ação humana deve considerar um fim eticamente justo, que pondera entre as conquistas da pesquisa e os limites da própria vida humana. Assim, em nome do saber, o que é autorizado, o que é possível? Muito importante papel cumpre a pauta axiológica contida na Declaração Universal, aliás, lançada em seu art. 1º ("Todas as pessoas nascem livres e iguais em dignidade e direitos. São dotadas de razão e consciência e devem agir em relação umas às outras com espírito de fraternidade"). Ademais, não menos relevante o papel que os Comitês de Ética desempenham, ao solucionar, junto a hospitais, centros de pesquisa, universidades, laboratórios, um papel de controle da moralidade da ciência. Isso não se confunde com vigilância ideológica da ciência, mas com observância do *minimum* ético entre as pessoas, na medida em que se conhecem os desvarios da ambição, da vaidade, da ganância, da vontade de poder, que podem estar disfarçados com a "roupagem de ciência". Assim, o controle moral do *poder-saber* torna a prática da ciência capaz de uma necessária autocensura, para que se evite o mal maior – e por que não lembrar das principais preocupações filosóficas de Theodor Adorno, qual seja, o da recaída na barbárie.

6. Método e ciências humanas

As ciências humanas lidam com material fundamentalmente sociocultural, de um lado, e discursivo[83], de outro. Mais que isso, a peculiaridade das ciências humanas é o tato direto com a questão do

---

83. Na opinião de Magnani, o discurso deve buscar mais que expressar sentido, pois deve buscar verossimilhança, ou seja, buscar aparecer e ser aceito conforme a opinião pública; a credibilidade do discurso é tema de importante reflexão que, segundo o autor, tem sido negligenciado nas análises formais e estruturais do discurso. Também na opinião do citado autor, é do conflito entre estudo de conteúdo (superfície) e estudo de linguagem (profundidade) que vive a atual dimensão dos estudos em ciências humanas, tendo-se em vista sobretudo que o tema do discurso tomou como nunca relevo para o cientista que lida com sentidos, palavras e valorações. A esse respeito, consulte-se Magnani, Festa no pedaço: cultura popular e lazer na cidade, *in Metodologia das ciências humanas* (org. Paulo de Salles Oliveira), 1998, p. 190-193.

juízo, não analítico, mas valorativo[84]. Sob esse invólucro comum se recolhem múltiplas ciências[85], que possuem traços genéricos que as fazem identificar-se entre si num grande grupo, mas que se desintegram em diferenças metodológicas, em perspectivas, em finalidades muito diferentes entre si. Seguindo-se de perto a análise de Gilles Gaston-Granger, fica claro que as ciências humanas são diferentes das ciências naturais, mas possuem a mesma necessidade de validação de seus enunciados científicos,[86] o que torna a centralidade do método algo de decisiva e constitutiva importância para as práticas científicas, em ambas as esferas do conhecimento.

A distinção, malgrado arbitrária, entre as diversas ciências, em ciências humanas ou sociais e em ciências exatas ou naturais, cumpre a função de diferir entre si quais são as linhas comungadas pelas

---

84. O próprio fato ou fenômeno estudado pelas ciências sociais já é de per si um significado valorativo e social, mesmo antes de ser estudado: "As informações pertinentes às ciências sociais, os acontecimentos, os fenômenos são frequentemente traços já significantes, antes de qualquer pesquisa científica. Essa significação das coisas sociais lhes advém da prática simbólica dos próprios atores sociais, prática sedimentada, codificada em conjuntos lexicais. De qualquer modo, o campo doxológico, o da realidade de todos os dias, da experiência e do saber pré-reflexivo, do conhecimento espontâneo e ingênuo, das sínteses passivas, é o dado primeiro da investigação, a ser transformado e a ser reduzido" (Bruyne, Herman, Schoutheete, *Dinâmica da pesquisa em ciências sociais*, 1991, p. 202).

85. "O campo das problemáticas das ciências sociais é excessivamente vasto para ser englobado ou reduzido a uma única disciplina; assim, de saída, esse campo é *pluridisciplinar*. Cada disciplina – sociologia, psicologia, etnologia, economia – não deve visar o conjunto do espaço epistêmico das ciências do homem, mas delimitar estritamente – *metodologicamente* – um campo de análise, um aspecto particular desse espaço. O trabalho científico diz respeito a domínios especializados, nos quais os conhecimentos são sistematizados, que são isolados artificialmente, domínios nos quais os pesquisadores devem chegar a um consenso intersubjetivo sobre os conceitos, os protocolos experimentais, os critérios de validade, etc." (Bruyne, Herman, Schoutheete, *Dinâmica da pesquisa em ciências sociais*, 1991, p. 26).

86. "Na medida em que as ciências humanas têm realmente, ainda que num sentido muito fraco, a mesma visão que as ciências da natureza, elas se deparam com os mesmos problemas de validação de seus enunciados" (Granger, *A ciência e as ciências*, 1994, p. 97).

ciências agrupadas sob o dístico de humanas, a saber, a importância e o peso do valor na construção racional da realidade, e aquelas agrupadas sob o dístico de exatas, a saber, a importância da relação causa/efeito capaz de redundar na formulação de leis científicas.

Deve-se, verdadeiramente, duvidar das propostas milagreiras que objetivam converter as ciências humanas em ciências universalmente válidas e dedutíveis de princípios únicos e imperativos capazes de deter o fluxo do relativismo e da diversidade dos fenômenos socioculturais[87]. As tentativas racionalistas de conversão das ciências sociais em ciências precisas como as exatas são todas positivistas. Onde há cultura há valor, e onde há valor abre-se uma dimensão incontornável de perspectivas axiológicas para o cientista social[88]. É certo que nas ciências naturais ou exatas o juízo de valor tem importância[89], mas não se pode equiparar sua importância lateral para

---

87. Essa é a preocupação de Weber ao afirmar: "É simplesmente um ato ingênuo, mesmo que ele seja compartilhado por certos especialistas, acreditar que é necessário, para a ciência social prática, estabelecer, sobretudo, um princípio, demonstrado cientificamente como válido, a partir do qual, em seguida, podem ser deduzidas, de maneira unívoca, as normas para a solução de problemas práticos singulares" (Weber, A "objetividade" do conhecimento na ciência social e na ciência política, *in Metodologia das ciências humanas* (org. Paulo de Salles Oliveira), 1998, p. 87).

88. É esta a opinião de Max Weber em suas investigações sobre a metodologia das ciências sociais, retratada aqui:

"A ciência pode proporcionar-lhe a consciência de que toda a ação, e também, de modo natural, conforme as circunstâncias, a não ação, implicam, no que tange às suas consequências, uma tomada de posição a favor de determinados valores, e, deste modo, em regra geral, contra outros valores – fato que, hoje em dia, é facilmente esquecido. Decidir-se por uma opção é exclusivamente assunto pessoal" (Weber, A "objetividade" do conhecimento na ciência social e na ciência política, *in Metodologia das ciências humanas* (org. Paulo de Salles Oliveira), 1998, p. 84).

89. "Não existe nenhuma análise científica totalmente 'objetivada' da vida cultural, ou – o que pode significar algo mais limitado, mas seguramente não essencialmente diverso, para os nossos propósitos – dos fenômenos sociais, que seja independente de determinadas perspectivas especiais e parciais, graças às quais estas manifestações possam ser, explícita e implicitamente, consciente ou inconscientemente, selecionadas, analisadas e organizadas na exposição, enquanto objeto de pesquisa. Isso se deve ao caráter particular da meta do conhecimento de qualquer trabalho das ciências sociais que se proponha ir além de um estudo meramente

essas ciências com o papel que desempenha nas ciências humanas ou sociais[90]. Nestas há a consciência e a adoção do valor como fator de agregação de seus interesses, ou, ainda, nestas o valor é estudado, comentado, criticado, valorado e valorizado[91].

Pode-se mesmo buscar ou adotar outras classificações[92], mas os dois grandes blocos científicos, desde que concebidos de modo não estanque ou como saberes incomunicáveis, traçam as nuanças fundamentais de dois procedimentos metodológicos que se devem distinguir.

De qualquer forma, o importante a discernir é que as ciências humanas lançam seus tentáculos teóricos sobre questões particulares, que não se confundem com aquelas de interesse das ciências exatas ou naturais, de modo a encontrar um largo campo de interesse de investigação[93]. Suas principais fontes de pesquisa são: entrevistas;

---

formal das normas – legais ou convencionais – da convivência social" (Weber, A "objetividade" do conhecimento na ciência social e na ciência política, *in Metodologia das ciências humanas* (org. Paulo de Salles Oliveira), 1998, p. 101).

90. "Além do mais, a divisão das ciências em Ciências da Natureza e Ciências do Valor pode levar ao equívoco de que as coisas da natureza são insuscetíveis de valor. Ora, é evidente que o homem atribui valor não só aos bens espirituais, como também às coisas do mundo físico" (Telles Júnior, *O direito quântico*: ensaio sobre o fundamento da ordem jurídica, s.d., p. 210).

91. "Para uma abordagem científica dos juízos de valor não é suficiente apenas compreender e reviver os fins pretendidos e os ideais que estão no seu fundamento, mas também e, acima de tudo, ensinar a avaliá-los criticamente" (Weber, A "objetividade" do conhecimento na ciência social e na ciência política, *in Metodologia das ciências humanas* (org. Paulo de Salles Oliveira), 1998, p. 85).

92. Por exemplo, pode-se adotar esta, que não recusa a divisão, mas acrescenta duas novas categorias: ciências matemáticas (aritmética, lógica, física pura, geometria, álgebra...); ciências naturais (física, química, biologia, geologia, astronomia, paleontologia, geografia...); ciências humanas (psicologia, economia, linguística, psicanálise, arqueologia, antropologia, sociologia...); ciências aplicadas (direito, engenharia, medicina, informática, arquitetura...) (cf. Chaui, *Convite à filosofia*, 1997, p. 260).

93. "O fato de o pesquisador em ciências humanas ser um ator que influencia seu objeto de pesquisa, e do objeto de pesquisa, por sua vez, ser capaz de um comportamento voluntário e consciente, conduz a uma construção de saber cuja medida difere da obtida em ciências naturais" (Laville, Dionne, *A construção do saber*: manual de metodologia da pesquisa em ciências humanas, 2007, p. 35).

relatos; testemunhos; estatísticas; informes; reportagens; depoimentos; documentos públicos ou privados; dados informáticos; acontecimentos sociopolíticos, jurídicos, econômicos, artísticos, culturais; opiniões e tendências religiosas; seitas; fantasias e mitos, crenças e manifestações de fé; causas e explicações metafísicas; manifestações conscientes e inconscientes humanas; legislação; decisões administrativas e judiciais; *cases*; tendências e formas de comercialização, gestão de recursos e sistemas econômicos; conflitos sociais; práticas e funções de instituições, órgãos, grupos, coletividades e individualidades; opiniões de estudiosos, politólogos, juristas, filósofos, cientistas sociais, historiadores, sociólogos... Nesse pequeno recenseamento vê-se a diversidade de estudos comportados sob a única designação de ciências humanas.

E os métodos em ciências humanas para lidar com esse arsenal de informações e fontes de estudo são os mais variados, apontando-se o dialético, o positivista, o sistemista, o estruturalista, o funcionalista[94]. A aplicação desses métodos não mascara opções, escolhas, tendências e muito menos ideologias[95]. Tal situação é incontornável

---

94. A proposta é de Demo: "Em ciências sociais, manipulamos geralmente uma gama variada e historicamente contextuada de metodologias. Podemos destacar, entre outras, o empirismo, que imagina encontrar cientificidade no cuidado com a observação e com o trato da base experimental; o positivismo, que aparece em várias versões, desde sugestões do tipo de Comte, misturadas com religião, até aquela chamada de positivismo lógico, girando em torno das características lógicas do conhecimento ou do positivismo de Popper e Albert, muito crítico e influenciado pela discussão com a dialética e que vê na neutralidade científica uma opção possível entre outras; o estruturalismo, que revive profundamente a crença ocidental científica da ordem interna das coisas e das invariantes explicativas; o funcionalismo, muito ligado a faces mais sociais da realidade e empenhado na explicação dos lados mais consensuais dela; o sistemismo, à sombra da moderna teoria dos sistemas, comprometido com a sobrevivência dos sistemas e com o manejo dos conflitos; a dialética, que se faz a expectativa de ser a metodologia específica das ciências sociais, porque vê na história não somente o fluxo das coisas, mas igualmente a principal origem explicativa" (Demo, *Introdução à metodologia da ciência*, 1987, p. 21).

95. "Uma análise científica vai caracterizar-se precisamente pelo compromisso metodológico de controle da ideologia, buscando o tratamento mais argumentado possível da realidade" (Demo, *Ciência, ideologia e poder*: uma sátira às ciências sociais, 1988, p. 21).

para todas as ciências, sobretudo para aquelas intituladas sociais ou humanas[96]. Ao menos, o método escora cientificamente uma posição assumida por aquele que se vale de um eixo de reflexão; pode-se concordar ou discordar dele.

7. Método e ciência do direito

É certo que o que se disse acerca da ciência e das ciências humanas nos itens anteriores também tem cabimento quando a investigação metodológica se refere à ciência jurídica. Assim, esta compartilha em gênero daquilo que as demais ciências também são e representam, destoando, como não poderia deixar de ser, do saber vulgar[97]. Não se pode imaginar que a compartimentação das ciências isole as produções científicas em mundos absolutamente separados, estanques, pois a falta de comunicação entre as ciências teria como efeito a criação de visões obtusas sobre os objetos de conhecimento. Dessa forma, quando se está a falar em pesquisa e em ciência, as implicações e conclusões daí retiradas possuem a mesma importância para a ciência jurídica e para a prática da pesquisa jurídica.

Quando se diz que a sistematicidade, a organização, a logicidade peculiarizam as práticas científicas, também isso toca ao jurista compreender[98]. Assim como quando se diz que a ciência é uma prática social engajada e prenhe de ideologia, sobretudo a ciência jurídica,

---

96. "Quando as ciências sociais levantam a pretensão de se tornarem não ideológicas, objetivas, evidentes, caem no ridículo mais penoso de sua própria construção histórica, porque acabam apenas encobrindo uma nova farsa. Estão apenas fazendo autodefesa, disfarçando novas formas de convencimento do público, camuflando imposições que se desejariam inquestionáveis" (Demo, *Introdução à metodologia da ciência*, 1987, p. 71).

97. "O conhecimento vulgar, por sua vez, não decorre de uma atividade deliberada; é mesmo anterior a uma reflexão do pensamento sobre si mesmo e sobre os métodos cognitivos (...) É um saber parcial ou fragmentário, casuísta, desordenado ou não metódico, pois não estabelece, entre as noções que o constituem, conexões, nem mesmo hierarquias lógicas" (Diniz, *Compêndio de introdução à ciência do direito*, 1988, p. 16).

98. "Em oposição ao saber vulgar, que faz constatações da linguagem cotidiana, a ciência é um saber metodicamente fundado, demonstrado e sistematizado.

uma vez que lida diretamente com o fenômeno do poder instituído, das normas estatais, dos imperativos de conduta, com estruturas institucionais, com sanções e mandamentos de ordem e repressão da conduta humana em sociedade... O mecanismo para o jurista teórico intervir nesse processo são suas reflexões de meios e fins, vistas com engajamento crítico-social, tendente à solução de conflitos formais (jurídico-normativos) e materiais (socioinstitucionais)[99].

Deve-se dizer que a ciência jurídica é parte das ciências humanas por estar comprometida com a causa humana. Ao versar sobre os direitos, os deveres, os poderes, as faculdades, as instituições, as práticas burocráticas... está lidando diretamente com questões de interesse humano, quando não com os próprios valores humanos. Assim, estão em jogo a liberdade, a moralidade, o comportamento... todos estes valores de intensa significação humana.

Mas, dentre as ciências humanas ou sociais, a ciência jurídica é ciência normativa e aplicada. Comunga com as demais ciências sociais a natureza de um saber voltado para as preocupações não naturalísticas, mas sim valorativas. Aqui o que está em jogo é o comportamento humano[100]. O cerne de todo o debate jurídico é o problema do valor[101],

---

A sistematicidade é o principal argumento para afirmar a cientificidade" (Diniz, *Compêndio de introdução à ciência do direito*, 1988, p. 16).

99. "... a ciência jurídica consiste no pensamento tecnológico que busca expor metódica, sistemática e fundamentadamente as normas vigentes de determinado ordenamento jurídico-positivo, e estudar os problemas relativos a sua interpretação e aplicação, procurando apresentar soluções viáveis para os possíveis conflitos, orientando como devem ocorrer os comportamentos procedimentais que objetivam decidir questões conflitivas" (Diniz, *Compêndio de introdução à ciência do direito*, 1988, p. 198).

100. "Ciências culturais, ciência do espírito, ciências humanas, ciências morais, ciências ideográficas ou ciências sociais são as que têm por objeto material o comportamento humano, apesar de cada uma delas ter objeto formal próprio, ou seja, a perspectiva mediante a qual contempla o homem e estuda os fatos de sua conduta" (Diniz, *Compêndio de introdução à ciência do direito*, 1988, p. 197).

101. "Ensina Tércio Sampaio Ferraz Jr. que, quanto ao método e objeto, as ciências podem ser naturais e humanas. O método de abordagem, na ciência da natureza, ao estudar os fenômenos naturais, refere-se à possibilidade de explicá-los, isto é,

uma vez que é "indissociável da noção de práticas jurídicas a noção de práticas de cultura"[102].

Foi na tentativa de isentar a ciência jurídica do valor que se cometeu o equívoco positivista, ao estilo kelseniano (*Teoria pura do direito*), assemelhando-se a metodologia do direito à metodologia preponderantemente *a-valorativa* das ciências exatas ou naturais. Na teoria kelseniana, toda a essência do direito poder-se-ia reduzir a um esquematismo mecânico de concatenação lógico-hierárquica de normas, derivadas que são de uma norma fundamental. Dessa forma, o fenômeno jurídico aparece alheado, despido de qualquer fundamento social, político, sociológico, ético, psicológico, histórico... Essa seria, dentro da proposta kelseniana, a forma de isentar a ciência jurídica da variação dos valores, e, sem empréstimos metodológicos, produzir a autonomia científica almejada para a ciência jurídica[103].

Mas o desafio é grande ao se tentar definir o que seja a ciência jurídica, pois seria como adentrar o tenebroso abismo ontológico da definição do que seja o "jurídico" com relação ao "não jurídico", isto é, significa o mesmo que definir o que é o direito, o objeto desta ciência.

Para que se possa definir o que é o direito não se pode proceder sem ao menos identificar as múltiplas correntes filosóficas que

---

constatar a existência de ligações constantes entre fatos, deles deduzindo que os fenômenos estudados daí derivam. Ao se estudar os fenômenos humanos, se acresce à explicação o ato de compreender, isto é, o cientista tem por objetivo reproduzir intuitivamente o sentido dos fenômenos, valorando-os" (Diniz, *Compêndio de introdução à ciência do direito*, 1988, p. 17).

102. "Cultura é tudo o que o ser humano acrescenta às coisas (*homo additus naturae*, diziam os clássicos) com a intenção de aperfeiçoá-las. Abrange tudo o que é construído pelo homem em razão de um sistema de valores" (Diniz, *A ciência jurídica*, 3. ed., 1995, p. 35).

103. A busca de neutralidade, objetividade e autonomia redundou num normativismo estrutural: "O mestre de Viena, ao construir sua peculiar metodologia jurídica fundada no princípio da pureza metódica, estabeleceu, ao lado da ciência do direito, uma teoria da justiça e uma investigação sociológica do direito" (Diniz, *A ciência jurídica*, 3. ed., 1995, p. 20).

procuraram definir o sentido do jurídico, e, nisso, debruça-se no desfiladeiro de uma tradição de múltiplas explicações (positivismo, normativismo, egologismo, historicismo, sociologismo, culturalismo, tridimensionalismo...)[104]. Não é o que se pretende encetar aqui, tendo em vista que esse tipo de discussão compete muito mais à filosofia do direito que à metodologia jurídica. Por isso se assume um compromisso de superficialidade no tratamento desse aspecto do problema.

Mas, de qualquer forma, há que dizer que as ciências jurídicas possuem suas especificidades, o que faz com que a metodologia varie ao sabor das necessidades de pesquisa jurídica setoriais[105]. Assim: a sociologia teórica lida com teorias de interpretações de fatos, ideologias, instituições, sistemas sociais, grupos e comportamentos sociais...; a sociologia aplicada lida com a base empírica eleita, qual seja, recolha de informações, estatísticas, entrevistas, vivências sociais...; a psicologia forense aproxima-se dos cânones teórico-investigativos da psicologia, valendo-se das técnicas de conhecimento advindas de testes, experiências e vivências, de recursos gerados por outras ciências experimentais, como a biologia...; a filosofia do direito é investigação que valoriza a abstração conceitual, servindo de reflexão crítica, engajada e dialética sobre as construções jurídicas, sobre os discursos jurídicos, sobre as práticas jurídicas, sobre fatos e normas jurídicas...; a antropologia jurídica reserva-se ao estudo comparado das relações etnológico-jurídicas, verificando as possíveis relações e consequências dos sistemas jurídicos no tempo, no espaço e de acordo com grupos, tendências, organizações, culturas...

Essa diversidade de ciências jurídicas, inclusive partidárias de metodologias não necessariamente uniformes, faz mister a identificação de algumas classes e categorias para a classificação dos

---

104. A exemplo de Diniz, *Compêndio de introdução à ciência do direito*, 1988, p. 33-148.

105. "A ciência jurídica é uma ciência social normativa, distinguindo-se da história do direito, da psicologia forense, da sociologia jurídica, que, embora sejam ciências sociais, são causais" (Diniz, *Compêndio de introdução à ciência do direito*, 1988, p. 197).

saberes científico-jurídicos. Assim, a ciência jurídica possuiria perspectivas zetéticas (1) e perspectivas dogmáticas (2). Sobre as zetéticas: (1.1) zetética empírica pura (sociologia jurídica; antropologia jurídica; etnologia jurídica; história do direito; psicologia jurídica; politologia jurídica; economia política); (1.2) zetética empírica aplicada (psicologia forense; criminologia; penalogia; medicina legal; política legislativa); (1.3) zetética analítica pura (filosofia do direito; lógica formal das normas; metodologia jurídica); (1.4) zetética analítica aplicada (teoria geral do direito; lógica do raciocínio jurídico)[106].

8. Método, ciência do direito e as transformações do saber jurídico

A visão tradicional que se tem da ciência do direito, por vezes, implica a visão de um conhecimento estático, único e uniforme. Esta ideia de Ciência corresponde a uma visão equivocada acerca dos movimentos que são próprios do conhecimento científico. No que tange a isto, o cientista norte-americano Thomas Samuel Kuhn, em sua obra *A estrutura das revoluções científicas*, aponta para a ideia de estabilização do conhecimento, naquilo que chama de "ciência normal"[107]. Ao fazê-lo, pretende indicar que a "ciência normal" é um "estado da ciência", para com isso dizer que o conhecimento científico implica o reconhecimento das transformações da ciência. Assim, ao contrário de conhecimento estático, único e uniforme, a ciência implica um conhecimento em movimento, diversificado e polêmico.

---

106. Cf. Ferraz Júnior, *Introdução ao estudo do direito*: técnica, decisão, dominação, 1994, p. 45. De acordo com esta classificação, a própria metodologia jurídica figuraria como uma investigação sem limite, não dogmatizada (zetética), que visa à elucubração de pressupostos abstratos, lógicos e formais (analítica), sem ter em vista a aplicação (pura).

107. "O que foi dito até aqui parece implicar que a ciência normal é um empreendimento único, monolítico e unificado que deve persistir ou desaparecer, seja com algum de seus paradigmas, seja com o conjunto deles. Mas é óbvio que a ciência raramente (ou nunca) procede dessa maneira" (Kuhn, *A estrutura das revoluções científicas*, 7. ed., 2003, p. 74).

Para Thomas Kuhn, o que se tem, em verdade, são os "paradigmas científicos" predominantes num determinado período histórico, sendo que a própria noção de "paradigma" se oferece à noção de "padrão"[108]. De tempos em tempos, o "paradigma científico" entra em crise, por encontrar uma "anomalia" que não se explica segundo as "teses científicas" predominantes, o que faz com que se inicie o processo de busca de novas soluções, explicações, modelos e concepções, em busca de novas formas de compreensão e descrição dos objetos científicos[109].

As transformações das ciências acompanham as transformações do conjunto dos saberes sociais. Por isso, a ciência pode ser vista como *saber em transformação*. Mas as transformações das ciências não se operam de forma brusca ou repentina e, até que determinado "paradigma científico" se assente, segue-se um período de indefinição e de resistência, que pode ser visto como período de transição[110]. Isto se passa com as ciências naturais, e, portanto, se passa também com o campo das ciências humanas e sociais. Na mesma medida, a ciência do direito é um saber em transformação, sabendo-se o quanto o *saber dogmático* se encontra em crise[111]. Neste sentido, a ciência do direito possui tanto dimensões estáveis quanto dimensões que se encontram em movimento, uma vez que se constitui na dependência das transformações do sistema jurídico e das transformações da sociedade. As dimensões em transformação da

---

108. "No seu uso estabelecido, um paradigma é um modelo ou padrão aceitos" (Kuhn, *A estrutura das revoluções científicas*, 7. ed., 2003, p. 43).

109. "A descoberta começa com a consciência da anomalia, isto é, com o reconhecimento de que, de alguma maneira, a natureza violou as expectativas paradigmáticas que governam a ciência normal" (Kuhn, *A estrutura das revoluções científicas*, 7. ed., 2003, p. 78).

110. "Essas características incluem: a consciência prévia da anomalia, a emergência gradual e simultânea de um reconhecimento tanto no plano conceitual como no plano da observação e a consequente mudança das categorias e procedimentos paradigmáticos – mudança muitas vezes acompanhada por resistência" (Kuhn, *A estrutura das revoluções científicas*, 7. ed., 2003, p. 89).

111. Cf. Van Hoecke, Ost, Legal doctrine in crisis: towards a European legal science, *in Legal Studies*, 1998, 18(2), p. 197-215.

ciência do direito são identificáveis na *instabilidade* dos conceitos jurídicos, no caráter *controverso* dos institutos jurídicos, na *desritualização* das práticas do direito, na *derrotabilidade* do raciocínio jurídico e no caráter *heurístico* do discurso jurídico[112]. Assim, deve-se ter a consciência de que a ciência do direito, de um conhecimento técnico, estável, objetivo e fechado, tem muito mais de um conhecimento heurístico, interdisciplinar e que depende de complementaridade cognitiva[113].

9. Método e discurso jurídico-científico

O discurso científico é um discurso técnico, especializado, qualificado pelo argumento racional e que busca o *efeito de verdade* (*effet de vérité*)[114]. Neste sentido, toda a prática da ciência é uma *prática discursiva*, que se exerce como atividade cognitiva (*activité cognitive*), que se desenvolve com base num *querer-fazer* (*vouloir-faire*) e num *dever-fazer* (*devoir-faire*), de busca pelo saber (*quête du savoir*)[115]. Ela é geradora de uma modificação do estado de coisas, na medida em que a *prática discursiva* da ciência desloca o conhecimento da *ignorância* ao *saber*, ou, da tese 1 à tese 2, para a sustentação de uma hipótese científica.

Em particular, o discurso jurídico-científico fornece um conjunto de *práticas discursivas* e *técnicas* que dão a aparência de uma

---

112. Neste sentido, pode-se dizer: "(i) legal concepts are as useful as they are unstable; (ii) legal institutes are as objective as they are controversial; (iii) the practices of Law are as ritual and traditional as they are subject to deritualisation and modernisation; (iv) legal reasoning is as logical as it is subject to *defeasibility*; (v) legal discourse is as clothed in argumentative authority of jurists as subject to academic fads and fugacity of its presuppositions" (Bittar, Semiotics of Law, Science of Law and Legal Meaning: analysis of the status of legal dogmatics, *in Signata* [Online], n. 13, 2022, § 27).

113. Cf. Bittar, Semiotics of Law, Science of Law and Legal Meaning: analysis of the status of legal dogmatics, *in Signata* [Online], n. 13, 2022, § 76.

114. Cf. Greimas, *Sobre o sentido II*, 2014, p. 122.

115. Cf. Greimas, Courtés, *Sémiotique*: dictionnaire raisonné de la théorie du langage, 1993, p. 322.

unidade, onde há diversificação constante (*ramificação, abstração e diferenciação terminológica*), a reboque das transformações que se processam na vida social, na medida da formação *microuniversos de discursos jurídicos*[116]. E isso porque toda ciência está sujeita a um processo de especialização[117]. A *linguagem jurídica* adotada pelos juristas[118] – tomada enquanto *linguagem técnica, especializada* e *terminologizada* –, acaba por se utilizar da estratégia corrente dos discursos científicos para a produção de *objetividade*, qual seja, a *debreagem objetivante*[119]. A *linguagem jurídica* é a dimensão intransponível para o senso comum que faz com que as *práticas discursivas* da ciência do direito aprofundem a distância com relação à *linguagem natural*[120], fazendo com que a *linguagem jurídica* seja falada pela comunidade de juristas (*communauté des juristes*), para seguir a lição de François Terré[121].

Enquanto *fazer persuasivo*[122], o discurso produzido pela ciência do direito se organiza em torno de *opiniões*, que se distribuem em campos opostos, a partir de exercícios de discurso que se manifestam de forma heurística, polêmica e graduada por jogos de confrontos na busca pela obtenção de resultados específicos (legislativos, judiciais, científicos). Os argumentos em circulação na esfera do direito circulam no sentido da sustentação de *teses jurídicas* – em

---

116. Greimas, *Semiótica e ciências sociais*, 1976, p. 76.

117. "Assim, se seguirmos a história das ciências desde os dois últimos séculos, aperceber-nos-emos de que ela é a um tempo uma história de especializações do saber e uma história da integração, numa cultura geral, das culturas especializadas" (Bachelard, *A epistemologia*, 2020, p. 158).

118. "(...) en l'occurence, le vocabulaire métalinguistique forgé par la théorie et la doctrine, (...)" (Landowski, *Sémiotique du Droit*, 1988:130).

119. Cf. Greimas, *Semiótica e ciências sociais*, 1976, p. 28.

120. "A linguagem científica é, por princípio, uma neolinguagem. Para sermos entendidos no mundo científico, é necessário falar cientificamente a linguagem científica, traduzindo os termos da linguagem comum em linguagem científica" (Bachelard, *A epistemologia*, 2020, p. 234-235).

121. Terré, *Introduction générale au droit*, 10. ed., 2015, p. 165.

122. Cf. Greimas, *Sobre o sentido II*, 2014, p. 124.

face de outras *contrateses jurídicas* – em confrontos que são mediados pela autoridade discursiva e pela competência retórica, em face de auditórios[123].

De fato, é dada essa tarefa ao cientista, que se ocupa do sentido jurídico[124], devendo decifrá-lo em meio às tramas em que se produz. A lógica dessa atividade, eminentemente exegética, reside exatamente na circularidade do sentido e busca alento em sua capacidade de influenciar novas práticas jurídico-semióticas. A textualidade da ciência jurídica não se produz com vistas a qualquer resultado de sentido, mas sim com vistas à influenciação do legislador, do aplicador, dos tribunais, dos operadores do direito, ou seja, daqueles que direta ou indiretamente convivem com as práticas jurídico-textuais.

O discurso jurídico-científico, como todo discurso, inscreve-se como atividade de sentido e de linguagem[125], que opera sobre práticas de sentido e de linguagem (verbal, não verbal, sincrética), realiza-se na teia das inflexões de sentido, ou seja, semióticas[126]. Isso porque o

---

123. Cf. Lopes, Beividas, Veridicção, persuasão, argumentação: notas numa perspectiva semiótica, *in Todas as Letras*: Revista de Língua e Literatura, n. 9, 2007, p. 33.

124. O que seja o sentido jurídico é por si só questão suficientemente complexa para ser discutida neste *locus*. Pode-se dizer que a reciprocidade relacional entre a realidade designada (referente semântico) e a realidade da literalidade designativa define o caráter intermédio da constelação significacional; entre *palavras* e *objetos* – objetos estes concretos (bem jurídico) ou abstratos (contratos) –, são os conceitos os elementos psíquicos que significam. É o significado aquela presença espiritual preenchida por determinado termo que se refere a um terceiro para um sujeito que o detém em referência e em ligação a esse terceiro. Sobre a polêmica em torno da palavra "sentido" e de seus usos, *vide* Ulmann, *Semântica*: uma introdução à ciência do significado, 1987, p. 113-133.

125. Na leitura dos *Ensaios linguísticos* e dos *Prolegomena*, percebe-se um comprometimento de Louis Hjelmslev com as linguagens no sentido geral do termo, postura que se adota neste trabalho. A respeito, consulte-se Metz, *Essais sémiotiques*, 1977, p. 11-24.

126. Deve-se vislumbrar, antes de tudo, que a ciência ela mesma é um discurso, e ignorar esse fato é ignorar como se faz ciência. Essa advertência é de autoria de Granger, *Pensée formelle et sciences de l'homme*, 1967, p. 21. As premissas de

discurso científico é a um só tempo percurso em direção ao conhecimento e percurso destinado à transmissão do conhecimento.

De fato, assim é porque se trata de um *saber-fazer*, de um exercício textual que parte da linguagem natural para construir um universo de referências científicas que acabam por se exteriorizar numa linguagem formal[127]. Além de se exercer na base de um *saber-fazer*, toda a atividade científica se apresenta, após a depuração de linguagem, após o estabelecimento de premissas rigorosas, após a construção de um conjunto metodológico, após a eliminação da ambiguidade de palavras e expressões para a criação de termos... como atividade prenhe da ideologia do *poder-do-saber*.

Trata-se, portanto, de um *poder-fazer*, e isso porque o saber também manipula, também gera crenças, também modifica comportamentos, também determina conteúdos exegéticos, também influencia a formação de nova legislação... e tudo tendo em vista a autoridade de que se reveste aquele que lida com essa linguagem. Enfim, o ato de linguagem da ciência é um ato de autoridade. Mas o só dizer isso daria a essa espécie de discurso jurídico uma visão incompleta, pois tal discurso é ainda uma prática de linguagem que se dirige no sentido de um auditório determinado, e, portanto, que envia mensagens, que comunica resultados, enfim, que informa, de modo que corresponde a um *fazer-saber*[128].

---

tratamento do problema por Granger são estruturalistas, mas sua advertência é de todo bem acertada, e, nesse sentido, convém aos termos desta pesquisa, que desnuda a discursividade jurídico-científica.

127. A proposta de Gilles-Gaston Granger, em seu estudo da linguagem das ciências humanas, é esta de vislumbrar na linguagem científica não somente uma linguagem formal, mas uma linguagem entre formal e vulgar, espécie de junção de ambas, pois a formalização absoluta parece corresponder a mera hipótese. Consulte-se, a este respeito, Granger, *Pensée formelle et sciences de l'homme*, 1967, p. 44.

128. Este discurso funciona na ordem do saber, como persuasão. Então a sua atividade primordial de fazer é a do persuadir. Necessita de um *querer-persuadir*, que se alia a um *saber-persuadir* e a um *poder-persuadir*, a tudo correspondendo um *querer-interpretar*, um *saber-interpretar* e um *poder-interpretar*, para que se tenham satisfeitas as condições mínimas para a produção de textos científicos. Esta reflexão é realizada com base nos estudos de Pais, Aspectos de uma tipologia dos universos de discurso, *in Revista Brasileira de Linguística*, n. 7, 1984, p. 43-66.

O que se pode dizer é que o cientista age por estar dotado de poder decorrente do saber, devendo adquirir os meios de realizar a sua *performance* discursiva, com o imperativo do dever de conservação de estruturas discursivas rigorosas baseadas no diferencial do método... O desempenho do jurista corresponderá, nessa hipótese, ao exercício textual, elaborando-se críticas, descrições, análises, explicações, interpretações de discursos normativos, jurisprudenciais...

Tem-se que, no âmbito da expressão da ciência, onde impera normalmente a linguagem verbal, o sujeito produtivo das mensagens discursivas é um sujeito hermético, que opera as mensagens enunciadas mantendo a sua condição de sujeito mascarado no discurso. Se o ato criativo do sujeito que se expressa é essencialmente idiossincrático, ao mesmo tempo, o postular científico exige certa objetividade, que se consegue pelo uso da linguagem. Se se trata de um texto que se exterioriza, não pode apenas demonstrar resultados de pesquisa, mas fazer com que esses resultados se erijam à condição de universais[129].

O texto científico, que está baseado, para a sua construção, em discursos anteriores que devem ser interpretados, estudados, descritos, criticados, compreendidos... (ex.: os discursos normativos, burocrático, decisório, científico), não se constrói *ex nihilo*, nem arbitrariamente. O progresso científico está na razão direta da ruptura de isotopias[130]

---

129. A respeito, Greimas/Courtés, *Sémiotique*: dictionnaire raisonné de la théorie du langage, 1993, p. 323, *scientificité*. Sobre o mesmo problema no seio do discurso científico opina Pais: "Daí decorre, inclusive, a possibilidade de um tipo de manipulação, a camuflagem objetivante, que se traduz pelo apagamento do sujeito da enunciação de codificação, na verdade uma simulação, tendo em vista acentuar o caráter objetivo, impessoal e universal da verdade enunciada" (Pais, Aspectos de uma tipologia dos universos de discurso, *in Revista Brasileira de Linguística*, n. 7, 1984, p. 61).

130. Ademais, todo texto possui um sentido mais genérico, que é aquele próprio do todo de estruturas semânticas colocadas em conjunto, e um sentido mais setorial, próprio de parcelas textuais. As isotopias ("...uma sequência discursiva qualquer será considerada isotópica se possuir um ou vários classemas recorrentes..."), na mesma medida em que o discurso é plurisotópico porque se exploram as várias dimensões de um lexema em isotopias diversas (Courtés, *Introdução à semiótica narrativa e discursiva*, 1979, p. 63 e 116-118) de sentido dentro deste todo que é um discurso científico, por exemplo, serão a *re-afirmação* constante dos

e de consensos de sentido formados em torno de uma palavra, de uma expressão, de uma frase, de um complexo textual...[131]. Esse fazer textual que irrompe com vistas a estabelecer novas conexões de sentido a textos previamente existentes corresponde à atuação do cientista que analisa textos jurídicos, o que se faz de forma limitada; não é arbitrariamente que se analisa o texto de uma norma, ou a decisão de um tribunal, mas dentro de certos parâmetros mínimos que se radicam em questões de natureza lógica, semântica, socioaxiológica...

Se o próprio exercício do jurista consiste numa prática textual sobre práticas textuais (discurso/texto normativo, discurso/texto burocrático, discurso/texto decisório, discurso/texto científico), percebe-se que a noção de texto aqui é fundamental. Porém, não deve a análise restringir-se em sua superfície, mas sim tomar o texto como mera manifestação do sentido, e fazer dele um ponto de partida para a busca dos âmagos semióticos que reluzem na superfície das palavras. Acentuar o nível do conteúdo e desprezar o nível da superfície textual, do mero fenômeno, da aparição, parece ser a tarefa da semiótica, na busca de profundidade. O estudo da pura superfície é o que a tradição tem feito, e parece atualmente insatisfatório[132].

Nesse sentido, também importa dizer que as práticas científico-textuais se valem de usos; o uso é muito mais o sentido contextualizado que o sentido ontológico e virtual das coisas (figura textual). É certo que uma palavra não significa qualquer coisa (p. ex., a palavra "prescrição" possui um leque delimitável de possíveis sentidos), mas

---

mesmos reforços teóricos que motivam o autor a escrever, a criticar, a propor novos modelos de análise, a se ater a este ou aquele aspecto de um discurso qualquer.

131. "Entretanto, se admitirmos, como no nosso caso, que o discurso científico é essencialmente um fazer que constrói seu próprio objeto, que se constitui como progressão do saber e não como asserção peremptória, então a anaforização cognitiva do discurso aparece como segmentação do fazer científico ligada a uma estratégia geral do querer-saber: programas científicos parciais, resultados de um fazer dinâmico e agressivo, acham-se assim consolidados um após outro em instâncias de um saber-ser que permite lançar novas ofensivas" (Greimas, *Semiótica e ciências sociais*, 1976, p. 16).

132. Cf. Courtés, *Introdução à semiótica narrativa e discursiva*, 1979, p. 50.

uma *figura-palavra* é um grande *panneaux* de escolhas para a manifestação discursiva e o uso semiótico.

De fato, decompondo-se um texto científico, neste podem ser encontrados sempre três eixos (figuras dos textos), que são: atores (1), lugar (2), tempo (3). No momento em que o discurso se produz, atores se operacionalizam, um lugar se faz presente, assim como o tempo situa. Essa é a forma necessária do conteúdo. O movimento construtivo do discurso, da profundidade em direção à superfície, exige esse processo. A conclusão não pode ser outra senão a historicidade de toda construção científica. De fato, se esse discurso é exegético, pois estuda determinado objeto (material ou imaterial), e se também é informativo, pois se exterioriza a fim de comunicar os resultados de sua pesquisa, utilizando-se de técnicas argumentativas para tanto, sobretudo esse discurso é um *fazer* que se exprime por meio de um *corpus* sobre o qual se imprime, no qual se concentra para se divulgar, e através do qual se permite a manipulação e a divulgação dos sentidos alcançados com o trabalho reflexivo. Isso dito, sempre nesse *corpus* estarão traduzidos visivelmente todos os elementos contingenciais que circunscrevem sujeito (necessário para a elocução), tempo (necessário para a ocorrência histórica) e lugar (necessário para a delimitação axiológico-cultural-espacial).

O discurso científico não raro procura romper com tais injunções que o prendem no passado em que se construiu e no qual se solidificou por meio de um *corpus*, e isso valendo-se de técnicas de maquiagem do elocutor (linguagem formal), de expressões verbais adequadas para a eliminação do tempo e do momento histórico, generalizando-se o discurso para conclusões universalizantes. Ademais, erige-se no sentido de se destinar a um auditório universal, e não a um auditório regional, localizado, circunscrito. Não obstante essas técnicas, esse discurso não persiste *ad aeternum* como pretende, mas se faz modelo e inspiração para os que o sucedem. Seu poder de determinar a reflexão e o sentido semiótico após sua intervenção nos meandros científicos[133], e não científicos, é que o faz integrar-se ao movimento e à circulação jurídico-discursiva.

---

133. O exercício do *saber* no sentido de estimular o *fazer* epistêmico sempre renovado parece ser altamente salutar para a construção e a edificação constantes

Do ponto de vista do destinatário, deve-se dizer que sua presença é sempre uma constante no discurso científico. Isso porque é o destinatário o julgador final, o observador rigoroso, que estará a apreciar os resultados da operação científica, muitas vezes conhecendo toda a operação apenas pela sua exteriorização, ou seja, pelo texto científico manifestado. Então, o esforço do destinador é o de construir não só a pesquisa científica, a teoria científica, a interpretação científica, e sim aliar isso à expressão correta das conquistas operadas, quando se vale então de argumentos, de sugestões de sentido, enfim, da persuasão para aproximar de si o auditório ao qual destina sua textualidade[134]. Dessa forma, as técnicas persuasivas variarão de acordo com o auditório envolvido, adequando discurso e destinatário numa só pretensão de aproximação entre a realidade textual da produção e a realidade textual da interpretação.

---

dos limites entre o desconhecido e o conhecido. É nesse sentido que se admite o exercício de um poder (decorrente do saber) capaz de contribuir e não simplesmente de constranger, ou impor, ou, ainda, fazer-se impor. Normalmente, os textos jurídicos fazem-se impor pela só citação desta ou daquela lei, deste ou daquele precedente jurisprudencial, desta ou daquela decisão judicial, a partir de quando surge o nocivo silêncio hermenêutico do autor, e dos que o leem, calando-se ante a verdade límpida do sentido claro e acessível... Sobre a utilização da citação normativa como forma de imposição do texto ao leitor, *vide* Timsit, *Les noms de la loi*, 1991, p. 132-134.

134. "A estrutura da comunicação comporta, como sabemos, um destinador e um destinatário, intercambiáveis, cada um dos quais dotado por isso mesmo de uma competência ao mesmo tempo emissiva e receptiva. Todavia, uma vez que os papéis sintáticos de destinador e destinatário são assumidos por dois sujeitos semânticos distintos, possuindo cada um seu próprio universo semântico e seu código de redação e leitura, a comunicação interindividual não é evidente e nem fácil. Por conseguinte, na medida em que a comunicação é suportada por um *querer-comunicar* bilateral, é normal que um fazer persuasivo se desenvolva do lado do destinador e que um fazer interpretativo, que lhe é paralelo, se instale em outra extremidade da cadeia. Eis aí duas grandes classes de discurso, duas formas também, que pode assumir, e frequentemente assume, o discurso científico que enfrenta a necessidade de ser comunicado" (Greimas, *Semiótica e ciências sociais*, 1976, p. 16).

10. Método, discurso jurídico-científico e interpretação

O discurso da ciência jurídica (dogmática e teoria do direito) releva o papel da própria atividade de exegese e apresentação do sentido. O que se quer dizer, com mais precisão, é que o universo de discurso da ciência jurídica está acentuadamente vertido para a exegese das produções textuais jurídicas. O discurso científico não atribui existência às ocorrências jurídicas, não atribui validade às imposições jurídico-normativas ou decisórias ou burocráticas, mas sim avalia as textualidades produzidas por esses microuniversos de discurso jurídico com os quais interage. Mais que isso, avalia e *reavalia* suas próprias produções textuais, num processo de constante crítica de suas produções, interação esta sobremaneira importante nas relações entre dogmática e zetética[135].

O cuidado que se tem de ter, neste ponto, é em não se considerar exclusividade do discurso científico o direito de interpretar. A interpretação é prática diária dos operadores do direito, mas o que se quer ressaltar é que a ciência tem na exegese, na interpretação, sua finalidade. Ou seja, a função do discurso científico não é outra senão produzir sentido jurídico, e não prescrever condutas (discurso normativo), e não procedimentalizar (discurso burocrático), e não decidir (discurso decisório). Nestes, o exercício exegético é lateral. Ao contrário, para o discurso científico, é a função primordial, o *télos* discursivo. É em função da necessidade de construir sentido sobre normas, decisões e atos administrativos que se constroem teses, teorias e interpretações científico-jurídicas. É com essas notas que se deve entender que o discurso científico é, fundamentalmente, um discurso voltado para a compreensão, crítica e interpretação dos discursos jurídicos.

O que se quer dizer com a dicção de que a ciência jurídica é um discurso exegético é que não corresponde a uma atividade que se faz fora do discurso e das práticas jurídicas, e, mais do que isso, que não corresponde à mera descrição do objeto estudado ou que se constitui

---

[135]. A nomenclatura remonta a Ferraz Júnior, *Introdução ao estudo do direito*: técnica, decisão, dominação, 1988, p. 40-52.

como mera ciência das leis positivas[136], que se destina à apresentação da verdade proposicional, ou que se confunde com a atividade aplicativa, ou que se destina à previsão[137], ou que se confunde com o método ou que pende para a empresa analítica[138]. Excluídas essas hipóteses, deve-se afirmar que se concebe sua atividade como prática voltada para a interpretação e construção crítica dos sentidos jurídicos[139].

A exegese é sua atividade, o que significa que esse discurso parte de textos jurídicos e formula, por sua vez, textos jurídicos. De fato, a atividade científico-jurídica não estaciona na etapa do conhecimento jurídico, de modo a não se reduzir a uma atividade cognitiva; o que faz é conhecer para construir sentido jurídico, tendo por

---

136. Esta foi a concepção pós-napoleônica da Escola da Exegese, com sua pretensão de reduzir a ciência jurídica à leitura descritivista, classificatória e limitada aos quadrantes do texto positivo. Este tipo de reflexão pode-se encontrar em Demolombe (*Cours du Code de Napoléon*). A respeito da Escola e sua postura teórica, vide Grzegorczyk/Michaud/Troper, *Le positivisme juridique*, 1992, p. 83-87.

137. Esta é a concepção do realismo americano, de acordo com o qual a atividade da ciência jurídica seria aquela de prever as possibilidades decisórias da jurisprudência. Não só essa discussão conduz à negação da autonomia da ciência jurídica, como reduz seu papel a uma atividade acessória à jurisprudência, além de não vincar a diferença entre a atividade do jurista prático (advogado, procurador, promotor...) e do jurista teórico. Essa discussão aparece em Troper, Entre science et dogmatique, la voie étroite de la neutralité, *in Théorie du droit et science*, dir. Paul Amselek, 1994, p. 317.

138. Utiliza-se da expressão "teoria analítica" para expressar o conjunto das reflexões que põem em jogo a relação da ciência jurídica com a lei e com a justiça, e neste sentido se alistam inúmeros autores com as mais variadas tendências e diferenças entre si (Hart, Ross, Bobbio, Von Wright...). A esse respeito, consulte-se Grzegorczyk/Michaud/Troper, *Le positivisme juridique*, 1992, p. 43-44.

139. De qualquer forma, a própria posição de Norberto Bobbio, tendo fundamentalmente suas matrizes teóricas radicadas na filosofia política, no normativismo kelseniano, na analítica jurídica, sobre a questão de se a ciência jurídica consiste numa ciência empírica (sujeita à experimentação) ou numa ciência formal (sujeita às abstrações e às universalizações) é bem outra, a saber, a análise de linguagem, e sobretudo a interpretação da lei (esta posição não aparece no conjunto de sua obra, mas sim num artigo intitulado Scienza del diritto e analisi del linguaggio, *Rivista Trimestrale di Diritto e Procedura Civile*, 2, 1950, p. 342-367). A esse respeito o estudo de Grzegorczyk/Michaud/Troper, *Le positivisme juridique*, 1992, p. 267-269.

pressuposto dessa atividade, do conhecimento à produção, a exegese[140]. Não se trata de fazer aqui do discurso jurídico-científico *la bouche de la vérité*, e sim, bem pelo contrário, um discurso persuasivo, que elabora conceitos, ideias, que formula experiências jurídico-conceptuais plausíveis, soluções decisórias, ou seja, um discurso tendente à verossimilhança e à aceitação geral, seja para a aplicação decisória, seja para a formação do espírito do legislador. Possui, portanto, uma lógica argumentativa, e não puramente dedutiva ou experimental, calcada que está sobre a possibilidade de fazer imperar sua criação de sentido. A exegese científica, na expressão aqui empregada, pouco se relaciona com o que a respeito entendia a Escola da Exegese, utilizando a mesma expressão.

A operação exegética permite à ciência jurídica vislumbrar o funcionamento dos demais discursos jurídicos – e não se exclua das possibilidades exegéticas a análise do discurso científico pelo próprio discurso científico –, investigando-lhes a manifestação textual. Portanto, essa exegese se detém nas produções textuais normativas (leis, regulamentos, portarias, constituições, resoluções...), nas práticas textuais burocráticas (procedimentos, técnicas, despachos, utensílios de marcha e decisão interlocutória...), nas criações decisórias (jurisprudência, interpretação autêntica das normas, derrogação, aplicação da equidade...), bem como nas próprias produções e formações de sentido fornecidas pela ciência jurídica (enunciados doutrinais, propostas científicas, críticas de discursos...).

A principal noção a reter é a de que a ciência jurídica constrói sentido ao produzir a coesão e a lógica do ordenamento jurídico[141]. Não há um ordenamento pronto, mas uma permanente hermenêutica

---

140. Aprofundada reflexão sobre a especificidade do conhecimento científico-jurídico vem dada por Villa, La science juridique: entre descriptivisme et constructivisme, *in Théorie du droit et science*, dir. Paul Amselek, 1994, p. 281-291, onde o conhecimento jurídico se divide em: conhecimento laico (não iniciados); conhecimento técnico (operadores); conhecimento científico (juristas).

141. "A missão do sistema científico é tornar visível e mostrar a conexão de sentido inerente ao ordenamento jurídico como um todo coerente" (Larenz, *Metodologia da ciência do direito*, 1989, p. 593).

das normas. E é por isso que se pode dizer que a ciência jurídica não constitui mera apreciação opinativa sobre fatos ou normas (*dóxa*) nem é capaz de vincular por suas conclusões (deôntica).

É certo que o próprio conceito de ciência não é unívoco[142], e muito menos o conceito que se tem de ciência jurídica[143], mas, de qualquer forma, a presente investigação não se vê afetada por essas deficiências, pois sua proposta é investigar a produção do sentido jurídico pelos juristas, qualquer que seja a disciplina à qual se vinculem, se àquelas zetéticas[144] (filosofia jurídica, sociologia jurídica, antropologia jurídica...), se àquelas dogmáticas (direito constitucional, direito administrativo, direito tributário...).

Ambas as atividades científicas compõem o grande *écran* de movimento textual das práticas científicas de sentido jurídico, e devem ser estudadas lado a lado. Porém, as diferenças de finalidade

---

142. A plurivocidade do termo "ciência" (*scientia*) atesta, assim, o estado prévio de dificuldade em que se encontram tanto o elocutor quanto o intérprete textual, ao se referirem a um conceito, no seio dos estudos jurídicos, de "direito". Sobre a plurivocidade do termo "ciência", consulte-se Ferraz Júnior, *A ciência do direito*, 1980. A respeito ainda da questão consultem-se do mesmo autor: *Função social da dogmática jurídica*, 1978, e *Introdução ao estudo do direito*: técnica, decisão, dominação, 1988. É certo que as tendências são muitas, e as que mais se destacam são as de Hans Kelsen (*Teoria pura do direito*), H. L. A. Hart (*O conceito de direito*), Alf Ross (*Direito e justiça*), Karl Larenz (*Metodologia da ciência do direito*) e Norberto Bobbio (*Teoria da norma jurídica*).

143. A própria diferenciação entre ciências do espírito e ciências naturais guarda seu conteúdo de arbitrariedade. Um discurso em ciências do espírito é um discurso coerente e sustentável, ou seja, não verificável, porém decomponível e analisável racionalmente no contexto de todos os demais fatos brutos que se sistematizam racionalmente. O que se admite é que a não verificabilidade das ciências do espírito, no entanto, não pode ser concebida como questão que impeça a qualificação destas em meio às ciências em geral. Ter-se-ia, nessa só hipótese de redução do conceito de ciência ao de ciência verificável, de "... excluir em ampla medida as ciências sociais do campo das ciências, pois que nelas se não trata somente de explicação causal de fatos ou da sua apreensão mediante regras de probabilidade estatisticamente obtidas" (Larenz, *Metodologia da ciência do direito*, 1989, p. 232).

144. A expressão vem empregada no sentido em que a concebe Ferraz Júnior, *Introdução ao estudo do direito*: técnica, decisão, dominação, 1988.

entre ambos os campos de estudo devem ser feitas, pois: a dogmática constrói-se no sentido da aplicação, operando sobretudo com os discursos normativo, burocrático e decisório, preocupando-se com os problemas da validade, da calibração do sistema, do preenchimento de lacunas e com a manipulação das fontes jurídicas (costumes, normas, jurisprudência, doutrina); pois, também: a teoria do direito opera, sobretudo, com a generalidade do discurso *jurídico* e suas relações com outros discursos *não jurídicos*, propondo a reflexão das práticas jurídicas em face dos acontecimentos e construções científicas antropológicas, filosóficas, sociológicas... tudo com vistas à crítica do *fazer* jurídico, desvinculando-se diretamente das pretensões da aplicação jurídica, operando muitas vezes como a própria epistemologia da dogmática jurídica (discurso científico sobre discurso científico).

Justifica-se mesmo que não se fale em análise da ciência jurídica[145], no singular, mas em análise das ciências jurídicas, no plural, na medida em que a busca de unidade entre essas práticas científicas de naturezas diversas se aproxima mais da utopia que da realidade[146]. A vocação da ciência jurídica dogmática (ciência normativa) é propriamente a aplicação, e a vocação da teoria do direito é a crítica, a metadiscursividade (ciência metanormativa)[147].

---

145. Neste sentido, reserva-se a expressão "ciência jurídica" para o entendimento das práticas jurídico-científicas em geral, assim como a expressão "ciência dogmática jurídica" para o entendimento das práticas que possuem uma atividade exegética restrita às manifestações jurídicas de sentido que possuam caráter normativo de base (discurso decisório, discurso normativo, discurso burocrático). Fica claro, portanto, que o uso da expressão "ciência do direito" abrange o campo da dogmática e também das ciências paranormativas ou não aplicativas.

146. A perene mutabilidade dos postulados científicos possibilita a ampliação das perspectivas de abordagem do próprio referente, e, antes de se reduzirem as áreas de estudo pela repartição dos objetos de análise, tem-se um contínuo e progressivo redimensionamento das circunscrições em que atua cada cientista.

147. Essa distinção também se encontra na teoria analítica da ciência jurídica de R. Guastini (*Lezioni di teoria analitica del diritto*), onde a ciência dogmática aparece como análise do discurso do legislador e a teoria do direito, como metateoria com relação àquela. Cf. Grzegorczyk/Michaud/Troper, *Le positivisme juridique*, 1992, p. 98-102. Consulte-se também Sériaux, La notion de doctrine juridique, *in Droits: Revue Française de Théorie Juridique*; doctrine et recherche en droit, n. 20,

O que releva saber, porém, é que o próprio fazer textual dessa espécie de discurso está tão presente e tão influente na circulação de valores, saberes e informações no seio da *juridicidade* que seus vínculos com os demais discursos jurídicos são de difícil apreensão. Ainda mais, seja para a teoria jurídica, seja para a dogmática jurídica, em ambas as hipóteses constatam-se práticas textuais onde o sentido é visto como sentido, ou seja, trata-se de uma atividade em que o sentido (científico) consiste em extrinsecar o sentido (normativo, fundamentalmente).

Deve-se dizer que um sistema teórico nada mais é senão a construção (semiótica) de um espaço de sentido, acerca de um referente determinado (*juridicidade*), ao qual se reporta com vistas a explicá-lo, o que não se faz sem que se obedeça a procedimentos consagrados de pesquisa e transmissão, por práticas de linguagem, do referente, ou parte dele, colocado em exame[148].

Daí a necessária menção, em sede de discussão acerca da ciência jurídica e de seu discurso, à questão do método. Isso porque, não sendo o objeto material de estudo de uma ciência aquilo que a difere das demais ciências, deve-se atribuir essa possibilidade de repartição de competência diferenciada do referente entre ciências ao método, que singulariza cada espécie de pesquisa científica. É, pois, sua linguagem formal algo de decisiva importância em sua constituição.

1995, p. 65-74. Uma excelente discussão entre as duas principais vertentes acerca da questão se encontra em Troper, Entre science et dogmatique, la voie étroite de la neutralité, *in Théorie du droit et science*, dir. Paul Amselek, 1994, p. 312-324, que apresenta as teorias da seguinte forma: 1) monistas, como aquelas que não aceitam a divisão das ciências jurídicas entre si; 2) dualistas, como aquelas que distinguem entre a teoria (zetética) e a prática (dogmática) científicas. É certo que as reflexões deste trabalho conduzem à melhor aceitação das teorias dualistas.

148. "As teorias científicas são enunciados universais. Como todas as representações linguísticas, são sistemas de signos ou símbolos. Não me parece conveniente expressar a diferença entre teorias universais e enunciados singulares, dizendo que estes últimos são 'concretos', ao passo que as teorias são simplesmente fórmulas simbólicas ou esquemas simbólicos, pois pode-se dizer exatamente o mesmo inclusive dos enunciados mais 'concretos' " (Popper, *A lógica da pesquisa científica*, 1993, p. 61).

O que o método permite, portanto, é uma tomada de posição específica, a partir da qual as decisões e as interpretações de sentido se fazem em função de um conjunto de premissas eleito como necessário e imperativo da pesquisa. Ainda mais, o método também permite uma passagem da linguagem natural à linguagem científica[149], de modo que nesta passagem fiquem marcadas as atividades de depuração, de purificação, de definição[150], de classificação, de distinção, de tecnicização, de rigorosidade, de reflexão, de eliminação de ambiguidades... Nessa passagem da linguagem natural à linguagem científica há uma superação, pois se passa do domínio do uso ambíguo, indeterminado, enfim, do uso livre da linguagem, ao domínio do uso rigoroso, determinado, conceitual, o que é operacionalizado por um *saber-fazer*[151].

Assim, as práticas científicas de linguagem, os textos jurídico-científicos, estão prenhes de um tratamento não só metodológico, de uma tecnologia do saber e de sua apresentação, mas também de

---

149. Enrique P. Haba (Sciences du droit: quelle science? Le droit en tant que science: une question de méthode, in *Droit et science: Archives de Philosophie du Droit*, n. 36, 1991, p. 165-166) estabelece essa mesma distinção ao procurar detalhar o que seja o método para a ciência e que papel possui diante da linguagem natural e do conhecimento vulgar. Para o autor, o método científico, ou o método *stricto sensu*, é caracterizado pela intersubjetividade forte, pelo convencionalismo e pela racionalidade (p. 171-172).

150. O que se costuma afirmar a respeito da definição jurídica é que não é tarefa do legislador definir, e isso parece ser unanimemente aceito pela doutrina: "O nosso Código Civil escusou-se em definir obrigação, no que andou bem, pois definir não é tarefa do legislador, mas da doutrina" (Maria Helena Diniz, *Curso de direito civil*, 1994, v. 2, p. 27). Se assim é, resulta disso então uma importante função de sentido especificamente delegada aos juristas teóricos.

151. "Assim, admitindo que – a partir da língua considerada como o resultado de uma caracterização anterior e ingênua do mundo – o discurso cotidiano nada mais faz do que programar certas partes desse mundo que ela recobre, deve-se reconhecer que o discurso científico se define, no componente que estamos examinando, como o lugar de um fazer taxinômico e que a organização do universo semântico localizado que ele explora, longe de ser um dado, é pelo contrário o projeto científico desse fazer. Mesmo que seja por esse único traço, o discurso científico distingue-se desde logo dos outros discursos que se podem fazer sobre o mundo" (Greimas, *Semiótica e ciências sociais*, 1976, p. 8).

uma ideologia de sentido, que aparece desde o momento em que se faz necessária a opção metodológica. O discurso jurídico-científico não é neutro, mas sim ideológico; a própria complexidade ideológica da *juridicidade* não pode ser descolorida pelo discurso que a estuda.

E essa ideologia que perpassa toda prática textual, e inclusive a prática científica, é marcante na eleição dos meios pelos quais se pode declarar algo como *jurídico* ou *não jurídico*, ou fazer-se esta ou aquela interpretação do mesmo fenômeno analisado. Se a eleição metodológica é a de uma ideologia purista, então, haverá a renúncia a uma análise que se detenha em aspectos políticos, sociológicos, antropológicos, culturais, contingenciais da formação do fenômeno jurídico[152]. Esta é a perspectiva de Hans Kelsen em sua obra *Teoria pura do direito*[153].

Não se pode, portanto, desconsiderar a participação da axiologia e da ideologia na formação dos conceitos, máximas e juízos interpretativos elaborados em sede científica, pois a esterilização de seu aspecto diacrônico consistiria propriamente na tentativa de construção de modelos sustentáveis *ad aeternum*, o que por si só seria incoerente, em face da mutabilidade da própria legislação, em face da dinâmica das próprias ideias, em face das variações axiológicas da comunidade semiótica, científica e social à qual destina os produtos de seu intelecto. Nenhum discurso está isento do relativismo[154].

---

152. Para o purismo desta ciência, foi necessário dela extrair a história, a economia, a moral, a política, a sociologia, a antropologia. (Cf. Dubouchet, *La pensée juridique avant et après le Code Civil*, 1994, p. 259).

153. Esta é a opção purista kelseniana, que, para a construção e o acabamento da ciência pura do direito, tomou como modelo o empreendimento kantiano no campo da moral (moral heteronômica à moral homogênea e integral). Sobre esse comprometimento, *vide* Dubouchet, *La pensée juridique avant et après le Code Civil*, 1994, p. 257-259. A respeito da insuficiência do positivismo científico-jurídico, *vide* Timsit, *Les noms de la loi*, 1991, p. 42. A respeito, *vide* Máynez, *Algunos aspectos de la doctrina kelseniana*, 1978, p. 9-27.

154. Nesse sentido, mero descompasso entre a legislação e a produção dogmática a respeito poderia significar uma catástrofe científica. Então, de acordo com Kirchmann, citado por Larenz na problematização desse aspecto (*Metodologia da ciência do direito*, 1989, p. 286): "Bastam três palavras retificadoras do legislador para bibliotecas inteiras se transformarem em papel de embrulho". É claro que o

De toda forma, qualquer que seja a ideologia eleita, consciente ou inconsciente, o processo de axiomatização, formalização e universalização de um sistema teórico responde a uma necessidade interna de autoconsistência deste[155].

Nessa abordagem da ciência jurídica como prática de discurso, não se pode deixar de focalizar o adágio, mais do que secular, que reza que *scientia non est de particularibus*. Esse adágio quer significar que as constantes generalizações lógicas fazem com que o "individual" desapareça imerso na ideia do "todo", ou do genérico, abstraindo-se, portanto, das características idiossincráticas de que se revestem os casos singulares (fatos jurídicos), para que se alcance um menor grau de relatividade dos conceitos (instituto jurídico), características que fundem a unidade de determinado fenômeno cognoscível.

De fato, o que ocorre é que, na investigação científica, existe uma sucessão de premissas científicas que passam a sustentar outras premissas científicas, de modo a que se obtenham regularidades sistêmicas[156] e formas internas de autorreferência entre as premissas

---

exagero cético dessa afirmação está a desconsiderar a participação do discurso científico no seio da *juridicidade*, e Larenz, logo em seguida ao citar Kirchmann, discorda de sua afirmação.

155. Desde a tradição grega, sobretudo aquela radicada nos estudos platônicos e aristotélicos, tem-se como ponto de partida da ciência (*epistéme*) a necessidade de reconstrução abstrata de seus objetos de estudo, o que furta a construção científica da fugacidade e da perecibilidade dos fenômenos particulares. Assim, a formação de gêneros e de grupos de classificação dos individuais nada mais é que fruto de um processo de comparação e de abstração procedido de forma a se confrontarem os seres em análise, retirando-lhes os elementos que possibilitam a identificação das características do indivíduo naquelas formadoras do gênero. Trata-se de uma dialética ascendente e descendente, de modo que a abstração se faz a partir da concretude fenomênica, assim como a visualização do particular no universal se faz a partir da concretização do abstrato. É mesmo, em essência, esta a diferença que denunciou o pensamento grego, apresentando o conhecimento empírico como pura opinião (*dóxa*), em oposição à construção, ou *re-construção*, da realidade pela razão (*epistéme*).

156. A noção de sistema teórico é intrínseca à ideia de racionalidade, uma vez que implica o estabelecimento de uma coerência interna, a formulação de

que podem, em seu todo, resultar em um conjunto interpretável como orgânico e sistemático. Tem-se que um sistema científico, para que seja dotado de rigorismo e objetividade, aponta muito menos para a característica da imutabilidade, e muito mais para a característica da redução do espaço de relativismo conceitual[157].

O que há que dizer ainda mais é que a produção científica está calcada num processo contínuo de *autoconstrução* do referente que procura investigar. Trata-se de um fazer contínuo que perpassa o referente, dotando-o de sempre renovadas perspectivas de sentido. A ciência se incumbe, com relação ao senso comum[158], não somente da apreensão, mas da apreensão tendente a uma explicação, que não seja necessariamente verdadeira, mas ao menos sustentável. Tal sustentabilidade pode ser coerente e se manter viva por longo tempo,

---

princípios, o partilhar para compreender, o que justifica a dissecação, a classificação, a subclassificação, a medição, a comparação, tendo o inter-relacionamento das ideias como parâmetro de coesão e de sustentação do sistema.

157. Com Karl Popper (A lógica da pesquisa científica, 1993, p. 75) pode-se dizer que: 1) "(a) o sistema teórico deve estar livre de contradição (...)"; 2) "(b) o sistema deve ser independente, isto é, não conter qualquer axioma deduzível dos demais axiomas (...)"; 3) os axiomas que o compõem devem ser "(c) suficientes para a dedução de todos os enunciados pertencentes à teoria a ser axiomatizada (...)"; 4) os axiomas internos devem ser "(d) necessários, para o mesmo propósito; o que significa dizer que eles não devem incluir pressupostos supérfluos".

158. O fazer científico é um fazer eminentemente taxinômico, classificatório, operação esta instrumentalizada pelo discurso. Sistematicidade, logicidade, método, objetividade, completude, abstração; a esses termos normalmente se encontra ligado um saber humano que se diferencia do senso comum, esfera de conhecimento fundada exclusivamente no empírico. O que diferencia propriamente a experiência do senso comum daquela dita científica é não só a existência de discursos diversos, um doxológico ou empírico, e outro científico ou epistemológico; para um campo o discurso é fundado em procedimentos formais que o legitimam – procedimentos estes que designam o método que se apresenta como bastante para a compreensão da realidade –, para o outro campo o discurso funda-se na fragilidade da *dóxa*. Ciência e método, nesse sentido, significam a mesma coisa. Nessa escala de partida do referencial objetivo até a situação comunicacional da ciência, tem-se uma miríade de implicações, de processos internos e de problemas que tangenciam a problemática da teoria do conhecimento.

como pode tornar-se rapidamente obsoleta, fazendo-se, então, substituir por outras razões explicativas[159].

Para se construírem e se manterem postulados científicos o concurso da argumentação é de fundamental importância. O que se busca, por meio do discurso científico sustentado, razoável e explicativo, é o consenso geral, que nada mais é que uma recorrência à ideia de convencimento, assim como o define Perelman, que se produz em face de uma comunidade científica[160].

A comunidade científica, em seu papel de pesquisa, incumbe-se da apresentação de respostas aos questionamentos universais, caso em que desempenha o papel de um fictício auditório universal, dentro da ideia de representatividade do auditório universal pelo auditório particular dos cientistas. Essa comunidade está autorizada, pela legitimidade do saber, a apresentar respostas ao conjunto de questionamentos que procuram dar sentido a questões que assaltam o espírito humano, a solucionar problemas empíricos, técnicos e teóricos, a tornar mais acessível o mundo dos fenômenos à racionalidade.

Assim, abandonando-se a ideia da busca da verdade pela ciência, deve-se contabilizar que o discurso científico, antes de pretender ser um discurso sobre as cores da verdade, é um discurso que, fundado na persuasão, busca o consentimento, assentando-se no seio de uma comunidade científica, uma vez emancipada a tese esposada[161].

---

159. É certo que as "(...) teorias científicas estão em perpétua mutação" (Popper, *A lógica da pesquisa científica*, 1993, p. 73).

160. Consulte-se a respeito Perelman/Tyteca, *Traité de l'argumentation*: la nouvelle réthorique, 1976.

161. A referência neste ponto à ideia de convencimento destaca-se da teoria da argumentação e dos aspectos sobre a nova retórica lançados por Perelman, para quem os tipos de auditório definem as diferenças entre persuasão e convencimento. Este se encontra ligado muito à ideia de racionalidade e muito menos à ideia de persuasão, e direciona-se a um auditório universal, qual seja, aquele auditório formado pelo conjunto dos cientistas que definem os limites de um conhecimento científico. Tal entendimento decorre de uma noção própria de auditório universal em face do que sustenta Perelman, *Traité de l'argumentation*: la nouvelle réthorique, 1976, p. 44-45.

E é por meio de um exercício de linguagem, portanto, que se arquiteta o saber, dando-lhe expressividade, forma, exteriorização, envolvendo-o pelos aspectos culturais da comunidade semiótica à qual está destinado, axiologizando-o e ideologizando-o a partir das demais condicionantes que participam da dinâmica dos saberes.

O mais importante que se retenha com relação à ciência jurídica, sobretudo a dogmática, é o fato de que desta se destaca uma função social própria: a solução de conflitos[162]. Então, as discussões sobre a verdade deixam de colocar-se em primeiro plano, destacando-se, em oposição à noção de verdade, essa outra noção de função social. De fato, cumprindo seu papel científico, a dogmática apresenta respostas, eliminando, com isso, a polissemia, definindo contornos, ordenando pensamentos, classificando, concatenando, impondo à variabilidade certa conotação de durabilidade. É nítido que assim age com vistas à decidibilidade, sobressaindo o aspecto resposta na apresentação e definição de problemas[163].

---

162. A esse respeito ainda diz Ferraz Júnior: "A técnica é um dado importante, mas não é a própria dogmática" (*A ciência do direito*, 1980, p. 124). Isso significa que se trata sobretudo de um discurso científico não simplesmente voltado para o seu próprio método ou para sua forma de apresentação, mas sim voltado para a resolução de conflitos sociais, conferindo sentidos razoáveis a normas jurídicas nem sempre razoáveis. Ainda, com Warat: "En esta dimensión, podrá distinguirse así con nitidez dos areas diferentes de actividades: una, que podríamos denominar epistémica, de genuína búsqueda del conocimiento y la reflexión, y otra en que estos factores pasarían a segundo plano, reemplazados por ciertas necesidades de argumentación y retórica. En este segundo nivel de búsqueda de criterios de ordenación es solo una caparazón con la que se cubren ciertas necesidades de equidad" (Warat, *Semiótica y derecho*, s.d., p. 131).

163. A dogmática é o ramo da ciência jurídica que não tem por fim única e exclusivamente a investigação. Seu fim, sua teleologia é a aplicação; seu conhecimento, portanto, é instrumental para a *práxis*. É com Aristóteles que se pode defini-la como sendo uma *praktiké epistéme*. Diferentemente, o conhecimento filosófico do direito, e aqui se procura abranger toda a epistemologia e a zetética do saber jurídico, é *não aplicativo* por excelência. Pode surtir seus reflexos sobre a realidade prática realizando, por meio de seu discurso, uma interferência na esfera de atuação. Mas este não é o seu fim ou muito menos a sua essência. Esta, aristotelicamente, é chamada uma *epistéme theoretiké*, pois a *theoría* é seu fulcro.

A dogmática jurídica se apresenta, aqui, como ciência de mediação entre a pura prática textual aplicativa e as referências textuais normativas que figuram em sua generalidade, propondo-se, para tanto, à elaboração de juízos de interpretação e sistematização coerente das máximas jurídicas vigentes[164].

11. Método e linguagem jurídico-científica

A par as questões da interpretação e da participação da ideologia no interior dos textos científicos, há que dizer que o discurso da ciência jurídica, enquanto discurso fundamentalmente exegético, faz-se prática textual, com a necessidade quase que imperativa de comunicar, de expressar seus resultados de pesquisa. O discurso científico, portanto, aqui é menos conquista de sentido e mais apresentação justificada, fundamentada, argumentada de resultados reflexivos. Dessa forma, não pode prescindir da comunicação para se exteriorizar. O fazer científico, nesse sentido, ao mesmo tempo que se constrói para a realização investigativa a que se propõe, também se volta para a comunicação das conquistas já alcançadas.

O convencimento, nesse sentido, é aliado da apresentação e da aparição do discurso científico. É assim que se corrobora a proposta de estreitamento entre discurso científico e prática semiótica de sentido. A conexão é necessária, assim como relevante, visto que todo discurso vive uma ambivalência semântica ampla, sobretudo quando se procura apresentar os resultados das conquistas científicas. Ao mesmo tempo, é o discurso científico aquele discurso incumbido de definir, classificar, nomear, esterilizar sentidos, regulamentar o uso de expressões, de modo a reduzir as margens de multivocidade significativa das palavras e dos signos[165].

---

164. Nesse sentido "(...) problematiza textos jurídicos, quer dizer, questiona-os em relação com diferentes possibilidades de interpretação", e isso só se dá porque "(...) todos os textos jurídicos são susceptíveis e carecem de interpretação" (Larenz, *Metodologia da ciência do direito*, 1989, p. 240).

165. Não raro, as dificuldades classificatórias, bem como as dificuldades de classificação ou de enunciação da "natureza jurídica" de um instituto, ou seja, a

A pesquisa científica, que normalmente se desenvolve em torno de problemas de linguagem, constrói-se com linguagem, para explicitar sentidos, desenvolver conceitos, tudo por meio de argumentos de linguagem ou por técnicas de linguagem. O que há que destacar nesse empreendimento é a ideologia da purificação da linguagem através das definições científicas[166]. A própria metodologia da definição pode

---

demonstração do *locus* teórico ocupado por este em meio às tramas do sentido jurídico, ocasionam incoerências que conduzem a teorética jurídica a declarar a existência de um *monstrum iuris*, às vezes multifacetado, às vezes poliforme, às vezes mutante, de natureza controvertida ou de situação incerta. Sabe-se que o estudo da "natureza jurídica", como propugnado pela discursividade dogmática, corresponde sobretudo a um argumento tópico do discurso científico, técnica de que se valem os juristas para a manipulação de um vocabulário e de um universo semiótico determinado. Discutir a *natureza jurídica* de um instituto, para Luis Alberto Warat, pode representar não só uma atividade de localização dentro da galáxia jurídico-estrutural, problema de hierarquização e de delimitação ligado à própria razão de ser da ciência, mas também: a) apresentar uma definição persuasiva, justificadora de interesses, secretando uma opção ideológica dentro da amplitude interpretativa a que se sujeita a esfera da *juridicidade*; b) encobrir um conflito sugerido pela lei, apresentando, a título de solução equitativa, uma resposta calcada na natureza jurídica do instituto; c) aplicar a analogia, estendendo o universo abarcado pela hipótese prevista; d) classificar para fins científicos ou epistemológicos; e) implicar segurança sistemática e coerência estrutural do ordenamento jurídico; f) funcionar como mito; g) atuar como definição aclaratória da significância muitas vezes inextricável de termos jurídicos; h) denotar significação inefável, ou seja, significação inenarrável, dentro da essencialidade terminológica (cf. Warat, *Semiótica y derecho*, s.d., p. 146-148).

166. Para a enunciação e o tratamento de qualquer instituto jurídico, seja jurisprudencial, seja doutrinariamente, procede-se em regra pela sua determinação definicional, partindo-se, em seguida, a um questionamento acerca da natureza jurídica adequada ao instituto. "Al preguntarse por la 'naturaleza jurídica' de una institución cualquiera los juristas persiguen este imposible: una justificación única para la solución de todos los casos que, ya en forma clara, ya en forma imprecisa, caen bajo un determinado conjunto de reglas" (Carrió, *Notas sobre derecho y lenguaje*, 1976, p. 101). Ambas as atividades não se distanciam muito de se fundarem quase que integralmente num critério de determinação semântica do termo jurídico empregado no contexto de uma lei, de um contrato, de uma decisão judicial ou outra hipótese qualquer que exija um esclarecimento conceitual. "En síntesis, definir es intentar asumir una significación" (Warat, *Semiótica y derecho*, s.d., p. 104). Se um termo não encontra seu sentido senão se contextualizado, a interpretação é a procura do sentido do termo em determinado uso legal, sentencial, contratual...

ser vista como uma força avançada de estratégia textual desenvolvida pelo discurso científico no sentido da redução das ambiguidades que avassalam as fronteiras da linguagem natural.

As estratégias de definição[167] fazem parte intrínseca das práticas textuais científicas, e seria mesmo de difícil visualização a possibilidade de se armarem remarcas científicas sem recurso a essa técnica, que muito se liga à expressão da verdade. A definição aparece como algo a que se destina a própria depuração de linguagem operada no seio das conquistas técnicas da ciência em seu discurso[168]. Definição, linguagem e ciência parecem fazer parte de uma mesma família.

Nessa linha de raciocínio se deve perceber que, como as práticas textuais científicas se encontram dentro de um universo de discurso carregado de normas de uso de linguagem, editadas tacitamente ou explicitamente pela comunidade científica, a definição como a classificação passam a obedecer a exigências internas desse campo de discurso. Se a definição pode significar técnica textual, também a classificação pode possuir papel estratégico específico[169].

E, nesse sentido, a formação da linguagem científica, persuasiva e técnica que é, importa em um processo complexo de emancipação com relação à linguagem natural que lhe deu origem[170], circunscrevendo um

---

167. "El significado inmutable de los términos es también pensado por algunos juristas, de suerte que los códigos son vistos por ellos como 'una tabla de significaciones inmutables' (...)" (Warat, *Semiótica y derecho*, s.d., p. 95).

168. Em Peirce mesmo se encontra essa referência que expressa o sentido teleológico da pesquisa científica: "(...) é desejável que qualquer ramo da ciência tenha um vocabulário que forneça uma família de palavras cognatas para um conceito científico, e que cada palavra tenha um único e exato significado, a menos que seus diferentes significados se refiram a objetos de diferentes categorias que nunca poderão ser confundidas umas com as outras" (Peirce, *Semiótica*, 1995, § 222, p. 40).

169. O objeto de estudo é partilhado e desmembrado para a obtenção de uma versão mais didática ou mais clarificante dos emaranhados conceituais da linguagem formal. Mas há que destacar que: "La clasificación no es ni verdadera ni falsa" (Warat/Martino, *Lenguaje y definición jurídica*, 1973, p. 75). Dessa forma, a classificação pode ser julgada exclusivamente útil ou inútil.

170. Frise-se, entretanto, não haver uniformidade no entendimento de que se possa falar em uma comunidade linguística autônoma no que tange à comunicação

universo semântico próprio, construindo conotações e denotações próprias, o que, em suma, resguarda o universo da linguagem formal de processos transformacionais, que se operam comumente na esfera da língua natural, de atribuição de significados no ritmo das mutações socioculturais do universo fenomênico. A linguagem natural e a linguagem científica variam, modificam-se, alteram-se, enriquecem-se, enfim, mudam, mas aquela com muito maior velocidade e liberdade que esta.

A utopia científica é a depuração total do campo semântico sobre o qual assentam as diversas ciências[171]. Porém, a univocidade ainda continua a ser uma problemática não resolvida, ainda que desejada, pois, mesmo dentro do espaço científico, além da existência de uma pluralidade de sentidos para termos, inclusive técnicos e precisos, a pragmática da linguagem, ou seja, o uso que é feito desses termos, nem sempre obedece ao rigorismo e à depuração linguístico-semântica desejados[172].

---

jurídica de modo geral e, mais especialmente, no que tange à linguagem normativa. Nesse sentido, tratar-se-ia de um uso menos impreciso da linguagem natural, não havendo ingerência da tecnologia terminológica característica de um vocabulário científico. Essa é a opinião de Carrió, *Notas sobre derecho y lenguaje*, 1976.

171. O erro na tentativa de expurgar a interpretação e a aplicação nas considerações especulativas pôde fazer da juridicidade um universo isolado da realidade social em que ocorre. O purismo optou por fazer da ciência um setor isolado de qualquer influência que não a simples e clara lógica proposicional. Na realidade, a recuperação do pensamento argumentativo *re-situa* o direito em seu *locus*. O purismo, em verdade, é o que menos se assemelha à realidade. A razão jurídica não é apenas a demonstrativa, e admite um apelo à *phrónesis* para o seu perfazimento; calcular resultados a partir do que é dado circunstancial e contextualmente é sua função. Daí que se deve dizer que o método deve fazer apelo ao contexto (Alf Ross), ao uso linguístico e à pragmática (Theodor Viehweg). Tudo induz à ideia de razoabilidade (Luís Recaséns Siches).

172. A própria estratégia da definição vem nesse sentido, como explicado no seguinte texto: "El dogmatismo jurídico presenta una actitud específica frente a las definiciones. Al aceptar la inalterabilidad definitoria de los términos del lenguaje jurídico, apoya la postura de una interpretación rígida y el principio de que los jueces no crean derecho y que la mayor garantía de seguridad está en la predeterminación de los contenidos definitorios" (Warat/Martino, *Lenguaje y definición jurídica*, 1973, p. 44).

A linguagem jurídica, enquanto linguagem formal, que se constrói dentro do condicionamento dos progressos científicos que lhe são inerentes, é uma linguagem que parte do universo da língua natural, construindo-se sobre ela em um crescente de complexidade científica. A ciência jurídica, ao trabalhar essencialmente com a linguagem e com as dificuldades semânticas decorrentes da ambiguidade e da plurivalência das expressões jurídicas (*normativas* e *não normativas*), procede principalmente a expurgos de imprecisões e a inclusões técnico-semânticas, conforme já se disse. A eliminação de ambiguidades é-lhe tarefa primordial.

Termos de linguagem natural (p. ex., "fato"), termos da linguagem natural com significância jurídica (p. ex., "órgão"), termos de linguagem jurídico-formal (p. ex., "divórcio"), termos de linguagem formal de ciências outras afins aos diversos tipos de regulamentação demandados pela sociedade (p. ex., "saúde"), termos precisos e termos imprecisos, termos e expressões abertos (p. ex., "bem comum") e fechados (p. ex., "licitação"), todos em conjunto compõem uma teia de significância a que se pode denominar significância jurídica. É sobre essa grande cadência, no fluxo dos textos jurídicos (normativos, burocráticos, decisórios, científicos), que se desenvolvem as pesquisas e as análises exegéticas da ciência jurídica.

De qualquer forma, é mister vislumbrar na linguagem da ciência jurídica uma linguagem técnica, formal, diferenciada da linguagem natural, e, no entanto, imersa em profundo e dialético processo de evolução. É certo que essa linguagem que se especializa, perfeccionando-se em sua finalidade de servir de suporte para a evolução dos próprios conceitos científicos e técnicos que suporta, distancia-se também da linguagem comum, purificando seus meandros e suas formas *verbais* ou *não verbais*.

O que há, em verdade, é um processo de intrínseco relacionamento com as linguagens do círculo jurídico (termos jurídicos *lato sensu*, ou seja, processuais, administrativos, civis, filosóficos...), bem como dos círculos de outras ciências (termos científicos, ou seja, sociológicos, biomédicos, matemáticos...) e da própria linguagem comum (vocabulário ordinário). De termos a vocábulos e de vocábulos a termos, percebe-se uma movimentação constante de linguagem. Nesse sentido, detectam-se processos específicos de banalização ou cientifização de palavras e usos semânticos, e assim da ciência para a linguagem comum (de termo para vocábulo: T>V), daquela para outra ciência (de termo para termo: T>T), ou da linguagem comum para a ciência (de vocábulo para termo: V>T). Estão aqui descritas, respectivamente, as passagens e transmutações de linguagem intituladas vocabularização (de termo para vocábulo: T>V), metaterminologização (de termo para termo: T>T), terminologização (de vocábulo para termo: V>T). Esses processos garantem a perene mutação dos universos de linguagem, *científicos* e *não científicos*, em cujas imediações se constatam enraizamentos recíprocos de processos terminológicos e de relações semânticas entre palavras e signos, tudo sob a tutela eficaz e sempre presente da dinâmica dos conhecimentos e experiências humanas[173].

Os exemplos desses processos são inúmeros, tendo-se em vista o progresso das técnicas e das ciências e sua incorporação pela linguagem jurídica, que mais e mais se atualiza de acordo com esses fluxos de modificações.

A linguagem jurídica é, inegavelmente, uma linguagem técnica, especializada a partir da linguagem comum, e, dela tendo partido, dela cada vez mais se distancia. Importações e exportações de termos e vocábulos são operações comuns, aliás indispensáveis para a manutenção, a sobrevivência e o aperfeiçoamento das instituições semióticas de determinada comunidade.

Seu tecnicismo advém, sem dúvida nenhuma, das burilações teóricas dos cientistas, dos juristas e dos especialistas da linguagem jurídica, que, do convívio com a própria *juridicidade* (conjunto de textos e práticas de sentido) tal qual é, contribuem para a sua *reconstrução* constante com críticas, acertos de linguagem, burilamentos eidéticos, formulações dogmáticas, propostas *de lege ferenda*, inovações hermenêuticas, pareceres críticos etc. Nos entremeios de toda a construção de direitos, deveres, faculdades, obrigações... muitas vezes se encontram os operadores adstritos a problemas de linguagem,

---

173. Cf. Barbosa, Terminologização, vocabularização, cientificidade, banalização: relações, *Acta semiotica et linguistica*, v. 7, 1998, p. 25-44, reafirmando, ao final, a tese da semiose ilimitada.

o que, sem dúvida nenhuma, compromete a própria atividade jurídica prestada a uma comunidade. O que se quer exatamente dizer é que a comunidade à qual se destinam os comandos jurídicos se encontra na dependência de atividades de sentido empreendidas pelos usuários da linguagem jurídica. Essa dependência se percebe pelo próprio resultado das operações jurídicas sobre direitos. A *juridicidade* – e isso se percebe com este estudo *ictu oculi* – caracteriza-se por ser um produto que possui como causa motora os seus operadores.

Parte-se, portanto, da ideia unigênita da linguagem natural como constitutiva de uma premissa essencial de toda e qualquer outra linguagem científica, enquanto linguagem formal. Não se prescindindo de ter o discurso científico como um mecanismo prático atuante no mundo da fenomênica real, mesmo porque o saber científico e epistemológico é um saber *a posteriori* da existência de seu referente, retenha-se que ele se constrói sobre o supedâneo da linguagem natural. No entanto, o *perpetuum* científico cuidou de uma depuração interna, operada nos níveis gramatical e enciclopédico da língua, o que foi bastante para engendrar um processo de autonomização da linguagem jurídica no contexto de uma semiótica das linguagens formais.

A linguagem jurídica constitui, em verdade, uma comunidade semiótica própria[174], sustentada pelas regras de comunicação que se extraem da coerência das regras internas desse grupo comunicativo. Se se pode caracterizar a existência de uma linguagem jurídica, com *léxico* e *gramática* próprios[175], é porque a partir da experiência

---

174. Assim é que o universo de discurso da *juridicidade*, presente para determinada comunidade jurídica, temporalmente situada, historicamente localizada, dota-se de recursos de uma linguagem natural enquanto linguagem primígena comum a todas as linguagens formais, não deixando de apresentar seu alto quociente de tecnicidade, exteriorizado por meio de expressões e de uma terminologia caracteristicamente herméticas e de profundo sentido científico.

175. Então: "... se o discurso jurídico remete a uma gramática e a um dicionário jurídicos (sendo gramática e dicionário os dois componentes da linguagem), pode-se dizer que ele é a manifestação, sob a forma de mensagens-discurso, de uma *linguagem*, de uma *semiótica jurídica*" (Greimas, *Semiótica e ciências sociais*, 1976, p. 76).

fática e do discurso mais simples da comunicação social construiu-se historicamente um saber autônomo dotado de cânones e normas, inclusive do ponto de vista linguístico[176]. Dois aspectos da abordagem, no entanto, devem ser distinguidos: um voltado para a compreensão evolutiva da ciência enquanto conteúdo, visão *interna* das conquistas do saber; outro voltado para a captação das evoluções operadas no âmbito da *expressão* do conhecimento científico, portanto da exteriorização das conquistas científicas[177].

Mas a especialização da linguagem jurídica se opera não só dentro de seus círculos internos, oferecendo alguns reflexos externos tecnicizantes da própria linguagem natural – isso ocorre quando a sociedade incorpora termos cunhados dentro do rigor definicional de uma ciência. A dialética entre os sistemas semióticos reside propriamente no fato de que elementos alienígenas podem vir a compor o sistema semiótico jurídico, uma vez que o purismo é em essência sua última característica[178]. Assim, elementos semânticos de sociologia, de economia, de política... também compõem sua contextura. Daí a problemática sempre constante e referente em torno das definições e dos conceitos que escapam ao

---

176. "É por isso que alguns pensadores modernos ponderam que a ciência é a linguagem mesma, porque na linguagem se expressam os dados e valores comunicáveis" (Reale, *Lições preliminares de direito*, 1995, p. 8).

177. De fato, uma *semântica jurídica* constitui um dicionário próprio, dotado de conceitos e definições que se apartam da cognoscibilidade vulgar, consentindo apenas apreensão e manipulação restritas àqueles que se encontram de posse da significância terminológica jurídica. A necessidade de que se contextualize o aspecto terminológico na consecução do fim normativo releva a importância de regras semânticas sobre as quais assenta o dicionário jurídico.

178. O purismo, na cientificização das práticas jurídicas, não pode significar outra coisa senão uma tentativa de uniformização fenomênica em dados dogmáticos, sua regularização e canonização aos ditames de uma *ratio* científica formada *ex cathedra*, fruto de uma mentalidade escravocrata que procura domesticar a imprevisibilidade natural do mutável fenômeno jurídico. Ao contrário, a interpretação, como parte de toda operação jurídica, está a indicar que o jurídico participa da liberdade e da arte prática de construir o direito com os olhos de uma sabedoria que atende aos reclamos do caso prático.

âmbito estrito das ciências jurídicas. Enquanto produção cultural, o direito encontra-se em comunicação com os diversos outros ramos do saber humano.

Uma ciência jurídica elabora: a) um vocabulário interno, este mesmo submetido não só a uma evolução interna de seus sentidos, mas também aos influxos externos a seu sistema, incorporando novos significantes ao conjunto de seus preexistentes, modificando o sentido de outros retirados da linguagem natural, readaptando conceitos e definições técnicas de seu vocabulário em face da desconstrução de paradigmas e da defasagem da significância anteriormente adotada; b) um vocabulário externo, pertencente à linguagem natural – que se encontra em perene dialética com as linguagens formais ou científicas que dela se originaram –, que passa a introduzir-se em toda a sua diacrônica na esfera terminológica do sistema denominado conceitual jurídico.

O trabalho científico que se funda na apresentação de interpretações particulares das propostas legislativas, e demais propostas do sistema, não obstante setorial e submetido ao império da mutação, do *diacronismo* legislativo, da superação das leis, do fluxo da principiologia que as envolve, é sempre a apresentação de novos rumos legislativos, dada a referência a opiniões constantes de discursos não descritivos da realidade individualizada em seu tempo, mas sim constitutivos de valores *de lege ferenda*, ou seja, discursos probabilísticos e potenciais que se encontram condicionados a um posterior acatamento de suas propostas.

Nesse sentido é que se pode apresentar a *doutrina* como discurso, entre outros, capaz de formar a *voluntas legislatoris*, na medida em que contribui para a formação de um patrimônio de reflexões acerca de uma temática que, circunscrita ou não no tempo, torna-se uma interpretação, e, portanto, enquanto interpretação, uma nova perspectiva de entendimento cultural do fenômeno descrito na textualidade normativa. A ideia da *doutrina* como fonte do direito não é outra. Assim é que o produtor da cientificidade jurídica é um intérprete da sistemática em que se subsume toda a textualidade normativa, de modo que sua participação na composição do próprio sistema jurídico não deve circunscrever-se a uma atividade de reflexo unitário do *dogma* assumido, mas de uma ampliação da visão desse fenômeno enquanto inserido em estruturas organizacionais mais complexas.

O papel hermenêutico das ciências jurídicas (zetéticas ou dogmáticas) é, assim, de todo importante para a própria vivência das práticas jurídicas, e isso pela simples capacidade que esse discurso jurídico possui de produzir sentido, influenciar decisões, optar por valores, formular interpretações, extrair argumentos que apontem para a correção, emenda, aperfeiçoamento ou modificação de textos jurídicos, normativos ou não normativos. Da construção do sentido jurídico participa toda a prática textual científica, pela só faculdade que possui de influenciar a formação de novos sentidos, e, por conseguinte, de novos textos jurídicos.

III – MÉTODO E LINGUAGEM CIENTÍFICA

1. Método e formação da linguagem da obra

Arthur Schopenhauer, em seu famoso texto "Sobre a escrita e o estilo", contido na coletânea *A arte de escrever*, afirma: "A língua é uma obra de arte e deve ser considerada como tal, portanto objetivamente; assim, tudo o que é expresso nela deve seguir regras e corresponder à sua intenção; em cada frase, é preciso que se comprove o que deve ser dito como algo que objetivamente se encontra ali"[1].

Se a obra, além de concebida, deve ser plasmada sobre a matéria, manifestada de modo hábil a tornar-se uma composição de linguagem apreensível e acessível socialmente, é mister que se valha de recursos e meios disponíveis aos sentidos humanos para que sejam percebidos e fruídos, de modo que parece apropriado dizer que toda obra requer uma linguagem própria para que se possa fazer coisa entre coisas[2], e, assim, conviver, interagir, significar e produzir resultados. Para tanto, a obra é oralizada, escrita, gesticulada, representada, figurada... ou hibridamente constituída por vários desses recursos. A poética da criação e da expressão de uma obra consiste exatamente nesse processo, que se resume na conjugação de ideias com formas de expressá-las, sendo que o rigor científico não exclui o estilo[3].

---

1. Schopenhauer, *A arte de escrever*, 2007, p. 124.

2. "A obra (*corpus misticum*) deve ser incluída em um suporte material (*corpus mechanicum*), salvo nos casos em que oral é a comunicação, quando se identifica e se exaure, no mesmo ato, a criação (...)" (Bittar, *Direito de autor*, 1994, p. 22).

3. "O estilo despojado e rigoroso do relatório de pesquisa não exclui a arte de bem escrever" (Laville, Dionne, *A construção do saber*: manual de metodologia da pesquisa em ciências humanas, 2007, p. 242).

Em outras palavras, não há obra sem linguagem[4]. Pouco resta a fazer, após introduzida essa questão, senão desobstruir o rumo de uma avalanche de argumentos que denunciarão que uma obra se resume ao pensamento consubstanciado por meio da linguagem.

A poética da criação de uma obra intelectual reside exatamente na liberdade que se concede ao criador para identificar a melhor forma de expressar o que o pensamento lhe impõe como necessário de ser expresso. Deve-se lidar com o fato de que a obra só pode ser dita concebida após a formalização de sua estrutura; à genética da obra corresponde uma genética da forma. É de um processo gradativo de passagem da pura ideia à materialização que exsurge a obra.

Mas, há que dizer, a forma não é acessória da ideia. É, em verdade, o contrário disso. A forma não só reveste como também fornece vida própria à criação. Nessa dialética de negaceios entre a forma concebida (pura ideia) e a forma plasmada (ideia concretizada em linguagem), permanece em constante aflição a sensibilidade do agente criador, que deve se utilizar, sobretudo nesse período, da maior prudência possível no sentido de alcançar a manifestação mais aproximada do modelo concebido. Entre a concepção e o nascimento da obra permeiam todos os vislumbres que se possam ritualizar no projeto, em face das dificuldades antepostas ao gênio em guardar a maior fidelidade possível na manipulação da matéria que diante de si se encontra. No lugar de uma adequação da mente às coisas (*adequatio mens ad rerum*), trata-se muito mais de uma adequação das coisas à mente (*adequatio mens ad mens*), visto que os padrões de

---

4. Assim, deve ser do campo legal a disciplina das criações do intelecto que se consubstanciem em figurações e conjuntos sígnicos os mais diversos que possam permitir a extrinsecação da personalidade do criador, da mesma forma que permitir o dimensionamento da obra entre os demais objetos que compõem o arsenal das *rerum* já existentes e acessíveis aos membros do todo social. É do âmbito de proteção apenas e tão somente aquelas obras: "(...) que se exteriorizam pela palavra oral (discurso, conferência, aula, palestra) ou escrita (livro, artigo, verbete), gestos (mímica, pantomima, gesto, coreografia), sinais ou traços (desenho, mapa), sons (melodia, ópera, obra radiofônica), imagens (filme, videofilme, *show*, novela), figuras (pintura, escultura, arquitetura) e pela combinação de um ou mais meios de expressão (obra teatral, cinematográfica e radiofônica)" (Bittar, *Direito de autor*, 1994, p. 22).

comparação se invertem, partindo do intrínseco para o extrínseco, em vez de partir do extrínseco para se impor ao intrínseco.

Nesse sentido, uma obra em processamento não é ainda uma obra, pois não é ainda um bem que materializa o que foi para ela projetado como seu esboço definitivo. É por isso que se pode dizer que a criação se encontra entre o espaço da técnica e da magia, da razão e da sensibilidade[5]. Quando a obra deixar por completo o espírito do criador, exaurindo-se o processo de sua exteriorização através da linguagem, poder-se-á considerá-la um *totum*. Este é o *totum* inventivo-criativo, ou seja, a expiração do sopro vital da obra em seu revestimento material. Então, resta dizer: *Ecce opus, ecce lux*[6].

Isso é o que permite dizer que uma obra é sempre um texto – grife-se, em seu sentido semiótico (*textus*) –, ou um grande conjunto de textos[7]. Na ideia de texto reside algo mais que a mera referência ao código utilizado; trata-se de algo muito mais complexo que a simples manipulação de um conjunto de signos. Um texto é um *totum* orgânico de valores, ideologias, práticas culturais, signos e códigos, sentidos, criações e técnicas...

---

5. "Desta maneira, por um constante fluxo e refluxo de impulsos entre o seu espírito e o material parcialmente configurado que tem diante de si, o artista define, a pouco e pouco, a imagem, até que ela ganhe forma visível. É claro que criação artística é uma experiência muito subtil e íntima, impossível de descrever, passo a passo. Só o artista pode observá-la plenamente, mas de tal modo fica absorvido por ela que tem muita dificuldade em explicá-la" (Janson, *História da arte*, 1992, p. 11).

6. "Requiere también la obra del pensamiento ver la luz. Es decir, que se concrete en un objeto externo independiente de las *mens creatoris*. Pero a tal efecto no es necesaria su divulgación, ya que el derecho se ocupa de las ideas de las personas en tanto las mismas modifican en forma tangible la realidad exterior a ella, y una obra creada es un ente independiente de su creador y, como tal, puede ser objeto de amparo" (Vega, *Derecho de autor*, 1990, p. 97).

7. "Deve-se admitir, sem dúvida, que a semiótica talvez esteja destinada a violar também os seus próprios limites naturais para se tornar (para além da teoria dos códigos e da produção sígnica) *a teoria das origens profundas e individuais das pulsações a significar*. Nesta perspectiva, alguns argumentos da teoria da produção sígnica (como, por exemplo, os casos de intuição e mutação do código) poderiam tornar-se objeto de uma teoria da textualidade ou da criatividade textual" (Eco, *Tratado geral de semiótica*, 1991, p. 256).

Se um texto é uma molécula que conjuga inúmeros átomos, uma obra é um verdadeiro corpo de significação[8]. O texto é a matéria da obra. A engenharia do discurso consiste exatamente na forma de confecção de textos, a partir de outros textos[9], a obra aí se inscreve[10]. Um texto é, em verdade, um tecido (*textus; texere*, do latim), e a engenharia dos textos é uma competência necessária a ser adquirida por aquele que pretende criar, escrever, dedicar-se ao empenho intelectual e científico.

Uma proposta de semiótica textual visa exatamente a revelar a importância do papel do texto, do aspecto material da obra inscrita em seus significantes, na articulação da mensagem. O texto, mais que simples aparato concreto de veiculação da mensagem e do conteúdo, é uma instância que tem vida própria e que realiza a personalidade do autor inserindo-a na corrente cultural dos tempos. A obra passa a ocupar um espaço, um *locus*, na esfera das construções do artifício humano, integrando, assim, aquilo que se pode chamar de uma cadeia coletiva de artefatos intelectivos do homem, por outros autores chamado de patrimônio cultural humano. É dessa extrinsecação que se

---

8. A produção da obra tem por resultante a construção de uma realidade outra que a da própria criação. Esta realidade outra é a realidade da obra criada, do objeto material que dela resulta, que é sempre a fonte das ambiguidades e do hermetismo significacional. A linguagem oral, por exemplo, é menos ambígua que aquela escrita pelo fato de que "Nella comunicazione faccia a faccia intervengono infinite forme di rafforzamento extralinguistico (gestuale, ostensivo e così via) e infiniti procedimenti di ridondanza e *feed back*, l'un in sostegno dell'altro" (Eco, *La struttura assente*, 1989, p. 53).

9. De fato, a obra passa a existir como unidade dentro do contexto geral das obras, e, mais do que isso, "(...) son existence dans l'univers des oeuvres – dont la détermination constitue le but ultime des recherches en poétique – a le statut de l'occupation active d'une place particulière dans cet univers" (Galay, *Philosophie et invention textuelle*: essai sur la poétique d'un texte kantien, 1977, p. 14).

10. "L'oeuvre est un lieu quelconque du monde où des choses sont rassemblées, en même temps qu'elles sont aménagées, cela en vue de permettre une expérience déterminée (dans le cas de l'oeuvre de philosophie, une expérience de pensée). C'est donc un artefact, formation qui n'est ni naturelle ni nécessaire, puisque produite par un agent et au moyen d'une *technè*" (Galay, *Philosophie et invention textuelle*: essai sur la poétique d'un texte kantien, 1977, p. 28).

importa uma teoria que se propõe analisar os meandros da criação sígnica, uma vez que sua existência material acompanha aquela outra autoral; a materialização da obra é mais que simples advento de um bem corpóreo à esfera dos demais bens existentes[11].

Para coligar os elementos de linguagem de que dispõe, o criador se vale de sua *ratio aedificandi*, ou seja, de sua capacidade construtiva de autor, capacidade que extravasa a simples referência à emoção, e encaminha o problema para a sede do tecnicismo e do conhecimento prático. Operar linguagens[12], extrinsecar construções eidéticas e materializar um repertório de signos conceptuais requer habilidade na confecção de um construto a que se convencionou chamar de texto[13].

Assim, técnicas de formalização de textos, de exposição de ideias, de postulação de problemas... são fatores de essencial preocupação para a metodologia científica. Técnica é mais que procedimento; é conhecimento prático veiculado por meio de um fazer, de um deter-se no processo de transformação da matéria-objeto que se tem por referência (transformar um amontoado de papel em livro; transformar a madeira em instrumento científico...). Essa é a faceta produtiva que se procura grifar na formação da obra; não é tudo, mas é algo que merece a atenção daquele que busca visualizar o ato criativo em toda a sua extensão. A busca exclusiva do conteúdo da obra

---

11. "L'opera dell'intelletto, una volta estrinsecata, entra nella realtà intellettuale, così come il mezzo di estrinsecazione viene a far parte, come tale, della realtà materiale" (Are, *L'oggetto del diritto di autore*, 1963, p. 50).

12. "Un primo collegamento si rinviene nella necessità, per ogni autore, di avvalersi, per esprimere il proprio pensiero, di quel presupposto della comunicazione intersoggettiva che è costituito dal 'linguaggio', inteso questo nel senso più lato e cioè non solo come 'linguaggio parlato', ma anche come 'figurativo', 'musicale', ecc. Esso è un dato che necessariamente preesiste ad ogni opera" (Are, *L'oggetto del diritto di autore*, 1963, p. 39).

13. A tessitura de elementos heterogêneos na tentativa de formação de uma base sustentável e orgânica de significância – de acordo com o *idioletto* do autor – é algo que demanda uma aplicação técnica precisa. Portanto, "[Il] problema non è di evitare comunque emozioni, ma di farle nascere, appunto, in uno spazzio controllato" (Barilli, *Corso di estetica*, 1989, p. 164).

acabada é uma visão parcial que se pode ter da ampla atividade de criação de uma obra.

Nesse sentido, toda obra pode ser dita produção, e o estudo do ato criativo, ou do procedimento criativo, torna-se o estudo da poética da criação[14]. O produtor é o autor da obra, e pode ser também chamado de demiurgo (*demiourgos*), ou seja, aquele que cria. O fruto do labor criativo, por consequência, é a obra, objeto demiúrgico e complexo que se associa a outros iguais na interação dos objetos culturais para formar a trama dos entendimentos humanos.

2. Método e linguagem

A história das ideias encontra relação direta e intestina com a própria evolução das formas de manifestação humana[15] – e esta não se deu tão rapidamente quanto se possa imaginar, tendo-se presente que para que se alcançasse o alfabeto foram necessários séculos de conquistas gráficas, incluindo-se as manifestações pictográficas, ideográficas, hieroglíficas, bem como as cuneiformes –, o que não se separa em absoluto da própria superação dos meios técnicos

---

14. Um trabalho etimológico poderia indicar a mesma coisa: "(...) il radicale greco 'poie', da cui poesia, poema, poetico, significa un 'fare', ma in senso più pregnante di quanto sia indicato dall'altra radice carica di vastissime responsabilità, 'tech'; quest'ultima, e il suo equivalente latino 'art', indicano il produrre con abilità e intelligenza sulla scorta di strumenti di varia natura; laddove il 'poiesin' designa un costruire per eccelenza, connesso quindi con il privilegio tradizionalmente riconosciuto al materiale verbale (sonoro o grafico che sia)" (Barilli, *Corso di estetica*, 1989, p. 94).

15. Palimpsestos, papiros, pergaminhos, tabuetas, monolitos, folhas vegetais, papel: estes formam, entre outros, os elementos naturais que abrigaram a cultura dos séculos em seu bojo. Copistas, escribas, homens incumbidos de talhar a cultura em meios minerais, animais ou vegetais cunharam a ciência do livro, manufatura artesanal indispensável para a celebração do casamento entre o pensamento e sua comunicação. Estes os agentes responsáveis pela instrumentalização da natureza em favor da corporização e eternização da cultura. Em suma, esta é a cultura do livro, livro que, seja mineral, seja vegetal, seja animal, desafiando a corruptibilidade da matéria e a perecibilidade do conhecimento humano, traçou os destinos do saber mundano imantando o conhecimento de sua corporeidade e relativa durabilidade.

dessa manifestação. No curso dos séculos, veículos diversos, dependentes das condições técnicas e dos conhecimentos de época, foram idealizados como instrumentos para a materialização de expressões e criações estéticas, literárias, artísticas e científicas.

Tendo-se presente o prevalente domínio da cultura escrita no Ocidente, registrando-se o evolver das ideias por meio dos signos escritos, nada mais se fez do que dotar as ideias de corporificação necessária para a sua transmissão, para a sua difusão à alteridade, bem como para a imantação da obra contra a nociva atuação do tempo. A temporalidade de que se revestem todos os aspectos da vida material conduz à incerteza com relação à durabilidade dos feitos e das criações, motivo pelo qual se amenizam seus efeitos sobre o campo das criações intelectuais dotando-as de um *corpus*.

Assim, sobre a natureza (*physis*) se inscrevem os signos humanos; isso porque as palavras voam, a escrita permanece (*verba volant, scripta manent*). A obra intervém nesse sentido como forma de se conferir perenidade, ou resistência, às ideias; o *corpus mechanicum* da obra passa a representar a própria permanência do pensamento, ou seja, do *corpus mysthicum*, contra o *devir* da ignorância. Foi com o tempo, sucessivamente, que o homem se armou contra o cataclismo operado pelos elementos da natureza sobre suas manifestações expressivas.

Outro dado importante: a expansão das ideias encontra-se na razão direta da difusão dos instrumentos do conhecimento. Esse argumento, no entanto, gera também uma traição: uma sociedade como a grega foi fundamentalmente baseada na oratória e no discurso oral, e, todavia, não se tem notícia de um *locus* onde se possa ter desenvolvido com igual grandeza o espírito humano; as sociedades modernas, não obstante a ampliação de seus instrumentos de cultura, carecem amplamente de um sólido cultivo dos valores intelectuais. Qual, então, a certeza que se pode ter a esse respeito? Deve-se dizer que, em verdade, não se deve creditar às culturas escritas a função de tornar uma sociedade mais ou menos afeita aos valores intelectuais; trata-se sim, e fundamentalmente, de tornar viável e democrático esse acesso.

A função básica da presença franca e aberta de instrumentos a serviço da cultura em uma sociedade nada mais significa que a laicização da potência cultural; ao mesmo tempo que por meio deles podem alguns se expressar, também por meio deles podem outros se instruir. Daí a comunicação, a dialogia indireta, o contato cultural tácito, a transmissão do saber, a criação de laços valorativos entre as gerações... Tudo pode ser resumido dizendo-se que o *corpus* é mais que matéria tornada instrumento do saber, e que, ainda, o ato de leitura é tão sagrado quanto qualquer ato de devotamento religioso.

Isso é o que faz pensar que a obra encontra peculiaridades se observada retrospectivamente. De fato, tanto em seu aspecto físico (*corpus*) como em seu aspecto espiritual e intelectual (*anima*), a obra sempre foi considerada algo de uma importância destacada. Por vezes proscrita como instrumento da vaidade intelectual, por vezes queimada como instrumento demoníaco, por vezes deificada como portadora do saber, a polêmica acerca de sua existência estimula a presente análise.

Matéria dotada de espírito, a disputa em torno da criação fez-se, durante os séculos, sobretudo pela recriminação da circulação de seu *corpus*. Se o pensamento pode desaparecer com o desaparecimento de seu portador, a obra cristalizada sobre a matéria, no entanto, lhe resiste. Assim, mister, para que se detenha a propagação do pensamento, também a fulminação de sua estrutura corporal. A essência da querela em torno do *corpus* se resume a isso, ou seja, tornar imperceptível o advento de uma criação desenraizando-a em seu surgimento corpóreo. Sabendo-se que a tangibilidade da obra acaba por resumir seu conteúdo eidético, tem-se também por consequente que a presença do pensamento faz-se por meio dos vestígios que deixa no espaço da "consciência cultural coletiva".

O *corpus mechanicum* de toda obra é a expressão corpórea do pensamento[16], porém não só isso. É este meio de conhecimento, um dos muitos existentes, canal de comunicação, onde o projetado pelo autor e inscrito sobre o *corpus* pode-se tornar realidade na mente do fruidor; os signos dele constantes *significam*. São, sobretudo, portadores

---

16. "Une invention qui reste dans le cerveau de l'inventeur n'est pas une création: il faut qu'elle se réalise, qu'elle s'exprime" (Finance, Remarques sur l'emploi des mots *créer* et *création*, in *L'homme et ses oeuvres*, 1957, p. 71).

de ideias, as mais das vezes, ideias não desejadas, ou não abraçadas pela potestade. A presença do *corpus* pode, assim, significar um constante incômodo ao assentamento de uma ideologia antidemocrática.

Conscientes de que os signos significam e que são fatores indispensáveis para a comunicação dos resultados das pesquisas e da investigação científica[17] e perpetuação do pensamento, homens lutaram pela sua eliminação do seio social. Porém, não obstante se terem orientado corretamente pela premissa declinada – o combate deve ser dirigido ao autor do pensamento ao lado do próprio combate às materializações dadas à sua criação intelectual –, estavam inconscientes de que o pensamento é potência que não se desmancha com a força e, muito menos, que não se orienta sob as estreitas rédeas do poder, resultando por baldados os inescrupulosos esforços que, em face do luminar irromper da cultura livresca e de sua radicação social, impôs sobretudo como valor humano, talvez um dos mais nobres.

Em tantos períodos signo de poder, signo de riqueza, signo de dominação, de sabedoria, de mecenatismo, o *corpus* sempre esteve presente entre aqueles que dele faziam o instrumento de um desejo ou de um anseio[18]. Esta é a prova mais concreta de que a corporificação do pensamento não se resume à mera coisificação das ideias; sua função traspassa aquela outra documental, incumbindo ao *corpus* a perpetuação do diálogo entre o criador e a humanidade[19]. O exemplo

---

17. "Ler o real social, questioná-lo e conhecê-lo: precisa-se de palavras para isso. Como nomear aquilo do que se trata, distinguir uma realidade de outra, falar dela com outros havendo mútua compreensão? Com esse fim, dentre as palavras, desenvolveram-se as que chamamos conceitos" (Laville, Dionne, *A construção do saber*: manual de metodologia da pesquisa em ciências humanas, 2007, p. 91).

18. Lapidou-se a história, em um de seus períodos, pela premissa da detenção do poder intelectual, o que efetivamente determinou a própria estrutura socioeconômica e a divisão das funções sociais; e mesmo a hierarquização social concebia-se a partir de um critério intelectual. Assim: "Do ponto de vista intelectual, a Humanidade se dividia, então, em *clérigos* e *leigos*. Isto é, entre o homem que sabia ler e escrever (letrado) e o ignorante de muitos assuntos. Assim, o sacerdote monopolizava todo o conhecimento: religioso, literário e científico" (Mello, *Síntese histórica do livro*, 1979, p. 206).

19. "A travers celle-ci l'homme vise une valeur universelle qui serait pour lui-même le moyen, ou plutôt le lieu, d'une communication universelle avec tout

da manipulação do saber, portanto, faz-se por meio da posse do *corpus*; tê-lo é ainda mais que simplesmente estar investido da condição de possuidor legítimo do bem, pois tê-lo representa tocar de bem perto seu conteúdo, manusear a própria arte, a própria ciência, a própria potência do pensamento, reter a criação *inter manus*, cercar o saber entre os dedos, ter-se por *dominus* do conteúdo que se encerra em seu interior. Sua estrutura e sua função consentem a manipulação[20].

Dentre os diversos índices de livros existentes, procurando-se inventariar as obras existentes, o *index librorum prohibitorum* foi aquele que, ao reverso do sentido preservacionista dos outros, procurou proscrever da mente dos fiéis as possíveis heresias constantes dos livros que circularam subliminarmente entre os sábios e esclarecidos, sábios que se comprazíam em crenças diversas daquelas coativamente impostas aos espíritos de época. Indicava exatamente o que não devia ser lido. A perseguição se procedeu. O erro: acreditar que eliminando o *corpus* se extirpam as ideias; no máximo, detém-se a difusão pública das ideias por um relativo espaço de tempo e em determinada localidade. A certeza: o *corpus* significa mais que um simples estampado de signos; o *corpus* é a *corporificação* mágica do conteúdo noético em linhas sígnicas que colorem o pensamento do fruidor.

A cisão, portanto, havia de operar-se, não sem resistências, pela própria criação não só de instrumentais que facilitassem o acesso cultural ao maior número de pessoas possível, mas também pela criação de um ambiente social favorável, bem como permeável à absorção das criações intelectuais. A "obra" transportada por um *corpus* navegou historicamente para que viesse a repousar na calmaria dos tempos do

---

autrui réel ou possible; il cherche un absolut qui l'arrache à l'écoulement des choses, l'éternise, le stabilise dans l'être: '*Exegi monumentum aere perennius*'" (Barbotin, La signification de l'oeuvre, in *L'homme et ses oeuvres*, 1957, p. 145).

20. Uma das primeiras manifestações da libertação do espírito moderno deu-se no exato momento em que o "livro" tornou-se objeto de especulação privada, abandonando o *locus* preferencial que encontrou durante séculos nas estantes e nos *scriptoria* dos monastérios e dos aristocratas (cf. Duby/Ariès, *História da vida privada*, 1992, v. 3, p. 126-131).

Renascimento. A tipografia,[21] com isso, representando a laicização do saber[22], fez-se contestada e repudiada pelas classes dominantes, vez que seu atrito haveria de ser o resultado de um desgastante processo de desconstrução do próprio poder.

Se a eternidade então é o apanágio dos deuses, a imortalidade é o ópio dos homens; tornar-se imortal é menos fossilizar-se corporalmente entre homens e mais perenizar-se por sua recorrente presença espiritual[23]. Esta presença é uma decorrência da lembrança, e a lembrança descola-se de um estímulo mnemônico da existência de um ser; esse estímulo mnemônico quem o faz é o *corpus*, sinal ainda vivo e latejante de que alguém no passado assim pensou, assim sentiu, algo disse ou aquilo fez. Entre a inalcançável eternidade do mito deídico dos gregos e a possível eternidade do espírito criativo humano, resta a esperança de que todo criador possa estar *inter homines*, senão pessoalmente, e esta é a característica da eternidade, ao menos *in*

---

21. "A tipografia, sua razão de ser, foi sempre, desde os primórdios, arte recusada pela nobreza e os potentados. O livro devia continuar como um privilégio dos ricos, das Dinastias e da Igreja. Pressentiam ser demasiado perigoso, porque divulgava ideias, que poderiam ameaçar seus interesses. Na fase do manuscrito, o livro não preocupava, porque reservado às Dinastias, à Igreja e aos potentados. Mas, diante da possibilidade de incontrolável divulgação, pela impressão em série, o livro começou a preocupar, como portador de ideias. E as *ideias* são sempre *diabólicas*, porque se chocam, às vezes violentamente, com os interesses retrógrados, luta que constitui a base do progresso social" (Mello, *Síntese histórica do livro*, 1979, p. 135).

22. A laicização completa do saber operou-se, finalmente, e tão só, com a integral libertação da arte da impressão. Esta, verdadeiramente, de seus estágios mais rústicos, partiu da manufatura, perfazendo ampla rota de percalços históricos, evoluindo e involuindo periodicamente, de modo a resultar no século XV na plena sagração dos instrumentos de impressão trazidos a lume por Gutenberg. Este o ponto representativo de uma ruptura histórica significativa; menos como invenção e mais como inovação cultural, a imprensa de Gutenberg tem sua estimativa como uma decorrência das consequências de sua introdução no contexto do amplexo cultural ocidental.

23. "Dizer que a obra desenha um mundo é afirmar em primeiro lugar que ela deixa marcas, que ela é rastro. O trabalho, que nos obceca, não nos permite habitar o mundo. Habitar quer dizer marcar por meio de sinais, ir ao mundo sob a influência e a proteção de um cenário familiar; as obras nos orientam. À sua maneira, os rastros são imortais, pois quanto mais se esmaece a materialidade, mais a inspiração é realçada" (Guérin, *O que é uma obra*, 1995, p. 26).

memoriam. A poética do *corpus* reside exatamente neste dado peculiar, qual seja, facultar ao homem uma potência que não é de sua natureza, mas que talvez o seja de uma natureza divina: a imortalidade. Ela aqui é evocação, simbologia, representação. De geração a geração, a obra gera-se e regenera-se num contínuo fluxo de fazimento e desfazimento; de cada contato, de cada interpretação, de cada ato de fruição, decorre a invocação de uma ordem semântica uma vez consignada por um sujeito que se faz homem entre homens por meio de seu *actus scribendi*.

3. Método e multiplicidade de linguagens

Talvez a consciência de que a linguagem (*lógos*) seja o elemento fundante sobre o qual se assentam as manifestações humanas em sociedade – dentre as quais se encontram aquelas de caráter intelectual e científico – possa inaugurar esse tipo de preocupação em torno de como se expressam os homens, como se comunicam, de que códigos se utilizam, qual seja a permeabilidade das informações que transmite... A existência e a participação de diversas esferas de linguagem na vida social, e sobretudo no convívio humano, abrem campo para que se discuta a existência de diversos signos (palavras, gestos, mímica, pantomima, linguagem dos surdos-mudos, pinturas, desenhos...)[24] por meio dos quais se operem as relações de sentido. Esta é a central preocupação dos estudos semióticos[25].

---

24. Alguns autores enunciam quais sejam as linguagens possíveis: (1) conjunto dos chamados signos linguísticos, ou *"simboli linguistici"*, na terminologia de Barilli, onde se localizam o sistema alfabético e os sistemas escritos ou falados (Barilli, *Corso di estetica*, 1989, p. 58); (2) conjunto dos chamados signos musicais, ou dos *"simboli musicali"*, incluindo o sistema sonoro e notativo, sendo sua matéria a temporalidade das notações, assim como a ritmia interna (p. 71); (3) conjunto dos chamados signos gráficos, ou também dos *"simboli grafici"*, para o qual correspondem os sistemas da pintura, da escultura, da arquitetura, do desenho, operando sobre a matéria com cores, traços, e, enfim, com o espaço (p. 75); (4) conjunto dos chamados *"signos gestuais"*.

25. Pode-se mesmo acentuar que a *semiótica* – o termo é de origem helênica (*semeion – semeiotiké* = técnica, arte ou ciência dos signos) –, na proposta de

O que se quer dizer é que não somente signos linguísticos fornecem subsídios para a comunicação e para a expressão do pensamento – o que resultaria na inverídica e inadequada assunção da sinonímia entre os termos "linguagem" e "língua"[26] –, mas também uma pluralidade imensa de outras formas de simbologias que concorrem para a afirmação de que a sociedade produz, reproduz, cria e repete, formaliza... sentidos a partir de uma multiplicidade de linguagens que ressaltam a existência de diversos sistemas de significação.

A linguagem da ciência, sempre em evolução, envolve a consciência de que a atividade científica produz um estado de revolução semântica permanente, como aponta a epistemologia de Gaston Bachelard[27]. A ciência é, pois, uma atividade racional cujos resultados carecem de ser afirmados, demonstrados, apresentados através de enunciados científicos. Assim, os enunciados científicos vão se expressar através de uma linguagem ou de um conjunto de símbolos.[28] O cientista, através do método, deve perquirir acerca da(s) linguagem(ns) mediante a(s) qual(is) se manifesta seu objeto de estudo, de modo a poder-se falar na existência de uma linguagem científica.[29] Código entre códigos, o universo de discurso da ciência é, como todos os demais, inteiramente regido por normas acadêmico-sociais, metodológicas, criativas, técnico-burocráticas... que peculiarizam sua linguagem de modo a poder-se falar na existência de uma linguagem científica.

Umberto Eco, é o conjunto de relações sígnicas possíveis que se descolam de todo fenômeno cultural.

26. Esta já era uma das preocupações "(...) da linha aberta por F. de Saussure (...)", para quem "(...) a linguística é um caso particular da semiologia ou semiótica; há semióticas literária, pictórica, musical, etc. (...)" (Jacob, *Introdução à filosofia da linguagem*, 1984, p. 149).

27. "A linguagem da ciência está em estado de revolução semântica permanente" (Bachelard, *A epistemologia*, 2020, p. 233).

28. Aqui, se segue de perto o pensamento de Gilles Gaston-Granger: "Toda ciência se produz numa linguagem, ou seja, mais geralmente num sistema simbólico" (Granger, *A ciência e as ciências*, 1994, p. 51).

29. "A relação das ciências com sua linguagem é, portanto, essencial" (Granger, *A ciência e as ciências*, 1994, p. 56).

A abordagem semiótica da linguagem científica permite visualizá-la em meio ao conjunto das outras linguagens e dos outros universos de discurso que compartilham, dividem e disputam espaço com as criações científicas. Parece, portanto, irrenunciável a tarefa de dizer que onde há ciência há linguagem e que toda ciência deve lidar com linguagens diferentes. Ainda, em outras palavras, a ciência passa a ser interpretada como prática intersemiótica, que conjuga linguagens, pois não só lida com a linguagem, mas existe para conhecer, distinguir, definir, analisar... racionalmente e através da linguagem. Sentimentos, conceitos, significações, intenções, expectativas, ideias, definições, mensagens... além de serem linguagens particulares, regendo-se por princípios diversificados, aglutinam-se na análise científica para serem expressos pela linguagem. Enfim, aquele que pratica ciência lê linguagens e elabora em linguagem suas leituras.

Ademais do que já se disse a respeito do pluralismo de linguagens, deve-se grifar o fato de que as ciências, em sua progressiva setorialização e especialização, são responsáveis pela criação de linguagens e simbologias próprias, peculiares, progressivamente mais técnicas e específicas de suas circunscritas áreas de abrangência[30]. Assim, se se pode falar de uma linguagem propriamente científica, jamais se imagine atrás desta expressão uma univocidade de termos, ou muito menos uma unidade de conceitos, ideias, significados. Pelo contrário, os saberes, ao se especializarem, acabam por produzir códigos de tratamento de seu objeto de estudo, voltados para a padronização, simplificação e formalização de sua linguagem de expressão. Um dos efeitos negativos desse processo de gradativa formalização e simbolização científicas é o distanciamento da linguagem ordinária e, por consequência, a ininteligibilidade de suas construções. O elevado grau técnico das linguagens científicas (linguagem da astrofísica, linguagem

---

30. "Entretanto, se admitirmos, como no nosso caso, que o discurso científico é essencialmente um fazer que constrói seu próprio objeto, que se constitui como progressão do saber e não como asserção peremptória, então a anaforização cognitiva do discurso aparece como segmentação do fazer científico ligada a uma estratégia geral do querer-saber: programas científicos parciais, resultados de um fazer dinâmico e agressivo, acham-se assim consolidados um após outro em instâncias de um saber-ser que permite lançar novas ofensivas" (Greimas, *Semiótica e ciências sociais*, 1976, p. 16).

semiótica, linguagem e simbologia matemáticas...) contribui para um distanciamento progressivamente maior do vulgo; a falta de transparência torna-se um fator de preocupação. Em parte, o distanciamento da ciência da vida ordinária torna-a vez a vez mais enclausurada em seu universo de referências, o que passa a constituir uma forte contradição com relação aos fins a que se presta.

4. Método, linguagem e estilo

Toda criação é fruto de um labor de linguagem, isso já se disse. Qual o grau de liberdade do autor, do criador, na constituição dessa linguagem é o que se deve discutir. Se toda obra é fruto de uma atividade criativa, é fato que o(s) autor(es) é o(s) responsável(is) pela cunhagem dessa linguagem por meio da qual se exteriorizarão conteúdos científicos. É assim que se forma o *idioletto* do autor.

O *idioletto* do criador consiste na coloração pessoal (ou interpessoal) que se confere a uma obra quando se manipulam códigos comuns para muitos[31]; o *idioletto* é a imagem pessoal do autor que se deposita na obra; esta é a verdadeira linguagem da obra (linguagem original e específica), que se traduz em um estilo pessoal, em uma lógica impassível de reprodução... Por vezes, o *idioletto* representa até mesmo uma linguagem decifrável apenas pelo criador, tamanha a sua peculiaridade criativa. O hermetismo da obra se manifesta exatamente no momento em que se percebe ser ela muito menos um aparato físico a ser fruído pela coletividade e muito mais um construto resultante da manipulação das diversas possibilidades de coligação de códigos existentes ou a existir. A linguagem da obra, enquanto *idioletto* do autor, já é uma proposta de um novo código.

Se ao *idioletto* da obra, ou seja, se à linguagem consignada no *corpus mechanicum* da obra, preexiste uma realidade semiótica, uma realidade de inúmeras linguagens, é, sobretudo, a partir desse arsenal de signos e linguagens que parte o criador para a elaboração de sua própria linguagem. Desde sua fase conceptiva até sua fase

---

31. Por *idioletto*, expressão que intencionalmente foi mantida no original por se tratar de proposta feita por Umberto Eco, deve-se compreender: "(...) il codice privato e individuale di un solo parlante (...)" (Eco, *La struttura assente*, 1989, p. 68).

executiva, labora o criador na tentativa da reificação de suas ideias por meio de um processo que envolve a transformação do imaterial em material. Será do repertório de linguagens existente que partirá o intérprete da realidade para a construção de seu idioma.

Aqui deve-se relevar o papel do construtor da linguagem científica e literária não como mero receptor das mensagens semiológicas contidas em um universo cultural. Seu papel a isso transcende, visto que não só como sujeito de percepção, mas também como sujeito de elaboração, atua o criador. Das linguagens pré-constituídas parte o criador, o que não significa que a elas fique restrito, ou que a um ou a outro código deva estar adstrito. Da ideia à coisa, do imaterial ao material, da concepção ao construto, atuará o criador com originalidade em todos os momentos, seja concebendo, seja percebendo, seja mesclando, seja manipulando linguagens... tudo em função do objetivo de expressar o resultado de sua concepção. A expressão final de sua concepção será a linha de convergência das diversas linguagens eleitas pelo intérprete da realidade para participar do *corpus* final, para participar da obra acabada.

Porém, é exatamente pela sua dimensão intersemiótica que se distingue a rede das implicações científicas; toda vez que se pode falar que houve a introdução de uma obra original no repertório das obras existentes, necessariamente se pode falar na existência de uma nova dimensão de significação criada pelo esteta. A confluência de valores diversos, individuais do autor e sociais, para a obra, reflete-se diretamente nas reflexões aqui enunciadas. De fato, a extração das linguagens sociais pré-constituídas para a dação de sentido à obra tem por consequência a criação de uma linguagem singular, de uma linguagem decomponível em duas estruturas, a saber: uma primeira estrutura, a que se pode chamar de objetiva, por se tratar de signos reconhecíveis (gráficos, linguísticos, figurativos, heterogêneos...); uma segunda estrutura, a que se pode chamar subjetiva, por ser interpretável, campo onde se busca a intenção criativa, o que transcende à mera percepção, recaindo no espaço da fruição e da interpretação[32].

---

32. "Cette sorte de duplicité nécessaire rend illusoire tout essai d'interprétation définitive et culmine dans le chef-d'oeuvre; celui-ci vaut moins par ce qu'il suggère; il oeuvre sur le double mystère de la personne et de l'idéal d'insondables profondeurs" (Barbotin, La signification de l'oeuvre, *in L'homme et ses oeuvres*, 1957, p. 145).

O exercício de uma ponderada criatividade também pode se associar à produção do conhecimento científico; por isso, as diversas artes podem colaborar vivamente na pesquisa e no processo de expressão e legitimação da interpretação de questões científicas. Normalmente, costuma-se dissociar ciência e arte, visão esta que somente contribui para aprofundar a distância entre esses universos de conhecimento. Ao contrário, deve-se divisar na arte um recurso de alta sensibilidade, a abrandar o espírito "rigorista" das práticas da ciência, bem como um poderoso acessório na difusão do conhecimento adquirido cientificamente. O potencial da arte pode, pois, servir de apoio à dinâmica das ciências, pois esses universos não se excluem mutuamente.

Se é certo, pois, que existe uma liberdade muito grande de o autor criar sua própria linguagem para expressar conteúdos científicos, ao mesmo tempo, há que se dizer que o método cumpre sua função ao refrear essa liberdade, conferindo-lhe limites. Assim, a preocupação metodológica passa a fazer a liberdade criativa do autor conviver com a transparência de um texto como produto final para seu leitor. Deve-se enfatizar, portanto, o fato de que não há castração da liberdade criativa do autor pelo método, mas sim disciplina e orientação dessa liberdade para que seja exercida conforme as convenções e padrões internacionalmente aceitos e construídos, e conforme o postulado da transparência textual, para que se confira a maior acessibilidade possível à produção científica. O estilo acaba sendo o resultante desta tensa relação entre objetividade e subjetividade.

5. Método, inspiração e escritura

A difícil arte da escrita não é inata, mas algo adquirido com o tempo e a dedicação, a paciência e o treinamento. Com toques de cinzel é que, de dentro do mármore, sai a feição perfeita da escultura. Não é e não pode ser diferente com relação à escrita. O desenvolvimento da arte de escrever é uma técnica tão desenvolta com ânimo quanto aquela que prepara a mão do artista para cinzelar a pedra rústica; a diferença está no que separa a pedra do papel. E, para isso, também concorre a inspiração, a iluminação ocasional que funciona por *insights* e permite um acesso direto e imediato a formas de pensamento que glorificam o processo criativo. A inspiração deve rondar o escritor como a morte ronda a existência humana. Isso significa que para escrever é inevitável e incontornável predispor-se ao ato de escrever, embebedando-se do que se faz. Escrever não é como qualquer outra atividade, que se faz de modo despretensioso e desleixado. Escrever é uma religião, e a ela se deve devoção. Por isso, a inspiração é este anjo que guarda todo escritor. Não importa do que se trate quando se está a escrever, importa é que se faça profissão de fé o ritual de produção de um texto.

O texto não pode ser somente algo que é fruto da razão. Há sentimentos, percepções e deslocamentos da alma acoplados a todo texto escrito com fervor e paixão. A inspiração deve conduzir, pois, os passos do escritor no ato de penetração nas trevas nebulosas do vazio de uma página em branco. Por isso, ela não é simplesmente algo que torna o ato de escrita um ato inspirado, mas sobretudo aquilo que garante que o ato de escrita seja um ato autêntico, e, por isso, obra do espírito.

Não obstante a importância da inspiração, deve-se dizer que a inspiração deve estar sempre acompanhada do trabalho, do caráter meticuloso da escrita, da operosidade do autor, da dedicação silenciosa das leituras, da revisão permanente do texto, da capacidade de ser ele mesmo ao expor-se através de um texto e tornar-se alguém que aparece nu perante o leitor. Sem dúvida, a inspiração deve vir acompanhada de muita operosidade por parte do autor. Costuma-se dizer, e isto é fato, que não há inspiração que não esteja acompanhada de muita transpiração. Acima de tudo, isto é verdade para as artes literárias e poéticas, como para as práticas científicas e as ensaístas formas de manifestação do pensamento organizado das monografias e trabalhos acadêmicos em geral. Isso, certamente, se estivermos falando de alguém que se convide à genuína opção por entregar-se a este tipo de descoberta, a descoberta de si mesmo através da prática da escrita.

Para que se possa inspirar, deve-se buscar o que dá alento ao pensamento, o que nutre o espírito, e, neste campo, a ideia de "cultura geral abrangente" cumpre um grande serviço. Como pode escrever quem nunca lê? Como pode falar da arte de fazer justiça alguém que não conhece a rigor a história de seu próprio povo? Como pode pensar em resolver questões complexas da filosofia sem deitar sobre os tratados da história da filosofia? Como pode sonhar com o amanhã mais brilhante quem não conhece as trevas do passado histórico? Para todos os efeitos, o convite à leitura é de fundamental motivação para a construção da arquitetônica do pensamento e da arte de construir formas metafóricas de expressar sentimentos e raciocínios. Assim, no campo das humanidades, as lacunas intelectuais devem ser ceifadas sem piedade; daí a inter-relação direta entre pensamento e leitura, leitura e trabalho, trabalho e inspiração.

De toda forma, quem procura um guia mais seguro para trabalhar esta questão de "como escrever e inspirar-se" pode se fiar nas lições, nas mais memoráveis lições deixadas por um dos mais inspirados escritores do século XX. Em "Rua de mão única", no título "Proibido colar cartazes!", o filósofo alemão Walter Benjamin bem sintetiza, ao redigir na forma de treze mandamentos, aquilo que ele chama de "A técnica do escritor em treze teses"[33]:

"I. Quem tem a intenção de passar à redação de uma obra mais extensa procure seu bem-estar e permita-se, depois da tarefa concluída, tudo o que não prejudica a continuação.

"II. Fale do realizado, se quiser; contudo, durante o decorrer do trabalho, não leia nada dele para outros. Toda satisfação que você se proporciona através disso bloqueia seu ritmo. Com a observância desse regime, o crescente desejo de comunicação acaba tornando-se motor do acabamento.

"III. Nas circunstâncias de trabalho, procure escapar à mediania do cotidiano. Meia tranquilidade, acompanhada de ruídos insípidos, degrada. Em contrapartida, o acompanhamento de um estudo musical ou de uma confusão de vozes pode tornar-se tão significativo para o trabalho quanto a perceptível quietude da noite. Se esta aguça o ouvido interior, aquele se torna a pedra de toque de uma dicção cuja própria plenitude sepulta em si os ruídos excêntricos.

"IV. Evite utensílios quaisquer. A pedante fixação a certos papéis, penas, tintas, é de utilidade. Não luxo, mas abundância desses utensílios é indispensável.

"V. Não deixe nenhum pensamento passar incógnito e mantenha seu caderno de notas tão rigorosamente quanto a autoridade constituída mantém o registro de estrangeiros.

---

33. Benjamin, Rua de mão única, in *Obras escolhidas*, v. II, 2000, p. 30-31.

"VI. Torne sua pensa esquiva à inspiração, e ela a atrairá com a força do ímã. Quanto mais refletidamente você retarda a redação de uma ideia que ocorre, mais maduramente desdobrada ela se oferecerá a você. A fala conquista o pensamento, mas a escrita o domina.

"VII. Jamais deixe de escrever porque nada mais lhe ocorre. É um mandamento da honra literária só interromper quando um prazo (uma refeição, um encontro marcado) deve ser observado ou a obra está terminada.

"VIII. Preencha a suspensão da inspiração passando a limpo o realizado. Com isso a intuição despertará.

"IX. *Nulla dies sine linea* – mas talvez semanas.

"X. Nunca considere como perfeita uma obra sobre a qual não se sentou uma vez desde a noite até o dia claro.

"XI. Não escreva a conclusão da obra no local de trabalho habitual. Nele você não encontraria a coragem para isso.

"XII. Graus de composição: pensamento – estilo – escrita. O sentido de passar a limpo é que, em sua fixação, a atenção diz respeito somente à caligrafia. O pensamento mata a inspiração, o estilo acorrenta o pensamento, a escrita remunera o estilo.

"XIII. A obra é a máscara mortuária da concepção".

6. Método, razão dialogal e linguagem plural

Uma das primeiras preocupações quando se trata de provocar inovações na área metodológica do conhecimento jurídico é a de vencer a cultura jurídica dominante, eivada por uma profunda arrogância no conhecimento. De fato, a razão jurídica é uma razão monológica. Ela aparece como prática de poder, ora invocando a autoridade da própria legislação (como se a legislação encerrasse uma verdade intocável e que cessa a consciência reflexiva e dialogal), ora invocando retoricamente doutrinas remotas e longínquas (como se a opinião de doutrina consolidada não sofresse o desgaste do tempo), ora utilizando-se dos fins do conhecimento teórico para efeitos direcionados e práticos (fazendo com que as questões implicadas em consultas, pareceres e processos e seus resultados prático-financeiros dirijam a autonomia do pensamento e dos resultados reflexivos), ora utilizando-se da autoridade de ser um intérprete autêntico do sistema no momento em que exerce um juízo de saber (como se a opinião da autoridade pública se estendesse também ao ambiente acadêmico de discussão), neutralizando a possibilidade de formação de uma verdadeira comunidade epistêmica nos domínios da cultura jurídica. Por isso, usualmente, não se reconhece nenhum tipo de valor a boa parte da enorme produção textual da área jurídica. Por isso, também, não se desenvolve um pensamento articulado na área do Direito, de onde vem o saldo deficitário da cultura jurídica em termos de produção de conhecimento propriamente científico.

Ademais, o verticalismo que marca e determina o modo de ação racional orientada a fins na área do Direito contamina por demais a área do conhecimento científico-jurídico. Exclusivismo e idiossincrasias biográficas dominam os ambientes de produção do conhecimento[34]. De fato, não se pode falar efetivamente em um conhecimento jurídico de cuja dedicação se extraia a dominância da pesquisa em função do fato de que boa parte de sua produção decorre de um ato também vertical de dedução de verdades a partir de grandes referências monolíticas e monológicas do saber. O saber jurídico atual se deduz, não se constrói compartilhadamente. Daí o fato de que a produção científica jurídica dificilmente consiga desvincular-se de práticas de verticalismo dedutivista. Assim como o legislador decreta suas normas, a doutrina também decreta as suas verdades. Há nisto um paralelismo mais do que corriqueiro para a área da produção do conhecimento em Direito.

A superação deste *status quo* depende sobretudo da adoção de um paradigma de pensamento que esteja dirigido para a ideia de que o compartilhamento é fundamental na estruturação do saber e de que a verdade só pode ser concebida como fruto da dialogicidade[35]. Daí a

---

34. "Esta formulação de racionalidade escapa, portanto, dos pressupostos de uma consciência solipsista, tal como ocorre no paradigma da subjetividade, para fundamentar-se na linguagem comum da pluralidade de sujeitos que procuram livre e discursivamente chegar ao consenso sobre algo no mundo, superando assim o egoísmo" (Bolzan, *Habermas*: razão e racionalização, 2005, p. 81).

35. "É só na qualidade de participantes de um diálogo abrangente e voltado para o consenso que somos chamados a exercer a virtude cognitiva da empatia em relação às nossas diferenças recíprocas na percepção de uma mesma situação.

ideia de que, para além do fato de se deduzir a verdade unilateralmente, o jogo multidisciplinar é fundamental para a pesquisa científica.

Por isso, a verdade não pode ser entendida nem como fruto puro e simples da relação entre sujeito e objeto (*adequatio mens ad rerum*), nem como mera decodificação da coisa-em-si, nem como puro fruto da criação subjetiva sobre a coisa. A verdade, numa perspectiva habermasiana, é fruto de um processo social de compartilhamento de argumentos em torno de objetos de pesquisa que podem ser sustentados racionalmente. A verdade aqui inclui a perspectiva de uma coletividade que pensa em conjunto os desafios do conhecimento[36].

Trata-se aqui de pensar, também, na importância da pesquisa *livre*, da liberdade na pesquisa, bem como da liberdade de expressão e comunicação estarem sendo exercidas como mecanismos de garantia desta atuação franca, desinibida, reflexiva, respeitosa e interativa que garante o aspecto lúdico do conhecimento voltado para a verdade como forma de compartilhamento.

Onde existe a dominação, onde predomina a opressão, onde coexistem conhecimento e vigilância ideológica, onde os processos de comunicação estão impregnados por relações de violência e condução de ideias, não existe propriamente um agir livre, um agir comunicativo, na perspectiva habermasiana[37]. Não há a possibilidade de

---

Devemos então procurar saber como cada um dos demais participantes procuraria, *a partir do seu próprio ponto de vista*, proceder à universalização de todos os interesses envolvidos. O discurso prático pode, assim, ser compreendido como uma nova forma específica de aplicação do Imperativo Categórico. Aqueles que participam de um tal discurso não podem chegar a um acordo que atenda aos interesses de todos, a menos que todos façam o exercício de 'adorar os pontos de vista uns dos outros', exercício que leva ao que Piaget chama de uma progressiva 'descentralização' da compreensão egocêntrica e etnocêntrica que cada qual tem de si mesmo e do mundo" (Habermas, *A ética da discussão e a questão da verdade*, 2004, p. 9-10).

36. "...no paradigma da comunicação ela passa a se caracterizar como 'pretensão de verdade', estando aberta para argumentações e contra-argumentações" (Bolzan, *Habermas*: razão e racionalização, 2005, p. 129).

37. "O consenso só se garante ou se torna possível mediante o discurso argumentativo e livre de coações, interesses e influências, em que se preserva a individualidade e se permite o afloramento e conservação da diferença. Tal formulação de racionalidade comunicativa visa a dissolver a relação instrumental fundamentada na

emergir a verdade, a não ser uma falsa-verdade, uma meia-verdade, como verdade de superfície, que acoberta práticas de poder.

O agir comunicativo pressupõe racionalidade, esta que é, por si mesma, antônimo de violência e coação. Habermas mesmo se incumbe de afirmar esta perspectiva, em *A ética da discussão e a questão da verdade*: "Os pressupostos pragmáticos da discussão mostram que ambos os requisitos podem ser satisfeitos simultaneamente. A discussão nos faculta, com efeito, ambas as condições: – a primeira: que cada participante individual seja livre, no sentido de ser dotado da autoridade epistêmica da primeira pessoa, para dizer "sim" ou "não" – concordo plenamente com o professor Renaut, mas é preciso atender ainda à segunda condição; – a segunda: que essa autoridade epistêmica seja exercida de acordo com a busca de um acordo racional; que, portanto, só sejam escolhidas soluções que sejam racionalmente aceitáveis para todos os envolvidos e todos os que por elas forem afetados. Não se pode isolar a primeira condição, a da liberdade comunicativa, da segunda, tampouco se pode atribuir a ela uma prioridade sobre a segunda, que é a da busca de um consenso. Esta última condição reflete o sublime vínculo social: uma vez que encetamos uma práxis argumentativa, deixamo-nos enredar, por assim dizer, num vínculo social que se preserva entre os participantes mesmo quando eles se dividem na competição da busca do melhor argumento"[38].

Para isto é necessário dizer que pesquisa não é solilóquio. O solipsismo como forma de produção da verdade é uma característica daqueles que pensaram a partir do paradigma da filosofia da consciência, e não a partir do paradigma do agir comunicativo[39]. Apesar

---

via de mão única do monólogo impositivo e dominador, pressupondo um mundo partilhado intersubjetivamente, no qual cada sujeito vive, atua e fala ao mesmo tempo em que preserva e aperfeiçoa sua identidade subjetiva com a renovação da tradição" (Bolzan, *Habermas*: razão e racionalização, 2005, p. 93-94).

38. Habermas, *A ética da discussão e a questão da verdade,* 2004, p. 15-16.

39. "Na medida em que recai na linguagem o paradigma da fundamentação, esta não se fecha no monólogo solitário da subjetividade voltado para domínio teórico ou prático de objetos como no paradigma da consciência, pelo contrário, abre-se numa comunicação intersubjetiva não instrumental que para ser interpretada precisa de outros sujeitos participantes e orientados pelo entendimento. Nesta perspectiva o

de o pesquisador escrever solitariamente, em geral, apesar de o pesquisador exercitar o ato de escrita de um texto (*paper*, monografia, artigo, livro) sozinho, o ato de produção do conhecimento jamais é um ato solitário[40]. Todo pesquisador é, antes de tudo, afetado por seu objeto de estudo. Em muitas situações, isso irá significar que a relação entre Sujeito (S) e Objeto (O) é uma relação de recíproca afetação, pois, em verdade, quando se espera que o Sujeito (S) irá "controlar" e "descrever" algo acerca de seu Objeto (O), acaba por descobrir um Objeto (O) que lhe modifica completamente as próprias ambições iniciais de um projeto de pesquisa, ou de uma proposta de abordagem e compreensão científica. Quando esse objeto de estudo é, fundamentalmente, centrado no estudo da opinião humana, no exercício de liberdades, nos limites da ação individual, nas formas de controle do comportamento social, na formulação de regras para a convivência pacífica em sociedade, o pesquisador é, sobretudo, afetado pelo aspecto sócio-humano de seu objeto de pesquisa. Assim sendo, não é possível falar em verdades produzidas com exclusividade pela "mente" do pesquisador, pois essa "mente" está determinada pela historicidade de seu engajamento sócio-humano e inter-relacional.

Assim, se ninguém constrói nada sozinho é porque se apropria de um grande espectro de conhecimento e cultura, informação e criatividade, anteriormente acumulados no tempo e no espaço. É certo que o autor produz *criativamente* recortes, e ao exercer seletividade, também *cria*. Mas esta criação está autoimplicada no conjunto do processo correlacional e intersubjetivo do viver social. Se o gênio existe, o gênio é fruto deste processo histórico-dialético de convívio com as ideias, com o grande acervo cultural produzido por biografias

---

entendimento, como finalidade imanente, como razão de ser da linguagem humana, sobre o qual gira o pensamento crítico de Habermas, pressupõe que o falante ao dizer algo seja compreendido dentro de um contexto. A 'situação ideal de fala' refere-se ao uso da linguagem sem coação interna ou externa, simetria de posições entre proponentes e oponentes no panorama da comunicação" (Bolzan, *Habermas*: razão e racionalização, 2005, p. 79).

40. "Pesquisa é inserir-se em um campo do saber acadêmico em que outras pessoas também estão pesquisando objetos semelhantes aos que eventualmente nos interessarão. Nosso trabalho nada mais é do que um diálogo com a produção desse campo" (Queiroz, *Monografia jurídica*: passo a passo, 2015, p. 57).

individuais que se somam a processos histórico-sociais de produção do conhecimento.

Para que o *ego* possa conhecer, portanto, é necessário que reconheça o *alter*. Sem o *alter* não há a possibilidade da tão fundamental troca para a produção do conhecimento. Daí resulta a fórmula segundo a qual se pode exprimir esta exigência de intersubjetividade no conhecimento: só há *conhecimento* com *re-conhecimento*.

7. Método, espaço público cultural e diálogo citatório

Um texto científico rico, pesquisado, produzido em condições ideais de pesquisa é um texto que: em primeiro lugar, reconhece a necessidade da participação de uma pluralidade de autores para a sua expressão, respeitando-se os limites materiais dos meios de veiculação de ideias; em segundo lugar, articula um pensamento em dialética permanente com ideias lateralmente significativas para a produção dos resultados da pesquisa, na medida em que reconhece interlocutores e se corresponde com eles como forma de fortalecimento do processo de divisão do conhecimento; em terceiro lugar, exprime a sua vinculação com tais ou quais fontes de pesquisa, livros, autores, filósofos, referências bibliográficas ou matrizes teóricas; em quarto lugar, faz perceber o quanto o progresso científico está na dependência de uma comunidade de trocas científicas[41].

Um texto dessa natureza necessariamente se compromete com diversos princípios que norteiam a atuação do pesquisador, a saber: a) a honestidade intelectual, seja na formação de seu repertório de

---

41. "Parece que o caráter social das ciências físicas se manifesta precisamente pelo evidente *progresso* dessas ciências. O trabalhador isolado deve confessar 'que não teria conseguido descobrir tudo isso sozinho'. O progresso dá a estas ciências uma verdadeira história do ensino cujo caráter social não pode ser desprezado. A comunhão social do racionalismo docente e do racionalismo discente que tentamos caracterizar na nossa última obra (trata-se do *Rationalisme appliqué*) confere ao espírito científico a dinâmica de um crescimento regular, a dinâmica de um progresso certo, de um progresso confirmado psicológica e socialmente pela própria expansão das forças culturais" (Bachelard, *A epistemologia*, 2020, p. 171).

conhecimento, seja na exposição desse conhecimento; b) a atuação ética e proba do pesquisador na condução dos trabalhos de pesquisa (de campo ou teórica); c) o respeito aos preceitos da Lei n. 9.610/98, que protegem direitos autorais, que revelam o respeito pelo outro e seus direitos como sujeito social protegido normativamente em função da produção do conhecimento; d) a vocação para compartilhar a opinião e dividir o espaço do conhecimento com seus pares ou aprendizes, mecanismo de pluralização dos atores que compartilham do processo de produção da verdade nos foros acadêmicos; e) o compartilhamento do conhecimento como forma de interação na esfera pública, de formação de opinião geral sobre o assunto e mecanismos de afirmação de uma lógica comunicativa e racional de interação social; f) a capacidade de construir um conhecimento prospectivo e fecundo, para a formação social, visando ao desenvolvimento de medidas e soluções afirmadoras da dignidade da pessoa humana; g) a atuação e o incentivo no sentido do incremento do fomento da pesquisa como mecanismos de ação do conhecimento criterioso e responsável; h) o distanciamento das posições de autoritarismo doutrinário (argumento *ab auctoritate*), como forma de esterilização da dominância do poder sobre o saber em ambientes de produção do conhecimento; i) o permanente interesse por se abeberar de uma produção comunitária (não há conhecimento isolado), reconhecendo o valor do coletivo na determinação do individual; j) a colaboração no processo de formação de uma política democrática do uso de ideias, favorecendo o acesso ao conhecimento de modo democrático, sabendo-se que democracia não se confunde com liberdade absoluta nem com falta de critério e rigor.

Os cuidados do pesquisador na produção da verdade são muitos e não se esgotam nestes. Mas os pontos elencados acima indicam no sentido da responsabilidade ética da produção do conhecimento, de uma forma de conhecimento que é praticada com aceno em direção a uma autoria no coletivo, no diálogo, na intersubjetividade, no plural.

Por isso, os textos que revelam carência de citação, ausência de bibliografia, desprezo por localização do referencial teórico, assim como pobreza dialogal, revelam, desde logo, certa arrogância do pesquisador, que se autointitula capaz de produzir textos na ausência completa de interlocutores (vivos ou mortos, próximos ou distantes, nacionais ou estrangeiros) ou da comunidade científica.

A pesquisa, nesse sentido, se produzida em grupo, ou se produzida individualmente, deve revelar-se, numa linguagem habermasiana, como um *processo de interesse de estar na esfera pública produzindo em diálogo argumentos racionais para o convencimento*.

Assim, é possível falar em um texto cujas fontes e cuja interlocução revelam profundo respeito do autor-pesquisador pela comunidade e pela alteridade que o cercam. A pluralidade das fontes (consulta a livros, artigos, teses, monografias, *sites*, entrevistas etc.) e a vontade de pesquisa (o espírito empreendedor e de coletador de informações relevantes para efeitos de pesquisa teórica ou empírica) espelham esta vocação da pesquisa séria e eticamente conduzida pela inclusão do outro[42].

Isto quer dizer também que se as teses científicas são substitutivas, como afirma Karl Popper, deve-se verificar que a substitutividade só se dá em meio à definição da superação (implícita ou explícita das teses anteriores). Daí o mister de construir o conhecimento não somente sobre hipóteses sustentáveis racionalmente, mas sobretudo sustentadas argumentativamente[43], em meio a um círculo de outros referenciais teóricos, que ora fundamentam o pensar, ora instruem o leitor, ora servem como mecanismos dialéticos de construção da tese central do trabalho, ora são postos como opositores a serem superados, o que pode ser demonstrado por um texto rico em citações (que nunca devem ser sufocantes demais, mas também nunca devem ser escassas demais).

---

42. Faço alusão, aqui, ao título da obra de Habermas, *A inclusão do outro*: estudos de teoria política, 2002.

43. "Essas pretensões são: verdade, retitude, veracidade e inteligibilidade. E o princípio do discurso pode ser assim enunciado: nada pode ser reivindicado como válido a não ser aquilo que possa ser fundamentado racionalmente mediante argumentos. Essas quatro pretensões devem ser cumpridas para que haja ação comunicativa, para que ocorra entendimento, consenso, bem como o princípio do discurso deve também ser cumprido" (Dutra, *Razão e consenso em Habermas*: a teoria discursiva da verdade, da moral, do direito e da biotecnologia, 2005, p. 10).

Se nada é válido *ad aeternum*, do ponto de vista do conhecimento científico, e se nada pode ser sustentado com grau de infalibilidade e absolutidade, deve-se dizer, com Habermas, que somente se pode considerar racional aquilo que se sustenta do ponto de vista de argumentos racionais. De fato, racionalidade e irracionalidade decorrem daí: "... irracional é quem defende suas opiniões dogmaticamente, se prende a elas mesmo vendo que não pode fundamentá-las. Para qualificar uma opinião como racional basta que, no contexto de justificação dado, ela possa por bons motivos ser tida como verdadeira, ou seja, racionalmente aceita"[44]. Se toda tese está exposta à substitutividade, é somente por meio do argumento que é possível pensar a formação e instrução do conhecimento científico[45].

A publicidade do conhecimento demanda este tipo de inclinação por parte do pesquisador. Valer-se das ideias alheias, sem referi-las, é um atentado à ética da pesquisa. Valer-se de suas próprias ideias desprezando as ideias alheias é igualmente um atentado à ética do pesquisador. A postura ideal está dada quando, consultando ideias alheias, essas ideias são tornadas parte do processo de produção do conhecimento e referidas permanentemente no processo de apresentação de resultados de pesquisa (em relatórios acadêmicos, em relatórios científicos, em *papers,* em artigos, em monografias).

8. Método, linguagem e auditório

A linguagem do cientista, assim como a própria ciência, possui um alcance público que é notório, de modo que se deve verificar qual a projeção que a produção científica de linguagem alcança no meio social. De fato, há que dizer que o legado cultural inserto em cada obra tem um valor que ultrapassa as fronteiras e os horizontes

---

44. Habermas, *Verdade e justificação*: ensaios filosóficos, 2004, p. 104.

45. "Somente são passíveis de entendimento dois sujeitos racionais capazes de operar linguisticamente. O conceito central da ação comunicativa gira em torno da interpretação, a qual propõe o entendimento dialógico como forma de negociação na construção do consenso. As teses precisam vincular-se às 'pretensões de validez' que, sendo suscetíveis de crítica, são passíveis de permanente revisão dos resultados obtidos" (Bolzan, *Habermas*: razão e racionalização, 2005, p. 99).

contextuais em que se insere. Não é exclusivamente a cultura em que se radica a obra a comunidade fruidora exclusiva da criação intelectual; não são os contemporâneos da obra os fruidores exclusivos do *labor* do criador. Em suma, a obra, enquanto destacada do universo restrito do autor, não só adentra ao círculo espaço-cultural que a circunda, mas também se insere no contexto do patrimônio cultural humano, tornando-se assim parte de um repertório universal de construções que se fazem a partir da reflexão estética humana. Enquanto legado universal, não há, portanto, restrição regional para a sua circulação, e o comércio cultural, ou até o tráfego cultural de influência de uma obra pode tornar-se imensamente propagador de novas tendências artísticas em circunscrições até mesmo não previstas pelo autor[46].

É a um *auditório universal*, dentro das categorias forjadas por Chaïm Perelman, que se destina a obra científica, uma vez que, quer se deseje, quer não, salvo se houver destruição da obra sem que esta se coloque a público, a perspectiva de toda criação, em termos de reflexos presentes e, particularmente, futuros, é gerar uma cadeia *ad infinitum* de consequências culturais[47]; o início dessa cadeia é bem marcado pela introdução da obra no cenário social, mas seu fim – visto que a simples destruição *a posteriori* da obra não a exclui de ter construído um universo significacional enquanto no meio social permaneceu – é algo que está para além de qualquer limite teórico poder-se determinar. O auditório universal é uma ficção para abrigar a própria ideia de racionalidade científica, ou seja, de um modo de proceder que apela à razão e que busca universalidade na sustentação de argumentos em torno de teses sustentáveis. A universalidade é parte da pretensão da racionalidade (Habermas), acima de qualquer tipo de contextualismo (Rorty).

---

46. "O significado autoral torna-se justamente uma dimensão do texto na medida em que o autor não está disponível para ser interrogado. Quando o texto já não responde, então tem um autor, e não já um locutor. O significado autoral é a contrapartida da significação verbal e tem de construir-se em termos de reciprocidade" (Ricoeur, *Teoria da interpretação*: o discurso e o excesso de significação, p. 42).

47. Neste sentido, *vide* Perelman/Tyteca, *Traité de l'argumentation*: la nouvelle réthorique, 1976, p. 45.

Mas há que distinguir desde já a ideia de que o discurso científico se direciona a um auditório universal, como auditório mediato, e a um auditório imediato, a saber, a comunidade científica. Por vezes uma obra científica requererá longo tempo de maturação pela comunidade científica até que possa alcançar o auditório universal, quando então se presume a obra tenha passado de seu estágio mais formal, científico e hermético (formalismo e convenções da linguagem científica) a um estágio mais informal, coloquial e palatável.

9. Método e interpretação da obra

A um direito de criar também corresponde um direito de interpretar. Trata-se da continuidade do processo de criação da obra, que não se encontra jamais acabada[48] enquanto houver intérpretes da linguagem científica. Nesse sentido é que toda obra (científica ou não) pode ser chamada de obra aberta[49]. A perpétua interação da obra com seu meio permite que seus sentidos se multipliquem com o tempo, na medida das possíveis, criativas e diversificadas interpretações que a ela se possam dar[50].

---

48. "(...) l'autore ha certo il diritto di pronunciarsi sulla sua opera, di dotarla di un congruo pacchetto di istruzioni per l'uso, che ne sono parte costitutiva, e che pongono anche al lettore l'obbligo di prenderne conoscenza; ma un tale diritto a sua volta non vincola il diritto del fruitore di esercitare le prerogative sancite proprio dalla teoria estetica, per cui l'opera è un contesto organico, polisemico, 'ambiguo', dove quindi è possibile scoprire associazioni, rimandi, collegamenti di cui magari l'autore non era consapevole" (Barilli, *Corso di estetica*, 1989, p. 169).

49. É certo que o que se pode chamar de *obra aberta* – e aqui é utilizada a terminologia forjada por Umberto Eco – dirige-se sobretudo às discussões sobre a obra de arte, mas há que relevar que toda obra, não somente a obra de arte, pode ser considerada uma obra aberta. O conceito de obra aberta é o seguinte: "(...) un'opera d'arte, forma compiuta e *chiusa* nella sua perfezione d'organismo perfettamente calibrato, è altresì *aperta*, possibilità di essere interpretata in mille modi diversi senza che la sua irriproducibile singolarità ne risulti alterata. Ogni fruizione è cosí una *interpretazione* ed una *esecuzione*, poiché in ogni fruizione l'opera rivive in una prospettiva originale" (Eco, *Opera aperta*: forma e indeterminazione nelle poetiche contemporanee, 1993, p. 34).

50. "(...) un testo è un prodotto la cui sorte interpretativa deve far parte del proprio meccanismo generativo (...)" (Eco, *La struttura assente*, 1989, p. 54).

A obra, assim, é um cadinho infinito de dados culturais, pois, mesmo que amplamente absorvida, pode sempre ser premissa para uma potencial revolução intelectual, cultural ou conceitual[51]. Erupções de sentido emergem naturalmente de um texto, de uma criação, de uma obra, a cada momento de sua fruição. A tudo o que significa construir, edificar, formar, articular, erigir, concatenar... para o que importa medir, controlar, compor, estruturar, conceber, exteriorizar... na esfera da criação, do ato criativo do autor, para o leitor, fruidor, ou intérprete da mensagem textual, significa desconstruir, desarticular, decompor... para que se dê origem, por partes, a uma forma orgânica tomada, agora, na perspectiva deste segundo sujeito. Trata-se, portanto, na sempre perpétua cadeia de formação da obra, de se distinguirem duas fases nitidamente detectáveis: uma primeira fase, única, correspondente ao período de criação e de formação da obra; uma segunda fase, prorrogável *ad infinitum*, em que a obra entra em interação com seus fruidores ao ser inserida no espaço público[52].

A primeira fase, além de única, é personalíssima e inconfundível, bem como original e impassível de reprodução, enquanto a segunda fase assinalada caracteriza-se muito mais pelo encadeamento de atos de fruição que pela célere intervenção pontual de sujeitos esparsos no espaço e no tempo sobre o conteúdo da obra. Primeira e segunda fases indicam: a) que a criação é uma produção (*poiésis*)[53]; b) que a obra corresponde a uma entidade autônoma, independente, que subsiste ao seu próprio criador; c) que a formação

---

51. "Quanto maior for a taxa de informação de uma mensagem estética, mais variadas serão as abordagens por ela permitidas. Seu significado poderá variar tanto quanto forem seus receptores ou, ainda, variar para um mesmo receptor, em momentos diferentes" (Coelho Netto, *Semiótica, informação e comunicação*: diagrama da teoria do signo, 1980, p. 171-172).

52. "É certo, porém, que chamada cadeia significante produz *textos* que trazem consigo a memória da *intertextualidade* que os alimenta. Textos que geram, ou podem gerar variadas leituras e interpretações; no máximo, infinitas" (Eco, *Semiótica e filosofia da linguagem*, 1991, p. 31).

53. "En premier lieu l'oeuvre est un être qui porte en soi-même sa consistance, celle-ci ne dépendant pas d'autre chose" (...) "Ce concept signifie que l'oeuvre ne renvoie, pour assurer sa consistance, ni à l'instance qui l'a produite ('l'auteur') ni au

do sentido sempre depende de uma interação da obra com os intérpretes que dela usufruem[54].

O intérprete interage com a obra com a mais lata possibilidade de integrar a própria obra. Um texto criado é apenas um ponto de partida[55], como uma unidade, ou manancial de onde se extraem as contribuições de seu criador[56]. Em verdade, nesse sentido, pode-se mesmo dizer que a obra extraída do gênio de um criador (ou vários criadores) é muito mais um legado cultural, um produto da humanidade, um ingrediente social... do que simplesmente um instrumento pessoal de realização de conhecimento. A obra ganha vida nova e própria ao deixar seu nicho originário e ao partir para a interação com os intérpretes que de seu sentido usufruem. Uma vez produzido e destacado para a exterioridade, um texto deixa de significar o que o autor queria que significasse, passando, como complexo retículo de valores, significações e signos que é, a interagir com outras concepções, ideias, conceitos... Dessa forma é que se desencadeia o processo interpretativo, longo cadenciamento de visões diversas de uma mesma fenomênica, dentro da perspectiva da mutabilidade e da relatividade das concepções e parâmetros interpretativos que se pluralizam com a experiência das gerações.

Toda obra é uma obra aberta por incorporar em sua estrutura um repertório de informações utilizáveis *ad infinitum* por seus fruidores. Toda obra do espírito é, em si, um algo que corporifica e se cristaliza no momento de sua produção, mas que passa a produzir efeitos continuados desde a sua criação, sem limites. A sua inserção

---

monde auquel elle se refère" (Galay, *Philosophie et invention textuelle*: essai sur la poétique d'un texte kantien, 1977, p. 12).

54. "Un testo vuole che qualcuno lo aiuti a funzionare" (Eco, *La struttura assente*, 1989, p. 52).

55. "Ma ogni caso la semiologia fa presa sull'opera solo in quanto messaggio fonte, e quindi in quanto idioletto-codice, come punto di partenza per una serie di libere scelte interpretative possibili: *l'opera come esperienza individuale è teorizzabile, ma non misurabile*" (Eco, *La struttura assente*, 1989, p. 70).

56. "[Nulla] è più aperto di un testo chiuso. Salvo che la sua apertura è effetto di iniziativa esterna, un modo di usare il testo (...)" (Eco, *La struttura assente*, 1989, p. 57).

na esfera dos produtos e dados culturais é um caminho sem volta. Sua penetração no meio sociocultural obedece a fases sutilmente distinguíveis, passando de uma primeira, que pode ser traumática, mas que é sempre representativa do caráter novidade com o qual aparece a obra criada, até a fase última, e hipotética, de desagregação do seu conteúdo no seio das demais contribuições espirituais humanas. Com isso se quer dizer que em dado momento não se sabe mais distinguir o que possa ser cultura humana e contribuição autoral; neste ponto, a obra está plenamente identificada e totalmente inserida entre os demais dados culturais.

Há que dizer que é papel do intérprete[57] contribuir, portanto, para a formação e a construção da obra. Uma obra dita *aberta* só o é na medida em que comporta intervenções, subordinada que está ao poder da interpretação. Aos sujeitos fruidores do conteúdo da obra incumbe definir-lhe os novos conteúdos, o alcance, o sentido, a amplitude, a repercussão... e de transformá-la em obra sempre nova e renovável[58].

---

57. "(...) l'opera si pone intenzionalmente alla libera reazione del fruitore. L'opera che 'suggerisce' si realizza ogni volta carica degli apporti emotivi ed imaginitivi dell'interprete" (Eco, *Opera aperta*: forma e indeterminazione nelle poetiche contemporanee, 1993, p. 41).

58. "*L'opera in movimento*, insomma, è possibilità di una molteplicità di interventi personali ma non è invito amorfo all'intervento indiscriminato (...)" (Eco, *Opera aperta*: forma e indeterminazione nelle poetiche contemporanee, 1993, p. 58).

IV – MÉTODO E DIREITOS AUTORAIS

1. Método, autoria e autonomia

A ciência é feita de sempre renovadas fronteiras. Mas, para que isso aconteça, é necessário um conjunto de estímulos ao desenvolvimento humano que está por trás do processo de produção de conhecimentos, inovações e descobertas decorrentes de estudos e pesquisas. Por isso, no centro das discussões sobre a produção do conhecimento, está a questão da autoria. Ser autor é germinar ideias e, por meio delas, promover a diferença[1]. Ser autor é criar e, no processo de criar, criar-se, caminhando em direção à autonomia e à emancipação da consciência crítica[2].

Deve-se sempre considerar que a concepção de autoria que se trabalha aqui não hipostasia o *sujeito do solilóquio intelectual*, mas verifica no *sujeito da autoria* o responsável por canalizar inúmeras conquistas culturais, sociais e intelectuais de seu tempo. *Todo autor*, neste sentido, é *coautor*, pois, no mínimo, escreve em conjunto com a história dos autores que participaram de sua formação, com os educadores que prepararam seu caminho, com o contexto histórico

---

1. "Autoria é entendida como habilidade de pesquisar e elaborar conhecimento próprio, no duplo sentido de estratégia epistemológica de produção de conhecimento e pedagógica de condição formativa (Demo: 1996): formar melhor, produzindo conhecimento com autoria" (Demo, *Aprender como autor*, 2015, p. 8).

2. "Podemos afiançar, com isso, que a leitura, como a concebe Paulo Freire e todos os autores comprometidos com a emancipação do sujeito, implica, ao mesmo tempo, habilidade formal e política, ou seja, a capacidade de compreender e intervir. A escrita, neste quadro, representa a comprovação concreta do sujeito capaz de autonomia e intervenção, como condição necessária, ainda que não suficiente" (Demo, *Aprender como autor*, 2015, p. 55).

e os personagens de seu tempo, com o conjunto dos fatores que se encontram em ebulição no convívio social[3].

Mas estimular o protagonismo autoral, no processo de aprendizagem, é mais do que opção pedagógica, pois se torna, sobretudo, forma de se firmar o desenvolvimento da personalidade humana no exercício da liberdade responsável de expressão e no uso da autonomia crítica de elaboração e reflexão. Por isso seu papel é decisivo para muitas pedagogias, devendo-se ressaltar, sobretudo, aquelas que insistem no educar pela pesquisa e no aprender como autor[4].

Atualmente isso é ainda mais relevante, quando se considera que exercer a autoria se encontra ainda mais fácil e passível de ser estimulado, considerando os meios virtuais e tecnológicos de desenvolvimento do conhecimento. É possível que a autoria emerja por meio do texto acadêmico, do artigo científico ou da tese, monografia, dissertação. Mas, também é possível que a autoria seja estimulada pelo *blog*, pela página na *Internet*, pela rede virtual de produção, pela autoria virtual coletiva, onde cabem, inclusive, modalidades diversas e textos multimodais[5], como o filme, a música, a animação, a fotografia, o desenho, o texto ilustrado, entre outras iniciativas autorais.

Assim, sendo a ideia de autoria central para o processo de ensino-aprendizagem, especialmente no âmbito universitário[6], para a cultura formativa e para o desenvolvimento do espírito acadêmico, há que se estudar de mais perto a proteção aos direitos do autor,

---

3. "Quando engendramos um texto, inevitavelmente partimos de outros textos, da linguagem que dominamos e recebemos da tradição, de sorte que não há palavra primeira, nem última. Não se trata de voz solitária, mas de uma polifonia de vozes rearticuladas em cada nova obra" (Demo, *Aprender como autor*, 2015, p. 14).

4. Neste exato sentido, a relevância que a autoria tem para a concepção pedagógica de Pedro Demo: "Educar pela pesquisa ou pesquisar e elaborar indicam estilo de pedagogia autoral que, bebendo de todas as fontes úteis, mas sem com nenhuma se fundir ou em nenhuma se apagar, busca tornar o estudante protagonista de sua sociedade em termos formais e políticos" (Demo, *Aprender como autor*, 2015, p. 147).

5. "Textos multimodais mais próprios do mundo virtual sugerem que não só o escrito pode ser argumento científico; também imagem e seus correlatos (filme, vídeo, animações, música etc.)" (Demo, *Aprender como autor*, 2015, p. 49).

6. "O mínimo que se deveria poder dizer é que educar pela pesquisa é óbvio ululante na pedagogia universitária" (Demo, *Aprender como autor*, 2015, p. 179).

também, e antes de tudo, concebidos como expressões dos direitos fundamentais da pessoa humana.

2. Método, criação e direitos autorais

Para fazer ciência é necessário criar, e toda criação recebe amparo jurídico por meio de um direito da criação, o chamado direito autoral[7]. Assim, ser autor é ser, a um só tempo, criador e titular de direitos autorais. Todo aquele que cria obra estética (científica, artística, literária) possui direitos sobre sua criação, de modo que pode controlar e determinar os usos, as aplicações e até mesmo o alcance social de sua criação. Assim, o pesquisador que, desenvolvendo um trabalho científico original, leva a cabo uma criação própria e original tem direitos sobre essa criação[8].

Mas há que esclarecer que os direitos trabalhados sob a rubrica de intelectuais se subdividem em dois grandes conjuntos que repartem as competências para o tratamento de seus objetos de estudo: os direitos de propriedade industrial, ligados à utilidade da criação; os direitos autorais, ligados à esteticidade da criação. Esse binômio é essencial na definição dos dois campos que reivindicam para si o tratamento e a disciplina das criações de espírito[9].

---

[7]. "Em breve noção, pode-se assentar que o Direito de Autoral ou Direito Autoral é o ramo do Direito Privado que regula as relações jurídicas, advindas da criação e da utilização econômica de obras intelectuais estéticas e compreendidas na literatura, nas artes e nas ciências" (Bittar, *Direito de autor*, 1994, p. 8).

[8]. "Analisando estas posturas, temos, de início, que é pela criação – vale dizer, pela ação de dar a lume obra intelectual estética – que se adquirem direitos autorais. Daí, título originário para a aquisição de direitos é o fenômeno natural de concepção e de materialização da forma intelectual protegível. Mas, a título derivado, podem-se obter direitos autorais por via de transmissão do autor, tanto através de contratos (como os de edição, de cessão, de encomenda), como em sucessão por morte, uma vez que os direitos patrimoniais são suscetíveis de integrar diferentes negócios jurídicos, nos quais se devem explicitar os direitos compreendidos em cada caso" (Bittar, *Contornos atuais do direito de autor*, 1999, p. 24).

[9]. "Secondo taluni le 'opere d'arte' o più generalmente le 'opere dell'ingegno' da una parte e le 'invenzioni industriali' dall'altra, si distinguerebbero in relazione all'elemento 'utilità' caratterizzerebbe le seconde in contrapposizione alle prime" (Are, *L'oggetto del diritto di autore*, 1963, p. 17).

É assim que o universo do utilitário, ou seja, daquilo que se presta ao emprego em demais outras atividades, sobretudo industriais e aplicativas, recebe tratamento sob a rubrica de direitos de propriedade industrial (marcas e patentes)[10], enquanto toda a galáxia de objetos dotados de cunho estético (artísticos, literários e científicos), ou seja, aquilo que, por exclusão, se encontre fora do campo de referência do utilitário, recebe tratamento sob a rubrica de direitos autorais (morais e patrimoniais). Em verdade, o critério da utilidade é que reparte competências entre os dois ramos, de modo que uma invenção é considerada utilitária quando possa ser fabricada ou utilizada industrialmente[11].

Feitas essas distinções essenciais, cumpre especificar o campo de estudo que é afeto à pesquisa científica, uma vez que se trata neste livro de estudar qual a proteção possível de ser conferida àquele que cria trabalho cientificamente elaborado. Os direitos autorais

---

10. "As primeiras tendem a exigências puramente intelectuais (de esteticidade ou de conhecimento). Possuem valor estético autônomo, independentemente de sua origem, de sua destinação ou de seu uso efetivo. O atributo próprio encerra-se em si mesmo, nas formas criadas (romance, música, pintura, poesia).

"As segundas têm por objetivo a consecução de utilidades materiais diretas. Apresentam apenas função utilitária. Materializam-se em objeto de aplicação técnica (móveis, máquinas, aparatos, inventos).

"Não importam, nessa qualificação, os condicionantes fáticos e volitivos em sua exteriorização, revelando-se os atributos correspondentes em sua própria essência; assim, não se cogita da origem (pode a obra nascer no seio da atividade empresarial, sem alterar-se a sua substância, como, por exemplo, ocorre com a obra publicitária), nem do uso efetivo (assim, a obra artística utilizada em fim industrial: reprodução pictórica em embalagem, ou em produto industrial), nem de sua destinação (se a criação foi reservada para esse ou aquele fim: uma canção produzida especificamente para integrar *jingle* comercial, um desenho realizado para compor marca industrial, uma gravura para material escolar)" (Bittar, *Direito de autor*, 1994, p. 19).

11. "In questo senso il termine 'estetica', cosi come abbiamo visto per quello di 'tecnica', viene ad assumere il suo significato più vasto, designando le produzioni dell'intelletto che non sono prive di utilità o di scopo, come si è detto, ma trovano tale utilità e tale scopo nello stesso ambito inttelletuale, appagando in questo senso le esigenze di bellezza, del gusto, del sapere di pochi o di molti soggetti" (Are, *L'oggetto del diritto di autore*, 1963, p. 23-24).

serão, conforme o que se disse acima, os direitos atinentes à proteção da criação científica.

A atribuição de direitos ao criador de obra (artística, literária e estética) se justifica na medida da necessidade de proteção dos bens incorpóreos, das criações do espírito dotadas de originalidade e inventividade, o que as singulariza em meio às demais criações do artifício humano, e as torna objetos singulares na vida social. Dessa forma é que a valorização patrimonial e cultural desses objetos é, por vezes, incomum, de modo a merecer tratamento legislativo específico. Portanto, há que dizer que a proteção autoral contribui para a tutela da criação em face de possíveis usurpações, usos inadequados ou não autorizados, deturpações de obra de espírito...

Assim é que a garantia oferecida ao titular de direito de autor é, na conjuntura legal em vigor, matéria de alçada constitucional. De fato, é deferida proteção específica, ao lado das demais garantias constitucionais, à produção autoral e à sua exploração[12]. É curioso notar que a abrangência da matéria conduz o legislador a uma preocupação acentuada com a proteção dessa categoria de direitos, que vem disciplinada e regulamentada em texto específico de lei (Lei n. 9.610/98)[13], em que se encontra rol completo de possíveis bens e

---

12. Ressaltado o caráter patrimonial e os importes econômicos de fruição destacáveis da criação autoral, estatui a Constituição Federal de 1988, em seu art. 5º: "inciso XXVII – aos autores pertence o direito exclusivo de utilização, publicação ou reprodução de suas obras, transmissível aos herdeiros pelo tempo que a lei fixar; inciso XXVIII – são assegurados, nos termos da lei: a) a proteção às participações individuais em obras coletivas e à reprodução da imagem e voz humanas, inclusive nas atividades desportivas; b) o direito de fiscalização do aproveitamento econômico das obras que criarem ou de que participarem aos criadores, aos intérpretes e às respectivas representações sindicais e associativas".

13. As disposições da nova lei abrangem os direitos de autor e os direitos conexos aos do autor (art. 1º), disciplina o conceito e abrangência das obras protegidas (art. 7º), confere proteção ao autor que se identifica como tal por nome, pseudônimo ou sinal convencional (arts. 12 e 13), relaciona os direitos morais do autor (art. 24), disciplina a utilização das obras e detalha normas a respeito dos direitos patrimoniais do autor (arts. 28 a 45), também descrevendo quais condutas não se constituem em ofensa a direitos autorais (arts. 46 a 48).

categorias de bens imateriais autorais colocados expressamente sob a guarda de seu texto[14].

Quando se diz que aquele que cria obra de espírito tem direitos sobre a criação, direitos destacados dos âmbitos constitucional e infraconstitucional, está-se a dizer que o direito de autor sobre a criação se inicia com o simples ato de trazer a lume uma obra, e isso, grife-se, independentemente de qualquer espécie de registro, certificação, ato administrativo etc. O direito decorre do puro ato conceptivo da obra[15];

---

14. Assim, a Lei n. 9.610/96, em seu art. 7º, dispõe sobre as obras tuteladas pelo direito de autor: "as criações do espírito, expressas por qualquer meio ou fixadas em qualquer suporte, tangível ou intangível, conhecido ou que se invente no futuro", listando-as, em seguida, conforme o que aqui se transcreve: "I – os textos de obras literárias, artísticas ou científicas; II – as conferências, alocuções, sermões e outras obras da mesma natureza; III – as obras dramáticas e dramático-musicais; IV – as obras coreográficas e pantomímicas, cuja execução cênica se fixe por escrito ou por outra qualquer forma; V – as composições musicais, tenham ou não letra; VI – as obras audiovisuais, sonorizadas ou não, inclusive as cinematográficas; VII – as obras fotográficas e as produzidas por qualquer processo análogo ao da fotografia; VIII – as obras de desenho, pintura, gravura, escultura, litografia e arte cinética; IX – as ilustrações, cartas geográficas e outras obras da mesma natureza; X – os projetos, esboços e obras plásticas concernentes à geografia, engenharia, topografia, arquitetura, paisagismo, cenografia e ciência; XI – as adaptações, traduções e outras transformações de obras originais, apresentadas como criação intelectual nova; XII – os programas de computador; XIII – as coletâneas ou compilações, antologias, enciclopédias, dicionários, bases de dados e outras obras, que, por sua seleção, organização ou disposição de seu conteúdo, constituam uma criação intelectual". Ficam ressalvadas também as seguintes situações anteriormente não enunciadas pela Lei n. 5.988/73: "§ 1º Os programas de computador são objeto de legislação específica, observadas as disposições desta Lei que lhes sejam aplicáveis. § 2º A proteção concedida no inciso XIII não abarca os dados ou materiais em si mesmos e se entende sem prejuízo de quaisquer direitos autorais que subsistam a respeito dos dados ou materiais contidos nas obras. § 3º No domínio das ciências, a proteção recairá sobre a forma literária ou artística, não abrangendo o seu conteúdo científico ou técnico, sem prejuízo dos direitos que protegem os demais campos da propriedade imaterial".

15. "Também se não cogita de registro da obra como requisito para a proteção, destinando-se, ao revés, apenas a conferir maior segurança ao titular. Mas, em obras derivadas – ou seja, resultantes de criações primígenas (como em compêndios, em seletas e em outras) – deve estar presente a criatividade, tanto pela escolha do objeto como pela disposição do seu contexto" (Bittar, *Contornos atuais do direito de autor*, 1999, p. 24).

desde o momento em que foi criada, se considerada sob a tutela da lei. Em poucas palavras, os direitos autorais sobre uma criação têm nascimento com o advento da obra estética no universo cultural humano.

Isso é significativo que se destaque neste ponto, de modo que se deve repetir que é do simples fato da criação que decorrem as consequências detectáveis em âmbito legislativo. Sem necessidade de registro, de assentamento formal ou apresentação oficial da obra (publicada, registrada, chancelada, autenticada...), decorrem os direitos sobre ela do simples fato da criação por um (ou vários) autor(es) de obra estética, seja ela artística, científica ou literária. A lei prevê o registro da obra intelectual, mas este registro tem natureza puramente probatória, ou seja, serve apenas como uma forma de auxiliar na prova da autoria, da data de sua criação e/ou oficialização[16].

A obra é um produto da personalidade humana, e merece proteção desde o instante da criação. Por envolver concepções intelectuais, há que dizer que, como decorrência disso, parte do que o autor pensa, sente, idealiza, sonha, concebe, distingue, divisa, cunha, vive... é plasmada sobre um *corpus mechanicum*, de modo que aquele suporte material (fita magnética, papel, tela...), que vem a receber e a agasalhar um lampejo intelectual do criador, deixa de ser simples matéria para se tornar substância espiritualizada, em que pondera o arquétipo intelectual do autor como participação espiritual e personalíssima sua sobre o mundo.

A transformação do real, a movimentação da sociedade circundante ao agente, por força do trazer a lume a obra de engenho, induz, como já se disse, a consequências jurídicas não de pequena monta. Essas consequências atingem a própria obra, seu criador, as relações existentes entre ambos, bem como com terceiros, e com a própria

---

16. O ato do registro fica sujeito à cobrança de retribuição, cujo valor e processo de recolhimento serão estabelecidos por ato do titular do órgão da administração pública federal a que estiver vinculado o registro das obras intelectuais (art. 20). Fica ora facultada a regulamentação do registro legal de acordo com o que prevê o § 2º do art. 17 da Lei n. 5.988/73, ou seja, por decreto do Executivo (art. 21 da Lei n. 9.610/98). Atualmente, subsistem alguns regimes especiais, que deverão passar por reorganização administrativa.

coletividade. Desde o momento em que se encontra plenamente concebida a obra, amplos reflexos se percebem para a esfera de seu criador; perceptível se torna a mudança das relações do sujeito criador com a própria sociedade, a partir do *ecce opus*.

O autor, desde o momento da criação da obra, passa a ser titular de direitos autorais, o que significa que a intervenção de sua criação, de sua concepção estética materializada sobre o mundo das relações sociais, também desencadeou reflexos jurídicos. O ato intelectual e criativo é suficiente para produzir laços jurídicos estreitos entre o criador e a coisa criada.

3. Direitos morais e patrimoniais do autor

Os direitos tratados sob a rubrica de autorais, e deferidos ao criador, são os seguintes: direitos morais do autor; direitos patrimoniais do autor[17]. São ambos as duas facetas de um único e mesmo direito: o direito do autor sobre sua obra[18].

Os direitos morais de autor têm que ver com a própria proteção do autor e de sua personalidade extrinsecada em obra de espírito; em sua estrutura essencial, cindem-se em personalíssimos e pessoais, pertencendo ao primeiro grupo os direitos de modificação da obra e o de arrependimento, e, ao segundo, os de paternidade, de inédito,

---

17. "Compreendem-se, outrossim, no contexto dos direitos autorais, prerrogativas de duas ordens, morais e patrimoniais, na defesa dos vínculos pessoais e pecuniários do autor com sua obra. Os primeiros destinam-se a resguardar a personalidade do autor, garantindo a perene ligação com sua obra; os segundos objetivam assegurar remuneração ao autor por força de qualquer utilização econômica de sua obra, seja por meio de representação, seja por meio de reprodução. Indisponíveis, pois, os primeiros, não se permite a sua oneração, ao reverso dos segundos, que têm exatamente na negociabilidade o condão de possibilitar o ingresso da obra em circulação, por vontade do autor, a fim de que possa receber os proventos correspondentes pelos usos possíveis" (Bittar, *Contornos atuais do direito de autor*, 1999, p. 24).

18. "(...) como um conjunto incindível, composto de prerrogativas morais e patrimoniais, que lhe imprimem singularidade no âmbito do Direito Privado" (Bittar, *Contornos atuais do direito de autor*, 1999, p. 21).

de nominação, de integridade da obra[19]. É com a criação que nascem os direitos morais do autor, sendo estes imprescindíveis para a manutenção da integridade e para a sobrevivência da obra, uma vez tornada objeto cultural aferível economicamente e bem de especulação social.

Os direitos morais são dotados das seguintes características: inalienabilidade, irrenunciabilidade, imprescritibilidade e impenhorabilidade. Estes, em essência, os matizes da temática. Essas características que revestem os direitos morais do autor decorrem do fato de que a criação representa um ato estético de destacamento e exposição da sua personalidade. Se o autor renuncia ao direito de estar silente com relação às concepções de seu intelecto, faz-se mister conceder-lhe, em contrapartida, em seu benefício direto, e em benefício indireto à coletividade, um conjunto de direitos e prerrogativas exercitáveis por ele enquanto criador. O criador é o titular dos direitos morais de autor, independentemente de qualquer exploração econômica (edição, contrato...), de qualquer estatuto contratual ou relacional em que se insira (contrato de trabalho...), ou ao qual se vincule o ato de criação (obra sob encomenda, obra concebida em relação de trabalho, obra resultante de participação, obra visando à inserção publicitária...)[20].

---

19. "Destinados a proteger o homem como criador intelectual, esses direitos realizam a síntese entre a defesa dos vínculos de cunho pessoal e patrimonial do autor com sua obra e posterior regulação de sua circulação jurídica, em consonância com os diferentes interesses que envolve, desde os de seu explorador econômico, aos do titular do respectivo suporte físico, e dos da coletividade aos do Estado" (Bittar, *Direito de autor*, 1994, p. 4).

20. Assim sendo, o direito moral do autor nada mais é do que um direito da personalidade no campo autoral, o que autoriza que se possa atribuir a estes as mesmas características dos direitos da personalidade: *originalidade, extrapatrimonialidade, intransmissibilidade, imprescritibilidade, impenhorabilidade, vitaliciedade, oponibilidade "erga omnes", inalienabilidade, irrenunciabilidade, incessibilidade, perpetuidade* (cf. Bittar, *Direitos da personalidade*, 2. ed., 1994, p. 11). Além disso, são absolutos, mesmo porque não admitem interferências, dominação, manipulação ou incidência de todo e qualquer tipo de ação ou omissão de particulares ou do Estado. São decorrências da natureza humana. Ademais, no próprio texto do Artigo 6 bis da *Convenção de Berna relativa à proteção das obras literárias e artísticas*,

É por ser a criação uma personalização da realidade que ao autor se atribuem direitos morais; esses direitos tornam-na objeto inseparável de seu criador. Assim, mesmo morto o titular dos direitos, persiste o dever de a coletividade respeitar a porção de personalidade que se cristalizou sobre a matéria. O *corpus mechanicum* representa, neste contexto, a presença viva do torrão de uma individualidade. É seu autor feito matéria. De fato, presente ou não seu criador, a obra, por esses motivos, ganha vida própria, autônoma, em face da característica de produto cultural. Investir a matéria (*corpus*) de alma (*anima*) é dotar-lhe de características humanas, é fornecer-lhe energia humana, o que faz com que sobreviva autonomamente. É a criação, desde seu surgimento, organismo cultural potencialmente gerado para interagir no cenário cultural ao lado dos demais artefatos humanos.

Os direitos patrimoniais do autor, por sua vez, têm que ver com o lançamento em público da obra e o seu aproveitamento econômico-financeiro pelo autor[21]. De fato, é num segundo momento, quando da inserção da obra na economia social, com a sua publicização voluntária por parte do autor, que surgem os direitos patrimoniais[22]. Isso não

---

Acto de Paris, de 24 de julho de 1971, modificado em 28 de setembro de 1979, Genebra, OMPI, 1993, p. 11, lê-se: "ARTIGO 6 bis: "1) Independentemente dos direitos patrimoniais do autor, e mesmo após a cessão desses direitos, o autor conserva o direito de reivindicar a paternidade da obra e de se opor a qualquer deformação, mutilação ou outra modificação dessa obra ou a qualquer atentado à mesma obra, que possam prejudicar a sua honra ou a sua reputação".

21. "As relações regidas por esse Direito nascem com a criação da obra, exsurgindo, do próprio ato criador, direitos respeitantes à sua face pessoal (como os direitos de paternidade, de nominação, de integridade da obra) e, de outro lado, com sua comunicação ao público, os direitos patrimoniais (distribuídos por dois grupos de processos, a saber, os de representação e os de reprodução da obra, como, por exemplo, para as músicas, os direitos de fixação gráfica, de gravação, de inserção em fita, de inserção em filme, de execução e outros)" (Bittar, *Direito de autor*, 1994, p. 8).

22. "É importante dar uma certa ênfase a este aspecto, para que fique bem claro que enquanto a obra permanecer na intimidade do artista, ou do titular do direito, não se pode cogitar de falar de direito patrimonial. No momento em que ele sair da órbita familiar, começará então a fazer parte do mundo econômico, surgindo daí o direito de exploração pecuniária da obra" (Pellegrini, *Direito de autor e as obras de arte plástica*, 1979, p. 25).

significa, no entanto, inexistirem outros direitos morais aliados a estes; também por esse ato dá-se ensejo ao surgimento de uma outra gama de direitos morais do autor (direito de reivindicação, direito de integridade, direito de modificação), afora aqueles outros já anteriormente existentes pelo simples fato de ter-se feito nascer uma criação (direito de paternidade, direito de nominação, direito de inédito). Aliás, é do não exercício do direito de inédito, direito moral do autor, que nasce este segundo espectro de direitos, sejam patrimoniais, sejam morais do autor. Agora, já concebida, já concretizada, a obra passa a ter destino público, interagindo com os sujeitos sociais que dela poderão fruir e se utilizar.

Os direitos patrimoniais consentem ao seu titular, ou a terceiro, fruir economicamente da obra, retirar-lhe os proventos econômicos resultantes de sua exploração estético-social. Visto que toda criação favorece o desenvolvimento intelectual humano, e isso interessa à sociedade, a destinação e o aproveitamento econômico também são possíveis. Aqui, portanto, está-se diante de principiologia outra norteadora da atividade do criador. Este agora deseja inseri-la na conjuntura da circulação econômica.

As diversas formas lícitas de tornar a obra fruível, do ponto de vista econômico, tornam-na um objeto multifacetado, requerendo-se para cada qual dessas formas uma declaração específica de vontade por parte do autor, o que vale como autorização para uso e exploração da obra. Aqui, distintamente do que ocorre com os direitos morais, os direitos não se atrelam ao criador, pois se pode deles dispor como mercadoria, com a única restrição da autorização para uso. A penhorabilidade, a alienabilidade, a transmissibilidade, a prescritibilidade são, neste ponto, as marcas específicas desses direitos.

O direito moral do autor, aliado ao direito patrimonial do autor, forma o que se pode chamar direito do autor sobre sua criação. Essas duas facetas de um mesmo direito são incindíveis, fazendo-se presentes lado a lado para a maior proteção do criador quanto à obra em si e quanto ao uso público dela[23].

---

23. Mas os direitos morais avultam neste contexto como sendo: "os vínculos perenes que unem o criador à sua obra, para a realização da defesa de sua personalidade. Como os aspectos abrangidos se relacionam à própria natureza humana e desde que a obra é emanação da personalidade do autor – que nela cunha, pois,

4. A obra: fusão dos interesses privado e público

O deferimento de direitos ao autor coloca em choque os interesses público e privado, e isso na medida em que à coletividade interessa a divulgação da obra de espírito, e ao autor, a proteção e a extração dos devidos frutos e proventos dela. Mas ver-se-á que, antes de conflitarem entre si, esses interesses se ajustam para a formação de uma organização onde direitos e deveres convivem.

Assim é que se formaram duas correntes de pensamento procurando discutir o estatuto teórico da proteção ao autor de obra estética: ora se trata de uma proposta privatista, entendendo-se que as normas jurídicas estão voltadas para o favorecimento pessoal do autor, ora se trata de uma proposta publicista, que se esforça em perceber o grande interesse público envolvido, visto participar do interesse estatal não só a proteção como também o incremento e o estímulo de toda produção cultural e intelectual (artística, literária, científica)[24].

Mais amplamente tomada a questão, deve-se assinalar que a convergência de interesses que afluem em torno dos direitos de autor constrói um verdadeiro nicho de preocupações que não se esgotam nem em um (privatismo) nem em outro (publicismo) dos extremos. É exatamente na conjugação de ambas as vertentes – seja o extremismo publicista, seja o extremismo privatista – que se pode encontrar o ponto explicativo da natureza dos direitos aqui assinalados[25].

---

seus próprios dotes intelectuais –, esses direitos constituem a sagração no ordenamento jurídico, da proteção dos mais íntimos componentes da estrutura psíquica do seu criador" (Bittar, *Direito de autor*, 1994, p. 44).

24. "L'una ravvisa proprio nell'interesse pubblico al progresso culturale della collettività le ragioni giustificative della tutela; per l'altra, in pubblico interesse interverrebbe soltanto per giustificare le limitazioni legali del diritto di autore. Quest'ultima rimane evidentemente ancorata alla concezione tradizionale che si muove su basi strettamente individualistiche; la prima, invece, sembra proiettata decisamente verso quella visione pubblicistica della disciplina che si va sempre più consolidando nella moderna coscienza giuridica" (Bucci, *Interesse pubblico e diritto di autore*, 1976, p. 58).

25. Neste ponto, deve-se colacionar a observação relativa à tensão interativa existente entre o que se entende por público e o que se entende por privado, em termos jurídicos: "Todavia não se deve pensar que sejam dois compartimentos

A tensão característica que se destaca das relações autorais, tendo como polos as noções do *público* e do *privado*, provoca necessariamente a reflexão do alcance e da finalidade das normas que possuem cunho protetivo das criações de espírito[26]. Assim é que as implicações legislativas se desbordam no sentido de constituírem um sistema de compatibilização entre aqueles que podem ser chamados de interesses públicos (prevalecentes) e aqueles que podem ser identificados como interesses privados (prevalecentes) em torno de uma criação[27]. Tal projeto de compatibilização iniciou-se em nível internacional, mesclando-se direitos tendentes à oferta de maior proteção ao autor com direitos que visam a garantir a difusão da cultura entre os demais membros da sociedade e a incorporação das criações culturais ao amplo repertório de outros bens materiais e imateriais que definem a cultura de determinado povo[28].

A conquista desse ponto de equilíbrio entre duas tendências opostas facultará o assentamento da própria matriz teórica que reveste essa categoria de direitos. Já que se busca o ponto de equilíbrio na construção dessa categoria de direitos, deve-se mesmo partir para uma reflexão que retira da própria atividade criativa os fundamentos para a conjugação dos interesses público e privado incidentes na matéria[29].

---

estanques, estabelecendo uma absoluta separação entre as normas de direito público e as de direito privado, pois intercomunicam-se com certa frequência" (Diniz, *Curso de direito civil*, 1994, v. 2, p. 16).

26. "(...) o choque de interesses evidenciou-se e emergiu sob a égide de duas premissas básicas e antagônicas: a) a primeira, de que o autor retira do acervo cultural da humanidade os elementos com que produz a sua obra, surgindo daí o interesse da coletividade em dela desfrutar; a segunda, a de que a concepção e a criação da obra, como produtos do intelecto humano, devem propiciar ao autor, em sua exploração, os proventos correspondentes, reconhecendo-se também direitos personalíssimos ínsitos nessa mesma criação e que à lei cabe preservar" (Bittar, *Contornos atuais do direito de autor*, 1999, p. 115).

27. Nesse sentido, *vide* Bittar, *Contornos atuais do direito de autor*, 1999, p. 121-122.

28. Cf. Bittar, *Contornos atuais do direito de autor*, 1999, p. 83.

29. Os proventos derivados de uma obra estética são os mais variados possíveis, partindo-se da mais desinteressada forma de aproveitamento da obra, como

5. A obra: interesse privado

De um lado, deve-se dizer, então, que toda criação intelectual opera com dados objetivos (determinantes criativas) e com dados subjetivos (impressões criativas). Toda criação é, nesse sentido, um reduto onde moram dados extraídos do exterior e dados extraídos da subjetividade do autor. O *ego* que transforma, ao mesmo tempo que cria, *re-cria*; ou ainda, ao mesmo tempo que faz, *des-faz*. O que se quer dizer é que o aspecto "personalidade" é central na formação da obra original. Em outras palavras, se a obra existe, é porque foi concebida, e essa concepção se deve ao gênio criador. Nesse sentido, a obra é "personalidade" extrinsecada; é o próprio *ego* tornado *coisa*.

Não obstante não se confundir com a coisa em si (*corpus mechanicum*), a obra sempre se inscreve sobre determinada matéria, que passa a corporificar o engenho do autor. O *corpus mechanicum* (fita cassete, tela, argila, papel...), não se deve esquecer de dizer, é aliado da criação intelectual. Esta sem aquele é mero espaço fantástico; aquele sem esta é matéria inanimada[30]. Daí poder-se dizer que o *corpus mechanicum* é bem corpóreo (tangível) e que a criação intelectual é bem incorpóreo (intangível)[31].

---

o estímulo à produção intelectual humana, até as mais comprometidas formas de exploração da obra, tudo, porém, visando à mediata radicação do operar estético no meio social.

30. "L'explication d'une oeuvre n'est jamais dans sa matière, elle est dans l'agir qui la construit, et qui est le propre d'une individualité sans qui la coordination des moyens serait impossible" (Lamy, Signification métaphysique de notre activité créatrice, *in L'homme et ses oeuvres*, 1957, p. 7).

31. Mais ainda, de sua estrutura singular e infungível resultam regras outras, relativamente à questão da acessoriedade, pois nunca o valor cultural poderá ser considerado um *minus* com relação à matéria sobre a qual se inscreve. Assim se compreende melhor a disposição constante do art. 62 do Código Civil de 1916, segundo o qual: "*Também se consideram acessórias da coisa todas as benfeitorias, qualquer que seja o seu valor, exceto*: I – *a pintura em relação à tela*; II – *a escultura em relação à matéria-prima*; III – *a escritura ou outro qualquer trabalho gráfico em relação à matéria-prima que os recebe (art. 614)*". Nas relações entre a criação e a matéria bruta, prevalecente regra de caráter social sobressai-se, qual seja, a de que a resultante da concepção humana se justapõe a qualquer outro valor

Assim é que, enquanto "personalidade"[32], a obra é objeto de atenção normativa, procurando-se agasalhar a criação das investidas exteriores que possam atentar contra a sua integridade. Toda e qualquer agressão à obra, ou à sua integridade, é uma afronta à própria "personalidade" de seu criador, visto ser aquela, verdadeiramente, parte deste; árvore e fruto não se separam, neste sentido. Por se tratar de lampejo da "personalidade" do criador, a obra, jamais, em seu aspecto moral, dele se aparta; mantém-se a ele ligada como o membro ao corpo. A cisão importa necessariamente em violação da estrutura e da harmonia relacionais, verdadeira violência contra algo que se encontra sedimentado.

Nessa esteira de reflexão é que se justifica a existência de direitos ligados à moralidade do autor, os quais são insuscetíveis de penhora, de renúncia, de cessão, de alienação, de transmissão, de prescrição (direito de paternidade sobre a obra, direito de nominação, direito de inédito ou não divulgação, direito de integridade, direito de modificação, direito de retirada), e direitos ligados aos interesses patrimoniais do autor, estes sim sujeitos à penhora, à renúncia, à cessão, à transmissão, à prescrição (direitos de uso, fruição e gozo dos lucros advindos da utilização pública da obra por tempo determinado).

Mas, para que haja a inserção da obra na circulação comercial e pública, e para que possa o autor dela tirar proventos, deve sempre

---

material. A relação jurídica que tiver por base o instituto da "especificação", constante do art. 614 do Código Civil de 1916, reger-se-á, por consequência, de acordo com o mesmo lineamento aqui exposto. "Notre activité créatrice est l'expérience de la primauté de l'esprit. Ce qu'il y a de premier et de plus réel dans l'existant, ce n'est pas ce qui est matière c'est ce *qui* l'érige en objet ou en corps; ce n'est pas *ce qui est créé*; c'est ce *qui créé*. Et ce qui créé, dans l'ordre de notre expérience, est esprit" (Lamy, Signification métaphysique de notre activité créatrice, in *L'homme et ses oeuvres*, 1957, p. 8).

32. Ainda: "Os direitos morais são reconhecidos em função do esforço e do resultado criativo, a saber, da operação psicológica, com a qual se materializa, a partir do nascimento da obra, verdadeira externação da personalidade do autor. Os direitos patrimoniais advêm, como resultado da utilização econômica da obra, da decisão do autor de comunicá-la ao público e sob os modos que melhor atendam ao seu interesse" (Bittar, *Direito de autor*, 1994, p. 43).

haver sua autorização de uso[33]. A quebra da autorização importa em violação de direito autoral[34]. Em face das crescentes e múltiplas formas de violação de uma obra pela evolução tecnológica (televisão, rádio, jornal, fonograma, fotografia, Internet...), é mister que seja salvaguardada a liberdade do autor consentir nas possíveis aplicações de suas ideias e criações[35].

Decorre da vontade de ver circular a obra a autorização prévia e expressa do autor para sua utilização, por quaisquer modalidades, tais como (Lei n. 9.610, de 19-2-1998, art. 29 e incisos): a reprodução parcial ou integral; a edição; a adaptação, o arranjo musical e quaisquer outras transformações; a tradução para qualquer idioma; a inclusão em fonograma ou produção audiovisual; a distribuição, quando não intrínseca ao contrato firmado pelo autor com terceiros para uso ou exploração da obra; a distribuição para oferta de obras ou produções

---

33. "Assim, a utilização da obra depende de autorização do autor, frente ao monopólio de que desfruta, incidindo direitos sobre cada modo distinto de exploração econômica da obra. Vale dizer: ao autor compete participar em cada diferente processo de comunicação pública da obra, realizado com intuito de lucro direto ou indireto, salvo as limitações, consistentes em usos livres, indicados por expresso na lei, ditadas pelo interesse público" (Bittar, *Contornos atuais do direito de autor*, 1999, p. 25).

34. "Cabe ao autor o direito exclusivo de utilizar, fruir e dispor da obra literária, artística ou científica" (art. 28 da Lei n. 9.610/98); "Depende de *autorização prévia e expressa do autor* a utilização da obra, por quaisquer modalidades, tais como: I – *a reprodução parcial ou integral*;... IX – *a inclusão em base de dados*, o armazenamento em computador, a microfilmagem e as demais formas de arquivamento do gênero; X – *quaisquer outras modalidades de utilização existentes ou que venham a ser inventadas*" (art. 29 da Lei n. 9.610/98).

35. "Mas, em contraponto, vem o Direito de Autor sofrendo o influxo dessas mesmas técnicas que, a par de permitir a reprodução e a representação de obras intelectuais ao infinito, exigindo renovados esforços criativos, acabam, de outra parte, expondo a toda sorte de lesões e violações as obras protegidas, pela crescente disseminação dos respectivos aparatos por todo o universo e pelas facilidades com que se operam. (...) A técnica põe em risco, pois, as criações intelectuais, possibilitando utilizações não autorizadas, com vultosos prejuízos para os autores e, mesmo, editores, desviando os usuários da aquisição dessas obras e furtando aos autores a justa remuneração" (Bittar, Os processos modernos de comunicação e o direito de autor, *in Revista de Informação Legislativa*, n. 74, abr./jun., 1982, p. 294).

mediante cabo, fibra ótica, satélite, ondas ou qualquer outro sistema que permita ao usuário realizar a seleção da obra ou produção para percebê-la em um tempo e lugar previamente determinados por quem formula a demanda, e nos casos em que o acesso às obras ou produções se faça por qualquer sistema que importe em pagamento pelo usuário; a utilização, direta ou indireta, da obra literária, artística ou científica, mediante: representação, recitação ou declamação; execução musical; emprego de alto-falante ou de sistemas análogos; radiodifusão sonora ou televisiva; captação de transmissão de radiodifusão em locais de frequência coletiva; sonorização ambiental; a exibição audiovisual, cinematográfica ou por processo assemelhado; emprego de satélites artificiais; emprego de sistemas óticos, fios telefônicos ou não, cabos de qualquer tipo e meios de comunicação similares que venham a ser adotados; exposição de obras de artes plásticas e figurativas; a inclusão em base de dados, o armazenamento em computador, a microfilmagem e as demais formas de arquivamento do gênero; quaisquer outras modalidades de utilização existentes ou que venham a ser inventadas[36].

Permitir que uma obra estética circule livremente, sem autorização, sem pagamento, sem controle, é o mesmo que fazer órfã a criação com relação a seu criador; se a obra é parte de seus dotes, deverá o criador controlar sua utilização, por quem, quando, como e por quanto tempo lhe aprouver. A violação a essa faculdade indisponível do autor representa afronta ao direito moral dele, ao direito de ver sua obra sob sua égide, decorrência do direito de paternidade[37].

---

36. A utilização não remunerada configura enriquecimento ilícito daquele que se vale indevidamente da obra estética. Com R. Limongi França: "Enriquecimento sem causa, enriquecimento ilícito ou locupletamento ilícito é o acréscimo de bens que se verifica no patrimônio de um sujeito, em detrimento de outrem, sem que para isso tenha havido um fundamento jurídico" (França, *Manual de direito civil*, 1969, v. 4, p. 299).

37. Também a Lei n. 9.610, em seu art. 28, prediz a necessidade de resguardar o autor das fruições não autorizadas e de toda e qualquer forma de enriquecimento ou locupletamento ilícito em desfavor do criador de obra estética, seja artística, seja científica, seja literária. De fato: "Cabe ao autor o direito exclusivo de utilizar, fruir e dispor da obra literária, artística ou científica". Lapidarmente: "Na

Sobretudo, mesmo que concedida autorização para qualquer utilização de uma obra, não fica o autor desprotegido ante a multiplicidade de condutas lesivas. As diversas formas de utilização de obras autorais são independentes entre si, e a autorização concedida pelo autor não se estende a quaisquer das demais (art. 31 da Lei n. 9.610, de 19-2-1998). Percebe-se que o intento protetivo do legislador foi amplo, constituindo-se a autorização na condição de desprendimento subjetivo do autor com relação à sua criação. Seu produto de engenho fica sob a sua exclusiva tutela e disposição, o que faz com que a autorização seja necessária para cada ato que envolva a obra, e assim explicitamente e por escrito, para que não haja dúvidas.

6. A obra: interesse público

De outro lado, deve-se dizer, então, que a percepção individual não pode ser definida senão a partir das demais raízes sociais em meio às quais se encontra situado o criador[38]. O que se quer dizer é que o *ego* arquitetônico do criador é, em parte, também, reflexo da sociedade na qual se insere. Trabalhar continuidade e descontinuidade, esquecimento e lembrança, passado, presente e futuro, sentidos e silêncios... é *religare* elos culturais desatados pelas instâncias difusas da sociedade. A cultura viva consiste na *re-afirmação*, com ou sem contestação, de elementos culturais pulverizados num espaço comum a todos. A observação do criador é um ato que parte de dentro para fora, que consiste num olhar atento do circundante. Ora, o circundante é necessariamente externo ao observador, e que, em um primeiro tempo, não fazia parte do observador; tornou-se parte dele

---

circulação jurídica dessas criações, a tônica da regulamentação repousa na premissa fundamental de que qualquer utilização pública da obra depende da autorização expressa do titular, traduzindo-se nos diversos modos de comunicação da obra e operando-se por via dos diferentes contratos possíveis" (Bittar Filho, Bittar, *Tutela dos direitos da personalidade e dos direitos autorais nas atividades empresariais*, 1993, p. 97).

38. "Criar é primeiramente introduzir perspectivas no tempo, articular a continuidade e a descontinuidade, o esquecimento e a reminiscência, a perda e o lucro, a morte e a vida" (Guérin, *O que é uma obra*, 1995, p. 54).

à medida que por ele foi interiorizado, por ele foi percebido, por ele foi julgado, por ele foi medido, por ele foi dimensionado e valorado.

Destarte, não obstante representar a personalidade do criador, a obra também é produto de interesse social, e não só, também produto de confluentes culturais advindas do próprio patrimônio cultural da humanidade. Não se pode, portanto, resumir a obra na contribuição privada de seu autor; a obra não é simplesmente um ato de criação individual de interesse privado. Deve-se julgá-la a partir de sua inserção em jogos culturais, em contextos culturais maiores[39].

Há que pensar, pois, que as criações intelectuais (artísticas, literárias e científicas) são especialmente objetos sociais[40]. As obras são dotadas de peculiar capacidade de penetração social, dom especial de produção de efeitos sobre a realidade com a qual interagem. Quanto maior seu grau de penetração, maior sua repercussão, maior sua importância para determinada sociedade. Nesse sentido, é a obra um instrumento incisivo que recorta a realidade, condicionando-a à sua entrada no seio desta. Sua existência de artefato, de objeto, de coisa entre coisas, a faz mais que um *quê* dotado de sentido e interpretável; uma obra passa a ser um amplexo valorativo já comungado pela sociedade, uma vez vinda a público.

A obra, dessa forma, deve ser encarada como algo mais que seu discurso interno. Esse *quê* realizado em *coisa* deixa de ser intenção e passa a representar tensão. Toda obra dicotomiza o real na medida em que com ele interage, na medida em que o recorta, o cinde. Esse *quê*, reconheça-se, é um *quê* hermético; *quê* do autor. O *quê* posto pela

---

39. "Di qui la necessità di promuovere una sempre maggiore diffusione delle opere della creazione intellettuale, che costituiscono i mezzi più efficaci per il raggiungimento di tal fine, e l'esigenza di una appropriata tutela diretta non solo a garantire i diritti individuali degli autori, ma anche ad incoraggiare e stimolare la produzione delle opere dell'ingegno e ad assicurare una utilizzazione conforme alla funzione cui sono destinante. A tal fine lo Stato svolge la sua attività, sia regolando legislativamente i rapporti tra l'autore e la collettività" (Bucci, *Interesse pubblico e diritto di autore*, 1976, p. 73).

40. Principalmente pelo fato de que "(...) de regra as obras intelectuais são criadas exatamente para comunicação ao público (...)" (Bittar, *Direito de autor*, 1994, p. 49).

obra em si à heterodoxa realidade que a circunda, uma vez vinda a lume, destina-se a fazê-la fruída, lida, usufruída, interpretada... por uma pluralidade de sujeitos à qual se destina. A obra, então, passa a subsistir por si, tomando seus próprios rumos enquanto peça dotada de sentido próprio.

A partir de sua concepção, de sua exteriorização e de sua inserção pública, seu panorama semiológico passa a ser outro, qual seja: sua *semântica* – aspecto do sentido da obra – é a semântica não da intenção de que a dotou o autor, mas a semântica que passou a ter para a sociedade; sua *sintática* – plano das relações da obra com o que a circunda – é a sintática de um objeto entre objetos, de coisa entre coisas, e, sobretudo, de produto cultural entre produtos culturais; sua *pragmática* – plano da interação da obra com sujeitos – é a pragmática dos fruidores que com a obra interagirão, que da obra extrairão novas ideias para o desencadeamento de outras correntes de criações e isomorfismos culturais.

Nisso reside a justificativa dos limites estabelecidos em lei para a restrição do campo de interesses do autor; ao lado dos interesses do autor há também os da coletividade de usufruir da obra. Ao Estado compete oferecer os mecanismos para a defesa dos interesses da coletividade sobre os bens culturais produzidos pela sociedade. Aqui, portanto, em sede de interesses coletivos, figuram as normas tendentes à restrição dos interesses do autor[41].

Algumas restrições aos interesses do autor são: as limitações temporais para o exercício patrimonial da obra, após o que se exaure esta em domínio público; a impossibilidade de se dar pelo autor destino final à obra de importância, em face do corolário da função social da propriedade; o direito de livre citação e de crítica, sem consulta ao autor.... Sobretudo a partir do momento em que uma obra cai no domínio público[42], surge o dever estatal de zelar pela sua integridade;

---

41. "É que a violação a direitos autorais transcende aos limites meramente pessoais, para atingir a própria sociedade como um conjunto, na proteção dos valores maiores de sua expressão artística, literária ou científica" (Bittar, *Direito de autor*, 1994, p. 146).

42. A obra não encontra um resguardo infinito no tocante aos direitos patrimoniais, mas o encontra em sede de direitos personalíssimos do autor com a obra.

do poder da coletividade de usufruir dos benefícios patrimoniais decorrentes da liberação do uso econômico da obra decorre a maior atenção do poder público pelo estado em que se encontra a criação e pela manipulação dela por parte de seus intérpretes, executores, adaptadores, artistas, tradutores e demais usuários. Se existente o mecanismo do domínio público para o maior proveito coletivo da obra, também existente é o dever do Estado de garantir a contínua integridade da obra em sua circulação cultural. Ao Estado, portanto, cabe dotar a coletividade de instrumentos eficazes para o usufruto das criações estéticas concebidas em seu bojo, como também ao Estado cabe fazer-se agente fiel, ou *longa manus*, do próprio autor no que tange à integridade da obra.

Há que dizer ainda que se é largo o rol das obras protegidas em lei pelo direito de autor, também é largo o conjunto de obras sobre as quais não incidem direitos autorais[43], bem como largo é o espectro das atitudes que não configuram atentado aos direitos autorais[44]. Isso

---

Dessa forma, "(...) esgotados os prazos de proteção, a obra cai no domínio público, podendo, então, ser utilizada por qualquer interessado, livremente, mas sob o aspecto econômico, eis que os direitos chamados 'morais' são perpétuos e inatingíveis" (Bittar, Reprografia e direito de autor, *in Revista de Informação Legislativa*, ano 22, n. 88, dez., 1985, p. 389).

43. Então, de acordo com a legislação em vigor, não são objeto de proteção como direitos autorais certas criações, quais sejam: "I – as ideias, procedimentos normativos, sistemas, métodos, projetos ou conceitos matemáticos como tais; II – os esquemas, planos ou regras para realizar atos mentais, jogos ou negócios; III – os formulários em branco para serem preenchidos por qualquer tipo de informação, científica ou não, e suas instruções; IV – os textos de tratados ou convenções, leis, decretos, regulamentos, decisões judiciais e demais atos oficiais; V – as informações de uso comum tais como calendários, agendas, cadastros ou legendas; VI – os nomes e títulos isolados; VII – o aproveitamento industrial ou comercial das ideias contidas nas obras" (art. 8º da Lei n. 9.610, de 19-2-1998).

44. Não constituem ofensa ao direito do autor: "I – a reprodução: a) na imprensa diária ou periódica, de notícia ou de artigo informativo, publicado em diários ou periódicos, com a menção do nome do autor, se assinados, e da publicação de onde foram transcritos; b) em diários ou periódicos, de discursos pronunciados em reuniões públicas de qualquer natureza; c) de retratos, ou de outra forma de representação da imagem, feitos sob encomenda, quando realizada pelo proprietário do objeto

tudo em função da necessidade de não se constranger demais a circulação de cultura no espaço público.

7. A exteriorização da obra: o início dos direitos autorais

A obra é considerada criada quando se convertem ideias em matéria concreta (*rerum natura*), da qual se vale o criador para a reificação de sua criação (livro, escultura, música, quadro...). Sem a matéria, a forma é mera abstração delineada na idealidade cerebrina do autor; sem a forma, não haveria a possibilidade de se criarem artefatos que participam ativamente da condição humana[45]. É com seu

---

encomendado, não havendo a oposição da pessoa neles representada ou de seus herdeiros; d) de obras literárias, artísticas ou científicas, para uso exclusivo de deficientes visuais, sempre que a reprodução, sem fins comerciais, seja feita mediante o sistema Braille ou outro procedimento em qualquer suporte para esses destinatários; II – a reprodução, em um só exemplar de pequenos trechos, para uso privado do copista, desde que feita por este, sem intuito de lucro; III – a citação em livros, jornais, revistas ou qualquer outro meio de comunicação, de passagens de qualquer obra, para fins de estudo, crítica ou polêmica, na medida justificada para o fim a atingir, indicando-se o nome do autor e a origem da obra; IV – o apanhado de lições em estabelecimentos de ensino por aqueles a quem elas se dirigem, vedada sua publicação, integral ou parcial, sem autorização prévia e expressa de quem as ministrou; V – a utilização de obras literárias, artísticas ou científicas, fonogramas e transmissão de rádio e televisão em estabelecimentos comerciais, exclusivamente para demonstração à clientela, desde que esses estabelecimentos comercializem os suportes ou equipamentos que permitam a sua utilização; VI – a representação teatral e a execução musical, quando realizadas no recesso familiar ou, para fins exclusivamente didáticos, nos estabelecimentos de ensino, não havendo em qualquer caso intuito de lucro; VII – a utilização de obras literárias, artísticas ou científicas para produzir prova judiciária ou administrativa; VIII – a reprodução, em quaisquer obras, de pequenos trechos de obras preexistentes, de qualquer natureza, ou de obra integral, quando de artes plásticas, sempre que a reprodução em si não seja o objetivo principal da obra nova e que não prejudique a exploração normal da obra reproduzida nem cause um prejuízo injustificado aos legítimos interesses dos autores" (art. 46 da Lei n. 9.610, de 19-2-1998).

45. A expressão "condição humana" aqui utilizada tem o sentido que Hannah Arendt a ela atribui (Arendt, *A condição humana*, 1988), pois se procura enfatizar

empenho de manipular a matéria que o homem imprime sobre ela seus atributos éticos, morais, axiológicos, intelectuais, técnicos, instrumentais, do que resulta a criação intelectual[46].

A partir da manifestação exterior da obra enquanto objeto reificado e reproduzível, torna-se ela objeto do direito de autor. Desde então, o produto intelectual passa a participar da realidade social humana, tornando-se necessária a imediata proteção da relação autor/obra, para que dela decorram os limites jurídicos de caráter patrimonial e moral atribuíveis ao autor nos termos definidos e declarados pelas normas em vigor.

Deve-se ressaltar, no entanto, que a obra, para que seja exteriorizada, e, portanto, para que encontre a proteção legislativa, deve revestir-se de uma linguagem qualquer por intermédio da qual se comunique socialmente. Ou seja, um projeto de criação, uma ideia cerebrina, uma concepção do mundo... enquanto não se revestem de uma linguagem convencional para se exteriorizar, não podem ser ditos, ainda, criação. Só há criação quando um conjunto de ideias se transforma em coisa através de uma linguagem, seja ela uma linguagem pictórica, seja figurativa, sonora, sígnico-verbal, simbólica...

Enquanto não trazida a lume, a ideia é mero pensamento, sem forma concreta, e mero pensamento não encontra proteção legal pelo direito de autor[47].

---

a relação de condicionamento recíproco existente entre o mundo dos artefatos e objetos e aquele da subjetividade humana. O homem, ao construir a artificialidade a partir da natureza, determina quais serão os objetos que com ele conviverão, integrando-se estes ao universo das conquistas materiais aproveitáveis *ad infinitum* na perspectiva das gerações que se pluralizam na circularidade sequencial do tempo.

46. É nesse sentido que escreve Umberto Eco: "In tale senso, dunque, un'opera d'arte, forma compiuta e *chiusa* nella sua perfezione di organismo perfettamente calibrato, è altresì *aperta*, possibilita di essere interpretata in mille modi diversi senza che la sua irriproducibile singolarità ne risulti alterata. Ogni fruizione è così un'*interpretazione* ed una *esecuzione*, poiché in ogni fruizione l'opera rivive in una prospettiva originale" (Eco, *Opera aperta*: forma e indeterminazione nelle poetiche contemporanee, 1993, p. 34).

47. "A sua volta l'intelletto oggettivato si distingue in strumenti intellettuali di comunicazione, constituiti delle varie forme di 'linguaggio' parlato, musicale,

As linguagens das criações passam a comunicar-se, na medida em que convivem em um mesmo espaço público, e dessa comunicação de linguagens surgem novas ideias, novas concepções, novas teorias... dentro do ciclo interminável da cultura humana. A proliferação do pensamento, das ciências, das artes... nada mais é que um *elaborar* e um *reelaborar* constante de conquistas, de sucessos e de insucessos, encadeados de modo a permitir o aproveitamento de todo o legado e de todos os avanços perpetrados pelo homem. Vê-se aqui uma imbricação do tipo passado-presente-futuro, onde o homem representa um ser agente e operante no processo construtor de significância.

O que se quer dizer quando se trata da exteriorização da obra é que a esfera do público é a destinação definitiva da criação, e isso porque procura nesta sede seus reflexos, realizando-se enquanto objeto de comunicação de estados interiores diferenciais. Assim, o próprio de toda criação é vincular-se a um sujeito agente – *causa eficiente* da ação produtiva – que corporifique suas ideias por meio de linguagens, e as expresse em proveito público[48]. Não se pode entender de outro modo a matéria[49].

A linguagem, sobretudo, é o elemento que, seja na fase conceptiva, seja na fase formativa, bem como na fase consecutiva da obra, define sua construção. Daí a não relativa importância devotada ao universo da linguagem e dos signos ao se perquirir acerca das criações.

---

scientifico, ecc., in nozioni storiche e scientifiche, ed infine nei prodotti di pensiero, concetti, opere, manifestazioni intellettuali muniti di oggettiva autonomia" (Are, *L'oggetto del diritto di autore*, 1963, p. 38).

48. "Infine, dato che l'entità intellettuale necessita di una *forma* per essere cognoscibile allo stesso autore ed agli soggetti nella sua *espressione*, si potrà concludere che, cualitativamente, l'opera tutelata altro non sia che *l'espressione formale* di un'attività di pensiero" (Are, *L'oggetto del diritto di autore*, 1963, p. 26).

49. "L'elemento puramente intellettuale, per quanto originariamente confinato nell'interno dell'autore, perde questa sua intimità con la estrinsecazione e si palesa, non solo nella forma che esso ha assunto nella materia, ma anche – oltre tale forma – nella sua genesi, nella sua costruzione organica e cioè negli elementi dei quali la estrinsecazione materiale è riflesso e che possono individuarsi solo attraverso un processo di ricostruzione del pensiero dell'autore" (Are, *L'oggetto del diritto di autore*, 1963, p. 36).

Dessa forma, as diversas linguagens de diversas criações convivem e interagem dizendo e *desdizendo* coisas e valores, e desse emaranhado resultam os benefícios e prejuízos que a humanidade conhece por sua história. Quando um conjunto de obras se encontra, tem-se um conjunto de personalidades em interação; em outros termos, o jogo inter-relacional das obras é o próprio jogo cultural humano, o que, em suma, constitui o chamado "patrimônio cultural da humanidade". Dessa interação de personalidades reificadas em objetos mundanos de fruição se fez a história das conquistas humanas; é por meio dela que se opera o cortejo criativo, a sinfonia cultural, o que ocorre entre invenções e *reinvenções*, entre criações e *recriações*. Daí concluir-se que a linguagem e a exteriorização da criação são pontos de grande e elevada estima para a construção da própria conjuntura cultural de uma sociedade.

8. As medidas legais de proteção dos direitos autorais

A proteção dos direitos autorais é feita, em face da multiplicidade de atentados e ofensas a essa categoria de direitos, por meio de recursos administrativos, civis e penais. Assim é que o autor está munido de um instrumental para a defesa de direitos que possui com relação à sua criação (seu uso, sua edição, sua propagação, sua contratação...).

Na esfera penal, o Código Penal (Decreto-Lei n. 2.848, de 7-12-1940), em seus arts. 184 a 186, trata muito singelamente da matéria, acercando-se da violação de direito autoral e da usurpação de pseudônimo. Neste contexto, o tipo penal aberto previsto pelo art. 184 ("violar direito autoral") desempenha o papel de relegar à lei civil (Lei n. 9.610, de 19-2-1998) o dever de determinar o conceito do que seja direito autoral.

Na esfera civil, a Lei de Direitos Autorais traça as diretrizes sobre as medidas administrativas e civis a serem tomadas para o sancionamento de toda e qualquer conduta atentatória aos direitos autorais, escorando-se, em grande parte, e remetendo-se, necessariamente, ao Novo Código de Processo Civil (Lei n. 13.105/2015). Há que tratar sobretudo das sanções civis previstas na Lei de Direitos

Autorais (9.610, de 19-2-1998), onde ampla proteção é conferida ao autor de obra artística, científica ou literária. E as medidas previstas são preventivas e repressivas, de modo que se direcionam a alcançar o que é anterior e o que é posterior à efetiva lesão da referida categoria de direitos.

De fato, o art. 101 ("As sanções civis de que trata este Capítulo aplicam-se sem prejuízo das penas cabíveis") reafirma a desvinculação entre as sanções penais e civis, fazendo uma área independente da outra para fins de punição a toda espécie de conduta lesiva de direitos autorais. É isso importante na medida em que determinadas condutas não são erigidas à conta de condutas criminosas pelos tipos penais, enquanto outras o são como ilícitos civis.

Mais especificamente com relação ao contrato de edição a medida cível cabível é a prevista pelo art. 103 ("Quem editar obra literária, artística ou científica, sem autorização do titular, perderá para este os exemplares que se apreenderem e pagar-lhe-á o preço dos que tiver vendido"). A medida prevista é própria e característica do capítulo, que prevê as modalidades de sanções, mas a infração em si decorre da aplicação conjugada dos arts. 7º, I, 29, II, e 53 a 67 da Lei. A presunção estabelecida pelo parágrafo único do citado artigo ("Não se conhecendo o número de exemplares que constituem a edição fraudulenta, pagará o transgressor o valor de três mil exemplares, além dos apreendidos") é consentânea com a própria previsão legal acerca do número de exemplares da edição para as hipóteses de silêncio contratual (art. 56, parágrafo único)[50].

A "pirataria" recebe prolongada disciplina no texto do art. 104 ("Quem vender, expuser à venda, ocultar, adquirir, distribuir, tiver em depósito ou utilizar obra ou fonograma reproduzidos com fraude,

---

50. A respeito da quebra da autorização: "DIREITO AUTORAL – Violação – Reprodução desautorizada de trechos de obra literária – Contos do folclore compilados e adaptados por pesquisador – Obra concluída e publicada que merece proteção, ainda que não possam tais contos ser propriedade exclusiva de alguém – Desrespeito à integridade do texto original, sem citação correta da fonte – Indenização devida – Impossibilidade de participação no lucro obtido com a venda das publicações viciosas" (*Revista dos Tribunais*, 639/556 – TJSP).

com a finalidade de vender, obter ganho, vantagem, proveito, lucro direto ou indireto, para si ou para outrem, será solidariamente responsável com o contrafator, nos termos dos artigos precedentes, respondendo como contrafatores o importador e o distribuidor em caso de reprodução no exterior"), que, pela variedade de condutas descritas, procura a maior abrangência possível para a previsão sempre inesgotável das ações ilícitas.

A abrangência desse artigo vem ainda garantida pela dicção ainda mais ampla do art. 107[51].

Ainda, estabelece o art. 104 a regra da solidariedade do contrafator (aquele que, nos termos do art. 5º, VII, realiza a reprodução não autorizada de objeto de direito autoral) com terceiros que se beneficiam da contrafação, atuando ou não em conjugação com aquele. Sabendo-se que a eficácia das medidas protetivas depende ainda dos resultados repressivos práticos, concede a Lei ao juiz a possibilidade de, além de responsabilizar o(s) infrator(es), fazer desaparecer os meios e instrumentos de violação, prevendo-se tal medida na sentença condenatória (art. 106 – "A sentença condenatória poderá determinar a destruição de todos os exemplares ilícitos, bem como as matrizes, moldes, negativos e demais elementos utilizados para praticar o ilícito civil, assim como a perda de máquinas, equipamentos e insumos destinados a tal fim ou, servindo eles unicamente para o fim ilícito, sua destruição").

---

51. "Independentemente da perda dos equipamentos utilizados, responderá por perdas e danos, nunca inferiores ao valor que resultaria da aplicação do disposto no art. 103 e seu parágrafo único, quem: I – alterar, suprimir, modificar ou inutilizar, de qualquer maneira, dispositivos técnicos introduzidos nos exemplares das obras e produções protegidas para evitar ou restringir sua cópia; II – alterar, suprimir ou inutilizar, de qualquer maneira, os sinais codificados destinados a restringir a comunicação ao público de obras, produções ou emissões protegidas ou a evitar a sua cópia; III – suprimir ou alterar, sem autorização, qualquer informação sobre a gestão de direitos; IV – distribuir, importar para distribuição, emitir, comunicar ou puser à disposição do público, sem autorização, obras, interpretações ou execuções, exemplares de interpretações fixadas em fonogramas e emissões, sabendo que a informação sobre a gestão de direitos, sinais codificados e dispositivos técnicos foram suprimidos ou alterados sem autorização".

Dota a Lei a autoridade judicial competente para apreciar a ação contra violação a direitos autorais de instrumento eficaz para interromper a violação por qualquer meio de obra em execução, fixando, pelo art. 105 ("A transmissão e a retransmissão, por qualquer meio ou processo, e a comunicação ao público de obras artísticas, literárias e científicas, de interpretações e de fonogramas, realizadas mediante violação aos direitos de seus titulares, deverão ser imediatamente suspensas ou interrompidas pela autoridade judicial competente, sem prejuízo da multa diária pelo descumprimento e das demais indenizações cabíveis, independentemente das sanções penais aplicáveis; caso se comprove que o infrator é reincidente na violação aos direitos dos titulares de direitos de autor e conexos, o valor da multa poderá ser aumentado até o dobro"), a regra das *astreintes* em direitos autorais, forma de coação judicial para a cessação de um fazer atentatório de direitos autorais.

O art. 108 traz em seu bojo também medidas de grande utilidade prática. Em caso de violação de direito moral do autor (art. 24, II, e art. 12), ficará o infrator sujeito à responsabilização por danos morais – expressa no texto –, independentemente das medidas específicas que simbolizem a retratação do violador publicamente ("Quem, na utilização, por qualquer modalidade, de obra intelectual, deixar de indicar ou de anunciar, como tal, o nome, pseudônimo ou sinal convencional do autor e do intérprete, além de responder por danos morais, está obrigado a divulgar-lhes a identidade da seguinte forma: I – tratando-se de empresa de radiodifusão, no mesmo horário em que tiver ocorrido a infração, por três dias consecutivos; II – tratando-se de publicação gráfica ou fonográfica, mediante inclusão de errata nos exemplares ainda não distribuídos, sem prejuízo de comunicação, com destaque, por três vezes consecutivas em jornal de grande circulação, dos domicílios do autor, do intérprete e do editor ou produtor; III – tratando-se de outra forma de utilização, por intermédio da imprensa, na forma a que se refere o inciso anterior")[52].

---

52. Mais ainda, sobre a evolução jurisprudencial da matéria de reparação civil por danos morais, inclusive com a fixação de critérios para a concretização dos danos morais, arbitragem judicial, fixação de parâmetros e aplicação do valor de

Neste caso, a ação cabível à espécie é uma ação de conhecimento (sabendo-se que as ações são comuns ou especiais, e de conhecimento, de execução ou cautelar) pelo rito ordinário (sabendo-se que os procedimentos são ou o comum ou o especial, de jurisdição voluntária ou contenciosa, e ainda sumário ou sumaríssimo). Há que observar ainda que, quanto aos danos morais e seu arbitramento, o valor de desestímulo das condutas lesivas é a regra que deve ser aplicada para a coibição dos constantes atentados mercadológicos aos direitos morais e patrimoniais de autores, coautores e titulares de direitos conexos.

A par o que já se disse, não se pode neste passo deixar de especificar que a ação ordinária adotada poderá cumular os pedidos, entre si compatíveis, de reparação civil por danos morais e patrimoniais, como tem entendido iterativa jurisprudência. De fato, para que haja o cúmulo, é mister: que sejam os pedidos compatíveis entre si; que seja o mesmo juízo competente para processá-los; que seja adequado a todos o procedimento adotado.

A estimativa dos danos morais causados ao autor é questão fundamental nesse ramo[53]. Neste caso, o valor da causa corresponderá à soma de todos os pedidos, líquidos e ilíquidos, cumulados. No caso de danos morais deixados em aberto para que sejam prudencialmente arbitrados pelo magistrado, os critérios são: 1) da repercussão da

---

desestímulo, deve ser consultada a obra de Carlos Alberto Bittar, tese de titularidade pelo Departamento de Direito Civil da Universidade de São Paulo, *Reparação civil por danos morais*, 3. ed., 1999, p. 158-207 e p. 245-334).

53. "A fixação da indenização far-se-á por arbitramento. Aliás, esta é uma das maneiras de liquidar-se uma obrigação. A liquidação pode ser legal, convencional ou judicial, conforme os elementos de apuração do dano sejam estabelecidos pela lei, pela vontade dos interessados ou por sentença judicial. (...) Em matéria de responsabilidade extracontratual não é possível estabelecer regras atinentes ao modo de calcular a indenização. (...) Em matéria de Direito de Autor, entretanto, vez por outra adota o legislador um critério para solucionar o problema criado pela prática de uma infração. É o caso previsto no art. 6º do Decreto n. 4.790, de 21 de janeiro de 1924, que assegura ao titular do direito autoral lesado a faculdade de apreender as receitas brutas auferidas pelo empresário contrafator. Também têm sanções próprias o direito ao inédito e o direito à paternidade da obra" (De Mattia, *Estudos de direito de autor*, 1975, p. 77).

lesão – tendo-se em vista que ocorreu mediante publicidade televisiva; 2) das partes envolvidas no caso – poeta de renome nacional e internacional e, de outro lado, pessoa jurídica de direito público interno; 3) do valor de desestímulo ou *punitive damages* a ser fixado para debelar novos atentados e conceder ao autor eficaz maneira de obter uma *restitutio in integrum*.

Quanto à execução pública não autorizada (art. 109), ainda prevê a Lei uma quantificação que norteia o sancionamento dos violadores. De fato, a execução pública feita em desacordo com os arts. 68 (autorização para execução), 97, 98 e 99 (associativismo para proteção dos direitos de autor e conexos) desta Lei sujeita os responsáveis a uma multa legal equivalente a vinte vezes o valor que deveria ser originariamente pago ao(s) lesado(s). Também nesse sentido o art. 110 ("Pela violação de direitos autorais nos espetáculos e audições públicas, realizados nos locais ou estabelecimentos a que alude o art. 68, seus proprietários, diretores, gerentes, empresários e arrendatários respondem solidariamente com os organizadores dos espetáculos").

O interessante da Lei é que se preocupou o legislador com a efetividade que se deve conferir à proteção autoral. Há a possibilidade de se extraírem efeitos práticos processuais também céleres, por meio das medidas cautelares incidental e preparatória.

V – MÉTODO E LIMITES DA PESQUISA CIENTÍFICA

1. Método, Iluminismo e desenvolvimento humano

A ciência, nas fronteiras abertas do século XXI, lança-se, enquanto incógnita, num campo de indeterminações que são próprias dos horizontes do futuro. Quando se considera, especialmente, o horizonte do passado do século XX, inúmeras questões são trazidas à discussão, para relembrar que a *ciência* sem *cons-ciência* pode até o absurdo. Por isso, a necessidade de, nesse item do desenvolvimento destas reflexões metodológicas, tratar da questão dos limites do exercício prático da ciência e da investigação científica.

No entanto, antes de avançar nesse sentido, vale colocar em questão que o projeto da modernidade e, com ele, o projeto da ciência moderna atravessaram e atravessam mares de dúvidas, quanto a inúmeras dimensões. Os clássicos estudos da *Escola de Frankfurt*[1], por exemplo, pontuam criticamente o legado do mundo moderno e, exatamente por isso, tornam possível que a revisão do passado histórico se faça considerando a importância de coordenação do progresso material, juntamente com o progresso moral, com o progresso social, com o progresso intelectual, com o progresso político, com o progresso jurídico e, sobretudo, com o progresso humano.

Assim, do legado do mundo moderno, aí especialmente situada a questão do método moderno, da utilidade das ciências e das tecnologias para a vida moderna, da forma de compreensão do papel das

---

1. Para uma leitura mais verticalizada, consulte-se Bittar, *Democracia, justiça e emancipação social*, 2012.

ciências na vida social moderna, pode-se destacar a importância do resgate do caráter emancipatório das ciências, na medida em que favoreçam o cultivo de aspectos relevantes para a vida humana, em diversas dimensões.

Tendo no projeto de um *Iluminismo* contemporâneo o protagonismo das ciências, das artes, da literatura, da cultura, da tecnologia, pode-se mesmo incentivar uma *forma de desenvolvimento integral* que sugere a importância da ênfase a ser conferida às contribuições autorais e coletivas que surgem destes campos de trabalho. A prosperidade, o progresso econômico, humano, social, moral e político são fatores que devem estar intrinsecamente associados, quando se pretende pensar o papel das ciências no desenvolvimento e, também, quando se quer pensar o uso ético – e não apenas técnico ou instrumental – dos potenciais contidos nas ciências, aí considerado também o papel da ciência do direito.

2. Método e limites político-ideológicos da pesquisa

Nenhuma pesquisa nasce e se desenvolve completamente inconsciente com relação às políticas reinantes, aos sistemas ideológicos predominantes ou emergentes, ao conjunto de ideias majoritárias vigorantes em uma sociedade, às exigências e contingências econômico-sociais, assim como às demais injunções provenientes das provocações e estímulos advindos da assunção desta ou daquela postura sociodecisória.

A pesquisa é o procedimento prático de produção de conhecimentos; então, por sua finalidade, ela deve representar uma aliada dos sistemas sociais, culturais, políticos e econômicos. Trata-se de uma questão de estratégia de desenvolvimento o reconhecimento público das práticas científicas. O incentivo à pesquisa para um país, para uma nação, para um povo, para uma civilização, pode representar a força de libertação capaz de conferir instrumentos contra a submissão moral, econômica, política, científica, tecnológica...[2].

---

2. Exatamente por isso é que se viu, durante a Guerra Fria, EUA e URSS viverem um clima de competição em recursos tecnológicos, científicos e intelectuais.

É a pesquisa que faculta a preservação de recursos, a reserva de dados, a descoberta de informações, a crítica social e política, tendo-se por consequência a politização da sociedade, bem como o aumento da qualidade de ensino e a dispersão de informações pela sociedade, a pluralização de saberes, a autonomia nacional, o fortalecimento do pensamento e da identidade cultural, a resolução de problemas técnicos e práticos humanos, a eliminação da alienação do espírito...

Assim, o reverso da medalha demonstra que a pesquisa também pode representar um reduto inconveniente de dispersão de ideologias contrárias a uma política dominante, e então, de vítima a réu, passar a ser exterminada, dizimada e restringida a pequenas contribuições aceitas ou convenientemente escravizadas a uma posição servil[3]. Sabe-se que o conhecimento, sua dimensão, suas práticas, sua importância... são muitas vezes objeto de manipulação política. Saber e poder estão estreitamente ligados, na exata medida em que o conhecimento faculta capacidade crítica que por vezes não é conveniente exigir de um povo, de uma comunidade, de uma cultura. Liberta-se por meio do saber, assim como se pode facilmente manipular e escravizar por meio do conhecimento (ou da falta de acesso ao conhecimento).

É certo que a pesquisa nasce, e assim deve ser desvinculada de qualquer uso governista, e desenvolve-se no sentido de verter suas conquistas e sua produção sobre produtos sociais. Mas, de qualquer forma, o que se quer salientar é que a pesquisa é chave importante de progresso social. Políticas de desenvolvimento devem estar aliadas a políticas de incentivo à ciência e à identidade cultural. É a partir das práticas de pesquisa que nascem iniciativas que podem revolucionar determinado *status quo* sociopolítico-econômico. A pesquisa é a chave para a multiplicação dos saberes e para a dispersão das

---

Estes Estados tomaram a política de pesquisa como uma política de estratégia nacional, e, investindo em recursos humanos, bancos de dados, tecnologia e conhecimentos aplicáveis, construíram um movimento armamentista e até mesmo disputaram avanços no que concerne a uma "corrida espacial".

3. A respeito das perseguições nas Universidades alemãs, e sobre a formação de um ensino direcionado à política nazista em medicina e etnologia, consulte-se a obra de Charle e Verger, *História das universidades*, 1996, p. 111-112.

conquistas científicas, e pode representar a flama que arde sem cessar enquanto homens existem e pensam.

Neste sentido, as políticas institucionais deveriam dispensar maior atenção para esse tipo de produção, entendida como investimento a médio e longo prazo. Assumindo-se a pesquisa como questão de estratégia nacional, de investimento e formação de recursos humanos com capacitação técnico-científica, evitam-se os efeitos da evasão, exportação e importação de cérebros... Particularmente, esta é uma realidade nefasta, porém efetiva, para os países em desenvolvimento.

3. Método e limites materiais, técnicos e científicos da pesquisa

Nenhuma pesquisa se desenvolve alheia às aquisições técnicas e às conquistas científicas de seu tempo. Pouco há a se construir sem o incentivo econômico do setor público por meio de institutos e agências de fomento à investigação, à pesquisa e ao conhecimento. Também os limites materiais definem a fronteira intransponível para o cientista que necessita de recursos para o desenvolvimento de suas ideias e de seu trabalho. Nesse sentido, plasmar uma ideia, converter a matéria bruta para dotá-la de utilidade prática, desenvolver uma teoria... significa revolucionar a história das conquistas e aquisições materiais humanas (à observação seguiu-se o telescópio de mão; a este seguiu-se o telescópio fixo; a este seguiram-se aquisições maiores, como lentes mais potentes, cálculos mais precisos, alcance mais distante, mecanização e movimentação de telescópios por computadores, leitura de dados e informações por instrumentos mecânicos e sensores...).

As ciências empíricas e experimentais (biologia, química, física...), assim, sofrem mais pela dependência de recursos e aparatos técnicos e materiais para a maior e melhor acuidade das observações e dos testes empregados no sentido da apropriada abordagem dos objetos de conhecimento. As ciências especulativas e teóricas (filosofia, sociologia teórica, lógica, metafísica...) se veem, então, menos atreladas a esse tipo de problema que as demais ciências enfrentam como se enfrenta um obstáculo, o que não quer dizer que não ressintam pelas carências técnicas e materiais de uma sociedade, ou pelas necessidades concretas que impedem o fluir célere que se esperaria do conhecimento se possuísse outros instrumentos.

É a própria depuração dos saberes que faculta o desenvolvimento de aparatos e técnicas que acabam por condicionar a vida humana. As conquistas são propiciadas, paulatinamente, pela necessidade de superação de barreiras e obstáculos, naturais ou artificiais, surgidos com o correr da história e com a implantação de novas criações entre os homens. Nesse circuito, não só uma ideia reclama o advento de uma outra, superando-se as demais aquisições anteriores, como também uma conquista técnica reclama o advento de uma outra que venha a complementá-la, corrigi-la, adequá-la, auxiliá-la, ou mesmo, suprimi-la. O todo nunca é possível em ciência e a verdade jamais finda de ser conquistada.

É certo que é na base de aquisições científicas, materiais e técnicas anteriores, pressupostas como adquiridas e consolidadas à cultura de modo a condicionar a vida das pessoas, assim como as pesquisas científicas, que o pesquisador se embrenha na descoberta de novos aprofundamentos temáticos, seja para aperfeiçoar o já existente, seja para inovar. Assim, há que dizer que o conjunto das demais aquisições sociais influencia e interfere diretamente nos níveis de desenvolvimento das ciências e das práticas científicas, e vice-versa. Se as ciências estão condicionadas pelas condições técnicas e materiais, estas também estão por aquelas.

Na mesma medida, pode-se pensar que leis avançadas não encontram terreno adequado para seu desenvolvimento se determinado Estado não possuir prévias condições para a sua implantação e efetivação. Assim, passar-se-á pela experiência do despreparo do povo em recebê-las e compreendê-las, do despreparo dos operadores do direito em manipulá-las e operacionalizá-las, da insuficiência material (aparelhamento burocrático, policial, armamentício, suporte informático...) para que se dê cumprimento aos seus mandamentos..., o que gerará a frustração de seus preceitos e a queda progressiva em desuso dos artigos de lei, até a ineficácia absoluta.

Não há outra forma de se conceber o movimento de relações existente entre a pesquisa e a evolução técnico-material de uma sociedade. De fato, deve-se concluir que dialeticamente se relacionam esses elementos, de modo que o que influencia também é influenciado, e assim por diante.

4. Método e limites éticos da pesquisa

Nenhuma atividade racional consegue alcançar plenitude isolada de outras demais necessidades sociais[4]. Um desses reclamos sociais que se inscrevem como primordiais para a realização e a sustentação das atividades racionais é o mandamento ético. A ética (*éthos*) consiste na regulação do comportamento, exercida pela própria consciência individual, quanto a meios e fins da ação. A ética se inscreve como um código orientativo da conduta humana, seja individual, seja social, seja individual encaixada em relações sociais.

Em atividades científicas, observe-se, é inadmissível uma ética puramente de fins. Qualquer tipo de preceito ético ao estilo maquiavélico (o que importa são os fins e não os meios) quando aplicado às práticas científicas e aos exercícios de pesquisa torna todo tipo de atitude justificável em nome da razão, dos interesses por resultados, das pressões por produtividade, da ascensão na carreira, da busca por reconhecimento forçado, dos fetiches científicos, dos sonhos grandiloquentes, dos interesses econômicos em descobertas científicas. Deve-se grifar, então, que o meio (*iter*) importa tanto quanto o fim (*télos*).

---

4. "No campo das ciências e da tecnologia, as ilusões perdidas foram as expectativas provocadas pelas promessas cientificistas do Iluminismo do século das luzes.

"O Iluminismo é a expectativa de triunfo da razão. Vive do anseio messiânico de advento do reino da ciência. Os escritores da Enciclopédia são todos otimistas sobre o futuro das ciências. Acreditam firmemente no progresso e no saneamento da sociedade graças à difusão das luzes da razão. A ciência e a técnica resolveriam todos os problemas da humanidade.

"Mas o surgimento da era atômica, com as tragédias de Hiroshima e Nagasaki, revelou ao mundo um quadro dramático. Atônitos e desiludidos, os homens passaram a não acreditar que a ciência e a técnica possam garantir por si o progresso e a felicidade humana" (Montoro, *Estudos de filosofia do direito*, 1999, p. XXVII).

Nenhuma pesquisa pode e deve desenvolver-se rompendo ou desrespeitando completamente o sistema ético que envolve o universo do pesquisador.[5] Assim, se existe a liberdade criativa deferida ao criador, também existem deveres fixados em leis, ou em normas técnicas e éticas, em códigos de boas práticas (ex.: FAPESP)[6] que definem até onde se desenrolam os limites da liberdade criativa. Ainda mais, exercendo-se ciência, não se pode perverter ou impossibilitar o alcance de seus próprios fins, pois a ciência se volta para o aperfeiçoamento das relações do homem com seu meio, de modo que qualquer outro procedimento de busca de extermínio da humanidade, aniquilação e dominação dos direitos alheios, fomento à degradação ou dizimação das populações, violação da dignidade humana, há de ser considerado procedimento de pesquisa antiético, incapaz de preencher as próprias condições finalísticas para as quais se inscreve e se exerce, ou seja, o bem social e o progresso dos saberes.

Deve-se proceder à crítica das duvidosas posturas de cientistas e juristas que se distanciam do fluxo dos acontecimentos e das implicações sociais de suas criações, para se transformarem em puristas do pensamento, da razão, do raciocínio. Todo movimento de ideias, toda construção teórica, todo proceder racional encontra seus reflexos, posteriormente, sobre a sociedade, de modo que ciência e sociedade estão em permanente contato.[7] Assim sendo, o compromisso do teórico é *ab initio* um compromisso ético-social; deste tipo de liame não se pode afugentar o pesquisador.

---

5. "Nossas más condutas podem macular a credibilidade de nosso campo científico como um todo. Por isso, integridade acadêmica é uma exigência a ser levada a sério por acadêmicos, seja observando-a em seus próprios trabalhos, seja cobrando sua observância por colegas" (Queiroz, Ética e pesquisa jurídica, *in Metodologia da pesquisa em Direito*: técnicas e abordagens para elaboração de monografias, dissertações e teses (Rafael Mafei Rabelo Queiroz; Marina Feferbaum, coords.), 2. ed., 2019, p. 536).

6. Disponível em: <http://www.fapesp.br/boaspraticas/FAPESP>. Acesso em: 8.10.2014.

7. "Toda ciência é atividade social. A atividade da pesquisa científica deve contribuir para o acúmulo coletivo do conhecimento e para a solução de problemas impostos pela vida em comum" (Canuto, Otta, Magalhães, Albuquerque, Onuchic, *Guia de Boas Práticas Científicas*, 2019, p. 4).

O comprometimento ético que toda criação possui com a sociedade induz à ideia de que o que se cria deve servir à sociedade. Há que acentuar ainda mais que toda ordem de discurso se situa sobre uma ordem pragmática, onde atuam sujeitos, onde se deliberam consequências, onde se ferramentam transações, onde enfim se operacionalizam acontecimentos e comportamentos. Se isso é verdade, então necessário advertir o cientista de que toda criação é sempre uma criação engajada, ou seja, capaz de produzir possíveis reflexos sociais; renegar esse tipo de postulado é renegar a própria natureza de suas atividades. Aí é que o niilismo ético de alguns só pode provocar espanto, pois parece inseparável o que o cientista cria e o que a humanidade é capaz de fazer com essa criação de modo direto.

Em síntese, uma obra insere-se no universo cultural e científico com a obrigação de respeitar imposições e valores que lhe são superiores, quais os mandamentos éticos e jurídicos erigidos para o próprio estímulo da evolução e da salvaguarda das gerações. O código ético-social engaja a pesquisa anteriormente a qualquer desejo ou interesse pessoal do pesquisador, de forma que o que é público é atinente ao público e toca aos direitos de todos. Deve-se firmar o compromisso de reforço da ideia de que a ética do coletivo prepondera com relação à ética do pesquisador quando ambas não coincidirem.

Ademais, ao investigar os meandros práticos da pesquisa,[8] pode-se detectar uma afronta a mandamentos éticos toda vez que[9]:

---

8. "Como a ética da pesquisa trata de deveres de conduta, seus princípios podem ser bem ilustrados por um compilado de suas mais comuns violações:

– uso não referenciado de ideias ou frases de terceiros, ainda que se trate de documentos não protegidos por direitos autorais (como decisões judiciais);

– adulteração, omissão relevante ou distorção de resultados de pesquisa, sejam eles dados quantitativos ou conceitos, frases e ideias conhecidas pelo pesquisador, que sejam relevantes para os resultados da pesquisa;

– uso indevido de dados e informações pessoais obtidos no curso da pesquisa;

– não reconhecimento de contribuição relevante de uma terceira pessoa para os resultados da pesquisa;

– reivindicação de autoria de trabalho acadêmico por quem não teve rele--vante contribuição autoral para o produto final;

a) se pervertem dados que se diz ter adquirido, mas que em verdade não existem ou não correspondem a qualquer parâmetro simplesmente porque não foram pesquisados;

b) se refere o pesquisador a uma obra, texto ou autor, analisando-lhe as ideias sem conhecê-las, ou pervertendo-se o sentido do que se diz, de modo a comprometer a obra ou o autor com tendências que não lhe são próprias;

c) se traficam, no levantamento de dados, na coleta de informações e na pesquisa de campo, informações, prejudicando comunidades, pervertendo pessoas, corrompendo-se funcionários;

d) se produz a quebra indevida e ilícita do sigilo profissional (quando não autorizada), de modo a se acessarem dados confidenciais ou privados ou de uso exclusivo (neste caso, também se comete delito jurídico);

e) se criam palavras, discursos, frases não proferidas por pessoas entrevistadas, ou se atribuem ideias não correspondentes àquelas pronunciadas e sustentadas por determinadas pessoas que são alvo de uma pesquisa;

f) se estimula ou se provoca a concorrência desleal, com o tráfico de produtos ilícitos, tendente ao estabelecimento da prioridade ou da patente antecipada sobre o resultado da pesquisa;

g) se atenta contra a dignidade da pessoa humana em suas pretensões grandiloquentes de conquista da humanidade, purificação das raças, dizimação do planeta, aniquilação de um biotipo;

– ocultação de conflitos de interesse relevantes (como a defesa advocatícia de interesses favorecidos pela posição acadêmica defendida em texto científico);

– não observância das exigências de ineditismo e originalidade, quando elas forem exigidas pelas instituições em que a pesquisa se desenvolve, ou às quais o resultado da pesquisa se destina" (Queiroz, Ética e pesquisa jurídica, in *Metodologia da pesquisa em Direito*: técnicas e abordagens para elaboração de monografias, dissertações e teses (Rafael Mafei Rabelo Queiroz; Marina Feferbaum, coords.), 2. ed., 2019, p. 536).

9. A fabricação, a falsificação e o plágio são considerados as más condutas graves mais típicas em atividades de pesquisa pelo Código de Boas Práticas da FAPESP (http://www.fapesp.br/boaspraticas/FAPESP, em especial, p. 31, cap. 4, "Sobre as más condutas científicas").

h) se inscreve o pesquisador dentro de uma trama de relações funcionais de modo a que coloque seu saber a mando e a serviço de organizações criminosas, grupos de extermínio, praticantes de atitudes ilícitas;

i) outros.

Aliás, não são outras as preocupações dos grandes acordos mundiais a respeito da matéria, considerando-se a necessidade de vinculação entre meios e fins no desenvolvimento tecnológico e científico mundiais, na exata medida em que a experiência histórica já demonstrou como a ciência pode-se irmanar aos projetos mais destrutivos (lembre-se da associação entre tecnologia, violência e guerra) e aos eventos mais nefastos imagináveis (lembre-se das experiências nazistas com seres humanos).[10] A cultura gerada a partir das macabras experiências da II Guerra Mundial, o fomento ao desenvolvimento do Direito Internacional dos Direitos Humanos e a criação de organismos internacionais dedicados às causas humanitárias a partir da criação da ONU são fatores que estão a assinalar no cenário internacional diversos instrumentos de direitos humanos como importantes veículos de delimitação dos limites do exercício das atividades de pesquisa.

Neste momento, deve-se lembrar o que registram o *Código de Nuremberg* (1947), a *Declaração dos Direitos Humanos* (1948), a *Declaração de Helsinque* (1964, com versões de 1975, 1983 e 1989), como importantes fatores de delimitação do espaço de ação do cientista ("O experimento deve ser conduzido de maneira a evitar todo sofrimento e danos desnecessários, quer físicos, quer materiais" – art. 4º do *Código de Nuremberg*, 1947), do compromisso do pesquisador com os efeitos de seu trabalho ("O experimento deve ser tal que produza resultados vantajosos para a sociedade, que não possam ser buscados por outros métodos de estudo, mas não podem ser feitos de maneira casuística ou desnecessariamente" – art. 2º do *Código de*

---

10. "Após o fim da Segunda Guerra Mundial, com as ações perpetradas pela pseudociência do Estado nazista, criou-se a percepção, nos meios jurídicos e acadêmicos e na opinião pública, de que a prática científica necessitava de regras universais baseadas em princípios éticos fundamentais" (Canuto, Otta, Magalhães, Albuquerque, Onuchic, *Guia de Boas Práticas Científicas*, 2019, p. 6).

Nuremberg, 1947), da relação do criador do projeto com as pessoas que se tornam sujeitos de pesquisa ("O consentimento voluntário do ser humano é absolutamente essencial. Isso significa que as pessoas que serão submetidas ao experimento devem ser legalmente capazes de dar consentimento" – art. 1º do *Código de Nuremberg*, 1947), da responsabilidade daquele que se torna autor de ideias, disseminador de ideologias, ou mesmo exercente de atividades aplicativas nas ciências. Também no Brasil, sob a inspiração desta citada legislação internacional, a Resolução n. 196, de 10 de outubro de 1996, do *Ministério da Saúde*, é um importante instrumento de controle da ética da conduta em pesquisa, universalizável para áreas externas às da medicina (principalmente para os aspectos pela Resolução abrangidos).

Ademais, no Brasil, a pesquisa com seres humanos é regulamentada pela Resolução n. 466/12 da *Comissão Nacional de Ética em Pesquisa* (CONEP), a pesquisa com pessoas vulneráveis (menores de idade) deve obter o consentimento dos responsáveis legais, a pesquisa com comunidades tradicionais deve ter impacto na vida da comunidade trazendo-lhes benefícios, a pesquisa com animais é regulamentada pela Lei n. 11.794/2008 e deve-se procurar observar as Resoluções do *Conselho Nacional de Experimentação Animal* (CONCEA), a pesquisa com o meio ambiente deve respeitar a Resolução n. 357/2005 do *Conselho Nacional do Meio Ambiente* (CONAMA).[11]

A própria expansão da pesquisa, multiplicação de cursos de graduação e pós-graduação, e as pressões por produtividade científica vêm provocando efeitos de aumento das práticas que correspondem a infrações no campo da conduta e da integridade profissionais para quem atua na produção do conhecimento. Essa preocupação vem sendo traduzida na criação de diversos documentos de importante significação para as áreas fortemente influenciadas pelos resultados de pesquisas e, por isso, vem gerando reações importantes de agências no Brasil que lidam com o fomento à pesquisa. Nesse sentido,

---

11. Cf. Canuto, Otta, Magalhães, Albuquerque, Onuchic, *Guia de Boas Prá-ticas Científicas*, 2019, p. 10-13.

vale destacar o documento intitulado *Relatório da Comissão de Integridade de Pesquisa do CNPq*[12], do qual se destaca, em especial, o trecho com as *Diretrizes*, que correspondem a diretivas de conduta:

"1: O autor deve sempre dar crédito a todas as fontes que fundamentam diretamente seu trabalho.

2: Toda citação *in verbis* de outro autor deve ser colocada entre aspas.

3: Quando se resume um texto alheio, o autor deve procurar reproduzir o significado exato das ideias ou fatos apresentados pelo autor original, que deve ser citado.

4: Quando em dúvida se um conceito ou fato é de conhecimento comum, não se deve deixar de fazer as citações adequadas.

5: Quando se submete um manuscrito para publicação contendo informações, conclusões ou dados que já foram disseminados de forma significativa (p. ex., apresentado em conferência, divulgado na internet), o autor deve indicar claramente aos editores e leitores a existência da divulgação prévia da informação.

6: Se os resultados de um estudo único complexo podem ser apresentados como um todo coesivo, não é considerado ético que eles sejam fragmentados em manuscritos individuais.

7: Para evitar qualquer caracterização de autoplágio, o uso de textos e trabalhos anteriores do próprio autor deve ser assinalado, com as devidas referências e citações.

8: O autor deve assegurar-se da correção de cada citação e que cada citação na bibliografia corresponda a uma citação no texto do manuscrito. O autor deve dar crédito também aos autores que primeiro relataram a observação ou ideia que está sendo apresentada.

9: Quando estiver descrevendo o trabalho de outros, o autor não deve confiar em resumo secundário desse trabalho, o que pode levar a uma descrição falha do trabalho citado. Sempre que possível consultar a literatura original.

---

12. Disponível em: <http://www.cnpq.br/documents/10157/a8927840-2b8f-43b-9-8962-5a2ccfa74dda>. Acesso em: 16.11.2014.

10: Se um autor tiver necessidade de citar uma fonte secundária (p. ex., uma revisão) para descrever o conteúdo de uma fonte primária (p. ex., um artigo empírico de um periódico), ele deve certificar-se da sua correção e sempre indicar a fonte original da informação que está sendo relatada.

11: A inclusão intencional de referências de relevância questionável com a finalidade de manipular fatores de impacto ou aumentar a probabilidade de aceitação do manuscrito é prática eticamente inaceitável.

12: Quando for necessário utilizar informações de outra fonte, o autor deve escrever de tal modo que fique claro aos leitores quais ideias são suas e quais são oriundas das fontes consultadas.

13: O autor tem a responsabilidade ética de relatar evidências que contrariem seu ponto de vista, sempre que existirem. Ademais, as evidências usadas em apoio a suas posições devem ser metodologicamente sólidas. Quando for necessário recorrer a estudos que apresentem deficiências metodológicas, estatísticas ou outras, tais defeitos devem ser claramente apontados aos leitores.

14: O autor tem a obrigação ética de relatar todos os aspectos do estudo que possam ser importantes para a reprodutibilidade independente de sua pesquisa.

15: Qualquer alteração dos resultados iniciais obtidos, como a eliminação de discrepâncias ou o uso de métodos estatísticos alternativos, deve ser claramente descrita junto com uma justificativa racional para o emprego de tais procedimentos.

16: A inclusão de autores no manuscrito deve ser discutida antes de começar a colaboração e deve se fundamentar em orientações já estabelecidas, tais como as do *International Committee of Medical Journal Editors*.

17: Somente as pessoas que emprestaram contribuição significativa ao trabalho merecem autoria em um manuscrito. Por contribuição significativa entende-se realização de experimentos, participação na elaboração do planejamento experimental, análise de resultados ou elaboração do corpo do manuscrito. Empréstimo de equipamentos, obtenção de financiamento ou supervisão geral, por si só, não justificam a inclusão de novos autores, que devem ser objeto de agradecimento.

18: A colaboração entre docentes e estudantes deve seguir os mesmos critérios. Os supervisores devem cuidar para que não se incluam na autoria estudantes com pequena ou nenhuma contribuição nem excluir aqueles que efetivamente participaram do trabalho. Autoria fantasma em Ciência é eticamente inaceitável.

19: Todos os autores de um trabalho são responsáveis pela veracidade e idoneidade do trabalho, cabendo ao primeiro autor e ao autor correspondente responsabilidade integral, e aos demais autores responsabilidade pelas suas contribuições individuais.

20: Os autores devem ser capazes de descrever, quando solicitados, a sua contribuição pessoal ao trabalho.

21: Todo trabalho de pesquisa deve ser conduzido dentro de padrões éticos na sua execução, seja com animais ou com seres humanos".

Os estudos mais recentes sobre o tema da ética na pesquisa vêm demonstrando que a quantidade, como critério de avaliação de resultados, vem fazendo com que se multiplique os casos de infrações,[13] a exemplo da fraude, da falsificação e do plágio, levando à necessidade de preparação das instituições de ensino e pesquisa no sentido de prevenção e adoção de protocolos/procedimentos de cautela".14 Pode ser utilizado como exemplo a criação, no âmbito da *Universidade de São Paulo* (USP), do *Comitê de Boas Práticas Científicas*,15 no âmbito da Pró-Reitoria de Pesquisa, que, recentemente, criou o *Guia de Boas Práticas Científicas*, cujo teor final indica que:

"1: O pesquisador deve sempre:

---

13. A respeito, *vide* Russo, Ética e integridade na ciência, *in Estudos Avançados*, IEA/USP, 28(80), 2014, p. 189-198.

14. Cf. Canuto, Otta, Magalhães, Albuquerque, Onuchic, *Guia de Boas Práticas Científicas*, 2019, p. 14.

15. A respeito, acessar o *link*: <http://prp.usp.br/boas-praticas-em-pesquisa>. Acesso em: 29.7.2019.

1.a.: obter a aprovação do Comitê de Ética correspondente (Seres Humanos, Animais, Ambiental);

1.b.: observar a legislação aplicável à sua área de pesquisa e obter as licenças e autorizações necessárias, quando for o caso;

1.c.: observar as normas de segurança nos laboratórios e demais espaços da Universidade;

1.d.: conduzir a pesquisa objetivamente aplicando criteriosamente os métodos e os protocolos da área;

1.e.: comunicar imediatamente quando um erro for identificado, corrigi-lo e tomar as providências para minimizar suas consequências;

1.f.: abrir seus dados de pesquisa a fim de torná-los verificáveis por outros pesquisadores (imediatamente quando publicado em acesso aberto ou assim que permitido pela política da publicação quando for o caso);

1.g.: informar o nome da instituição à qual está vinculado e do órgão financiador da pesquisa, quando for o caso, ao participar de eventos científicos e ao publicar o trabalho.

2: O pesquisador nunca deve:

2.a.: criar ou reportar dados, resultados ou métodos inexistentes;

2.b.: manipular os dados de forma a sustentar uma hipótese;

2.c.: copiar sem fazer referência à fonte ou omitir conhecimento já existente;

2.d.: omitir autores do trabalho;

2.e.: incluir como autor alguém que não participou da pesquisa;

2.f.: enviar o mesmo trabalho para dois periódicos diferentes ao mesmo tempo;

2.g.: emitir parecer sobre trabalho quando há conflito de interesse com o(s) autor(es) (exceto em casos específicos em que houver essa necessidade, desde que a relação seja comunicada ao demandante);

2.h.: emitir parecer sobre tema que não é de sua especialidade".[16]

---

16. Canuto, Otta, Magalhães, Albuquerque, Onuchic, *Guia de Boas Práticas Científicas*, 2019, p. 20-21.

Que esses instrumentos sirvam como parâmetros mínimos na constituição do espaço do compromisso recíproco entre investimentos financeiros em pesquisa, responsabilidade moral do pesquisador, finalidades pessoais do pesquisador envolvido com os resultados de suas descobertas, interesses nos resultados das pesquisas, destinação (governamental ou civil) dos efeitos da pesquisa, porque é do entrelaçamento destes diversos fatores que surgem situações desafiadoras para serem administradas no desenvolvimento de uma atividade cuja ética profissional demanda uma consciência de amplo valor social.

5. Método e limites jurídico-legais da pesquisa

O regramento jurídico atinente à pesquisa científica, e ao seu desenvolvimento, não ganha a sistematicidade que mereceria, muito menos a atenção e o estímulo que deveria receber. Assim é que os principais traçados sobre pesquisa e demais relações se desumem de esparsos mandamentos inscritos na legislação infraconstitucional (sobretudo: Lei n. 9.610/98; Lei n. 8.501/92; Lei n. 8.974/95; Lei n. 9.434/97; Decreto n. 2.268/97; Lei n. 6.453/77).

Porém, no plano dos direitos fundamentais e no que tange à liberdade de manifestação do pensamento e de informação, a questão possui outra dimensão. De fato, a liberdade de pensamento, inserida que está no art. 5º da Constituição Federal de 1988, cláusula pétrea, portanto, evidencia-se como mandamento de necessário estudo quando se está a discutir a importância que ganha em meio ao movimento de ideias que se despertam mediante práticas científicas.

Assim é que se deve pronunciar a importância da liberdade de pensamento no cenário internacional através da Declaração dos Direitos do Homem e do Cidadão, que a inscreve como sendo o direito de ler, escrever, de se comunicar e de imprimir livremente[17].

---

17. Article XI. "La libre communication des pensées et des opinions est un des droits les plus précieux de l'homme; tout citoyen peut donc parler, écrire, imprimer librement; sauf à répondre de l'abus de cette liberté dans les cas détérminés par

É, portanto, na mesma esteira da Declaração que o texto constitucional destaca, dentre as demais garantias consagradas (Constituição Federal de 1988, art. 5º), aquelas relativas à atividade intelectual, respectivamente postas nos incisos IV, IX, XXVII e XXVIII. A questão possui o mesmo delineamento e a mesma preocupação geral em lei infraconstitucional específica sobre a matéria. A liberdade de manifestação de pensamento, a vedação de censura, os direitos patrimoniais do autor, os direitos morais do autor, a participação individual em obra coletiva, além do princípio da representação sindical e associativa para a proteção das obras intelectuais, encontram acolhida na esfera do texto constitucional.

Ademais, ajunte-se a relevância assumida pela cultura como objetivo fundamental da atuação do *Estado Democrático de Direito*; nesse sentido, os alicerces da sociedade e a prioridade de atuação do Estado parecem residir no desenvolvimento de recursos que estimulem o pluralismo das ideias, a liberdade do pensamento e o amplo acesso à cultura[18].

A liberdade de pensamento e a liberdade de expressão são, portanto, as grandes vigas do sistema constitucional para a proteção do pluralismo de ideias, ideologias, teorias... Em face das experiências totalitárias, a cláusula constitucional constitui essencial instrumento de liberdade; cláusula pétrea, torna-se direito impassível de supressão da Constituição, vez que se encontra entre as garantias fundamentais.

Se uma cultura se caracteriza e se singulariza pelo que é, pelo que foi, e pelo que será, então valorizar e proteger a liberdade de

---

la loi" (Déclaration des droits de l'homme et du citoyen, décrétés par l'Assemblée Nationale, dans les Séances des 20, 21, 23, 24 et 26 août 1789, acceptés par le Roi).

18. De fato, a proteção ao patrimônio cultural brasileiro recebe menção expressa no texto constitucional, ressalvando-se, no art. 216, que: *"Constituem patrimônio cultural brasileiro os bens de natureza material e imaterial, tomados individualmente ou em conjunto, portadores de referência à identidade, à ação, à memória dos diferentes grupos formadores da sociedade brasileira, nos quais se incluem: I – as formas de expressão; II – os modos de criar, fazer e viver; III – as criações científicas, artísticas e tecnológicas".*

pensamento é facultar acesso irrestrito a todos os indicativos culturais fornecidos pelo passado, pelo presente e pelas possibilidades futuras. A cultura livre passa a representar o que foi, o que é, e o *vir-a-ser* contínuo aberto pelas possibilidades infinitas das cadeias culturais existentes e porvindouras. Cercear o pensamento é cercear a livre passagem e circulação das ideias entre presente, passado e futuro.

A faculdade de livre comunicação é o aval de maior peso para a construção de uma sociedade culturalmente democrática. Trata-se de proteger e fortalecer um sistema aberto de comunicação entre os membros de uma sociedade. A supressão deste é a aniquilação, ainda que momentânea, da espontaneidade das ideias, das criações, das obras, das interpretações, das teorias... A supressão da livre comunicação e o exercício da coerção sobre o pensamento equivalem à robotização e à mecanização da liberdade humana.

Normas impostas sobre a liberdade de pensamento, com violação de garantia de direitos autorais e culturais, devem, portanto, ser julgadas como normas opressoras, exemplificação prática dos desmandos do poder que manipula. É lição corrente que a supressão do pensamento representa a melhor forma de comando entre os homens. Os súditos do poder tornam-se alvo de uma manipulação flagrantemente simplista exercida pela ideologia ou pela ignorância.

A supressão da liberdade de manifestação e de expressão do pensamento é o instrumental de dominação mais amplamente eficaz que se pode lançar para a cunhagem de uma sociedade de vassalos, em que as mais fortes vozes de liberdade se tornam inócuas em gritar brados de independência.

Ademais do que se disse a respeito dos princípios que governam a liberdade de pensamento, deve-se grifar que a obra científica, em seu processo de desenvolvimento, assim como pelos resultados que produz, deve, sobretudo, caminhar guiada por uma série de princípios legais, que ora se erigem, para que não afronte direitos passíveis de ser violados quando da realização de práticas de levantamento e formação de ideias, assim como quando da disseminação de ideias. Ao se produzir ciência deve-se estar atento para inúmeros princípios e mandamentos gerais do direito que estão a delimitar os espectros possivelmente infinitos de manifestação do pensamento. Assim:

a) qualquer ato tendente à disseminação de símbolos e dísticos nazistas é considerado crime[19], assim como a prática, o induzimento e a incitação à discriminação e ao preconceito de raça também são apenados rigorosamente em lei[20];

b) a pesquisa científica não pode agredir direitos fundamentais da pessoa humana[21], caso contrário estaria colocando-se exatamente no sentido oposto ao da amplitude defensiva alcançada pelo texto da Constituição Federal, sustentado que está por inúmeros mandamentos de ordem internacional (*Declaração Universal dos Direitos Humanos*);

c) toda e qualquer afronta a direitos da personalidade (físicos, psíquicos e morais) pode ser passível de séria repressão civil, penal e administrativa, conforme o âmbito, a esfera, a repercussão e o alcance (uso indevido de cadáver para pesquisa; uso não autorizado de partes do corpo, ou mesmo do corpo como um todo, para pesquisa científica; realização de pesquisa praticada com técnicas proibidas ou ainda não reconhecidas cientificamente sobre a *psyché* do paciente; realização e divulgação de pesquisa não autorizada de dados do paciente ou exposição pública de sua intimidade sexual...)[22];

---

19. É a preocupação que se encontra na Lei n. 7.716, de 5-1-1989 (*DOU*, 6 jan. 1989), que define os crimes resultantes de preconceitos de raça ou de cor. Especificamente, em seu art. 20, § 1º: "Fabricar, comercializar, distribuir ou veicular símbolos, emblemas, ornamentos, distintivos propaganda que utilizem a cruz suástica ou gamada, para fins de divulgação do nazismo. Pena – reclusão de dois a cinco anos e multa" (§ 1º com redação dada pela Lei n. 9.459, de 13-5-1997 – *DOU*, 14 maio 1997, em vigor desde a publicação).

20. É o que dispõe o art. 20, *caput*, da Lei n. 7.716/89: "Praticar, induzir ou incitar a discriminação ou preconceito de raça, cor, etnia, religião ou procedência nacional. Pena – reclusão de um a três anos e multa".

21. Leia-se, neste sentido, o art. 5º da Constituição Federal de 1988, e seus incisos.

22. O próprio art. 14 da Lei n. 9.434/97 dispõe da seguinte forma: "Remover tecidos, órgãos ou partes do corpo de pessoa ou cadáver, em desacordo com as

d) toda e qualquer manipulação de material e produtos nucleares ou ainda de material e produtos considerados englobados sob a égide da lei de biossegurança possui traçado específico, com fins de defesa da saúde pública[23];

e) todo e qualquer ato ilícito realizado em desfavor de obra autêntica anterior, com violação de direito autoral, está previsto como ato sujeito aos severos sancionamentos civis[24] e penais[25];

f) a pesquisa que se realize em detrimento do patrimônio alheio, produzindo dívidas, desgastes, gastos indevidos, cessação de lucros,

---

disposições desta Lei: Pena – reclusão, de dois a seis anos, e multa, de 100 a 360 dias-multa". No § 2º, lê-se: "Se o crime é praticado em pessoa viva, e resulta para o ofendido: I – incapacidade para as ocupações habituais, por mais de trinta dias; II – perigo de vida; III – debilidade permanente de membro, sentido ou função; IV – aceleração de parto: Pena – reclusão, de três a dez anos, e multa, de 100 a 200 dias-multa". No mesmo sentido os §§ 3º e 4º seguem em níveis de gravidade e de apenamento ainda maiores. Como aprofundamento na discussão da proteção dos direitos da personalidade, consulte-se a obra de Carlos Alberto Bittar, *Direitos da personalidade*, 3. ed., 1999.

23. Devem-se consultar, neste caso, a Lei n. 8.974/95 e a Lei n. 6.453/77.

24. A Lei n. 9.610/98 prevê o sancionamento às condutas lesivas aos direitos autorais nos arts. 102 a 110.

25. Leia-se no Código Penal, Decreto-Lei n. 2.848/40, o que a respeito dispõe o art. 184: "Violar direito autoral: Pena – detenção, de três meses a um ano, ou multa". No § 1º, lê-se: "Se a violação consistir em reprodução, por qualquer meio, com intuito de lucro, de obra intelectual, no todo ou em parte, sem autorização expressa do autor ou de quem o represente, ou consistir na reprodução de fonograma ou videofonograma, sem a autorização do produtor ou de quem o represente: Pena – reclusão, de um a quatro anos e multa, de dez mil cruzeiros a cinquenta mil cruzeiros". Os §§ 2º e 3º deste artigo dão as notas finais sobre a matéria. Já no art. 185 lê-se: "Atribuir falsamente a alguém, mediante o uso de nome, pseudônimo ou sinal por ele adotado para designar seus trabalhos, a autoria de obra literária, científica ou artística: Pena – detenção, de seis meses a dois anos, e multa". Por fim, art. 186: "Nos crimes previstos neste Capítulo somente se procede mediante queixa, salvo quando praticados em prejuízo de entidade de direito público, autarquia, empresa pública, sociedade de economia mista ou fundação instituída pelo poder público, e nos casos previstos nos §§ 1º e 2º do art. 184 desta Lei".

esgotamento de fontes, demérito profissional... fica sujeita aos principais regramentos instituídos pelas leis civil e comercial;

g) a afronta direta (o *animus jocandi* descaracteriza o caráter ofensivo; o desabono da crítica literária, científica ou artística não caracteriza ofensa passível de punição) à imagem ou reputação ou intimidade de alguém (calúnia; injúria; difamação)[26] se sujeita também a uma série de prescrições, sejam elas de caráter penal, sejam elas de caráter civil, inclusive solucionando-se esse tipo de afronta através da responsabilidade civil por dano moral[27];

---

26. É o que prevê o Código Penal (Decreto-Lei n. 2.848, de 7-12-1940):

• Quanto à calúnia: "Art. 138. Caluniar alguém, imputando-lhe falsamente fato definido como crime:

Pena – detenção, de seis meses a dois anos, e multa".

• Quanto à difamação: "Art. 139. Difamar alguém, imputando-lhe fato ofensivo à sua reputação:

Pena – detenção, de três meses a um ano, e multa".

• Quanto à injúria: "Art. 140. Injuriar alguém, ofendendo-lhe a dignidade ou o decoro:

Pena – detenção, de um a seis meses, ou multa".

Ainda se deve ressaltar que: "Art. 142. Não constituem injúria ou difamação punível:

I – a ofensa irrogada em juízo, na discussão da causa, pela parte ou por seu procurador;

II – a opinião desfavorável da crítica literária, artística ou científica, salvo quando inequívoca a intenção de injuriar ou difamar;

III – o conceito desfavorável emitido por funcionário público, em apreciação ou informação que preste no cumprimento de dever do ofício.

Parágrafo único. Nos casos dos n. I e III, responde pela injúria ou pela difamação quem lhe dá publicidade".

Ademais: "Art. 144. Se, de referências, alusões ou frases, se infere calúnia, difamação ou injúria, quem se julga ofendido pode pedir explicações em juízo. Aquele que se recusa a dá-las ou, a critério do juiz, não as dá satisfatórias, responde pela ofensa".

27. A esse respeito, consulte-se a obra de Carlos Alberto Bittar, *Reparação civil por danos morais*, 3. ed., 1999.

h) o plágio, considerado como ato de desrespeito à autenticidade das criações alheias, também possui previsão legal, e acaba por provocar sérios ônus para o plagiador[28].

---

28. É o que ocorre na disciplina que lhe dá o Decreto n. 2.848, de 25-11-1998 (*DOU*, 26 nov. 1998), que dispõe sobre a Ordem Nacional do Mérito Científico, e dá outras providências, em seu Capítulo V (Da Admissão, Promoção, Exclusão e Concessão da Medalha): "Art. 23. Será excluído da Ordem o membro, personalidade nacional ou estrangeira, que cometer:

I – crime de plágio ou improbidade científica;

II – crime sujeito à pena de reclusão, com sentença transitada em julgado;

III – improbidade administrativa".

VI – MÉTODO E POLÍTICAS PÚBLICAS DE PESQUISA CIENTÍFICA

1. A pesquisa como processo sociolibertário

Existem muitas formas de escravidão. A *escravidão física* marca a submissão dos corpos, tornando-os servis às exigências e ordens do senhorio. A *escravidão econômica* marca a subserviência a uma outra espécie de poder, menos sutil que a força física, o poder do capital. A *escravidão cultural*, nesse conceito compreendidas a escravidão moral, a ideológica e a intelectual, marca a passividade dócil da absorção de padrões, de categorias ideológicas e comportamentais alienígenas, em detrimento da identidade e da autonomia crítico-reflexiva nos planos cultural, moral ou intelectual.

Em tempos democráticos, a educação, atrelada à ideia de pesquisa, deve ser o vetor que movimenta a libertação da cultura nacional de seu escravismo cultural, arraigado ao longo de séculos por diversas práticas alienadoras. Arraigado porque encarnado na consciência histórica de homens e mulheres, marchetados por práticas convenientes ao opressor[1]. O que se percebe é que a leitura da realidade pelo oprimido passa a ser desenraizada, alienada, escravizada, determinada pelas

---

1. "Parecia-nos, deste modo, que, das mais enfáticas preocupações de uma educação para o desenvolvimento e para a democracia, entre nós, haveria de ser a que oferecesse ao educando instrumentos com que resistisse aos poderes do 'desenraizamento' de que a civilização industrial a que nos filiamos está amplamente armada. Mesmo que armada igualmente esteja ela de meios com os quais vem crescentemente ampliando as condições de existência do homem" (Freire, *Educação como prática da liberdade*, 2002, p. 97). A respeito, *vide* também Freire, *Pedagogia da esperança*, 9. ed., 2002, p. 192.

mentalidades que convêm ao opressor. Libertar a cidadania brasileira desse jugo é uma tarefa árdua para a educação contemporânea, sobretudo em um contexto de profunda mercantilização do ensino.

O que se pede à educação desses tempos é somente o que Paulo Freire já dizia ser necessário, ou seja, a transitividade crítica em direção à cultura dialogal, à consciência, à insubmissão, e, em sentido contrário ao quietismo, à passividade e à ruminação dos padrões impostos. Em suas palavras:

> "A transitividade crítica por outro lado, a que chegaríamos com uma educação dialogal e ativa, voltada para a responsabilidade social e política, se caracteriza pela profundidade na interpretação dos problemas. Pela substituição de explicações mágicas por princípios causais. Por procurar testar os achados e se dispor sempre a revisões. Por despir-se ao máximo de preconceitos na análise dos problemas e, na sua apreensão, esforçar-se por evitar deformações. Por negar a transferência da responsabilidade. Pela recusa a posições quietistas. Por segurança na argumentação. Pela prática do diálogo e não da polêmica. Pela receptividade ao novo, não apenas porque novo e pela não recusa ao velho, só porque velho, mas pela aceitação de ambos, enquanto válidos. Por se inclinar sempre a arguições. Esta posição transitivamente crítica implica num retorno à matriz verdadeira da democracia"[2].

Ora, uma educação, no ensino fundamental, médio e superior, capaz de ser representativa do ponto de vista de uma cultura dialogal, deve necessariamente produzir-se atrelada às ideias de estímulo à pesquisa e à livre investigação. De fato:

> "A nossa cultura fixada na palavra corresponde à nossa inexperiência do diálogo, da investigação, da pesquisa, que, por sua vez, estão intimamente ligados à criticidade, nota fundamental da mentalidade democrática"[3].

---

2. Freire, *Educação como prática da liberdade*, 2002, p. 69-70.
3. Freire, *Educação como prática da liberdade*, 2002, p. 104.

Sem a experiência dialogal, fecunda e produtiva, inexistem passos profundos no sentido da libertação do colonialismo cultural seminalmente injetado na cultura brasileira. Em escolas e universidades pode-se praticar tudo, menos educação, desde que os conhecimentos sejam tratados de modo bancário, onde o educando aparece como a figura na qual se "depositam" as doações de conhecimentos dos docentes, e os processos pedagógicos reflitam a mera "reprodução" dos conhecimentos como informações desarticuladas[4]. Postas na estufa do conhecimento professoral, as orquídeas do conhecimento só servem para o visitante (o educando), de longe e sem tocá-las, observar e passar reto, pois, desenraizado de sua compreensão, é incapaz de carregar consigo a consciência real dos modos de construção do conhecimento[5].

É aqui que pesquisa e ensino se unem para formar um bloco único de despertar para a consciência ampla da formação libertadora. Trata-se de uma ligação que se deve ver refletir nas práticas educacionais como meio e forma de se realizarem as propostas incentivadoras da pedagogia da autonomia. No capítulo "Ensinar exige pesquisa" do livro Pedagogia da autonomia, Paulo Freire diz:

> "Não há ensino sem pesquisa e pesquisa sem ensino. Esses que-fazeres se encontram um no corpo do outro. Enquanto ensino continuo buscando, reprocurando. Ensino porque busco, porque indaguei, porque

---

4. Este é o modelo passivo de educação que sofre as duras críticas de Paulo Freire ao longo de sua obra. A respeito: "E porque os homens, nesta visão, ao receberem o mundo que neles entra, já são seres passivos, cabe à educação apassivá-los mais ainda e adaptá-los ao mundo. Quanto mais adaptados, para a concepção 'bancária', tanto mais 'educados', porque adequados ao mundo" (Freire, *Pedagogia do oprimido*, 2003, p. 63).

5. "Somente uma escola centrada democraticamente no seu educando e na sua comunidade local, vivendo as suas circunstâncias, integrada com seus problemas, levará os seus estudantes a uma nova postura diante dos problemas de contexto. À intimidade com eles. A da pesquisa em vez da mera, perigosa e enfadonha repetição de trechos e de afirmações desconectadas das suas condições mesmas de vida" (Freire, *Educação e atualidade brasileira*, 2002, p. 85).

indago e me indago. Pesquiso para constatar, constatando, intervenho, intervindo educo e me educo. Pesquiso para conhecer o que ainda não conheço e comunicar ou anunciar a novidade[6].

Insistindo-se nesta ideia é que se pode ressaltar ainda uma vez a importância da pesquisa para o desenvolvimento de habilidades e competências não exigidas pelos métodos de ensino convencionais[7]. A insuficiência da educação em si é algo que correntemente a própria legislação educacional reflete. Perceba-se que somente se está sendo fiel ao texto da LDB, art. 43, quando diz: "A educação superior tem por finalidade: I. estimular a criação cultural e o desenvolvimento do espírito científico e do pensamento reflexivo". Por isso, o genuíno conhecimento universitário e acadêmico somente se produz com pesquisa, investigação e originalidade das fronteiras do saber.

No entanto, se o genuíno conhecimento universitário e acadêmico depende da pesquisa para se desenvolver, alguns estudos recentes vêm demonstrando que o conhecimento científico do país tem estacionado no âmbito das universidades, sendo necessário disseminá-lo, distribuí-lo e torná-lo acessível ou, ainda, fazê-lo ser convertido em conhecimento aplicado, especialmente voltado para a solução de necessidades reais da sociedade como um todo,[8] e, muitas vezes,

---

6. Freire, *Pedagogia da autonomia:* saberes necessários à prática educativa, 2002, p. 32.

7. "Entre todas as atividades pedagógicas propostas ao longo do curso de graduação, a pesquisa pode ser considerada a mais completa, sob o ponto de vista das habilidades que desenvolve e das competências que pode garantir aos bacharéis que a ela se tenham dedicado durante os anos efervescentes da graduação" (Loussia Penha Musse Félix, Apontamentos sobre a iniciação científica em direito: a formação de habilidades para a pós-graduação e carreiras jurídicas, *in Iniciação científica em direito*: a experiência da Faculdade de Direito da Unb (Org. Gloreni Aparecida Machado), 2000, p. 14).

8. "Consequentemente, a pesquisa científica aplicada e o desenvolvimento tecnológico e social, voltados para a solução de problemas característicos da nossa fase de inserção no mundo globalizado, merecem ser prioridades nacionais e dos centros de pesquisa, principalmente os de excelência" (Soares, Contradições na

de outras esferas do próprio ensino, como é o caso da educação básica. Ainda, é importante que a sociedade como um todo se transforme, para que esteja preparada para assumir na cultura, na educação, no conhecimento, na ciência e, também, na tecnologia padrões usuais de convívio e socialização, que a torne receptiva ao que o ambiente de produção científica como um todo é capaz de gerar.[9] Mas o país ainda parece conviver com um relativo grau de distanciamento entre o que se faz no campo da ciência e o que a cultura generalizada costuma valorizar e disseminar, certamente, distante dos avanços que já estão sendo conquistados no plano do conhecimento científico nacional.

Se a pesquisa não tem funcionado como agente de conscientização, mobilização e politização profissional e social, urge que o faça. Basta que sua real significação seja avultada e trazida do transe em que dormita, pelo desprezo geral da sociedade e das instituições de ensino, para se perceber o quanto o potencial explosivo da pesquisa é capaz de revolucionar uma sociedade, um país, uma cultura, um povo. Quer-se, portanto, perceber na ideia de pesquisa um forte instrumento de resistência ao subdesenvolvimento e à escravidão, à subserviência que tem marcado o eixo dos relacionamentos sul-norte[10] no plano dos interesses das políticas externas dos países desenvolvidos.

---

pesquisa e pós-graduação no Brasil, *in Revista de Estudos Avançados da USP*, 32 (92), 2018, p. 307).

9. "Outra questão é relevante na discussão: o que leva uma sociedade a adotar ou rejeitar uma tecnologia? Certamente sua educação e cultura, social, religiosa e técnica, como nos revela a história (Diamond, 2003). Uma sociedade preparada é receptiva à incorporação do conhecimento tanto científico como tecnológico e é capaz de desenvolvê-lo. Não apenas de usá-lo como produto de consumo. Então a educação e a preparação para a sociedade do conhecimento científico e tecnológico desempenham um papel fundamental" (Soares, Contradições na pesquisa e pós-graduação no Brasil, *in Revista de Estudos Avançados da USP*, 32 (92), 2018, p. 294).

10. Cf. Santos, *Reconhecer para libertar*: os caminhos do cosmopolitismo multicultural, 2003, p. 429-459.

Um país mantido em condições precárias de desenvolvimento econômico, em colonialismo histórico e atual, em subserviência cultural, em dependência tecnológica, em carência de autonomia intelectual, em situação de penúria social... é sempre uma vítima potencial para a usurpação e para a rapina econômica praticada pelos países líderes de desenvolvimento tecnológico, científico, cultural, econômico e humano. Assim, pode-se mesmo depositar na ideia de pesquisa um forte potencial libertador, na medida em que estes chamados "investimentos invisíveis" retornam para o próprio país em diversas ordens de benefícios, materializáveis, concretizáveis e economicamente aferíveis.

2. As políticas públicas de pesquisa no Brasil

A questão da pesquisa no Brasil é central e estratégica e deve ser vista como um desafio para a libertação da pobreza, do colonialismo cultural, da marginalização tecnológica e da ignorância. O desenvolvimento nacional depende de sua matriz econômica, técnica e científica. Qualquer projeto educacional, no atual contexto, deve ser pensado de modo articulado à promoção da investigação científica, à inserção e ao resgate sociocultural, à incitação da consciência de responsabilidade social, bem como ao desenvolvimento dos conhecimentos. Por isso, trata-se de uma questão de estratégia de Estado pensar políticas públicas consistentes e investimentos relevantes para o incremento da pesquisa nacional[11].

Sob essa perspectiva, políticas públicas de desenvolvimento pressupõem um conjunto encadeado de ações e articulações que consintam a real superação da condição de escravismo cultural,

---

11. Sobre a noção de políticas públicas, o relevante conceito de Maria Paula Dallari Bucci: "Políticas públicas são programas de ação governamental visando coordenar os meios à disposição do Estado e as atividades privadas, para a realização de objetivos socialmente relevantes e politicamente determinados. Políticas públicas são 'metas coletivas conscientes', e, como tais, um problema de direito público, em sentido lato" (Bucci, *Direito administrativo e políticas públicas*, 2002, p. 241).

econômico e, por consequência, político, que instaura a desigualdade e a exploração dentro de sociedades capitalistas. O que se quer dizer é que políticas públicas de desenvolvimento não podem prescindir de previsões específicas de articulação com a pesquisa, seja ela de que natureza for (científica ou tecnológica; aplicada ou especulativa etc.). É com base em conhecimento que uma grande sinergia se potencializa em capital agregado a agentes sociais, a instituições ou a materiais e tecnologias[12].

2.1. Os déficits das políticas públicas de incentivo à pesquisa no Brasil

O incipiente estado atual da pesquisa, em geral, no País é decorrência direta da negligência de investimentos e de preocupações com políticas públicas consistentes no setor. Historicamente considerado país de exploração colonial, o capital cultural, e científico, e a formação crítico-reflexiva não se encontravam entre os objetivos implantados no ideário do colonizador sobre o Brasil[13].

Os mais de quinhentos anos de história brasileira resumem-se, em termos de articulação de políticas públicas duradouras e definitivas de investimento em conhecimento e pesquisa, a pouco mais de sessenta anos de atividades oficiais, considerando-se como marco

---

12. "Quanto mais se conhece o objeto da política pública, maior é a possibilidade de efetividade de um programa de ação governamental; a eficácia de políticas públicas consistentes depende diretamente do grau de articulação entre os poderes e agentes públicos envolvidos. Isto é verdadeiro especialmente no campo dos direitos sociais, como saúde, educação e previdência, em que as prestações do Estado resultam da operação de um sistema extremamente complexo de estruturas organizacionais, recursos financeiros, figuras jurídicas, cuja apreensão é a chave de uma política pública efetiva e bem-sucedida" (Bucci, *Direito administrativo e políticas públicas*, 2002, p. 249).

13. Eis o que diz o historiador da ciência brasileira a respeito: "Conforme muito bem mostraram Cardoso, Novais e D'Ambrosio, não havia ambiente para o desenvolvimento da ciência no Brasil colonial, sobretudo pelo fato de que a colonização portuguesa era voltada para uma exploração mercantilista para o simples enriquecimento da metrópole" (Vargas, *História da ciência e da tecnologia no Brasil*: uma súmula, 2001, p. 22).

dessa contagem cronológica a data da criação do CNPq (1949)[14]. Mas a mera existência em si de órgãos centrais de fomento à pesquisa não garante eficácia alguma às políticas públicas no setor, tendo em vista que poucos eram os intelectuais e docentes preparados para o desenvolvimento de pesquisa no Brasil. Carecia-se, sobretudo, de substrato humano capacitado para o exercício da pesquisa, o que somente se passou a articular com maior eficiência e controle a partir de 1963, com a regulamentação dos cursos de pós-graduação no país[15]. Sem mestres e doutores seria possível o desenvolvimento universal, científico, rigoroso e depurado de pesquisas? Sem o apoio institucional das universidades, seria possível o esforço individual de alguns cientistas e pesquisadores se transformar em conquistas socialmente relevantes? De fato:

"O último requisito para o estabelecimento de um sistema autônomo de ciência e tecnologia foi cumprido com a instalação e expansão de cursos de pós-graduação, baseados essencialmente em pesquisa.

---

14. A informação no trecho original é esta: "Concretizando um velho sonho dos cientistas brasileiros, em 1949, o governo propôs e o Congresso Nacional aprovou a criação do Conselho Nacional de Pesquisas – CNPq – cuja existência efetivou-se em janeiro de 1951, tendo como principal mentor o almirante Álvaro Alberto. O CNPq criou no país, ainda, várias instituições científicas, entre as quais devem ser destacados o Instituto de Matemática Pura e Aplicada, no Rio de Janeiro, e o Instituto Nacional de Pesquisas Amazônicas, Inpa; e renovou e ampliou as funções do Museu Goeldi, em Belém do Pará" (Vargas, *História da ciência e da tecnologia no Brasil*: uma súmula, 2001, p. 108).

15. "Dessa forma, o país ficou dotado de quase todas as condições necessárias para que aqui se estabelecesse uma ciência autônoma, isto é, capaz de continuar desenvolvendo-se mesmo que fossem dificultadas as relações com outros meios científicos. Essas condições eram: a existência no país de um sistema de ensino superior completo; a existência de órgãos de estímulo e financiamento de pesquisas, o que se fizera com a criação do CNPq, da SBPC e da CAPES. Porém havia um outro requisito para o êxito de uma ciência autônoma: a existência de meios de execução continuada e organizada de pesquisas científicas e tecnológicas, que ainda não havia nas universidades. Essa lacuna só foi sanada, mais tarde, com a regulamentação de cursos de pós-graduação, em 1963, embora existissem antes dessa data cursos de mestrado e doutorado esporádicos, não inteiramente regulamentados" (Vargas, *História da ciência e da tecnologia no Brasil*: uma súmula, 2001, p. 109).

Apesar de, desde muito cedo, já existirem os doutoramentos nas academias e universidades brasileiras, só em 1963 eles foram definitivamente regulamentados com cursos regulares de mestrado e doutorado"[16].

Sem dúvida alguma, os cursos de pós-graduação são um importante arrimo para a estrutura e a articulação da pesquisa nacional. Fomentam a formação continuada, aprimoram conhecimentos e experiências profissionais, universalizam a ideia de responsabilidade investigativa, atingindo principalmente novos dispersores de conhecimentos[17]. Formando quadros de docentes qualificados e pesquisadores, a pós-graduação possui o destacado papel de inseminar o gérmen do conhecimento científico na formação desses novos dispersores.

Mas, se a regulamentação dos cursos de pós-graduação fosse o epílogo dos dilemas a serem narrados ao longo do percurso de formação da cultura da pesquisa nacional, nas últimas décadas ter-se-iam formado gerações de bons pesquisadores e grupos articulados de incentivadores da autonomia cultural brasileira.

A história dos idos de 60 até o momento presente registra um incidente de percurso nada incentivador da liberdade de pensamento e da consciência da cultura da autonomia investigativa: o golpe militar de 1964. Num país de tradição oligopolista, paternalista, centralista, escravista, latifundiária, o golpe de 64 somente veio a acentuar a ideia já existente e arraigada às mentalidades de que o perigo mora nas ideologias e no conhecimento. Certamente, seria exagerado dizer que a história da pesquisa no Brasil se estagna por completo nessa fase, mas não seria exagerado dizer que se amesquinham as formas de controle sobre o exercício dos saberes[18]. Os vetos ao pensar crítico,

---

16. Vargas, *História da ciência e da tecnologia no Brasil*: uma súmula, 2001, p. 117.

17. "O que aconteceu de importante, com essa organização dos cursos de pós-graduação, foi a promoção do aprendizado e prática de pesquisas científicas e tecnológicas, entre jovens estudantes" (Vargas, *História da ciência e da tecnologia no Brasil*: uma súmula, 2001, p. 117).

18. "Todavia, de qualquer forma, o brilhante desenvolvimento científico que vinha ocorrendo no país, desde o início dos anos 30, foi perturbado, mas não

as perseguições a estudantes, resistentes e educadores é uma marca tétrica da opressão ao pensamento em nossa história. Não seria muito menos exagerado dizer que se cartorializam e profissionalizam as instituições de ensino com vistas à redução da consciência crítico-reflexiva, em prol de um modelo utilitário de educação que se implanta como meio de manter as massas à distância do poder.

Sem dúvida que neste momento são as ciências humanas (e as ciências jurídicas estão entre elas) as que mais são afetadas pelo golpe de 64[19], por força das aposentadorias compulsórias, do controle ideológico em sala de aula, da perseguição a militantes e partidários de esquerda, pela não concessão de incentivos a pesquisas consideradas subversivas, pela censura de publicações que atentavam contra os interesses do regime, pela disseminação do medo e da cultura da delação, entre outras circunstâncias castradoras do livre pensamento.

A redemocratização permitiu a reabertura do diálogo, a reconstrução dos espaços de discussão, a rearticulação dos setores de dispersão do conhecimento, mas ainda não permitiu a superação de dados historicamente enraizados em nossa cultura. Aliás, os recentes cortes de investimentos nas áreas de ciências e tecnologias implicará novamente retardo no crescimento da ciência do país, e, exatamente por isso, no desenvolvimento autônomo do país.

Mais recentemente, é possível perceber a frutificação da mudança de concepção e dos vultosos investimentos nas áreas de pós-graduação, de fomento à pesquisa e de desenvolvimento de Ciência e Tecnologia. Em todo o país, houve expansão em todas estas fronteiras, e começa se tornar possível identificar um quadro mais interessante e atual de expansão dos programas de pós-graduação (PPGs),[20] dos

---

estancado" (Vargas, *História da ciência e da tecnologia no Brasil*: uma súmula, 2001, p. 119).

19. A frase é de Vargas: "Como já foi dito, as ciências humanas foram as mais atingidas pelas injunções políticas, durante o regime militar no Brasil" (Vargas, *História da ciência e da tecnologia no Brasil*: uma súmula, 2001, p. 136).

20. "O número de programas de doutorado duplicou entre 2000 e 2010, superando 1.600, num aparentemente invejável progresso. Na primeira metade da década de 1990 formávamos menos de dois mil doutores por ano. Passamos de 4

grupos de pesquisa cadastrados no CNPq (GPs) e do número de mestres/doutores (M/D) diplomados pelas instituições de ensino superior, sendo estes últimos geralmente empregados nas próprias necessidades do ensino superior.[21] Isso tem permitido a inserção dos pesquisadores(as) brasileiros(as) em ambiente internacional, favorecido a inclusão da produção científica brasileira em níveis elevados e fomentado uma cultura de expansão dos programas de pós-graduação em Direito,[22] multiplicando-se as tarefas de Academia em todo o país.

Seguindo-se de perto os *Indicadores Nacionais de Ciência, Tecnologia e Inovação* – 2018,[23] do *Ministério da Ciência e Tecnologia*, a respeito de *Produção Científica* é possível visualizar com clareza a ampliação da produção científica brasileira qualificada e concretizada em dados. A Tabela 1 registra o número de artigos do Brasil, da América Latina e do mundo registrados em periódicos indexados pela *Thomson/ISI* e pela *Scopus*, durante o período de 1996 até 2017.

---

mil em 2000 para 15 mil em 2015. Uma progressão geométrica, com taxa de crescimento de 20% ao ano, incomparável no mundo ocidental" (Soares, Contradições na pesquisa e pós-graduação no Brasil, *in Revista de Estudos Avançados da USP*, 32 (92), 2018, p. 290).

21. A ocupação dos doutores com o ensino nas instituições de Ensino Superior – faculdades, centros e institutos universitários e universidades, em franca expansão no Brasil, com mais de 20 mil cursos – tem sido o resultado da busca do *status* das instituições universitárias, atendendo a própria legislação nacional, e da oferta de pós-graduação *senso lato*. A evolução do quadro de docentes no Ensino Superior mostra a duplicação do número de doutores docentes em 12 anos (cerca de 250 mil mestres e doutores; MEC-REED, 2013). Essa é de longe a principal ocupação dos doutores e mestres" (Soares, Contradições na pesquisa e pós-graduação no Brasil, *in Revista de Estudos Avançados da USP*, 32 (92), 2018, p. 301).

22. "Entre 2013 e 2019, a Área de Direito cresceu substancialmente ao passar de 84 (oitenta e quatro) para 109 (cento e nove) programas, excluídos os aprovados em 2019 na fase de reconsideração. Quanto a cursos de doutorado, no mesmo período, a evolução deu-se de 30 (trinta) para 42 (quarenta e dois) cursos. A mais notável mudança na Área centrou-se nos mestrados profissionais. De 1 (um) único curso, em 2016 chegou-se a 4 (quatro) cursos" (MECc/CAPES, *Documento de Área – Direito*, 2019, item 1.2., p. 4).

23. MCT. Acesso pelo *site* <https://www.mctic.gov.br/mctic/opencms/indicadores/indicadores_cti.html>. Acesso em: 25.7.2019.

Tabela 1[24]

Ano	Thomson/ISI					Scopus				
	Brasil	América Latina	Mundo	% do Brasil em relação à América Latina	% do Brasil em relação ao mundo	Brasil	América Latina	Mundo	% do Brasil em relação à América Latina	% do Brasil em relação ao mundo
1996	6.626	16.878	730.143	39,26	0,91	8.718	22.727	1.162.400	38,4	0,75
1997	7.331	18.678	730.793	39,25	1,00	10.774	26.834	1.197.111	40,2	0,90
1998	8.858	21.157	763.772	41,87	1,16	11.860	28.178	1.197.980	42,1	0,99
1999	10.073	23.505	778.478	42,85	1,29	13.046	30.798	1.207.963	42,4	1,08
2000	10.521	24.529	777.827	42,89	1,35	14.625	33.126	1.282.895	44,2	1,14
2001	11.581	26.478	796.862	43,74	1,45	15.570	35.044	1.390.179	44,4	1,12
2002	12.929	28.620	797.668	45,17	1,62	18.159	39.510	1.452.720	46,0	1,25
2003	14.288	31.591	875.756	45,23	1,63	19.828	43.067	1.513.588	46,0	1,31
2004	14.995	31.655	854.703	47,37	1,75	22.578	47.443	1.624.317	47,6	1,39
2005	17.714	37.250	982.533	47,55	1,80	25.229	52.880	1.828.188	47,7	1,38
2006	19.294	38.743	983.424	49,8	1,96	32.513	64.103	1.912.529	50,7	1,70
2007	19.510	39.367	981.932	49,56	1,99	35.091	68.204	2.016.724	51,5	1,74
2008	30.422	55.757	1.158.057	54,56	2,63	40.382	77.732	2.125.368	52,0	1,90
2009	32.100	58.985	1.191.707	54,42	2,69	44.526	85.413	2.215.224	52,1	2,01
2010	-	-	-	-	-	47.928	90.601	2.326.602	52,9	2,06
2011	-	-	-	-	-	51.939	97.685	2.461.564	53,2	2,11
2012	-	-	-	-	-	56.947	106.185	2.576.787	53,6	2,21
2013	-	-	-	-	-	60.064	111.415	2.657.699	53,9	2,26
2014	-	-	-	-	-	63.589	120.320	2.729.142	52,9	2,33
2015	-	-	-	-	-	64.640	121.549	2.671.074	53,2	2,42
2016	-	-	-	-	-	67.624	128.100	2.694.183	52,8	2,51
2017	-	-	-	-	-	68.741	130.142	2.738.685	52,8	2,51

---

24. MCT. Acesso pelo *site* <https://www.mctic.gov.br/mctic/opencms/indicadores/indicadores_cti.html>. Acesso em: 25.7.2019.

Tabela 2[25]

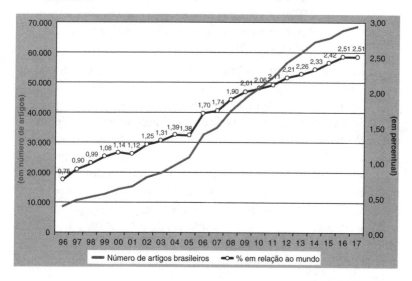

Considerando todas as áreas científicas e seu desempenho no período de 2013 até 2018, a *Web of Science Group* preparou um *Relatório* destinado à CAPES (*A pesquisa no Brasil: promovendo a excelência*, 2019), no qual se podem colher firmes evidências, extraídas da maior base de dados do mundo em pesquisa científica, e que apresentam dados surpreendentes e análises valiosas, no que tange ao crescimento, desempenho, impacto e absorção da pesquisa brasileira em todo o mundo. O *Relatório* registra uma informação de imensa importância para o Brasil contemporâneo, no que se relaciona à sua autoconsciência em pesquisa científica, e, por isso, vale citar que:

> "O Brasil ocupa a 13ª posição no mundo em termos de produção de artigos e revisões de pesquisa indexados na *Web of Science*. Somente em 2018, pesquisadores brasileiros publicaram mais de 50.000 artigos. O crescimento da produção é de 30% nesse período

---

25. MCT. Acesso pelo *site* <https://www.mctic.gov.br/mctic/opencms/indicadores/indicadores_cti.html>. Acesso em: 25.7.2019.

de seis anos observado e é o dobro da média global" (Web of Science Group, *A pesquisa no Brasil: promovendo a excelência*, Análise preparada para a CAPES pelo *Grupo Web of Science*, 2019, p. 3).

A pesquisa científica brasileira vem, portanto, crescendo na mesma medida da ampliação dos investimentos, da melhoria da qualidade da infraestrutura de pesquisa e da qualificação dos quadros profissionais nas diversas áreas do conhecimento científico. A grande massa da produção de pesquisa científica se encontra na *Universidade Pública* brasileira,[26] na qual igualmente vai se encontrar a produção científica de excelência e elevado impacto mundial, especialmente na área das *Ciências Naturais*. Na área das *Ciências Humanas e Sociais*, se evidencia uma produção muito mais exponencial em livros e obras científicas, que não são captados pelo *Relatório*, mas, ainda assim, a produção científica em artigos científicos na área é considerada de elevado impacto de citações, inclusive, figurando acima da média mundial.[27]

Em meio a estes dados e infográficos, vem-se constatando que as *Ciências Humanas e Sociais* têm uma contribuição enorme, e seu crescimento não somente alimenta o crescimento da produção científica do Brasil no mundo, como também é acentuadamente expressivo, com relação às demais áreas do conhecimento.[28] Esses são passos

---

26. "As universidades públicas são a principal fonte de publicações de pesquisa no Brasil. As 15 universidades com maior produção de pesquisa, todas públicas, produzem mais de 60% da produção total de pesquisa" (Web of Science Group, *A pesquisa no Brasil*: promovendo a excelência, Análise preparada para a CAPES pelo *Grupo Web of Science*, 2019, p. 3).

27. "Devido em parte aos seus baixos números na Web of Science, a produção da pesquisa brasileira em Ciências Sociais Aplicadas e Ciências Humanas possui um alto impacto de citações, acima da média mundial (Figura 11)" (Web of Science Group, *A pesquisa no Brasil*: promovendo a excelência, Análise preparada para a CAPES pelo *Grupo Web of Science*, 2019, p. 19).

28. Righetti, Ciências Humanas levam Brasil à elite da produção científica, in Folha de S.Paulo, 15 junho 2019, Ilustríssima. Disponível em: <https://www1.folha.uol.com.br/ilustrissima/2019/06/ciencias-humanas-levam-brasil-a-elite-da-producao-cientifica.shtml>. Acesso em: 25.7.2019.

importantes, que decorrem dos esforços somados nas últimas três décadas (1990-2020) e que se podem ter, ainda que provisoriamente, como resultados positivos no campo da ciência, da tecnologia e do ensino superior.

2.2. A crise contemporânea do financiamento da pesquisa brasileira

Não obstante os enormes avanços, conquistas e produtividade das últimas três décadas, o Brasil contemporâneo vai assistir a uma profunda crise de financiamento na área da pesquisa científica. Isso acontece porque o financiamento da ciência e da tecnologia depende da atuação do CNPq (*Ministério da Ciência e da Tecnologia*), da CAPES (*Ministério da Educação*), do BNDCT, da FINEP e das *Fundações de Amparo à Pesquisa* dos respectivos Estados. Quando se lê o gráfico abaixo, relativo às disponibilidades orçamentárias do CNPq, no período de 2001 a 2018, percebe-se que a redução não foi firmada na base de uma curva suave e lentamente descendente; a redução e o corte de orçamentos voltados para as áreas de ciência e tecnologia foram decisões abruptas e que decorrem diretamente do Ministério da Ciência e Tecnologia.[29] Veja-se:

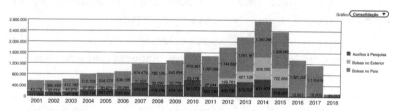

Painel de investimento do CNPq 2001-2018. Fonte: DUDZIAK, E.A, *Quem financia a pesquisa brasileira? Um estudo InCites sobre o Brasil e a USP*, São Paulo, SIBiUSP, 2018. Disponível em: <http://www.sibi.usp.br/noticias/quem-financia-a-pesquisa-brasileira-um-estudo-incites-sobre-o-brasil-e-a-usp/> Acesso em: 13.5.2021.

---

29. Cf. Dudziak, *Quem financia a pesquisa brasileira? Um estudo InCites sobre o Brasil e a USP*, São Paulo, SIBiUSP, 2018. Disponível em: <http://www.sibi.usp.br/noticias/quem-financia-a-pesquisa-brasileira-um-estudo-incites-sobre--o-brasil-e-a-usp/>. Acesso em: 13.5.2021.

Aqui fica claro o quanto a crise econômico-financeira contemporânea trouxe consigo – à reboque de outros graves e sérios problemas éticos, sociais e políticos – a redução drástica de investimentos na pesquisa científica, afetando-se com isso bolsas de graduação, bolsas de pós-graduação, financiamento de laboratórios, pesquisas individuais e coletivas, projetos em andamento, produtividade científica e projeção internacional de resultados científicos relevantes para a inserção de pesquisadores brasileiros na comunidade científica internacional.

As oscilações orçamentárias geram a instabilidade no financiamento da pesquisa científica, o que traz consigo a quebra da sustentabilidade da área, o sucateamento dos parques científicos e tecnológicos, interrompendo o ciclo de longevidade da pesquisa científica. Além desses efeitos, combinam-se a perda de qualidade do ensino e a criação de um ambiente de "competitividade na escassez", o que apenas desagrega a qualidade do trabalho dentro da comunidade científica brasileira. Por fim, é comum que se registre um efeito favorável à "fuga de cérebros", ou seja, favorável a que pesquisadores(as) vocacionados(as) e de alto nível passem a recorrer a oportunidades geradas no exterior, para ambientarem o desenvolvimento de seus projetos científicos, com clara perda da capacidade de reter e motivar a evolução da ciência no país.

O cenário contemporâneo é, portanto, de desinvestimento, de desmonte, de redução orçamentária e de ataques anti-intelectualistas à ciência e ao conhecimento científico. Isso reforça o conjunto de dificuldades que o Brasil enfrenta, na tentativa de superar os desafios derivados de sua mais tradicional condição periférica, firmada na base do colonialismo cultural. A falta de investimento na pesquisa científica acaba interrompendo um ciclo positivo, que havia sido capaz de guindar uma parcela significativa da pesquisa brasileira a um nível comparado com o de países desenvolvidos. A perda de autonomia da ciência brasileira traz consigo, novamente, um cenário infenso a uma das peças mais fundamentais ao desenvolvimento científico, tecnológico, econômico e social, a saber, os conhecimentos gerados pela ciência e pela tecnologia, que são basicamente a engrenagem das sociedades contemporâneas. No lugar de seguir os exemplos dos Estados Unidos, da China, do Canadá, da França, do Reino Unido e da União Europeia,[30] com isso se dá um passo atrás num ponto crucial e estratégico para a construção do futuro.

2.3. As políticas públicas de incentivo à ciência, à pesquisa e à inovação

A partir da edição da Lei n. 13.243/2016, e de sua respectiva regulamentação pelo Decreto n. 9.283/2018, se tornou possível verificar um ambiente muito mais favorável ao desenvolvimento científico, tecnológico e à inovação no Brasil. Mas, à luz dos capítulos anteriores, deve-se considerar que, apesar da importância das alterações trazidas pelo *Marco Legal de Ciência, Tecnologia e Inovação*, essa conquista aparece atrasada na capacidade de gerar estímulos e precondições burocráticas para o desenvolvimento da pesquisa, da ciência e da tecnologia em instituições privadas e públicas, além de colher o país num contexto de profunda recessão e encolhimento de recursos, orçamentos, investimentos e aposta na pesquisa, na ciência e na tecnologia. Assim, o caráter recente das mudanças normativas é importante, mas deverá ser mapeado, estudado e constatados os seus resultados, ao longo das próximas décadas, no sentido de verificar seus resultados mais concretos.

De qualquer forma, o que a legislação traz de novo é a modificação da Lei n. 10.973/2004, incluindo-se alterações na Lei de Licitações (Lei n. 14.133/2021), traçando, para a ciência, a tecnologia e a inovação, os seguintes princípios: promoção das atividades científicas e tecnológicas como estratégicas para o desenvolvimento econômico e social; promoção e continuidade dos processos de desenvolvimento científico, tecnológico e de inovação, assegurados os recursos humanos, econômicos e financeiros para tal finalidade;

---

30. A este respeito, leia-se a seguinte matéria jornalística: Luiza Caires, Nos países desenvolvidos, o dinheiro que financia a Universidade é público: nas Universidades dos Estados Unidos, 60% dos recursos vêm do governo; nas da Europa, 77%, *in Jornal da USP*. Disponível em: <https://jornal.usp.br/ciencias/nos-paises-desenvolvidos-o-dinheiro-que-financia-a-ciencia-e-publico/>, publicado em 24.5.2019. Acesso em: 13.5.2021.

redução das desigualdades regionais; descentralização das atividades de ciência, tecnologia e inovação em cada esfera de governo, com desconcentração em cada ente federado; promoção da cooperação e interação entre os entes públicos, entre os setores público e privado e entre empresas; estímulo à atividade de inovação nas *Instituições Científica, Tecnológica e de Inovação* (ICTs) e nas empresas, inclusive para a atração, a constituição e a instalação de centros de pesquisa, desenvolvimento e inovação e de parques e polos tecnológicos no país; promoção da competitividade empresarial nos mercados nacional e internacional; incentivo à constituição de ambientes favoráveis à inovação e às atividades de transferência de tecnologia; promoção e continuidade dos processos de formação e capacitação científica e tecnológica; fortalecimento das capacidades operacional, científica, tecnológica e administrativa das ICTs; atratividade dos instrumentos de fomento e de crédito, bem como sua permanente atualização e aperfeiçoamento; simplificação de procedimentos para gestão de projetos de ciência, tecnologia e inovação e adoção de controle por resultados em sua avaliação; utilização do poder de compra do Estado para fomento à inovação; apoio, incentivo e integração dos inventores independentes às atividades das ICTs e ao sistema produtivo.[31]

Na prática, o que o *Marco Legal de Ciência, Tecnologia e Inovação* faz é definir um *horizonte estratégico* de interconexão entre instituições privadas e públicas, formadoras do sistema de ciência, tecnologia e inovação. Com isso, consegue trazer maior integração dentro do sistema de financiamento da pesquisa, traçando também melhor articulação entre as unidades produtoras de conhecimento, de tecnologia e inovação, a explicitação da preocupação com empreendedorismo e com a gestão eficaz de recursos voltados aos incentivos nestas áreas, a concessão de bolsas voltadas ao desenvolvimento de atividades concernentes a estas áreas, a maior preocupação com a integração regional e internacional em torno destes tópicos e, sobretudo, a facilitação de procedimentos

---

31. De acordo com o inteiro teor do art. 2º da Lei n. 13.243/2016, que altera o art. 1º da Lei n. 10.973/2004.

de aquisição de bens e produtos, a desobstrução de óbices decorrentes dos arcaísmos jurídicos do setor, a flexibilização e a simplificação das formas de prestação de contas de projetos que receberam subvenções, a modernização da lógica integrada de funcionamento das relações entre órgãos públicos e privados, a desburocratização dos procedimentos e medidas administrativas necessárias para o tratamento dos ambientes de ciência, de pesquisa e inovação.

2.4. Os déficits da pesquisa jurídica no País

De fato, as investidas sobre a ideia de pesquisa, no sentido de seu aperfeiçoamento na área jurídica, somente surgiram, nas políticas governamentais de fomento, recentemente, entre 1973 e 1974. Notícias e memórias ajudam a confirmar esses dados:

> "Joaquim Arruda Falcão Neto, entre 1973 e 1974, no seu relatório preparado para o Plano de Desenvolvimento Científico e Tecnológico (PBCT), sobre a área de Direito, patrocinado pelo CNPq, onde até aquela data nunca se tinha aventado qualquer hipótese de apoiar estudos jurídicos, chegou às seguintes conclusões sobre a pós-graduação em Direito: inexiste pesquisa na área jurídica (...)"[32].

A situação não mudou muito, e o *animus* de dedicação, ou mesmo, de investimento em pesquisa jurídica permanecem estacionários, com lento progresso decorrente do próprio processo de ampliação do mercado do ensino superior, que tem demandado maior preparo em pesquisa, dedicação dos professores para orientação de alunos em monografias e trabalhos de conclusão de curso, maior qualificação dos professores, maior número de oferta de cursos de graduação e de pós-graduação, maiores exigências quanto aos graus de titulação mínimos para o exercício de determinadas funções acadêmicas etc.

---

32. Aurélio Wander Bastos, A pós-graduação e a pesquisa no Brasil, *in O ensino jurídico no Brasil*, 2000, p. 320.

Não se estará sendo cético demais ao se concluir ainda uma vez com Faria e Campilongo algo que já se havia constatado em 1991, quando da publicação do livro *A sociologia jurídica no Brasil*:

"No campo do direito essa situação é ainda mais grave. Situado longe da agenda de prioridade do Estado na área científica, poucos investimentos foram canalizados para a pesquisa no setor. Consequentemente, lembra Aurélio Wander Bastos no relatório apresentado ao Conselho Nacional de Desenvolvimento Científico e Tecnológico (CNPq), em 1986, 'a combinação de todas essas variantes – ausência de nítido programa de pesquisa para a área jurídica (desconhecimento das diretrizes fixadas em 1978), a crise do ensino e das instituições de ensino jurídico, a falta de apoio ao poder público e da comunidade científica (jurídica), e o despreparo científico dos discentes – permite-nos que qualquer diagnóstico sobre a área de pesquisa e ensino jurídico não pode isolá-lo do contexto da crise institucional brasileira e do processo de consolidação democrática'.

A pesquisa empírica – e mesmo a produção teórica – nas Faculdades de Direito é escassa e se descobre lentamente. As escolas não assumem, há tempos, a função de produtoras do conhecimento jurídico; quando muito, limitam-se, e quase sempre mal, a reproduzir o legalismo oficial. Professores e doutrinadores, em sua grande maioria, não costumam imaginar nada além de simples e tradicional pesquisa bibliográfica. Essa bibliografia, por seu turno, é fundamentalmente composta por estudos de exegese normativa ou repertórios de jurisprudência atados a um dogmatismo estrito e, como já se disse antes, incapaz de ir além da pura forma das normas jurídicas para examiná-la em termos de suas origens históricas, de suas implicações sociais e de sua efetividade (quando muito, o que se costuma encontrar como contraposição ao positivismo normativista é um tipo de jusnaturalismo que se expressa sob uma crítica ideológica ao direito legislado a partir da recusa de materialização social de determinados princípios e procedimentos jurídicos, especialmente em matéria de direito de família e direito de propriedade). É esse, infelizmente, o quadro árido prevalecente nas escolas"[33].

---

33. José Eduardo Faria e Celso Fernandes Campilongo, *A sociologia jurídica no Brasil*, 1991, p. 43 e 44.

Mas aqui há uma contradição aparente, pois, quando se afirma que a pesquisa é escassa na área do Direito, não se pode negar que a produção intelectual seja enorme no setor. Então, por que essa distorção? Por que dizer que não há pesquisa se a área editorial brasileira no direito é uma das mais destacadas em crescimento de publicações e estudos?

Ora, simplesmente porque não há que admitir que a cultura das publicações que incitam a memorização de legislação seja representativa de qualquer tipo de significação em pesquisa, pois onde há pesquisa há inovação, descoberta, modificação, alteração do *status quo* dos conhecimentos adquiridos sobre determinada temática. Os resultados de uma pesquisa não podem mais ser ignorados desde sua divulgação se se trata de uma pesquisa efetivamente científica, ou seja, que modifica o modo de compreensão do mundo, qualificando-se e traduzindo-se em conquistas efetivas no campo de conhecimento do objetivo de pesquisa.

Ora, pelo fato de toda a dedicação dos estudos jurídicos estar restrita ao método bibliográfico de tratamento de questões jurídicas, bem como pelo fato de a reflexão crítica do direito limitar-se à exegese legal e/ou jurisprudencial, não se pode considerar que a abundante literatura jurídica nacional seja incluída entre os textos de significação científica. As pesquisas empíricas, os estudos de caso, as discussões grupais, as pesquisas de história oral, as pesquisas documentais, os trabalhos de levantamento de dados históricos, as análises sociológicas, o entendimento crítico-reflexivo da dinâmica do ordenamento jurídico, dentre outras questões, ainda são esteios de pesquisa negligenciados pela cultura jurídica nacional.

Há diversas iniciativas sempre despertadas em várias instituições que caminham no sentido de romper com este ciclo vicioso da área. Experiências acumuladas sobre as práticas de Núcleos de Prática Jurídica ou Juizados Especiais, formas de pesquisa-ação com intervenção sobre a vida de comunidades carentes, pesquisa junto a movimentos sociais, práticas de pesquisa que tornam o pesquisador um agente de transformação social, estudos que levam ao aprimoramento da legislação e dos procedimentos jurídicos, dinâmicas de produção fonográfica com depoimentos que tematizam questões de direitos humanos, intermediação de projetos compartilhados com outras áreas do conhecimento ou praticados dentro de outros departamentos ou faculdades de uma mesma Universidade indicam algumas rotas possíveis a serem aprimoradas, ampliadas e estimuladas como formas de diversificação das metodologias da área.

2.5. A cultura institucional refratária à pesquisa

Ora, se já se abordaram questões de alta gravidade para o debate do tema proposto, por que não ir em direção a um outro importante desafio? Enfrentar a seguinte pergunta: por que é que políticas acadêmicas em IES (públicas e privadas) com cursos de direito passam por tantos reveses e limitações quando o tema se chama "pesquisa científica", ou "iniciação científica", ou "capacitação em pesquisa", ou "investimento em pesquisa docente"? Por que tanta resistência? Por que a pesquisa ainda encontra tantas dificuldades, não se considerando alguns bons centros de excelência em pesquisa no País, para sua implantação dentro do ambiente que seria o seu mais natural *habitat*[34]?

A hipótese aqui levantada pode ser resumida na seguinte reflexão: será que não existe um policiamento ideológico mascarado em prevenções de diversas ordens contra a pesquisa científica?

Enfrentar essa problemática, instalada desde longa data no ensino jurídico brasileiro, sobretudo quando se está diante de um contexto em que o ensino superior se encontra privatizado, pode significar assumir inúmeras perspectivas de abordagem e questionamento, e, sendo assim, podem-se listar algumas destas possíveis perspectivas:

---

34. "Primeiro, universidade que interessa ao futuro do país é a de pesquisa, encontrando aí a chance de postar-se à frente dos tempos. Segundo, professor que interessa ao futuro do país é o professor com texto próprio, conhecimento próprio, pesquisa própria, expressando a energia rebelde do conhecimento autorrenovador. Mudança essencial na vida docente é pesquisar e elaborar como condição cotidiana, não apenas quando se consegue financiamento para projeto de pesquisa, que nem sempre é o caso ou é possível" (Demo, *Aprender como autor*, 2015, p. 185).

1. as dificuldades decorrem das reais condições de desenvolvimento da pesquisa, atividade que demanda esforço, dedicação, conhecimento, preparo metodológico e disponibilidade incomuns;

2. as dificuldades decorrem da própria cultura do ensino jurídico e das categorias profissionais jurídicas, arraigadamente pragmáticas, pouco afeitas à dimensão do preparo em pesquisa, e geralmente apoiadas em práticas cartorialistas do ensino jurídico;

3. as dificuldades decorrem da carência de docentes preparados para os escarpados labirintos das pesquisas científicas;

4. as dificuldades decorrem do fato de serem os investimentos em pesquisa invisíveis para as políticas empresariais imediatistas, dentro de um ensino superior profundamente identificado com a ascensão de uma cultura de resultados com enfoque no clientelismo de mercado;

5. as dificuldades decorrem do fato de todo investimento em pesquisa representar um custo alto, que não se reverte rapidamente em resultados necessariamente atrelados a vontades e distintivos de mercado;

6. as dificuldades decorrem do fato de que as pesquisas induzem à formação de habilidades críticas e potenciais que não interessam ao investidor do ensino superior contemporâneo;

7. as dificuldades decorrem de uma consciência disseminada na cultura dos mantenedores de que pesquisa é *hobby* de certos professores, o que significaria um gasto desnecessário, dentro de um rol extenso de prioridades, cujo fruto não reverte senão em benefício do próprio professor, que se destaca por nome, por publicações, por teses que acabam não sendo triadas para dentro da própria instituição;

8. as dificuldades decorrem da relutância das IES em aceitar a ideia de que pesquisa não seja atividade essencial, mas sim atividade marginal, verdadeiro capricho da concepção de certos coordenadores ou avaliadores do MEC, algo portanto subestimável enquanto cálculo permanente de custos pela IES.

Toda essa discussão se torna ainda mais fortemente embasada se se relembra que a monografia jurídica, como trabalho acadêmico de conclusão de curso, já passou por fortes resistências, e, mais do que isso, por fortes ameaças nos últimos anos de experiência do ensino jurídico brasileiro, começando pelo Parecer n. 1.070/99, passando pelas Portarias n. 1.252/2001, 1.785/2001... Basta lembrar que o Parecer n. 146/2002 somente foi reconsiderado após o impactante embate com a classe jurídica e os esforços dos mais atuantes e engajados atores do ensino jurídico, com destaque para a *Comissão de Ensino Jurídico do Conselho Federal da OAB* (CFOAB/CE), que fortaleceram importante coalizão em face dos interesses que deram origem a tal anomalia dentro do sistema legislativo-educacional brasileiro.

A pesquisa sofre resistências porque engaja, permite interlocução acadêmica, e também porque forma um espaço dialético e ideológico dentro da instituição, cria ambientes epistemológicos, nutre ambições intelectuais, encoraja anseios não tradicionalmente canônicos, instiga propostas e inovações, desenvolve o raciocínio histórico-causal na leitura dos fenômenos, desperta novos olhares, permite a compreensão verticalizada de questões e problemáticas... coisas estas que não necessariamente interessam a certos gestores do ensino superior, e que somente encontram eco em alguns ambientes acadêmicos, nas mãos de gestores definitivamente engajados com o compromisso sociocultural decorrente da noção de educação, atrelada à pesquisa.

A manutenção do *status quo* talvez seduza mais a mentalidade daqueles que, tendo investido em ensino, veem-se premidos pelos desvarios fugazes de convidativas formas de destaque no mercado concorrencial, seja pela oferta de cursos a distância, seja pela oferta de cursos sequenciais, de especializações, entre outros de fácil absorção pelo mercado. Acima de tudo, pesquisa envolve investimento e dedicação qualificada, por isso só se realiza de modo meticuloso e institucionalmente precioso.

Hodiernamente, ante o pragmatismo capitalista e o utilitarismo de mercado, começa-se a discutir o reducionismo do papel das IES particulares quanto às práticas de pesquisa, o que significa dizer, a eliminação da pesquisa como uma tarefa de instituições particulares, para que fique acantonada nas IES públicas. Felizmente, essa separação não se operou, e o mercado vem diferenciando qualitativamente as IES entre si.

Além dos empecilhos mais estruturais, anteriormente analisados, considerando-se os déficits de políticas públicas de pesquisa e as limitações institucionais para o apoio ao desenvolvimento da pesquisa nas IES, surge ainda uma fronteira de análise a considerar, quando o tema são as barreiras ao desenvolvimento da pesquisa na área do Direito. Aqui, a questão é mais relativa à "cultura institucional" dentro das IES e dos PPGs – não apenas considerados os espaços de decisão de gestores e os tradicionais limites orçamentários para o investimento em pesquisa – mas, sobretudo, aqueles outros "fatores invisíveis" que decorrem do conjunto de práticas, ações, interações, mentalidades, formando a "atmosfera de trabalho" em Faculdades de Direito.

Isso faz pensar o quanto a pesquisa não é apenas um ato *isolado* do(a) pesquisador(a). A pesquisa, para que seja frutuosa e se torne possível, envolve toda uma "atmosfera de trabalho conjunto", propensa a uma aposta contínua na ciência, no conhecimento e na transformação dos saberes. Para que isso seja possível, é importante e decisivo que o espaço de produção acadêmica e de pesquisa seja aberto, plural, voltado para o saber e vocacionado para a educação, a criação e a ciência. O cultivo dos saberes não deve ser um acidente na trilha corrente das tarefas educativas, mas o caminho pelo qual se percorre a consolidação da educação de qualidade e o fortalecimento das tarefas cognitivas. Assim, o ambiente deve concorrer para favorecer as atividades de pesquisa, numa atmosfera aberta, plural, investigativa, questionadora, voltada para o estímulo intelectual, sendo capaz de traduzir aspirações por educação, formação e criação de soluções.

Mas os ambientes acadêmicos são atravessados por fenômenos, que contaminam a "atmosfera de trabalho" – muitas vezes sutis e imperceptíveis, mas nem por isso irrelevantes –, tornando-os infensos ao desenvolvimento da pesquisa científica, especialmente consideradas as peculiaridades da área do Direito. Está-se diante de "fenômenos culturais" muito próprios dos ambientes acadêmicos, mas que também ocorrem em ambientes empresariais, e outros espaços de trabalho, e que, neste caso, acabam determinando *subcondições* de otimização da pesquisa científica. Estes "fenômenos culturais" não só se traduzem em padrões de comportamento, em mentalidades, em ações, mas também acabam, posteriormente, se consolidando em decisões, políticas e regras, que desabilitam o "ambiente comum de trabalho" dos elementos que seriam decisivos para o aumento das condições de produção em pesquisa.

Abaixo, serão analisadas algumas situações, numa relação não exaustiva, mas suficiente para demonstrar os riscos a que entregam as práticas culturais que se cristalizam (consciente ou inconscientemente) nos espaços acadêmicos, em sua atual conformação. Assim:

i) *produtivismo*: dentro dos limites da cultura do produtivismo, em que os resultados numéricos e estatísticos contam mais do que a relevância do conhecimento, instaura-se uma cultura institucional que faculta a produção, mas não a inovação; a tendência do produtivismo é inclinar a que a produção em pesquisa esteja mais focada na repetição de conhecimentos já desenvolvidos do que propriamente na inovação no sentido de conhecimentos pioneiros, que, muitas vezes, demandam um tempo de amadurecimento, gestação, compilação de dados, planejamento e pesquisa incompatíveis com cobranças institucionais por resultados imediatos;

ii) *provincianismo*: dentro dos limites da cultura do provincianismo, que enclausura docentes, acadêmicos, estudantes e pesquisadores à produção científica voltada para a absorção do conhecimento institucional, local ou regional, pode-se negligenciar facilmente a conexão dos saberes locais com saberes nacionais ou dos saberes nacionais com saberes internacionais; a tendência do provincianismo pode ser perniciosa para a ampliação dos horizontes de conhecimento da comunidade acadêmica envolvida, que acaba tendo produção em pesquisa marcada por endogenia e por diálogo circunscrito;

iii) *tarefismo*: dentro dos limites da cultura do tarefismo, a pesquisa se prejudica, pois os docentes são vistos apenas como executores de tarefas, limitando-se o tempo que poderia ser dedicado ao desenvolvimento de projetos de pesquisa, evidentemente, regrados por planejamento de pesquisa; o tarefismo pode consumir a capacidade de produção intelectual e reduzir a função docente à de solução de problemas administrativos, que deveriam estar delegados a um corpo técnico especializado de profissionais;

iv) *cartelismo*: dentro dos limites da cultura do cartelismo, a pesquisa livre e plural se prejudica, na exata medida em que se formam grupos (cartéis) que viabilizam a pesquisa como um privilégio de seus membros, centralizando-se apenas nas dinâmicas de seus membros, excluindo-se outros interessados; a tendência à formação de pequenos grupos de pesquisa, com ou sem financiamento, leva a IES a conviver com a impossibilidade de outras pessoas interessadas aderirem a projetos de pesquisa, e a liberdade de pesquisar se vê prejudicada pelas atitudes defensivas e excludentes de seus membros;

v) *territorialismo*: dentro dos limites da cultura do territorialismo, a principal prejudicada é a pesquisa interdisciplinar, plural e aberta, bem como o diálogo intelectual, e isso porque quando algum, ou alguns, pesquisador(es) se consideram "detentores de um território de saber", impedem outros pesquisadores(as) de interconectarem seus saberes aos dos demais; assim, certos "temas", certos "autores", certas "metodologias" passam a ser "exclusivos" de fulano(a) ou de beltrano(a); não são raras as hipóteses em que valiosos projetos de pesquisa se veem obstaculizados por atitudes de intolerância intelectual defensiva de "espaços de exclusividade" no tratamento deste ou daquele "objeto de pesquisa";

vi) *egolatrismo*: dentro dos limites da cultura do egolatrismo, a pesquisa se vê servilmente adestrada ao enaltecimento da pessoa de um(a) determinado(a) jurista, que determina que o "circuito das vaidades" seja condicionante dos conteúdos de pesquisa científica; a pesquisa livre, aberta e plural exige que os interesses de pesquisa sejam dirigidos pela coerência entre metodologias e conteúdos, e não por afetação do circuito das vaidades de indivíduos;

vii) *competitividade*: dentro dos limites da cultura da competitividade, a pesquisa se vê prejudicada, pois, junto com a busca frenética por resultados acadêmicos que superem a "concorrência de ideias", numa espécie de lógica de "competição de mercado" que toma a forma de "competição acadêmica" – contrária ao espírito de cooperação acadêmica –, decorrem outros fenômenos: o individualismo, que impede a formação de um espírito de grupo; a busca por demonstração de resultados conectados a circuitos de poder e influência, que levam ideias diferentes e díspares a serem tratadas como inexistentes, irrelevantes ou não reconhecidas;

viii) *modismo*: dentro dos limites da cultura do modismo, apenas os temas que produzem "impacto", "visibilidade", "atuais", "de aceitação pelo grande público" são conclamados ao financiamento, ao apoio institucional ou à sua legitimação cognitiva, e o prejuízo à pesquisa é que apenas a "pesquisa com rótulos de moda" recebe os devidos estímulos; mas, muitas vezes, a boa pesquisa está exatamente naquilo que não se valoriza, naquilo que não segue correntes de pensamento hegemônicas, naquilo que é pesquisa histórica ou atrelada a um campo de conhecimento ainda em nascimento;

ix) *militantismo*: dentro dos limites da cultura do militantismo (político; administrativo; profissional), apenas as questões atinentes à militância (política, social ou advocatícia) e à solução de problemas práticos do mundo (político, social ou profissional) são tidas como relevantes; o militantismo pode cegar a observação de dimensões, aspectos, questões e problemas concernentes a outras dimensões do pensamento, da ciência e da análise metodológica, prejudicando a produção acadêmica mais consistente, de qualidade e centrada em estudos objetivos, neutros e embasados hermenêutica e cientificamente;

x) *imitacionismo*: dentro dos limites da cultura do imitacionismo, os padrões da produção do conhecimento são assimilados pelas tendências de imitação ou repetição, geralmente de conteúdos de mercado (publicações, livros, artigos), que obtiveram sucesso, redundando no amesquinhamento das produções científicas e na superficialidade dos conteúdos da área; o imitacionismo, pode ser, por exemplo, o efeito de culturas institucionais externas às IES, a exemplo dos conteúdos produzidos em cursinhos e cursos preparatórios para exames profissionais, que acabam se transformando no padrão de atuação, interpretação e produção de conhecimento;

xi) *denuncismo*: dentro dos limites da cultura do denuncismo, apenas a informação-denúncia é valorizada, muitas vezes, de forma superficial, baseada num conhecimento jornalístico, de aprofundamento e investigação de caráter duvidoso; a cultura do denuncismo reduz o campo de investigação detida e profunda à imediatidade da tarefa de "informar", "acusar", "criticar", "denunciar" fatos do quotidiano, deixando-se de lado a perspectiva de aprofundamento e análise dos fenômenos estudados;

xii) *profissionalismo*: dentro dos limites da cultura do profissionalismo, muito comum na área do Direito, a pesquisa é acantonada em face do discurso de autoridade das profissões jurídicas, diminuindo-se a tarefa da pesquisa em Direito, em face da autoridade dos cargos exercidos e/ou ocupados pelos membros da comunidade acadêmica; o resultado é que a atmosfera geral da comunidade acadêmica se torna pragmática, profissionalizada e voltada a assuntos da prática jurídica, em detrimento das práticas, das políticas e dos apoios necessários à emergência da cultura da investigação científica acadêmica.

Nestes itens foram tratados doze fenômenos que afetam a atmosfera institucional das IES e PPGs. Por se tratar de "reducionismos", os "ismos", aqui apontados, são prejudiciais para ambientes de pesquisa. Ambientes de pesquisa podem conviver com uma diversidade e pluralidade de perfis de profissionais, e é saudável que ainda seja dessa maneira, e não se veriam, por exemplo, idealmente concebidos apenas para juristas teóricos ou apenas para juristas práticos. Também, para IES em que a pesquisa não está presente, isso pode ser irrelevante. Mas, naquelas em que a pesquisa é determinante, deve-se repensar a forma como se age em espaços coletivos, pois esses espaços acabam consolidando *culturas institucionais* próprias, e estas podem se tornar inibidoras e inférteis para o florescimento da pesquisa científica. Uma tarefa importante de autorreflexão institucional para cada IES, ou para cada PPG, é exatamente a de transformação positiva das *culturas institucionais*, para que estas se façam mais capazes de favorecerem e aprimorarem as condições e as práticas de pesquisa, induzindo-se melhores resultados em benefício da própria Ciência do Direito.

3. A imperativa necessidade da pesquisa e a ética de responsabilidade social do pesquisador

Diversos setores do conhecimento carecem da pesquisa para sua devida e adequada estruturação, e as debilidades (históricas e atuais) no investimento em pesquisa redundam em atrasos (ou mesmo em catástrofes!) que serão administrados mais adiante, num futuro breve, pelo capital social. A execução do planejamento de Estado não possui grandes segredos: os insucessos são revertidos como custos sociais à população, de gerações presentes ou futuras, não importa.

O pesquisador é um membro-chave do crescimento social e do desenvolvimento cultural, intelectual, científico e tecnológico do meio ao qual se vincula. Sua função é exatamente contribuir, pela via do conhecimento, para a superação desse *status quo* em que medra a escravidão cultural. Seu compromisso social reside na necessária dispersão que deve ser dada aos possíveis frutos e proveitos sociais decorrentes de suas investigações.

Pesquisa estacionada no gabinete universitário é repasto para traças. Pesquisa recepcionada pela sociedade, em interlocução dialética com os usos políticos, científicos, tecnológicos, econômicos, culturais a que pode servir, é importante veículo de mobilização da própria sociedade, da comunidade acadêmica, do empresariado, da cultura regional etc. De fato:

> "Há, porém, um outro aspecto a ser considerado; aspecto esse que diferencia o papel da ciência e da tecnologia nos países em desenvolvimento. Trata-se do impacto delas no progresso, não só econômico mas também social, do nosso próprio país. Nesse caso, o papel da ciência e da tecnologia não é só o de inovação, é, também, o de adaptação e implantação, no local, de conhecimentos e técnicas descobertos alhures"[35].

A ética do pesquisador, nesse sentido, decorre do *status* de sua profissão, que deve ser reconhecida como de central importância social. O *éthos* da pesquisa está na exata compreensão da dimensão que a ciência e o conhecimento possuem para o meio social no qual se inserem. A consciência do pesquisador deve estar afinada com essa perspectiva, que vê em seu mister privado (ou eventualmente público), mas, de qualquer forma, particular, um profundo atrelamento às malhas sociais, das quais retira a função de ser e de existir, bem como de onde se extraem os subsídios para a sua própria construção.

---

35. Vargas, *História da ciência e da tecnologia no Brasil*: uma súmula, 2001, p. 142-143.

Com Paulo Freire, pode-se ver no pesquisador um educador e no educador um pesquisador:

> "Estávamos convencidos, e estamos, de que a contribuição a ser trazida pelo educador brasileiro à sua sociedade em 'partejamento', ao lado dos economistas, dos sociólogos, como de todos os especialistas voltados para a melhoria dos seus padrões, haveria de ser a de uma educação crítica e criticizadora. De uma educação que tentasse a passagem da transitividade ingênua à transitividade crítica, somente como poderíamos, ampliando e alargando a capacidade de captar os desafios do tempo, colocar o homem brasileiro em condições de resistir aos poderes da emocionalidade da própria transição. Armá-lo contra a força dos irracionalismos, de que era presa fácil, na emersão que fazia, em posição transitivamente ingênua"[36].

O que se deve exigir do pesquisador não é que renuncie aos proventos econômicos decorrentes da entrada dos produtos de sua pesquisa no comércio jurídico (por força da lógica privada que deriva das criações autorais), e muito menos que pratique doação com o exercício de sua profissão. Pelo contrário, os incentivos à sua profissionalização são-lhe necessários. As duas facetas, ou seja, o interesse público sobre a pesquisa e o interesse particular sobre a pesquisa, podem conciliar-se em benefício da própria sociedade à qual se destinam os produtos das investigações tecnológicas, científicas e filosóficas. O que se deve exigir do pesquisador é que saiba compartilhar com o seu meio os extratos utilitários de seu saber, adquirido a partir do acervo geral da cultura da humanidade, no qual volta a se reinserir provocando alterações e modificações que conduzem à mobilização necessária das conquistas gnoseológicas. Traços liberais e sociais convergem na definição aberta e democrática da livre operação do espírito na construção dos saberes.

---

36. Freire, *Educação como prática da liberdade*, 2002, p. 93-94.

A responsabilidade social, portanto, decorre de certa atitude do investigador, que, consciente de seu papel social, age em interlocução com a sociedade no exercício de sua profissão, incentivado pela ideia de que seu papel transcende às próprias qualidades do trabalho que cria, do engenho que inventa, da máquina que faz funcionar, da ideia que desenvolve. Seu compromisso com a sociedade traduz-se em íntima e visceral dependência com esta, na medida em que o conhecimento pode significar o gérmen da libertação. Para tanto, as políticas públicas de incentivo à pesquisa devem favorecer a criação de um espaço de fomento à cultura da pesquisa num país ainda parcamente povoado pela consciência de sua importância.

VII – MÉTODO E INSTRUÇÕES TÉCNICAS DE PESQUISA CIENTÍFICA

Se num primeiro momento buscou-se refletir sobre as práticas científicas, e então esteve-se a desdobrar o método e suas relações com inúmeras temáticas de necessária compreensão pelo pesquisador, o que se fez nas partes precedentes, agora busca-se efetiva e diretamente fornecer regras metodológicas, subsídios técnicos fundamentais e recomendações práticas para o manuseio de materiais de pesquisa e realização de monografias jurídicas[1]. Deve-se, portanto, conhecer como se instrumentalizam os saberes, no sentido da resolução de problemas que geram boas hipóteses científicas[2], e é para isso que se procede à enunciação das regras técnicas e das convenções científicas que presidem a exposição e formulação de problemas científicos[3].

---

1. Isso porque: "Por reconstrução metodológica entende-se o discurso que visa elucidar os fundamentos lógicos, epistemológicos e ontológicos de teorias, métodos e técnicas de investigação" (Oliveira Filho, Teoria das explicações científicas, regras metodológicas e a metodologia das ciências sociais, *in Plural: Revista do Programa de Pós-Graduação em Sociologia*, n. 2, 1995, p. 109).

2. "O que mobiliza a mente humana são problemas, ou seja, a busca de um maior entendimento de questões postas pelo real, ou ainda a busca de soluções para problemas nele existentes, tendo em vista a sua modificação para melhor. Para aí chegar, a pesquisa é um excelente meio" (Laville, Dionne, *A construção do saber*: manual de metodologia da pesquisa em ciências humanas, 2007, p. 85).

3. "As regras metodológicas nos fornecem critérios para a avaliação de procedimentos científicos. Uma regra não é verdadeira nem falsa. As regras são convenções do jogo da ciência" (Oliveira Filho, Teoria das explicações científicas, regras metodológicas e a metodologia das ciências sociais, *in Plural: Revista do Programa de Pós-Graduação em Sociologia*, n. 2, p. 115, 1995).

Efetivamente, se o trabalho de pesquisa pode ser dito um trabalho que envolve um processo de seleção de dados, de busca de informações, de triagem de documentos, de manipulação e interpretação de dados, de sistematização, de compreensão e explanação de conhecimento[4], então, é de extrema importância um estudo técnico que faculte ao pesquisador acesso à forma de se fazer ciência.

O caminho da pesquisa não precisa ser percorrido, com todas as dificuldades e emboscadas previstas no roteiro, sozinho pelo pesquisador. Não somente existem perfis de pesquisa que exigem tarefa em grupo, projeto coletivo, divisão de esforços, como também as experiências mais comuns de envolvimento com a produção do conhecimento se dão sob estímulos institucionais do ensino superior, como o TCC, a especialização, o mestrado e o doutorado, experiências para as quais exige-se sempre a coordenação das atividades por um orientador. É sob a sua supervisão que o trabalho de pesquisa deve ser guiado em direção ao seu melhor potencial. O apoio técnico, o esclarecimento de dúvidas, a definição dos lineamentos gerais do projeto e a experiência são os grandes aliados da orientação em pesquisa.

Assim, as preocupações devem iniciar-se com a questão das técnicas de investigação em Direito, das fontes de pesquisa jurídica e seu esquematismo, passando-se, depois, do estudo das possíveis linhas a seguir para a discussão da organização prática da pesquisa, para que se possa, enfim, discutir a estrutura do trabalho científico, o corpo do trabalho, a forma de citação, abeirando-se da análise da forma de se construir uma bibliografia para, por fim, deter-se na simbologia metodológica.

1. Método e técnicas de investigação em Direito

Após se terem discutido questões fundamentais sobre os métodos científicos, cuida-se agora de se proceder a uma análise das

---

4. "Pesquisa, no sentido mais amplo, é um conjunto de atividades orientadas para a busca de um determinado conhecimento. A fim de merecer o qualificativo de científica, a pesquisa deve ser feita de modo sistematizado, utilizando para isto método próprio e técnicas e procurando um conhecimento que se refira à realidade empírica. Os resultados, assim obtidos, devem ser apresentados de forma peculiar" (Rudio, *Introdução ao projeto de pesquisa científica*, 1981, p. 9).

diversas técnicas de pesquisa que permitem que estes métodos se realizem e se apliquem de modo prático na investigação científica.

As técnicas e os instrumentos a serem eleitos como possíveis para a estruturação da pesquisa na área das ciências jurídicas são os mais variados. Esta variedade decorre da própria natureza deste tipo de conhecimento, caracteristicamente amplo, aberto e com diversas polarizações. Assim, especialmente considerada a situação de que as ciências jurídicas são parte das ciências sociais, possuindo um viés aplicativo e operacional mais desenvolvido, ele deve-se nutrir de todas as fontes, recursos, formas e instrumentais disponíveis em ciências sociais para a produção do conhecimento científico.

Desta feita é que a pesquisa não deve ficar confinada somente a se desenvolver a partir de uma técnica bibliográfica (insuficiente, por exemplo, para o desenvolvimento de uma pesquisa empírica na área da sociologia jurídica), nem sobre um modelo empírico-experimental (insuficiente, por exemplo, para o desenvolvimento de uma pesquisa teórico-conceitual na área da filosofia do direito). As técnicas de pesquisa deverão variar, conjugar-se ou se adequar conforme o campo de trabalho em que esteja situada a temática de discussão que se queira abordar em Direito.

Assim, a devida adequação do método ao projeto, ao plano de pesquisa, aos objetivos investigativos, é algo de fundamental importância para a determinação do instrumento de pesquisa a ser utilizado para o tratamento dos fatos e fenômenos, dos dados e dos documentos, que constituem o elemento fundamental do desenvolvimento do estudo desejado como objeto de pesquisa. A inadequação da técnica pode viciar os resultados que se desejam alcançar, apesar de todo o esforço e dedicação do pesquisador. Mas há que se constatar, antes de tudo, que a área jurídica possui um vício, não só de forma, mas de conteúdo, no tratamento do tema da pesquisa. Isto porque este vício corresponde a uma espécie de obsessão do jurista por investigações circunscritas aos recursos bibliográficos, ou, quando muito, documentais. Poucas são as iniciativas modificadoras deste cenário.

No entanto, o desenvolvimento de novos Direitos (veja-se o caso do *Direito Ambiental*, que não se pode bastar em estudos abstratos, mas carece de estudos empíricos e conhecimentos biológicos para se desenvolver a contento), de novas disciplinas (veja-se o caso de Informática Jurídica, que carece de um domínio tecnológico, aplicativo e, ao mesmo tempo, criativo e funcional para efeitos de desenvolvimento de uma cultura diferenciada do Direito) e a invasão da cultura da interdisciplinaridade (veja-se o caso de disciplinas e formas de conhecimento que se passam a somar para o desenvolvimento de suas metas comuns, tornando imprescindíveis os enfoques multipolares sobre o fenômeno estudado – por exemplo, como discutir a complexidade do tema do "meio ambiente" sem falar de: saúde pública, meio ambiente social, fatores econômicos, políticas públicas, desenvolvimento tecnológico, educação e difusão de conhecimento ambiental, distribuição de renda?) são fatores que têm forçado a conversão deste quadro, daí decorrendo uma acentuada modificação da forma de desenvolvimento dos métodos de pesquisa em Direito. A verificar-se pela modificação do cenário de pesquisa empírica em Direito, muito em função dos avanços das técnicas de pesquisa de jurisprudência, pode-se verificar o quanto as transformações têm impactado a forma pela qual se exerce o conhecimento jurídico através da pesquisa jurídica.[5]

Deve-se superar o estado atual de precariedade metodológica da cultura jurídica neste campo.

Por isso, há a necessidade de fazer desfilar algumas técnicas e alguns recursos fundamentais para a estruturação de modos de abordagem na formação da pesquisa jurídica[6]. Esta que se distende desde

---

5. Essa é uma importante constatação para a pesquisa jurídica no país: "É notável o recente avanço das pesquisas empíricas na academia jurídica. Se antes eram relegadas a pontuais centros de pesquisas ou produto da linha de pesquisa de alguns poucos orientadores, hoje as pesquisas empíricas ocupam um papel relevante da produção acadêmica no Direito, muito embora ainda haja um longo caminho a percorrer para sua plena consagração. *A pesquisa de jurisprudência* é a válvula propulsora do avanço das pesquisas empíricas no Brasil" (Palma, Feferbaum, Pinheiro, Meu trabalho precisa de jurisprudência? Como posso utilizá-la?, *in Metodologia da pesquisa em Direito*: técnicas e abordagens para elaboração de monografias, dissertações e teses (Queiroz; Feferbaum, coords.), 2. ed., 2019, p. 99-100).

6. Os autores apresentam uma diversidade enorme de propostas de análise, com suas classificações, seus enfoques, seus modos de entender as técnicas de pesquisa. Para fins de conhecimento, citam-se algumas classificações dadas por autores

áreas de conhecimento aberto e teórico até áreas bastante empíricas, operacionais e aplicadas. As técnicas de investigação que se podem indicar para efeitos de desenvolvimento de diversos modelos de projetos e pesquisas jurídicas são, basicamente:

1.1. Técnicas de investigação teórica

Por intermédio deste grupo de técnicas, é possível chegar a conclusões científicas, fundamentalmente escudando-se em suporte de estudos que não se debruçam sobre realidades concretas, seja porque o objeto científico não o demanda, seja porque não há interesse do pesquisador em conduzir a pesquisa ao nível do próprio fenômeno e de suas materializações concretas. Assim, as técnicas que aqui aparecem para auxiliar o estudioso ou o pesquisador fazem com que ele tenha contato mediato com a realidade estudada, podendo-se valer de documentos sobre o fenômeno estudado (1), de comentários e escritos da literatura sobre o fenômeno estudado (2), de relatos sobre o fenômeno estudado (3). Para poder, portanto, aproximar-se do objeto de estudo, antes de tentar envolvê-lo em sua fenomênica, a atitude do pesquisador é de informar-se sobre os dados recolhidos a respeito desse assunto, quando então recorre às fontes indiretas de conhecimento sobre ele. Neste caso, as técnicas úteis podem ser:

a) técnicas históricas: válidas para investigações dogmáticas (história de um instituto jurídico), para investigações filosóficas e sociológicas, bem como para as históricas, as técnicas históricas se

---

da área da metodologia e da área propriamente jurídica: 1) Ruiz fala em pesquisa exploratória, pesquisa teórica e em pesquisa aplicada, e lista as técnicas em não experimentais (pesquisa bibliográfica – pesquisa de campo) e experimentais (pesquisa de laboratório) (Ruiz, *Metodologia científica*, 4. ed., 1996, p. 50 e s.); 2) Spinola se refere a outras técnicas, as quais nomina da seguinte forma: pesquisa bibliográfica; pesquisa documental; estudo de caso; pesquisa-ação (Spinola, Aracy Witt de Pinho, Metodologia do trabalho científico em ciências ambientais, *in Curso interdisciplinar de direito ambiental* (Arlindo Philippi Jr.; Alaôr Caffé Alves, orgs.), USP, 2005, p. 936-942); 3) Mezzaroba menciona o método experimental, ao lado dos métodos estatístico, histórico, comparativo (Mezzaroba, Monteiro, *Manual de metodologia da pesquisa no Direito*, Saraiva, 2003, p. 85 e s.).

estruturam a partir de documentos originais (fontes primárias de pesquisa),[7] somados a textos de comentários, na medida em que o tempo é o fato que distancia o pesquisador do fenômeno, sendo que o documento sacraliza algo do passado, dando-lhe certa constância (documentos jurídicos – sentenças, acórdãos, testamentos, contratos – ou não jurídicos – documentos literários, documentos históricos, documentos econômicos), algo somente superável pelos diversos recursos possíveis de recuperação do passado, por fontes de história documentária ou de cultura oral (o pesquisador deve escudar-se em valiosos recursos de recuperação oficial dos dados passados: documentos, relatos, fotos, arquivos, depoimentos, papéis de Estado...); operar nesta dimensão é não somente ir atrás da "verdade histórica", da descrição verossimilhante dos fatos históricos (análise quantitativa, que escolhe os textos, seleciona as fontes, descreve as fontes, numera as fontes, identifica as fontes, determina as unidades), mas também ser capaz de coligir elementos para a análise histórica e conjuntural (encontrados nos debates acadêmicos de historiadores, sociólogos, cientistas políticos, filósofos) que podem permitir ao pesquisador chegar a conclusões demonstráveis sobre o fenômeno estudado (análise qualitativa); a pesquisa histórica pode ser particularmente útil, quando se estiver diante da tarefa de consulta a arquivos judiciais,[8] a exemplo de alguns centros de documentação judiciária existentes no país.[9]

---

7. "Arquivo é uma instituição em que se depositam documentos. Por documento entende-se toda e qualquer informação registrada em um suporte material, por meio do qual seja possível acessar os dados que ele carrega. Em uma instituição arquivística são guardados inúmeros tipos de documento, como manuscritos, mapas, livros, fotografias, filmes, entrevistas, selos, processos, atas de sessões de tribunais, testamentos, entre outros. Por meio da consulta aos documentos podem-se conhecer e reconstituir rituais, costumes, formas de pensar e agir de pessoas e instituições ao longo dos anos" (Silva, Como devo fazer pesquisa em arquivos históricos?, in *Metodologia da pesquisa em Direito*: técnicas e abordagens para elaboração de monografias, dissertações e teses (Queiroz; Feferbaum, coords.), 2. ed., 2019, p. 303).

8. "Pesquisar em arquivo judicial, portanto, é realizar investigação com base na documentação produzida por algum órgão do Poder Judiciário, que pode estar depositada em arquivos públicos ou privados" (Silva, Como devo fazer pesquisa

b) técnicas conceituais: quando o objeto de pesquisa ou a opção do pesquisador demanda que a atitude investigativa se restrinja a cercar, exclusivamente em nível conceitual, o tratamento do fenômeno enfocado, não importando de que área do conhecimento jurídico se esteja a falar, se dogmática, se zetética (por exemplo, a descrição do conceito de legitimidade carismática na sociologia de Max Weber; a definição de negócio jurídico no civilismo do novo Código Civil; a discussão sobre a noção filosófica de justiça no pensamento de Norberto Bobbio), adota-se ou um referencial teórico, ou um modelo de análise, ou um sistema de ideias, ou uma problemática lógico-conceitual, e, a partir daí, passa-se a construir a logicidade interna e o desenvolvimento conceitual adequado para o tratamento do problema; neste modelo de investigação, demandar-se-á do pesquisador que o apuro conceitual seja o máximo possível, o que significa que a técnica bibliográfica (considerando-se as obras nacionais e estrangeiras de referência sobre o assunto e eventuais dicionários especializados no ramo) e as estruturas lógicas do raciocínio devam ser permanentemente sopesadas pelo pesquisador; ademais, técnicas conceituais exigem, fundamentalmente, um trabalho de pesquisa centrado em pesquisa de caráter bibliográfico, sabendo-se que, no geral, a área do Direito se vale, numa maioria de casos, desta modalidade de pesquisa para efetivar

---

em arquivos históricos?, in *Metodologia da pesquisa em Direito*: técnicas e abordagens para elaboração de monografias, dissertações e teses (Queiroz; Feferbaum, coords.), 2. ed., 2019, p. 307).

9. "Arquivo do Supremo Tribunal Federal, em Brasília (DF);

Arquivo do Superior Tribunal Militar, em Brasília (DF);

Arquivo do Superior Tribunal de Justiça, em Brasília (DF);

Arquivo do Tribunal de Justiça do Estado de São Paulo (SP);

Arquivo Nacional, no Rio de Janeiro (RJ) e em Brasília (DF);

Centro de Pesquisa e Documentação de História Contemporânea do Brasil (CPDOC/FGV), no Rio de Janeiro (RJ)" (Silva, Como devo fazer pesquisa em arquivos históricos?, in *Metodologia da pesquisa em Direito*: técnicas e abordagens para elaboração de monografias, dissertações e teses (Queiroz; Feferbaum, coords.), 2. ed., 2019, p. 308).

tarefas de investigação científica,[10] sendo farta a disponibilidade de materiais impressos e digitais à disposição do pesquisador;[11]

c) técnicas normativas: estas técnicas se circunscrevem a um tipo de investigação que coloca em foco o estudo normativo-jurídico de um fenômeno (direito positivo brasileiro, direito comparado), de modo a dotar-lhe de uma feição de dever-ser (e demais qualificações do instituto estudado), de prescrição jurídica, acompanhada de comentários doutrinários sobre determinado tema de pesquisa; neste caso, cumpre ao pesquisador deter-se na legislação que se projeta sobre o setor da temática pesquisada, para conhecer os grandes preceitos e princípios que informam a matéria, e após, então, descer à análise minuciosa do articulado preciso da lei, do código ou do estatuto normativo que rege especificamente a matéria estudada; demanda do pesquisador uma atitude de conhecimento sistemático do ordenamento jurídico de seu país (ou, se se tratar de uma pesquisa normativa comparada, da legislação de seu país e do país estrangeiro ao qual se queira projetar a comparação legal), dos princípios informadores da matéria; para que este perfil de pesquisa seja possível, não basta elencar, ou apresentar os dispositivos que regem uma matéria legal, pois é necessário argumentar e sustentar posições e interpretações sobre a matéria, o que, certamente, força o pesquisador a escudar-se de opiniões abalizadas, trazendo-as para perto de seus argumentos, o que importa e sempre importará numa revisão detalhada da literatura a respeito da temática; dificilmente, este tipo de investigação se faz somente em nível legislativo, carecendo de suporte doutrinário e opinativo para se sustentar.

---

10. "Em algumas áreas do conhecimento, a maioria das pesquisas é realizada com base principalmente em material obtido em fontes bibliográficas. É o caso, por exemplo, das pesquisas no campo do Direito, da Filosofia e da Literatura" (Gil, *Como elaborar projetos de pesquisa*, 6. ed., 2019, p. 28).

11. "A pesquisa bibliográfica é elaborada com base em material já publicado. Tradicionalmente, esta modalidade inclui material impresso, como livros, revistas, jornais, teses, dissertações e anais de eventos científicos. Todavia, em virtude da disseminação de novos formatos de informação, estas pesquisas passaram a incluir outros tipos de fontes, como discos, fitas magnéticas, CDs, bem como o material disponibilizado pela Internet" (Gil, *Como elaborar projetos de pesquisa*, 6. ed., 2019, p. 28).

1.2. Técnicas de investigação empírica

Por meio deste grupo de técnicas, é possível chegar a conclusões científicas, basicamente dedicando-se à compreensão do próprio fenômeno *in natura,* de seus efeitos, de seus resultados e de suas materializações concretas, mas sempre a partir dele mesmo. Portanto, as técnicas que aqui aparecem para auxiliar o pesquisador fazem com que ele tenha contato imediato com a realidade estudada; neste caso, para poder se aproximar do objeto de estudo, já que o fenômeno nunca se expõe, ao menos em ciências sociais, tal qual é (precisa ser medido, interpretado, analisado, quantificado), em sua "pureza", deve o pesquisador envolvê-lo em sua aparição fenomênica no mundo, informando-se sobre a própria realidade em si do objeto estudado, o que demanda do pesquisador uma atitude pró-ativa muito maior, o que significa dizer, uma atitude investigativa que se debruça sobre a realidade do próprio fenômeno para descrevê-lo ou compreendê-lo. Neste caso, as técnicas úteis podem ser:

a) técnicas de observação: a observação pode ser participante ou não participante, conforme haja ou não envolvimento direto do pesquisador no cenário de aparição do fenômeno e com os fatos estudados.[12] É muito útil o recurso para pesquisas de caráter sociológico, sendo igualmente importante para pesquisas antropológicas e etnográficas;[13] esta pode ser feita por um indivíduo-pesquisador ou por grupos-pesquisadores, devendo sempre ser desenvolvida criteriosamente dentro de parâmetros empíricos de observação muito bem estruturados no plano de pesquisa (definição dos objetos a serem estudados e das unidades; amostragem representativa identificada e

---

12. Sobre a observação participante: "A observação participante é aquela em que o pesquisador se insere no grupo social que estuda e toma parte na vida do grupo". Sobre a observação não participante: "A observação não participante é aquela em que o pesquisador observa de fora o fenômeno que estuda" (Treves, Métodos de pesquisa empírica, *in Sociologia e Direito* (Souto; Falcão, orgs.), 1999, p. 70).

13. "Na pesquisa etnográfica são utilizados vários procedimentos para coleta de dados. Os fundamentais são a observação e a entrevista" (Gil, *Como elaborar projetos de pesquisa*, 6. ed., 2019, p. 117).

qualificada; contagem; seleção de dados; sistematização de colheita de dados; cruzamento de dados entre pesquisadores), especialmente para que não se confunda ou venha a se tornar mera manifestação da opinião de senso comum ou de impressão subjetiva do pesquisador-envolvido a respeito do objeto de estudo enfocado[14];

b) técnicas de amostragem: por meio do uso de recursos redutores da complexidade, da extensão ou da infinidade de indivíduos ou fenômenos envolvidos numa pesquisa, a amostragem se torna um instrumento útil para a abstração de resultados científicos[15], principalmente no campo sociológico ou político-investigativo, ou mesmo para efeitos de estudo de casos judiciários, desde que esteja construída sobre patamares firmes de aceitação dos critérios fixados para informar a escolha do grupo, o perfil do grupo analisado, a relação disto com o que se quer pesquisar, entre outros fatores a serem desenvolvidos sob estrita orientação de um pesquisador, de um orientador, ou de uma instituição com prática na técnica;

c) técnicas de entrevista: a entrevista é útil[16] para a recuperação *inter praesentes,* e, portanto, interativa, de informações valiosas para o espectro de pesquisa assumido no contexto da investigação (cabível

---

14. A respeito da observação, pode-se, ainda, dizer: "A observação científica pode ser considerada como um aperfeiçoamento da observação vulgar, com o objetivo de dar-lhe validade, fidedignidade e eficácia" (Spinola, Aracy Witt de Pinho, Metodologia do trabalho científico em ciências ambientais, *in Curso interdisciplinar de direito ambiental* (Philippi Jr.; Caffé Alves, orgs.), USP, 2005, p. 926).

15. "A amostragem é o método com o qual se extrai do universo objeto da indagação um limitado número de indivíduos ou casos representativos com a finalidade de reduzir, de um lado, o trabalho da pesquisa e de obter, do outro, uma imagem bastante precisa do objeto estudado" (Treves, Métodos de pesquisa empírica, *in Sociologia e Direito* (Souto; Falcão, orgs.), 1999, p. 71).

16. "A entrevista é a técnica de pesquisa social que procura, a partir da interação mais ou menos formal entre duas pessoas, produzir informações sobre determinados tópicos de investigação" (Ribeiro, Vilarouca, Quando devo fazer pesquisa por meio de entrevistas, e como fazer, *in Metodologia jurídica*: um roteiro prático para trabalhos de conclusão de curso (Queiroz; Feferbaum, orgs.), 2012, p. 213).

para qualquer ciência jurídica)[17]. Aliás, quando a pesquisa é na fronteira entre Direito e Antropologia, é recorrente o uso da entrevista como recurso de fundamental importância para a coleta de dados, no estudo sobre pessoas, as informações que possuem, os valores e os costumes que praticam.[18] De fato, ela é "o encontro entre duas ou mais pessoas no curso do qual uma pessoa, o entrevistador, interroga a outra ou as outras pessoas, os entrevistados, com a finalidade de conhecer suas opiniões sobre alguns pontos ou fatos que lhe interessam"[19]; sua função, especialmente nas pesquisas de história oral[20], é permitir a máxima fidedignidade na recuperação de uma informação, que vem registrada pelo pesquisador, por escrito ou por gravação, para que seu uso esteja menos sujeito às variações da linguagem (quando só se tem um relato sobre um fato ou fenômeno a partir da frieza de um documento), ou pela distância das descrições bibliográficas; o mais importante na entrevista é a técnica de produção das perguntas, das questões, na medida em que não podem dirigir o entrevistado às conclusões do pesquisador, mas devem ser suficientes para extrair do entrevistado as informações direcionadas para efeitos do objeto de pesquisa enfrentado; este tipo de técnica pode ser ainda conduzido de modo a colocar o entrevistado – tendo-se no entrevistado a figura humana que é fonte viva[21], sendo chave para a compreensão de um fato, um momento histórico, uma decisão, que

---

17. A respeito, *vide* Meihy, Ribeiro, *Guia prático de história oral*, 2011.

18. "Embora a observação participante seja reconhecida como a técnica que mais se identifica com a pesquisa etnográfica, é provável que a maioria dos dados relevantes seja obtida mediante diferentes formas de entrevista: estruturada, semiestruturada ou informal" (Gil, *Como elaborar projetos de pesquisa*, 6. ed., 2019, p. 117).

19. Treves, Métodos de pesquisa empírica, *in Sociologia e Direito* (Souto; Falcão, orgs.), 1999, p. 71.

20. A respeito, consulte-se Alberti, *Manual de história oral*, 2013.

21. "A particularidade da entrevista, como forma de coleta de informações, vem do fato de que, diferentemente de um livro, um julgado ou um documento, o entrevistado é uma fonte viva, ativa e normalmente envolvida com o tema de pesquisa sobre o qual será entrevistado" (Queiroz, *Monografia jurídica*: passo a passo, 2015, p. 110).

são tomadas como pontos importantes de pesquisa – numa condição de livre-resposta (semiestruturada)[22], ou pode também condicioná-lo a uma objetividade maior (estruturada)[23], dentro do quadro estrito de perguntas formuladas criteriosamente pelo pesquisador; também é possível que a técnica de pesquisa das entrevistas seja aplicada em situações em que se consente ampla conversação entre o(a) pesquisador(a) e o(a) pesquisado(a), a chamada entrevista aberta[24], ou considerando a relevância da história de vida do(a) entrevistado(a), enquanto manifestação de forma de pesquisa *intuitu personae*[25],

---

22. "As entrevistas semiestruturadas, por sua vez, são aquelas cujo roteiro é caracterizado por uma série de perguntas abertas, feitas verbalmente em uma ordem previstas, mas na qual o entrevistador pode acrescentar perguntas de 'esclarecimento'" (Ribeiro, Vilarouca, Quando devo fazer pesquisa por meio de entrevistas, e como fazer, *in Metodologia jurídica*: um roteiro prático para trabalhos de conclusão de curso (Queiroz; Feferbaum, orgs.), 2012, p. 220).

23. "A dicotomia estruturação *versus* não estruturação remete à forma de elaboração do roteiro de entrevistas: se bastante estruturado, não permitindo inovação tanto nas perguntas como nas respostas, ou se pouco estruturado, permitindo que tanto o entrevistador como o entrevistado possam mudar a direção da conversa dependendo da forma como o conteúdo é abordado. Assim, as entrevistas estruturadas são utilizadas para a produção de dados quantitativos porque contam com um questionário em que as perguntas e as respostas são altamente padronizadas, o que não ocorre nos demais casos" (Ribeiro, Vilarouca, Quando devo fazer pesquisa por meio de entrevistas, e como fazer, *in Metodologia jurídica*: um roteiro prático para trabalhos de conclusão de curso (Queiroz; Feferbaum, orgs.), 2012, p. 218).

24. "Por fim, tem-se as entrevistas abertas, que muito se assemelham ao 'descontraído papo' de que falava Mann (1983), sendo uma técnica bastante utilizada 'quando o pesquisador deseja obter o maior número possível de informações sobre determinado tema, segundo a visão do entrevistado, e também para obter uma maior detalhamento do assunto em questão' (BONI; QUARESMA, 2005, p. 74)" (Ribeiro, Vilarouca, Quando devo fazer pesquisa por meio de entrevistas, e como fazer, *in Metodologia jurídica*: um roteiro prático para trabalhos de conclusão de curso (Queiroz; Feferbaum, orgs.), 2012, p. 220-221).

25. "Trata-se da entrevista de história de vida, que tem a função de retratar em profundidade as experiências vividas por determinadas pessoas" (Ribeiro, Vilarouca, Quando devo fazer pesquisa por meio de entrevistas, e como fazer, *in Metodologia jurídica*: um roteiro prático para trabalhos de conclusão de curso (Queiroz; Feferbaum, orgs.), 2012, p. 221).

consideradas as diversas finalidades, para pesquisas mais amplas, voltadas à construção de dados, ou as pesquisas mais personalizadas, em qualquer situação, o processo de preparação, planejamento e definição das questões envolve esforços significativos de construção do roteiro de pesquisa, abrangendo o roteiro de entrevista[26], antes de sua execução em campo;

d) técnicas de questionário: o questionário escrito, pré-elaborado (favorece o anonimato, a uniformidade, a rapidez na apuração de resultados, a filtragem das subjetividades na comunicação), preparado segundo regras de construção de questionários, "é um instrumento apto para obter respostas a perguntas determinadas relativas aos argumentos que constituem o objeto da pesquisa"[27]; deve estar muito bem elaborado, antes de sua aplicação, o que demanda do pesquisador um bom conhecimento prévio do assunto, do tema, dos problemas e das variáveis inseridas na dimensão do questionário; demanda uma temática que careça de específica condução metodológica para a apuração empírica por resultados, pois não é qualquer tema ou ciência jurídica que comporta plausível aceitação desta técnica; técnicas específicas de formulação de questionário devem ser buscadas, antes da aplicação deste, atendendo-se, especialmente, às seguintes observações: formulação de perguntas conforme o

---

26. Um bom exemplo de roteiro é este: "Segue um roteiro bastante reduzido das etapas a serem observadas nessa fase:

• elaboração do roteiro;

• pré-teste;

• preparação da carta de cessão ou documento que garanta que o entrevistado tem ciência da natureza da entrevista e do uso de suas respostas (inclusive da gravação da entrevista);

• agendamento da entrevista;

• treinamento para interpretar não apenas as respostas, mas os sinais dados pelo entrevistado" (Ribeiro, Vilarouca, Quando devo fazer pesquisa por meio de entrevistas, e como fazer, in *Metodologia jurídica*: um roteiro prático para trabalhos de conclusão de curso (Queiroz; Feferbaum, orgs.), 2012, p. 228).

27. Treves, Métodos de pesquisa empírica, in *Sociologia e Direito* (Souto; Falcão, orgs.), 1999, p. 72.

público-alvo; perguntas fechadas, com escolha reduzida de respostas; perguntas abertas, com espaço maior para a escolha de quem responde; este tipo de procedimento investigativo tende a ser utilizado para atender a escalas enormes de necessidades de investigação (população numérica a atingir) e, geralmente, serve de base para análise de dados montados por meio de técnicas específicas da estatística, para o que se deve recorrer a conhecimentos específicos na produção de dados interpretáveis a partir de critérios eleitos (curva desvio; comportamento-padrão etc.); a rigidez excessiva desta técnica pode conduzir a distorções de resultados, e, também, a má formulação pode induzir o questionário a ser um mau instrumento de avaliação de uma realidade;

e) técnicas de experimentação: por meio do experimento pode-se chegar a reproduzir um fenômeno que se quer estudar, fundamentalmente com vistas a comprovar uma tese ou uma hipótese, recondicionando as condições de sua produção, para que os mesmos efeitos decorram infinitamente diante de controlada situação em posse do pesquisador; há condições laboratoriais para o desenvolvimento de certos testes, de certos procedimentos, de certos modos de reprodução de fatos, valores, dados culturais ou práticas sociais (uma sala de aula pode-se converter em um laboratório; um escritório jurídico pode ser o celeiro de abastecimento de várias pesquisas sobre interesse judiciário, um tribunal de conciliação); trata-se de um instrumento capaz de produzir artificialmente um fenômeno e provocar uma observação cujo resultado seja tal que leve a um melhor conhecimento do fenômeno em si mesmo[28];

f) técnicas de estudo de caso: o estudo de caso é uma técnica usual em ciências sociais, consistindo na análise de uma realidade específica e em profundidade de detalhes;[29] na área do Direito vem se tornando cada vez mais destacado o seu uso, tendo em vista a

---

28. Cf. Treves, Métodos de pesquisa empírica, *in Sociologia e Direito* (Souto; Falcão, orgs.), 1999, p. 74.

29. "O estudo de caso é uma modalidade de pesquisa amplamente utilizada nas ciências sociais. Consiste no estudo profundo de um ou poucos casos, de maneira que permita seu amplo e detalhado conhecimento; tarefa praticamente

necessidade de abordagem de *casos judiciais*, com riqueza de detalhes e análise aprofundada; apontada como um recurso importante para o estudo de uma situação específica, de um fenômeno isolado, de uma aplicação institucional, de um *case law* (para qualquer área do conhecimento jurídico, desde Direito das Organizações Internacionais até Direito Civil), de um processo ou procedimento e de seus resultados, de uma negociação, ou do processo de relacionamento (comercial, jurídico, diplomático) entre duas pessoas ou organizações, demanda do pesquisador um foco na situação, mas um olhar abrangente que faz com que careça de diversos mecanismos de investigação para que sua pesquisa não se torne mera descrição de fatos, o que, sem dúvida nenhuma, empobreceria o relatório de pesquisa; o *estudo* de caso demanda algo mais que a apresentação da situação e de seus desdobramentos, pois haverá de colocar o pesquisador na condição de observador, e ainda na condição de analista, para o que é necessário o aporte bibliográfico (conhecimento da noção de asilo político), o estudo da legislação (investigação sobre a condição jurídica do asilado), o acompanhamento do caso (a extradição de um estrangeiro famoso por decisão do STF no Brasil), a refinada leitura dos autos que documentam o procedimento (acesso aos autos do processo de extradição);

g) técnicas de pesquisa-ação: a pesquisa-ação tem enorme propriedade na área das ciências sociais,[30] mas vem sendo percebida como uma ferramenta de interessante uso na área do Direito; apontada com muita propriedade por Spinola,[31] é um recurso útil para temas jurídicos, na medida em que propõe uma responsabilização entre o trabalho de

---

impossível mediante outros delineamentos já considerados" (Gil, *Como elaborar projetos de pesquisa*, 6. ed., 2019, p. 34).

30. "O termo *pesquisa-ação* foi cunhado em 1946 por Kurt Lewin, ao desenvolver trabalhos que tinham como propósito a integração de minorias étnicas à sociedade norte-americana. Assim, definiu pesquisa-ação como a pesquisa que não apenas contribui para a produção de livros, mas também conduz à ação social" (Gil, *Como elaborar projetos de pesquisa*, 6. ed., 2019, p. 38).

31. Spinola, Metodologia do trabalho científico em ciências ambientais, *in Curso interdisciplinar de direito ambiental* (Philippi Jr.; Caffé Alves, orgs.), USP, 2005, p. 936-942.

pesquisa e a mobilização social, e a pesquisa-ação representa um modo de interferência sobre determinada comunidade a ponto de, por fruto do trabalho de pesquisa, surgir como interface da investigação, uma espécie de produto social, ambiental, comportamental, político, institucional qualquer (técnica apropriada para ações afirmativas, para implementação de políticas sociais, para discussão e disseminação da cultura de direitos humanos, para áreas de afirmação da consciência política, para a disseminação de direitos e acesso à justiça); trata-se de um mecanismo bastante envolvente para temas de cidadania, de ativismo social e, especialmente, para a pesquisa na área dos direitos humanos, na qual o fato de o pesquisador desenvolver sua atividade já importa em uma mudança qualitativa da condição do meio sobre o qual intervém; no entanto, especialmente em função de sua condição, pode-se dizer que o pesquisador deve exercer seu papel com o maior cuidado ético possível, observando regras e parâmetros escudados em compromisso profissional com a causa que postula; para o bem-sucedido exercício da pesquisa-ação, são requeridas também as técnicas apropriadas, sendo as mais usuais a entrevista, o questionário, a observação participante, a história de vida, o sociodrama;[32]

h) técnicas de pesquisa participante: a pesquisa participante é uma técnica de pesquisa de grande utilidade nas ciências sociais, reconhecendo-se uma forte semelhança desta com a pesquisa-ação; no entanto, a pesquisa participante se desenvolve na medida do envolvimento de uma população local em todas as etapas de planejamento e execução das tarefas de pesquisa,[33] com a finalidade de alcançar

---

32. "Diversas técnicas são adotadas para a coleta de dados na pesquisa-ação. A mais usual é a entrevista aplicada coletiva ou individualmente. Também se utiliza o questionário, sobretudo quando o universo a ser pesquisado é constituído por grande número de elementos. Outras técnicas aplicáveis são: a observação participante, a história de vida, a análise de conteúdo e o sociodrama. Esta última mostra-se adequada para a investigação de situações marcadas por relações de desigualdade: patrão/empregado, professor/aluno, homem/mulher etc." (Gil, *Como elaborar projetos de pesquisa*, 6. ed., 2019, p. 139).

33. "Já na pesquisa participante (pelo menos da forma como é concebida no Terceiro Mundo), os grupos interessados são constituídos por pessoas de parcos recursos (trabalhadores rurais, favelados, índios etc.), o que dificulta a elaboração de um plano rigoroso de pesquisa. Em virtude das dificuldades para contratação

soluções e resultados para as suas necessidades reais e concretas.[34] Para o bom desenvolvimento desta modalidade de pesquisa, é de crucial importância o envolvimento entre pesquisadores e comunidade, de modo que o empreendimento coletivo alcance os seus objetivos; na área do Direito, são raras as iniciativas, inclusive, tendo-se em vista o nascimento dessa técnica, na área da Educação e da Pedagogia;[35] seu cabimento, no entanto, é amplo em temas de emancipação, organização social, cidadania, educação em direitos humanos, desenvolvimento social e políticas públicas; em qualquer situação, não se pode partir para a produção de resultados ou para o alcance dos objetivos comuns, sem antes se praticar a preparação e a formação dos membros da comunidade e dos pesquisadores envolvidos, através de ações educativas, que devem estar previstas no planejamento das atividades.[36]

---

de pesquisadores e assessores, para reprodução de material para a coleta de dados e mesmo para garantir a colaboração dos grupos presumivelmente interessados, o planejamento da pesquisa tende, na maioria dos casos, a ser bastante flexível" (Gil, *Como elaborar projetos de pesquisa*, 6. ed., 2019, p. 142).

34. "Pode-se definir pesquisa participante como uma modalidade de pesquisa que tem como propósito 'auxiliar a população envolvida a identificar por si mesma os seus problemas, a realizar a análise crítica destes e a buscar as soluções adequadas' (Le Boterf, 1984). Trata-se, portanto, de um modelo de pesquisa que difere dos tradicionais porque a população não é considerada passiva e seu planejamento e condução não ficam a cargo de pesquisadores profissionais. A seleção dos problemas a serem estudados não emerge da simples decisão dos pesquisadores, mas da própria população envolvida, que os discute com os especialistas apropriados" (Gil, *Como elaborar projetos de pesquisa*, 6. ed., 2019, p. 39).

35. "As origens da pesquisa participante estão na ação educativa. Sua principal influência encontra-se nos trabalhos de Paulo Freire relativos à educação popular" (Gil, *Como elaborar projetos de pesquisa*, 6. ed., 2019, p. 39).

36. "Com base nas hipóteses formuladas na fase anterior, elabora-se o plano de ação, que comporta:

a) ações educativas que permitam analisar os problemas e as situações vividas;

b) medidas que possam melhorar a situação em nível local;

c) ações educativas para viabilizar a execução de tais medidas;

d) ações que encaminhem soluções a curto, médio ou longo prazo, em nível local ou em escala mais ampla" (Gil, *Como elaborar projetos de pesquisa*, 6. ed., 2019, p. 144-145).

além dos possíveis encaminhamentos e soluções alcançados ao final das etapas de pesquisa.

2. Método e trabalhos alternativos no Direito

É muito usual, no campo do direito, que a pesquisa científica se torne uma pesquisa bibliográfica. Em geral, a produção da área se vê mobilizada por esse tipo de modalidade de pesquisa. Mas também há pesquisa iconográfica, pesquisa documental, pesquisa de história oral, pesquisa de campo, pesquisa de opinião. O termo "pesquisa", como investigação, abre um leque variado de perspectivas para o aprofundamento do conhecimento e da cultura, em suas múltiplas dimensões e interfaces. Nesse sentido, o que se destaca é que a pesquisa no Direito vem marcada por certas características, quais sejam predomínio de fontes escritas; revisão de bibliografia; trabalho intelectual dedutivo.

Quase sempre, por isso, a pesquisa no Direito acaba se valendo de algumas técnicas mais ou menos invariáveis. Apesar das técnicas em pesquisa indicarem muitos "caminhos" – e o "método" é exatamente isso, uma indicação de rumos e caminhos –, especialmente quando são requeridas certas habilidades *interáreas* e *interdisciplinas*, a prática dos trabalhos acadêmicos na área acaba por estar também marcada por certos *procedimentos-padrão*. A partir do levantamento das técnicas de pesquisa, elaboradas nos itens anteriores, pode-se verificar que a ciência do direito pode valer-se de inúmeras perspectivas de trabalho investigativo. Pelo destaque conferido à diversidade de técnicas aplicáveis ao estudo do Direito (histórica, conceitual, normativa, amostragem, entrevista, questionário, observação, estudo de caso, pesquisa-ação), já se pode perceber que, apesar de grande porcentagem dos trabalhos acadêmicos na área do direito estarem voltados para a pesquisa bibliográfica, existem várias alternativas de perfis de pesquisa, como também diversas alternativas de perfis de trabalhos acadêmicos.

Os procedimentos-padrão, que acabam por predominar na dinâmica dos cânones de investigação científica de uma determinada área, não podem, no entanto, impedir o arejamento do conhecimento, recebendo-se os ventos advindos de influências de metodologias e técnicas que são mais usuais em outras áreas do conhecimento. Assim, além dos trabalhos acadêmicos conclusivos mais habituais (monografia ou TCC, para curso de graduação; monografia ou *paper*, para curso de especialização; dissertação, para curso de mestrado; tese, para curso de doutorado), também podem-se realizar trabalhos acadêmicos com perfil alternativo.

Por isso, pode-se falar em "trabalhos acadêmicos alternativos", quando não se deseja confinar a experiência da produção do conhecimento jurídico na experiência da produção apenas de monografias. Porém, a expressão "trabalhos alternativos" não pode dar azo à depreciação, como se alternativo fosse sinônimo de algo menor em pesquisa (pode haver mais avanços num trabalho alternativo bem elaborado do que uma monografia repetitiva de temas e autores usuais), e a expressão "trabalhos alternativos" somente pode ser válida enquanto novas práticas não preencherem a cultura de orientação na área do direito de novos recursos e formas de expressão de saber e busca de fronteiras de conhecimento.

Quando se procura gerar o efeito de promover o enriquecimento do horizonte cultural, a abertura do enfoque dos trabalhos de investigação e a realização de formas de geração criativa de iniciativas de transformação social pelo papel da educação, podem-se aproximar as técnicas de pesquisa que mais favoreçam este perfil de inquietação intelectual. Entende-se que, se o direito costuma atrair olhares para diversos temas e questões sociais, nem todas estas questões podem ser bem tratadas a partir de um único tipo de técnica de pesquisa.

Os exemplos abaixo são sugestivos e procuram apresentar as virtudes e vantagens de se realizar pesquisas alternativas no Direito:

– para um trabalho de pesquisa entre *direito e antropologia*, a pesquisa iconográfica pode ser uma grande distinção do empreendimento do pesquisador; a investigação que lide com um acervo de imagens pode representar uma fronteira de enorme valor a ser explorada pelo pesquisador (a exemplo dos trabalhos desenvolvidos pelo *Laboratório de Imagem e Som em Antropologia* – USP)[37];

---

37. Consultar Laboratório de Imagem e Som em Antropologia (www.lisa.usp.br).

– para um trabalho de *direitos humanos*, com perfil de direitos civis e políticos, envolvendo defensores de direitos humanos, vítimas de injustiça do sistema penitenciário, torturados da ditadura militar, lideranças do movimento estudantil, os recursos bibliográficos podem ser muito escassos, e é nesse momento que a história oral pode ser evidenciada[38], sendo que o uso da técnica das entrevistas (entrevista estruturada; entrevista livre) pode ser a pedra de toque a distinguir a originalidade da pesquisa desenvolvida[39] (a exemplo dos trabalhos desenvolvidos pelo *Núcleo de Estudos de História Oral* – USP)[40];

– para um trabalho de *direitos humanos*, com perfil de direitos sociais, envolvendo membros de uma comunidade, com recurso à técnica da "pesquisa-ação", promove-se a integração entre investigação teórico-bibliográfica (trabalho de gabinete) e a extensão universitária, tornando o pesquisador um ator social de um processo de transformação, em que os benefícios colhidos geram acesso aos direitos pela comunidade e a realização de um conhecimento enriquecido pela aprendizagem prática e engajada na realidade, de valiosa

---

38. "Uma estratégia, elaborada por volta da metade do século e em seguida caída em desuso, há alguns anos revitalizou-se. Esta estratégia, pela importância que atribui aos indivíduos e à sua vivência, poderia prestar serviços ao pesquisador à procura de respostas às questões colocadas acima. Batizada de história ou narrativa de vida, pode ser definida como a narração, por uma pessoa, de sua experiência vivida" (Laville, Dionne, *A construção do saber*: manual de metodologia da pesquisa em ciências humanas, 2007, p. 158).

39. "Sempre em função da hipótese e da exigência de sua verificação, o pesquisador pode também reduzir o caráter estruturado da entrevista e torná-la menos rígida e menos constrangedora. Inspirando-se, por exemplo, no que foi feito anteriormente com o questionário normatizado, pode-se conservar a padronização das perguntas sem impor opções de respostas.

O pesquisador consegue os mesmos ganhos que no caso do questionário, principalmente pelo fato de que, deixando o entrevistado formular uma resposta pessoal, obtém uma ideia melhor do que este realmente pensa e se certifica, na mesma ocasião, de sua competência" (Laville, Dionne, *A construção do saber*: manual de metodologia da pesquisa em ciências humanas, 2007, p. 187).

40. Consultar Núcleo de Estudos de História Oral (www.neho.usp.br). A respeito das técnicas e das especificidades da história oral, em suas diversas modalidades, consulte-se Meihy, Ribeiro, *Guia prático de história oral,* 2011, p. 12-43.

aquisição, seja para o grupo, seja para o indivíduo (a exemplo dos trabalhos de extensão realizados pela UnB)[41];

– para um trabalho de pesquisa entre *direito e arte*, a revisão das experiências de injustiça vividas e traduzidas em linguagem literária e artística e o labor com as fontes correlacionadas a direito e literatura servem de pano de fundo para o aprofundamento da experiência cênico-estética, de onde se pode extrair a realização de uma peça de teatro (a exemplo das experiências de direito e arte deixadas pelos trabalhos escritos e, especialmente, pelas oficinas de direito e arte, por Luiz Alberto Warat);

– para um trabalho de pesquisa entre *direito e pedagogia*, pode-se realizar uma ação socioeducativa, pedagogicamente orientada e voltada para o envolvimento de um grupo de jovens do ensino médio, com os quais se partilha a construção do conhecimento sobre o direito, enquanto se realiza a ação educativa ("Direito e cidadania"), experiência que pode servir de referência para a implementação definitiva da disciplina no currículo da escola, para a construção do conhecimento com vistas na formação (a exemplo do que se pode extrair dos princípios fundamentais do PNEDH)[42];

– para um trabalho de pesquisa entre *direito e sociologia*, a construção coletiva de um *site* comunitário, que se torne a ferramenta de diálogo e intercompreensão dentro de um universo seletivo de indivíduos, pelo qual se mobiliza um espaço virtual para a divulgação da identidade do grupo, permite uma forma de se realizar um perfil de pesquisa que transforma, com a acessibilidade ao mundo virtual, a dinâmica das crenças, das biografias e dos sujeitos envolvidos num processo de reconhecimento e empoderamento, especialmente quando se trata de grupos cuja identidade foi lesada, violada ou degradada pela invisibilidade social[43].

---

41. A respeito, *vide* Souza Junior, Costa, Maia Filho, *A prática jurídica*: reconhecer para emancipar (orgs.), 2007.

42. Consulte-se Souza Junior et al. (orgs.), *Educando para os direitos humanos*: pautas pedagógicas para a cidadania na Universidade, 2004.

43. A respeito, consulte-se Meihy, Ribeiro, *Guia prático de história oral*, 2011, p. 53-56.

Pelos exemplos apresentados acima, a depender da flexibilidade das normativas internas do curso (e/ou das exigências normativas provenientes da CAPES e do MEC-INEP), podem-se realizar atividades que tenham idêntico valor conclusivo e reflexivo, para a formação do acadêmico e do pesquisador, como também redundem em algo diferente da apresentação de uma monografia. Por vezes, inclusive, quando as exigências forem incontornáveis, o trabalho escrito monográfico pode ser seguido e acompanhado de umas dessas alternativas (ação educativa, trabalho videofonográfico, teatralização, produção de *site*, ação educativa, ação de cidadania).

Em qualquer das hipóteses apontadas, ou em outras que se possam desenvolver, a melhor ancoragem do projeto estará no rigor da pesquisa (as pesquisas heterodoxas costumam ser mais questionadas do que as pesquisas ortodoxas), no uso adequado e refletido da técnica de pesquisa e na capacidade de orientação do projeto. Por isso, antes de iniciar o projeto de pesquisa, a tarefa de orientação será a de cercar com os devidos cuidados, cautelas e técnicas o desenvolvimento da atividade. Se houver sinergia institucional, recursos adequados para a aplicação das técnicas precisas, segurança de orientação por parte do orientador, maturidade no desenvolvimento e aplicação das metodologias alternativas, a experiência de reflexão por elas promovida pode ter sucesso e colaborar para promover um ensino jurídico de qualidade formadora, crítica e reflexiva.

Como a atividade de pesquisa requer a responsabilidade do pesquisador, não é de se valer das "experiências alternativas" como simples meio de "fuga" à tarefa de produção de uma monografia de conclusão de curso. Se servirem de forma a escamotearem-se as exigências da monografia, as experiências alternativas apenas colaborarão para rebaixar a significação do que se faz no plano das práticas acadêmicas. Ao contrário, se os meios alternativos responderem a legítimas aspirações de realização de pesquisa, terão sucesso evidente no sentido de requalificarem para melhor os usos, as técnicas e os recursos de pesquisa que são normalmente aplicados ao campo do Direito.

3. Método e fontes jurídicas de pesquisa

Toda atividade de pesquisa científica, no fundo, consiste numa atividade de procura, busca, que se direciona exatamente no sentido da aquisição do saber científico. Essa busca se instrumentaliza e se torna real sobre fontes de pesquisa[44], que se constituem de todo o material existente, à disposição ou a ser descoberto, que é capaz de guardar informações a serem estudadas. As fontes de pesquisa científica variam em importância de acordo com o ramo do conhecimento ao qual se ligam e ao qual são capazes de transmitir conhecimentos. Assim, as fontes de pesquisa do cientista político, do historiador, do paleontólogo, do físico e do antropólogo não são as mesmas que as utilizadas pelo jurista, o que não quer dizer que eventualmente as descobertas feitas por estes pesquisadores não possam interferir no curso das pesquisas da área do Direito.

No entanto, neste espaço, é necessário que se estudem especificamente as fontes jurídicas de pesquisa, pois é sobre estas que se construirão novas fronteiras para a ciência do Direito, considerando seus inúmeros ramos internos. É certo que as fontes de pesquisa que apoiam a pesquisa jurídica não se confundem com as fontes do Direito[45], no sentido das fontes do sistema jurídico. Ainda assim, é importante, nesta parte, remontar à metáfora do surgimento, da emanação, do nascimento ou do afloramento; falar de fontes jurídicas é pensar em detectar de onde surge o Direito (*ex qua ius oritur*). Nesse sentido, é remontar-se ao estudo do *onde*, do *como*, do *porquê* do Direito[46].

---

44. "Para o pesquisador, a fonte é o que media seu contato com o fenômeno que esteja pesquisando. Podem ser documentos, livros, ações diretamente observadas, depoimentos de terceiros, etc. Os autos de um processo da inquisição portuguesa arquivados na Torre do Tombo, em Lisboa, são uma fonte para o pesquisador do presente que queira estudar a inquisição" (Queiroz, *Monografia jurídica*: passo a passo, 2015, p. 81).

45. A este respeito: "Do ponto de vista da metodologia da pesquisa jurídica, a questão que salta aos olhos é: as fontes da pesquisa jurídica equivalem às fontes do direito? Penso que a resposta deve ser categoricamente negativa" (Queiroz, *Monografia jurídica*: passo a passo, 2015, p. 79).

46. O que se quer dizer é que o estudo das fontes é verdadeiramente o estudo das formas pelas quais se estrutura um ordenamento jurídico: "Por outro lado,

É de fundamental importância elencá-las, conhecê-las, para que se saiba procurá-las, utilizá-las, aplicá-las, mediante a atividade prática de levantamento de dados e de sistematização de informações para efeitos de estudos científicos teóricos ou aplicados. Assim é que se podem organizar as diversas fontes jurídicas de pesquisa científica, de acordo com a utilidade, com a importância, com a acessibilidade, com a força que possuem, com o grau de hierarquia dentro do ordenamento jurídico, com o grau de eficácia social, com o destaque histórico que o tema ou a questão possa ter no imediato contexto histórico em que a pesquisa esteja sendo desenvolvida. Há, por isso, várias aplicações e várias significações no que tange aos critérios de escolhas das fontes jurídicas. De toda forma, apresenta-se abaixo uma forma de classificar as fontes de pesquisa de interesse para a pesquisa jurídica, exclusivamente para efeitos didáticos, visando elucidar a natureza própria da fonte, de modo a discriminar as fontes entre si como segue, num grande leque de possibilidades e subsídios que se abrem para o trabalho científico do pesquisador:

1. *Fontes mediatas de pesquisa*: experiência; vivência; trabalho; observação; atuação política; debate público; aprendizado didático-escolar; inter-relacionamento social; participação em movimentos sociais e estudantis.

2. *Fontes imediatas de pesquisa*:

2.1. *Fontes imediatas de pesquisa de interesse jurídico*: curtas-metragens ou longas-metragens; obras de literatura; canções; notícias de jornais; reportagens do jornalismo televisivo; entrevistas; Internet (*sites* e *links*); videofonogramas; ilustrações; gravuras; fotos; pinturas; esculturas; resultados de pesquisas científicas; discursos políticos etc.

2.2. *Fontes imediatas jurídico-formais de pesquisa*: legislação, tratados internacionais (ratificados ou não ratificados pela ordem jurídica nacional); princípios (princípios gerais do Direito, princípios

---

a teoria das fontes proporciona uma série de regras estruturais do sistema do ordenamento que dizem respeito à entrada de uma norma no conjunto, portanto, ao seu reconhecimento como jurídica" (Ferraz Júnior, *Introdução ao estudo do direito*: técnica, decisão, dominação, 1994, p. 226). "Ou seja, a noção de fonte pertence à estrutura, não ao repertório" (p. 248).

constitucionais e princípios especiais dos diversos ramos das ciências do Direito); negócio jurídico (modelos negociais, contratuais e empresariais); analogia (analogia *juris* e analogia *legis*); costumes; jurisprudência (decisões dos tribunais, súmulas, enunciados...); doutrina nacional ou estrangeira (artigos científicos, conferências, anais de congressos, livros publicados); equidade (decisões que se utilizam da equidade para solução de caso concreto); práticas contemporâneas de cidadania (mediação de conflitos; políticas públicas participativas; decisão arbitral; justiça restaurativa)[47].

Percebe-se que as fontes imediatas de pesquisa de interesse jurídico são mais amplas que as fontes imediatas jurídico-formais de pesquisa. Isso porque se pode, com toda pertinência, desenvolver uma excelente e impactante pesquisa jurídico-científica sobre um *projeto de lei* (consistente na análise de seu conteúdo, dos interesses sociais envolvidos, dos efeitos e eventuais sugestões a eles), sem que sequer se possa admitir que o PL ainda seja fonte formal do Direito.

Assim também ocorre com a análise jurídico-sociológica ou jurídico-semiótica dos discursos presidenciais da última década (e seu relacionamento com a ideologia popular; e seu relacionamento com as políticas empresariais; e seu relacionamento com as aspirações eleitorais). Tem-se aí um conjunto de esforços intelectuais no sentido de compreender uma conjuntura política ou um esquematismo de exercício de poder e suas relações com os trâmites de construção da democracia e da ordem jurídica nacional. Nem por isso estar-se-á

---

47. As classificações que se dão às fontes são as mais variadas. São elas que se têm aqui presentes como fontes de inspiração para a elaboração desta classificação das fontes de pesquisa científica do direito. Deve-se observar especialmente a minuciosa classificação elaborada por Gusmão: são dois os tipos de fontes: fontes formais do direito, ou seja, as formas de expressão do direito (lei, regulamento, decreto, portaria...); fontes materiais do direito, ou seja, a origem material e concreta de todo ato de coordenação da conduta humana em sociedade (fenômenos sociais, ideológicos, políticos, econômicos, religiosos...). Ainda: fontes estatais do direito (Constituição, lei complementar, emenda constitucional, lei, regulamento, decreto, medida provisória); fontes não estatais (costume); fontes infraestatais (contrato coletivo de trabalho, jurisprudência, doutrina); fontes supraestatais (tratado internacional, costume internacional, princípios gerais de direito dos povos civilizados). Cf. Gusmão, *Introdução ao estudo do direito*, 24. ed., 1999, p. 86-99.

a construir uma pesquisa fundada numa fonte de expressão do Direito, mas, ainda assim, estar-se-á diante de uma pesquisa juridicamente fundada, de grande originalidade e expressão.

4. Método e fontes imediatas jurídico-formais de pesquisa

Tecer considerações, ainda que superficiais, a respeito das fontes imediatas jurídico-formais de pesquisa implica deter-se na análise das formas pelas quais se expressa concretamente o Direito. Isso significa dizer que o Direito se corporifica por meio de determinados atos, e estes atos normalmente se concretizam e redundam em textos jurídicos (textos de legislação; textos de tratados internacionais; textos de princípios; textos de jurisprudência etc.).

Se o Direito se manifesta pelas chamadas fontes do Direito, trata-se de vislumbrar neste conjunto de *textos jurídicos* a forma pela qual se manifestam as decisões jurídicas, ou jurídico-políticas, que haverão de influenciar o comportamento social. Nesse sentido é que se tomarão sistemática e sucessivamente as fontes imediatas jurídico-formais de pesquisa para a análise de seu sentido e sua formação.

Trabalhar com pesquisa jurídica, levantar dados, comparar informações, construir redes de significação a partir de textos e informações jurídicas, é fundamentalmente discutir as *fontes imediatas jurídico-formais de pesquisa jurídica*. É este o material jurídico mais imediato de que dispõe o jurista (texto de uma lei; enunciação de um princípio do Direito; texto de uma súmula vinculante; costume de uma praça de comércio; contrato firmado entre duas ou mais pessoas; citação extraída de obra de doutrina etc.). Isso se diz somente na tentativa de elucidar que ao se manipular um material de pesquisa científico-jurídico, fundamentalmente, estar-se-á a manipular as fontes do Direito. Ter-se-á por base, sobretudo, o que a respeito da matéria enuncia o art. 4º da LINDB ("Quando a lei for omissa, o juiz decidirá o caso de acordo com a analogia, os costumes e os princípios gerais do direito"). Nesse sentido é que se lança esta empreitada.

De princípio, é necessário que se esclareça a centralidade que a legislação ocupa em meio às demais fontes do Direito. Tendo em vista que a autoridade do texto legal vem revestida de especial proteção de sua validade, sempre concedida por outra norma superior, seu estatuto é de vinculação à teia das demais normas integradas ao ordenamento jurídico. Assim, a legislação possui autoridade competente específica para produzi-la, forma de criação específica, procedimento específico, de acordo com o que a própria Constituição prevê para a realização formal, procedimental e material desse ato jurídico[48]. Para que determinado ordenamento jurídico exprima os preceitos primordiais, basilares e genéricos para o governo da conduta humana em sociedade, é necessário que se convertam em texto de lei, ou seja, que apareçam como emanação de uma autoridade legislativa competente para exarar o ato[49].

A lei se submete, portanto, para sua criação, ao processo legislativo, ou seja, a procedimento para sua regular entrada no ordenamento jurídico, e sua expressão como texto de norma válida. As etapas abrangidas pelo procedimento são as que seguem: iniciativa → discussão → votação → aprovação → sanção → promulgação → publicação → vigência → eficácia → vigor ou força[50].

Mas nenhum ordenamento é formado somente de uma modalidade de legislação, se apresentando numa grande variedade de espécies, que cumprem funções distintas dentro da ordem jurídica. São elas: Constituição; emenda à Constituição; lei complementar; lei ordinária; lei delegada; medida provisória; resoluções; regulamentos; instruções ministeriais; portarias; circulares; ordens de serviço. Devem-se considerar, ainda, os tratados e convenções internacionais. Nesta estrutura, como se percebe, a Constituição tem papel de supremacia, irradiando através de suas regras e princípios as normas

---

48. "Legislação, *lato sensu*, é modo de formação de normas jurídicas por meio de atos competentes" (Ferraz Júnior, *Introdução ao estudo do direito*: técnica, decisão, dominação, 1994, p. 227).

49. "A lei é a forma de que se reveste a norma ou um conjunto de normas dentro do ordenamento" (Ferraz Júnior, *Introdução ao estudo do direito*: técnica, decisão, dominação, 1994, p. 232).

50. Ferraz Júnior, *Introdução ao estudo do direito*: técnica, decisão, dominação, 1994, p. 233.

fundamentais que definem as diretrizes e regulam a forma de funcionamento do ordenamento jurídico.

Obedece-se, portanto, à ideia de hierarquia normativa, e isso porque as normas possuem um engajamento sistemático-estrutural que lhes permite uma distribuição tal que a norma de maior abrangência tenha de ser respeitada pela norma de menor abrangência etc. Assim é que se deve respeitar a enunciação da estrutura de sistema do ordenamento jurídico, sob pena de invalidade do ato praticado com infringência da regra hierárquica. Esta hierarquia vincula o juiz; mais que isso, significa que se pode arguir da constitucionalidade ou não de uma lei; da legalidade ou não de uma lei[51].

As fontes internacionais vêm ganhando cada vez maior relevância no conjunto do ordenamento jurídico brasileiro, na medida em que se consideram as transformações constitucionais recentes, especialmente a incorporação do § 3º ao art. 5º da CF/88. Em matéria de tratados de direitos humanos, a ordem constitucional passa a ser integrada também pelas vinculações internacionais que os direitos humanos mundialmente reconhecidos aportam em termos de valores de proteção à pessoa humana. Ademais, outras fontes internacionais, tais como os costumes internacionais, os costumes do comércio marítimo, os acordos, pactos, tratados e convenções, a jurisprudência das cortes internacionais, devem ser considerados neste espectro[52].

Por sua vez, estudar os princípios do Direito – considerando-os como princípios gerais do direito, princípios constitucionais e princípios especiais dos ramos da ciência do Direito – é o mesmo que estudar núcleos de significação que norteiam e guiam valores precípuos do ordenamento jurídico[53]. Os princípios desempenham um papel de guia e orientação de significação, sintetizando uma gama muito vasta de axiologias em sua estrutura, a exemplo do princípio da moralidade administrativa, para a administração pública, ou

---

51. Cf. Gusmão, *Introdução ao estudo do direito*, 24. ed., 1999, p. 80-90.

52. Cf. Gusmão, *Introdução ao estudo do direito*, 1999.

53. "Já os princípios gerais do direito constituem uma reminiscência do direito natural como fonte" (Ferraz Júnior, *Introdução ao estudo do direito*: técnica, decisão, dominação, 1994, p. 247).

ainda, do princípio da dignidade da pessoa humana, para o campo dos direitos humanos, do princípio da defesa do consumidor, para o campo da ordem econômica.

A analogia, não obstante a controvérsia[54], pode também ser admitida como fonte do Direito porque, na falta de uma norma para a solução de determinado caso, pode-se invocar uma norma que tenha incidência lateral sobre o problema em questão, que já tenha solucionado caso parecido anteriormente. Assim, a partir de um procedimento lógico por semelhança, passa-se a extrair uma solução analógica. No fundo, representa o que o juiz tecnicamente faz com o preceito normativo, alargando sua abrangência para casos não previstos.

O negócio jurídico, ou pacto particular de vontades, desde que conforme preceito de lei, ou, na ausência de preceito específico, não fira a moral, a ordem pública e os costumes, vale como formação de uma regra capaz de dirimir conflitos e de estabelecer vínculo entre duas ou mais pessoas. Neste caso, é lei entre as partes (*pacta sunt servanda*), obviamente desde que sejam respeitadas as limitações legais (cláusulas abusivas; objeto lícito, possível e determinado; forma contratual...). Junto a essa categoria também se podem alistar não somente os contratos de Direito privado ou público, mas as avenças coletivas de trabalho.

A jurisprudência, por sua vez, o conjunto de decisões reiteradas dos tribunais, é a abstração, por semelhança, do conteúdo envolvido em determinado caso-tipo extraído da prática judiciária. Assim, uniformiza-se, para casos que envolvam os mesmos elementos, um entendimento que se consolida numa lição genérica, útil para diversos casos a solucionar. A jurisprudência fixa entendimentos, orienta decisões futuras, leciona a respeito de antinomia, hierarquia de normas, justiça ou injustiça, ilegalidade, inconstitucionalidade..., de modo a servir de grande auxílio na construção, repetição ou inovação de entendimentos jurídicos aplicados. A jurisprudência com suas construções, no geral, flexibiliza os conteúdos normativos, conferindo

---

54. "Não é, propriamente, fonte do direito, mas instrumento técnico de que se vale o juiz para suprir a lacuna" (Ferraz Júnior, *Introdução ao estudo do direito*: técnica, decisão, dominação, 1994, p. 247).

maior dinâmica e vivacidade à letra da lei. Igualmente ao que acontece com a doutrina, os entendimentos da jurisprudência não são vinculativos da conduta.

O costume, apesar das divergências a respeito de sua admissão como fonte jurídica, também pode ser dito fonte imediata jurídico-formal do Direito, e consiste, por sua vez, na observância reiterada e social de um comportamento por longo tempo[55]. É fonte do Direito à proporção que preenche de conteúdo determinadas práticas sociais, inclusive criando e inovando em comportamentos, hábitos, fórmulas, procedimentos, métodos e atitudes, e na medida em que é capaz de retirar eficácia de normas jurídicas por inércia ou *desuetudo*[56]. São várias as hipóteses de relacionamento do costume com a lei (*praeter legem* – preenche em caso de lacuna legal (art. 4º da LINDB); *secundum legem* – coincidência com a lei (p. ex., art. 597 do novo Código Civil); *contra legem* – ou *desuetudo*, contrário à lei). O costume, quando necessário, deve ser provado, e isso se faz por todos os modos admitidos em Direito[57].

Em seguida, deve-se estudar, na linha de interesse deste capítulo, a doutrina, nacional ou estrangeira. A doutrina também é fonte do Direito, na medida em que é capaz de criar conceitos, organizar estruturas teóricas, formular soluções práticas, classificar e desenvolver conceitos e categorias jurídicas. A doutrina fornece subsídios teórico-reflexivos para a prática do Direito. Enfim, aquilo que se pensa e que se fala, cientificamente, acerca de questões jurídicas desemboca no esclarecimento de decisões judiciais, condução de querelas administrativas, na formação da opinião do jurisconsulto,

---

55. "O costume é, portanto, uma norma que deriva da longa prática uniforme ou da geral e constante repetição de dado comportamento sob a convicção de que corresponde a uma necessidade jurídica" (Diniz, *Compêndio de introdução à ciência do direito*, 1988, p. 277).

56. "A autoridade do costume repousa, pois, nesta força conferida ao tempo e ao uso contínuo como reveladores de normas, as normas consuetudinárias" (Ferraz Júnior, *Introdução ao estudo do direito*: técnica, decisão, dominação, 1994, p. 240).

57. "Prova-se o costume por todos os modos admitidos em direito" (Gusmão, *Introdução ao estudo do direito*, 1999, p. 120).

na preparação do legislador. A ciência e a opinião dos juristas, portanto, constituem contribuição de valia para a própria organização e estruturação do ordenamento jurídico. A doutrina não vincula, porque seus enunciados não são de observância obrigatória, mas seus pronunciamentos acabam por influenciar os atos e os entendimentos dos operadores do Direito.

A equidade é também fonte do Direito, na medida em que interfere na formação do juízo decisório. Não são todos os autores que veem na equidade propriamente uma fonte do Direito[58]. Trata-se de uma virtude humana que, quando aplicada para a decisão, é capaz de suprir e/ou corrigir as palavras da lei. Então, não sendo a lei, mas uma forma de correção e adaptação da lei de acordo com as necessidades práticas e concretas, é a justiça no caso concreto. Enfim, completa a justiça e faz justiça diante do específico de cada situação, tornando maleáveis, pela prudência racional humana, os conteúdos de lei. A equidade, normalmente, manifesta-se incorporada a uma decisão jurídica.

Ademais das já citadas fontes tradicionais, devem-se, ainda, estudar as práticas contemporâneas de cidadania (mediação de conflitos; políticas públicas participativas; decisão arbitral; justiça restaurativa), que agregam inestimável valor à experiência do Direito, especialmente se forem considerados os desafios de promoção de justiça, combate às violências, acesso à justiça, combate às desigualdades e a criação de oportunidades de exercício de cidadania. Estas práticas vêm entrando cada vez mais no âmbito do reconhecimento das fontes tradicionais do Direito e, por isso, devem ser levadas em conta para fins de estudo e pesquisa, tanto quanto na prática já vieram se consubstanciando em práticas alternativas de justiça incorporadas às instituições aplicadoras do Direito.

---

58. "Da mesma forma que os princípios gerais do direito, a equidade tem no sistema dinâmico uma função metalinguística. Ela responde pela estrutura de concretização do direito. Não é fonte, pois, no mesmo sentido dos demais" (Ferraz Júnior, *Introdução ao estudo do direito*: técnica, decisão, dominação, 1994, p. 248).

4.1. Utilizando as fontes imediatas jurídico-formais de pesquisa

Todo operador do Direito encontra-se às voltas com textos jurídicos. Em sua maioria, mas não absoluta, as fontes jurídico-formais imediatas de pesquisa apresentam-se em textos escritos. Se, de fato, existem fontes do Direito que não se esgotam na simplicidade de um texto, ao menos em algum momento de circulação pelos corredores do Direito serão convertidas em texto com vistas a facilitar a sua manipulação e para fixarem-se concretamente como prova de direitos ou como prova de uma opinião acerca de direitos.

Então, não somente o pesquisador do Direito, ou aquele que estiver às voltas com a elaboração de uma monografia, ver-se-á travando contato com uma das fontes imediatas jurídico-formais. É impossível pensar um operador do Direito que não manipule fontes jurídicas, seja ele um praxista, seja ele um teórico. Nesse sentido, desenvolveram-se essas ideias com o objetivo de ressaltar a importância do conhecimento das fontes, de sua estruturação, bem como de seu uso prático, de sua citação, de sua utilização efetiva, de seu emprego, de seu oportuno enquadramento em determinada situação jurídica...

Quer-se com isso oferecer ao leitor algumas ideias mínimas com relação ao uso e ao emprego das fontes, para que estas sirvam de orientação para suprir as carências que ocorrem na prática. Vejamos:

a) *Utilizando a lei*: o texto da lei deve ser respeitado em sua integridade, quando citado, devendo-se, de regra, evitar a confusão entre o que é a interpretação da lei e o próprio texto dela. Daí recomendar-se o uso de aspas precedendo e finalizando a citação do texto legal (ex.: art. 11 da Lei n. 9.610, de 19-2-1998: "Autor é a pessoa física criadora de obra literária, artística ou científica"). Se se considerar relevante, e necessário, para fins de destaque de um trecho de texto normativo, poder-se-á nele intervir apondo-se grifo, que será indicado logo após (ex.: art. 17 da Lei n. 9.610, de 19-2-1998: "É assegurada a proteção às *participações individuais* em obras coletivas" – grifo nosso). As abreviaturas e os cortes podem aparecer, contanto que não deturpem a integridade de sentido da norma, caso contrário deve-se seguir o princípio de que o texto é citado em sua integralidade. Situações há que permitem a abreviação, como, por exemplo, a de incisos anteriores que não possuam conteúdo prejudicial para o entendimento dos seguintes (ex.: art. 24 da Lei n. 9.610, de 19-2-1998: "São direitos morais do autor: (...) V – o de modificar a obra, antes ou depois de utilizada"). Quando autores da área jurídica citam um texto legal, qualquer que seja, desde o de uma portaria até o de um artigo da Constituição, presume-se que foi extraído de uma fonte recomendável (*Diário Oficial*, códigos e compilações autorizados e atualizados...). Deve-se redobrar a atenção, quando se trata de citar artigos de lei, para certificar-se de que o texto não foi revogado de alguma forma (derrogado ou ab-rogado), em função da célere mutação do direito legislado contemporâneo; deve-se ter à mão exemplares atualizados dos textos de lei, sob pena de se correr o grave risco de apoiar pensamento e ideias, teses e orientações sobre normas jurídicas revogadas. Quanto ao emprego da lei no uso retórico, seja numa argumentação doutrinária, seja numa argumentação forense, é de destacar o efetivo resultado persuasivo que produz, tendo em vista que aquele que a invoca tem consigo e em seu favor o discurso do legislador, que nada mais é que o discurso da sociedade representada no parlamento sobre aquele assunto. Mas não é somente para referendar suas próprias posturas teóricas ou práticas que se pode invocar um texto legal; mesmo que se queira criticar uma lei, tecendo-lhe comentários, é interessante, antes de passar às críticas, apresentar o texto dessa lei, uma vez que ela pode ser de difícil alcance ou mesmo desconhecida do leitor. Em caso de pesquisas extensivas, que possam abranger diversas leis, é recomendável que se inicie a citação e o comentário à legislação seguindo a hierarquia normativa, partindo da Constituição para a emenda constitucional, da lei complementar para a lei ordinária... A legislação estrangeira também costuma ser estudada, com o fim comparativo, colocando-se o direito nacional legislado em face de outras posturas legislativas estrangeiras (Direito francês, Direito alemão, Direito italiano, Direito argentino...), e a esse tipo de prática se costuma chamar Direito comparado.

b) *Utilizando os tratados internacionais*: para utilizar os tratados internacionais, o pesquisador deve verificar se eles se incorporaram ou não à ordem jurídica nacional e, também, se são tratados de direitos humanos ou não. No primeiro caso, requer-se que sejam absorvidos pelo Direito brasileiro, por meio de Resoluções do Congresso Nacional (art. 49, I, da CF/88), e, no segundo caso, deve-se atentar ao procedimento especial criado por força da Emenda Constitucional n. 45/ 2004 (§ 3º do art. 5º da CF/88). Vale sejam citados os artigos de tratados, convenções, acordos internacionais da mesma forma como são citados os dispositivos de lei nacional, sabendo-se que os preâmbulos, as disposições gerais, os capítulos preambulares, os "considerandos", os estudos preliminares, as justificativas costumam ter um peso ainda maior nesta área, sujeitos a menor rigor e precisão em termos de hierarquia (quando comparada aos ordenamentos jurídicos nacionais) e, exatamente por isso, sempre embasados em princípios, fundamentos e justificativas que são decisivas para a interpretação e aplicação dos referidos documentos. Ex.: *"Tendo em mente os instrumentos internacionais e regionais, legislações, regulamentos e textos nacionais de âmbito ético referentes à proteção dos direitos humanos e das liberdades fundamentais e ao respeito da dignidade humana nas atividades de recolha, tratamento, utilização e conservação de dados científicos, bem como de dados médicos e dados pessoais"* (*Declaração Universal sobre Direitos Genéticos Humanos*, 2003, aprovada por unanimidade e aclamação no dia 16 de outubro de 2003 pela 32ª sessão da Conferência Geral da UNESCO).

c) *Utilizando a jurisprudência*: a utilização da jurisprudência pode ser algo central[59] ou apenas incidental dentro da pesquisa

---

59. "Ao se realizar uma pesquisa acadêmica de jurisprudência, busca-se identificar de qual modo um ou mais tribunais compreendem um instituto jurídico, revelando-se eventuais posições consolidadas, divergências entre diferentes órgãos, incoerências nos julgamentos, etc. Não se trata apenas de selecionar os casos considerados mais importantes que reforcem uma tese jurídica. Ainda que esse tipo de uso estratégico da jurisprudência possa ser considerado válido nas atividades diárias da prática jurídica, não podemos utilizá-lo em trabalhos acadêmicos" (Palma, Feferbaum, Pinheiro, Meu trabalho precisa de jurisprudência? Como posso utilizá-la?, *in Metodologia jurídica*: um roteiro prático para trabalhos de conclusão de curso (Queiroz; Feferbaum, orgs.), 2012, p. 141).

jurídica acadêmica. Quando ela for central,⁶⁰ requererá preocupações e cuidados metodológicos muito específicos de trabalhos verticalmente dedicados ao conhecimento da opinião dos Tribunais.⁶¹ Uma pesquisa verticalmente dedicada à análise da jurisprudência implica, necessariamente, a preocupação de que o estudo seja criteriosamente construído com base num *recorte de jurisprudência*, sabendo-se que são usuais os recortes institucionais (STF, STJ, TJ), temáticos (indenização por dano estético), processuais (Ações Diretas de Inconstitucionalidade; Recursos Especiais) e temporais (período de tempo datado, a exemplo de 2017-2020).⁶² Quando ela for incidental,

---

60. "O que caracteriza um estudo de jurisprudência é o fato de a pergunta de pesquisa apenas poder ser respondida por meio da análise de julgados, como explicado. Isso significa que os julgados correspondem à principal fonte de pesquisa e a metodologia deve, necessariamente, ser construída visando ao trabalho com julgados" (Palma, Feferbaum, Pinheiro, Meu trabalho precisa de jurisprudência? Como posso utilizá-la?, in *Metodologia da pesquisa em Direito*: técnicas e abordagens para elaboração de monografias, dissertações e teses (Queiroz; Feferbaum, coords.), 2. ed., 2019, p. 103).

61. "Por essa razão, a metodologia de qualquer pesquisa de jurisprudência deve contemplar o modo de composição da amostra, com os seguintes elementos:

• Indicação do *site* em que a pesquisa foi realizada, bem como a data e hora, o que delimita o total de decisões processadas, pois os órgãos julgadores tendem a alimentar os seus bancos de dados periodicamente;

• Apresentação dos critérios de busca utilizados e respectivas ocorrências;

• Justificativas das exclusões das decisões;

• A representatividade da amostra com relação ao total de julgados;

• Indicação do total do conjunto de casos que serão analisados" (Palma, Feferbaum, Pinheiro, Meu trabalho precisa de jurisprudência? Como posso utilizá-la?, in *Metodologia jurídica*: um roteiro prático para trabalhos de conclusão de curso (Rafael Mafei Rabelo Queiroz; Marina Feferbaum, orgs.), 2012, p. 156).

62. As modalidades de recortes jurisprudenciais são estudadas por Palma, Feferbaum e Pinheiro: "Os recortes jurisprudenciais são utilizados na delimitação do tema. Há várias possibilidades de recortes de análise, sendo os mais comuns os recortes institucionais, temáticos, processuais e temporais" (Palma, Feferbaum, Pinheiro, Meu trabalho precisa de jurisprudência? Como posso utilizá-la?, in *Metodologia da pesquisa em Direito*: técnicas e abordagens para elaboração de monografias, dissertações e teses (Queiroz; Feferbaum, coords.), 2. ed., 2019, p. 109).

pontual, lateral, poderá ser utilizada, a partir de usos mais simplificados. E, realmente, a jurisprudência se produz diária e incansavelmente dentro da rotina dos tribunais. Mas o que é peculiar nesse aspecto é o fato de que nem toda jurisprudência chega ao conhecimento do grande público, seja ele leigo, seja ele profissional. De fato, decisões são exaradas todos os dias, decisões que se superpõem às sentenças de primeira instância, decidindo a respeito da vida, do estado sociojurídico, da liberdade e do patrimônio das partes interessadas. Via de regra, apenas as partes envolvidas nos casos concretos que se encontram em julgamento e seus procuradores judiciais vêm a conhecer o conteúdo das decisões. Porém alguns acórdãos de Tribunais são, por sua importância, por sua relevância e utilidade, destacados para compor determinado Repertório de Jurisprudência, conjunto de decisões seletas de um ou mais Tribunais (é exemplo a *Jurisprudência do Tribunal de Justiça de São Paulo – JTJSP*, publicação da Editora Lex, que recolhe acórdãos civis e criminais). No entanto, atualmente, é fato que a maior parte das pesquisas de jurisprudência pode ser conduzida através da consulta a plataformas digitais mantidas por Tribunais, o que vem facilitando muito a tarefa de publicização, divulgação e pesquisa jurisprudencial.[63] É dessas decisões que normalmente se servem os operadores do Direito, e mesmo os doutrinadores e pesquisadores, com vistas ao conhecimento da opinião dos julgadores a respeito de certa matéria (ex.: dano moral em acidente de trânsito; prequestionamento de recurso; declaração judicial de nulidade pela falta de oportunidade processual à parte...). Por serem as Câmaras dos Tribunais compostas de julgadores heterogêneos, por serem as matérias e os casos envolvidos sempre muito polêmicos e abertos ao questionamento, costumam-se formar orientações jurisprudenciais diversas sobre o mesmo assunto – é exemplo a divergência de duas posições que seguem: 1ª) a prescrição

---

63. "Praticamente todas as pesquisas de jurisprudência atuais são desenvolvidas com base em amostra composta por busca eletrônica nos bancos de dados de julgados disponibilizados pelos Tribunais" (Palma, Feferbaum, Pinheiro, Meu trabalho precisa de jurisprudência? Como posso utilizá-la?, *in Metodologia da pesquisa em Direito*: técnicas e abordagens para elaboração de monografias, dissertações e teses (Queiroz; Feferbaum, coords.), 2. ed., 2019, p. 113).

da pretensão executória tem seu curso durante o período de prova do *sursis* (*RJDTACrimSP* 2/40); 2ª) a prescrição da pretensão executória só se inicia quando passada em julgado a sentença condenatória para ambas as partes processuais, acusação e defesa (*RT* 664/343) –, o que acaba por requerer do pesquisador atenção redobrada na avaliação das posturas em jogo. Se se tratar de uma pesquisa extensiva sobre o assunto escolhido, deverão ser relacionadas ao seu termo as diversas correntes jurisprudenciais formadas, para apresentar um panorama mais extenso do problema da aplicação de determinado instituto jurídico, sendo que poderão as orientações jurisprudenciais ser organizadas seja por correntes de pensamento, priorizando-se as ideias em debate (ex.: favoráveis à aplicação do perdão judicial à contravenção se alistam as seguintes decisões: *RT* 599/352 e 557/351; contra a aplicação do perdão judicial à contravenção se alistam as seguintes decisões: *RT* 639/309; *JTACrimSP* 69/427), seja por correntes de Tribunais, priorizando-se os órgãos dos quais provêm as divergências (ex.: no STJ, entende-se que a sentença penal, decorridos 5 anos, não subsistirá para efeito de maus antecedentes – RHC 2.227, 6ª Turma, *DJU*, 29-3-1993, p. 5.267; no STF, entende-se que, mesmo decorridos os 5 anos, a sentença condenatória representará maus antecedentes – HC 69.001, 1ª Turma, rel. Min. Celso de Mello, *DJU*, 26-6-1992, p. 10.106). Quando se adotar esta ou aquela orientação jurisprudencial, é recomendável que se argumente porque é preferida com relação a outras tendências e entendimentos. Deve-se citar a suma doutrinária do acórdão, ou a tese de direito, ou de subsunção do direito a determinados fatos, se se quiser fazer uso do conteúdo do acórdão. Ademais, para referendar uma posição teórica ou forense, para traçar os entendimentos jurisprudenciais e contrapô-los às carências sociais e leigas, ou simplesmente para instruir ainda mais um trabalho de pesquisa, é usual que se reproduza, com fidedignidade, a ementa do acórdão. A ementa é já a suma da controvérsia (de direito e de fato) contida no bojo do acórdão (ex.: *RT* 719/159: "PENHORA – Táxi utilizado pelo devedor para o exercício de sua profissão – Impenhorabilidade – Inteligência e aplicação do art. 649, VI, do CPC").

d) *Utilizando a doutrina*: em face da doutrina, há que dizer que o operador do Direito pode dela extrair os mais proveitosos recursos para a elucidação e para o enriquecimento de uma pesquisa, seja teórica, seja forense. Não só como argumento de autoridade (*auctoritas*) se costuma ver na doutrina um grande repositório de ideias, mas sobretudo por produzir esclarecimentos sobre diversas matérias, quando o assunto é a interpretação da lei. De fato, na praxe, todo operador do Direito depara-se com a antinomia jurídica, a lacuna jurídica, assim como com a ambiguidade, com a falta de determinação das palavras e dos conceitos contidos em enunciados normativos. Eis aí a utilidade da doutrina, no sentido de encaminhar o raciocínio apontando soluções, ou, ao menos, caminhos a seguir nas trincheiras jurídicas. No entanto, aquele que se arvorar sob a sombra de argumentos de autoridade, valendo-se de excertos perdidos e desconexos de doutrinadores, poderá prejudicar-se ao ver surgirem contradições teóricas no bojo da doutrina escolhida, as quais não conheça o suficiente ou não saiba solucionar; daí o conselho: para invocar este ou aquele doutrinador deve-se bem estudá-lo. Aqui também vale dizer que as opiniões jurídico-doutrinárias são muito divergentes (não unanimidade), de modo que, se se escolher discutir a doutrina acerca de determinado tema, a pesquisa deverá ser extensiva às várias correntes de pensamento, contrárias e favoráveis à tese sustentada no trabalho; a diversidade de opiniões o enriquece. Deve-se, contudo, atentar para o plágio, ou para a lesão a direitos autorais, de modo que, quando a pesquisa se deter sobre este ou aquele autor, deve ser indicada corretamente a fonte de onde se originaram as ideias expostas (ex.: cf. Diniz, *Curso de direito civil brasileiro*, 2015, v. 2, p. 32), e, quando se tratar de trechos inteiros do pensamento alheio, deverão ser grafados entre aspas e seguidos das referências (ex.: "De início, a vontade livre é um dado existencial: pode ser constatado mas não pode ser demonstrado" – Ferraz Jr., *Introdução ao estudo do direito*: técnica, decisão, dominação, 1994, p. 148). Ademais, a doutrina estrangeira pode representar importante fonte de estudo para o pesquisador nacional, na medida em que abre os horizontes do Direito para as práticas jurídicas de outros povos, bem como para os entendimentos de outros pensadores do Direito (estudando-se os direitos da personalidade, pode-se consultar, por exemplo, a seguinte referência na doutrina italiana: Pietro Pelingieri, *La personalità umana nell'ordinamento giuridico*, Camerino: Jovene, 1972). A doutrina estrangeira pode ser acessada, atualmente, através de enormes repositórios internacionais, que fornecem acesso aberto (*Open Access*) a um *corpus* muito diversificado de estudos, doutrinas, teorias e análises de inúmeros países, que podem ser úteis a determinados perfis de pesquisa científica, especialmente quando envolver direito comparado.[64] Deve-se ter presente, no entanto, que não é conveniente que toda boa opinião estrangeira seja absorvida pelo nosso Direito, uma vez que as peculiaridades do Direito nacional, dos costumes, dos regionalismos... demandam do pesquisador maior capacidade intelectual que a simples colagem de ideias de renomes estrangeiros. É preciso pensar em soluções adaptadas às necessidades e às peculiaridades nacionais.

e) *Utilizando a analogia*: o correto emprego da analogia como fonte do Direito pressupõe a existência de uma norma que tenha resolvido caso anterior semelhante, mas não idêntico (no raciocínio por similaridade e por aproximação), de modo que, ao se recorrer a ela, deve ser feita menção da norma jurídica empregada, do caso análogo anteriormente solucionado, da possibilidade de sua aplicação ao caso presente. A analogia tem cabimento muito mais prático que teórico, sobretudo para solucionar hipóteses em que a lei é lacunosa ao disciplinar determinada matéria. De qualquer forma, o fato de a aplicação da analogia fixar uma nova orientação jurídica, sobretudo jurisprudencial, é digno de nota pelos teóricos do Direito, a fim de que sejam elucidados doutrinariamente problemas com os mesmos matizes daquele. Se a analogia tiver sido aplicada por um Tribunal, ou até mesmo por um juiz de primeira instância, poder-se-á invocar essa decisão judicial, resumindo-se a referência a esta à transcrição da decisão acompanhada de seu comentário.

---

64. "Há também bons repositórios internacionais de acesso livre a teses e artigos. Destaco a seguir três portais úteis: *Directory for Open Access Journals* (DOAJ); *Social Sciences Research Network* (SSRN); e *Open Access Thesis and Dissertaions* (OATD)" (Queiroz, O uso da internet para localização de fontes da pesquisa jurídica, *in Metodologia da pesquisa em Direito*: técnicas e abordagens para elaboração de monografias, dissertações e teses (Queiroz; Feferbaum, coords.), 2. ed., 2019, p. 208).

f) *Utilizando os princípios do Direito* (princípios gerais do Direito; princípios constitucionais; princípios especiais por ramos da ciência do Direito): certos nichos de sentido se formam a partir da própria experiência humana em sociedade e a partir da própria prática jurídica e judiciária: são os princípios jurídicos. Esses mandamentos nucleares são nortes que guiam o raciocínio e a solução de casos práticos, sobretudo na ausência da lei, quando podem ser invocados durante o processo de argumentação. São de diversas naturezas, possuem diversas orientações, regem diversas disciplinas (Direito penal, Direito civil, Direito processual civil...) e se caracterizam por sua abrangência de sentido. Não há necessidade de serem mais proximamente demonstrados ou provados. Em geral, o operador do Direito deles se vale em meio ao processo argumentativo, invocando sua dicção livremente, uma vez que presume seu conhecimento e seu respeito por toda a comunidade jurídica (legislador, juiz, promotor, advogado, doutrinador...). Sua invocação é feita por simples elocução, grafando-se normalmente o princípio em língua latina (ex.: *in dubio pro reo; lex posterior derogat priori; pacta sunt servanda*...), nada impedindo que seja seguido de sua tradução (na dúvida, deve-se decidir beneficiando o réu; a lei posterior revoga a anterior; os pactos são para serem cumpridos...).

g) *Utilizando os costumes*: os hábitos sociais vinculativos do ponto de vista jurídico da conduta humana são comportamentos coletivos e reiterados muito mais suscetíveis de ser experimentados, refutados, colocados à prova, enfim, vividos, do que provados em sua existência com rigor científico. No entanto, apesar da natureza moral do costume, podem-se contemplar algumas ocorrências que facilitam o seu manuseio pelo pesquisador que dele queira ou precise valer-se: pesquisas sociológicas, econômicas, ou estatísticas de campo, recolhidas por órgãos oficiais, estatais ou não estatais, de opinião pública (IBGE, INEP, SSP etc.). Tematizando-se questões sociais em geral, estar-se-á irremediavelmente diante do problema do costume, de modo que as fontes históricas (com documentos de época, pode-se provar por estudos históricos e pelas taxas oficiais de recenseamento que, em 1906, 906 mil pessoas estavam envolvidas com trabalho doméstico, ou que, por outras fontes, em 1980, mais de 3.500 empresas empregavam para trabalho temporário) e estatísticas (IBGE, em seu boletim datado de 12-2-1989, afirma que o consumo de veículos automotores brasileiros cresceu 9,6%) são de grande valor na prova e na determinação de sua existência. Ademais, o costume regionalizado, de caráter local, pode ser apresentado aos olhos de terceiro pelo relato de uma testemunha, ou ainda mediante entrevista efetuada com pessoas com ele envolvidas. Práticas comerciais de praças públicas são normalmente provadas por alegação ou, no máximo, por prova testemunhal. Protocolos internacionais, cartas de intenções, discursos políticos, registro em cartório ou junta, manifestações assembleares, registros de manifestos ou greves populares podem ainda enriquecer a prova do costume. Nestes casos, nos resultados da pesquisa devem aparecer documentadas as referidas manifestações, em meio às quais poder-se-ão dessumir elementos que determinem a existência de um costume. Ainda, tradições orais e institucionais podem ser alvo de interesse na preservação da memória.

h) *Utilizando o negócio jurídico*: as práticas comerciais, civis e trabalhistas, entre outras, todas fornecem novo alento à criatividade e à imaginação do jurista. De fato, grande parcela das inovações negociais surge da prática contratual, de ajustes entre as partes, da criação de cláusulas inovadoras, movimentando, por consequência, um conjunto de ideias que acabam sendo absorvidas pelo Direito positivo. O negócio jurídico pode ser invocado em pesquisa, seja como tema principal, seja como tema lateral, e sua importância reside no fato de que pode representar um avanço em relação à legislação existente, bem como quanto às práticas negociais existentes; pode-se mesmo fazer a pesquisa deter-se sobre as cláusulas do negócio jurídico, ou sobre as vantagens de determinado tipo de contrato para ambas as partes que dele se valerem (ex.: *leasing, factoring, merchandising...*). Se o negócio é nacional, pode-se valer de seu texto para ilustrar a pesquisa; se o negócio é estrangeiro, pode-se traduzi-lo para que venha a ser adaptado às necessidades nacionais.

i) *Utilizando as práticas de cidadania*: as práticas menos convencionais do Direito possuem algum grau de formalidade menor que as demais e mais conhecidas fontes do Direito, mas isso não deve espantar o estudo de suas modalidades (mediação de conflitos; políticas públicas participativas; decisão arbitral; justiça restaurativa). A mediação de conflitos pode ser estudada pelos seus métodos, pelo sucesso do número de casos resolvidos, pela comprovação do nível de satisfação do serviço e, ainda, considerando os índices de redução de violência e pendências judiciais onde a mediação foi aplicada como forma consensual e dialogada de solução de conflitos envolvendo direitos disponíveis. As políticas públicas participativas podem ser estudadas pela mudança de direção provocada na dinâmica da administração pública, na integração entre governo e sociedade civil, no acompanhamento qualitativo dos debates públicos em assembleias e fóruns de discussão, no nível de satisfação no atendimento a demandas de direitos sociais acumuladas. As decisões arbitrais podem ser estudadas pela qualidade dos proferimentos de Direito ou de equidade que contêm, pela capacidade de gerarem soluções ágeis e rápidas diferentemente da forma de atuação da jurisdição estatal, pelo impacto econômico que geram na vida de empresas e instituições econômicas/técnicas, pela qualidade do trabalho profissional dos árbitros e profissionais da arbitragem. Da mesma forma, a justiça restaurativa, enquanto prática que evita o sentido punitivo do Direito e valoriza o sentido restaurador de relações e capaz de promover reintegração de sujeitos (violador e vítima) à sociedade, pode ser estudada por seus resultados no campo do Direito Penal, pela capacidade de produzir melhores resultados de justiça, maior efetividade na transformação de conflitos. Por serem práticas mais recentes, há todo um campo de experiências a serem investigadas, aprimoradas, qualificadas e expandidas, e que podem significar enormes estímulos ao trabalho de pesquisa no Direito.

4.2. Utilizando as bases de dados digitalizadas para a pesquisa jurídica

A pesquisa científica, nacional e global, vem acompanhando a tendência *técnico-digital* de informatização e condicionamento de *dados científicos* sabendo-se que os *dados científicos* são as informações relacionadas às pesquisas científicas[65] – em *ambiente digital*.

---

65. Para este fim, adota-se a definição elaborada por Fabiano Couto Corrêa da Silva: "Os dados científicos são as informações registradas ou produzidas através

E isso em função do enorme avanço da multiplicação de *dados científicos*, que vêm sendo acumulados ao longo dos últimos anos.[66] Nesse sentido, a *tecnologia da informação* e a *inteligência artificial* se tornam ferramentas e instrumentos úteis e facilitadores do acesso à informação seletiva, de qualidade e globalizada. As *bases de dados* e os *repositórios de dados*, talvez, nunca antes na história foram capazes de agregar e dar suporte à permanência de tanta informação, de todo tipo, de todas as áreas do conhecimento e com a finalidade das mais diversas aplicações, cumprindo a importante função de preservação de dados, garantia de integridade, acesso e difusão pública de informações e conhecimentos.[67]

As bases de dados para o desenvolvimento da pesquisa científica, exatamente dentro desta grande tendência, somente vieram seguindo o mesmo rumo, e dando destaque aos conteúdos voltados para o desenvolvimento da *ciência* e da *tecnologia*. No âmbito do Direito, a pesquisa em bases de dados pode estar voltada para: pesquisa de jurisprudência (ex: *site* do STF);[68] pesquisa de artigos científicos (ex: *Biblioteca da Faculdade de Direito* da USP);[69] pesquisa de legislação (ex.: *Portal do Planalto Federal*).[70] A grande tendência de que os *dados científicos* (artigos, livros, teses, estudos, pareceres, decisões, etc.) estejam disponíveis *on-line* não somente faz com que os

---

de qualquer forma ou meio durante o decurso de uma pesquisa" (Silva, *Gestão de dados científicos,* 2019, p. 21).

66. "Atualmente, presenciamos uma segunda grande transformação no desenvolvimento da ciência e tecnologia, devido à impactante quantidade de dados que se produziram na evolução das atividades de pesquisa científica, a maioria em formatos digitais" (Silva, *Gestão de dados científicos,* 2019, p. 1).

67. "Os repositórios desempenham uma função vital para a preservação, a integridade e a difusão dos dados científicos" (Silva, *Gestão de dados científico*, 2019, p. 89).

68. A informação para pesquisa de jurisprudência pode ser acessada por: <http://portal.stf.jus.br/>. Acesso em: 20.8.2022.

69. A informação da base de dados para pesquisa se encontra em: <http://www.direito.usp.br/biblifd/>. Acesso em: 20.8.2022.

70. A informação pode ser buscada na base de legislação que se encontra em: <http://www.planalto.gov.br/>. Acesso em: 20.8.2022.

arquivos cumpram a sua missão,[71] mas também criam facilidades de acesso, que ampliam a comunicabilidade das informações.

Os *dados científicos* são relevantes para toda e qualquer pesquisa científica.[72] Assim, a *informatização* das bases mundiais de pesquisa científica vem criando condições de circulação da informação cientificamente relevante através de bases de dados especializadas e de plataformas digitalizadas. Através de algoritmos, a *inteligência artificial* ajuda a – quando a pesquisa é desenvolvida nos portais de busca – buscar, alcançar e recuperar a informação pretendida. Isso nunca excluirá a necessidade de o(a) pesquisador(a) ser capaz de triar e selecionar a informação, o dado, o artigo, a tese, a revista relevante para o desenvolvimento de sua pesquisa em específico. Mas saber se utilizar das ferramentas já ajuda e colabora para que o acesso à informação não seja apenas amplo, mas qualitativo. Por isso, o domínio das novas ferramentas de pesquisa científica passa a ser algo de relevância para todo(a) pesquisador(a).

Para que se possa dimensionar o processo de ampliação numérica dos *dados científicos*, somente o *Portal de Periódicos da CAPES* acusa a possibilidade de acesso a 38 mil publicações periódicas, nacionais e internacionais.[73] A base de dados do *Scielo* reúne algo em torno de 450.000 artigos científicos, passíveis de serem explorados em várias áreas do conhecimento, envolvendo vários países, utilizando-se do conceito de *open access data*, como se pode verificar na página do *Scielo*:[74]

---

71. "A missão principal de um arquivo de dados científicos, portanto, não é somente a de conservar a memória gravada de um grupo, organização ou nação, mas proporcionar um serviço de vital interesse para a comunidade pesquisadora" (Silva, *Gestão de dados científicos,* 2019, p. 5).

72. "...o conhecimento é o motor do avanço científico, os dados são seu combustível" (Silva, *Gestão de dados científicos,* 2019, p. 3).

73. A informação pode ser acessada através do Portal de Periódicos da CAPES: <https://www.periodicos.capes.gov.br/?option=com_pcollection&mn=70&smn=79&cid=81>. Acesso em: 20.8.2022.

74. A informação pode ser acessada por: <http://www.scielo.org/php/index.php>. Acesso em: 20.8.2022.

Figura: página do *Scielo*[75]

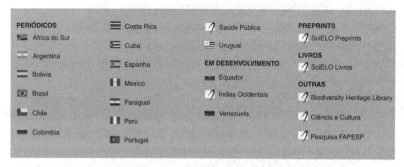

Considerando que a consulta a *dados científicos* é o que fornece o estoque de conhecimentos necessários para o avanço do conhecimento científico, ainda se pode citar o *Portal Web of Science*. No interior do portal da CAPES, somente o Portal *Web of Science* é capaz de apontar para 18.000 revistas e periódicos, em base multidisciplinar, atualizada e de visibilidade global. Ainda, podem-se apontar outras bases de dados para acesso a artigos e legislação: LExML Brasil[76] e Globalex.[77] Estas são apenas algumas referências, que não abrangem todas as plataformas já existentes, mas indicam um prenúncio dos rumos *digitais* da pesquisa científica, em ambiente global e digitalizado, facilitando a integração dos resultados das pesquisas científicas em escala mundial.

5. Método e áreas de pesquisa científico-jurídica

Uma vez que já se discorreu a respeito das fontes jurídicas de pesquisa, deve-se partir para a compreensão dos grandes ramos

---

75. A página pode ser acessada por: <https://scielo.org/>. Acesso em: 20.8.2022.

76. A informação pode ser acessada em: <http://www.lexml.gov.br>. Acesso em: 20.8.2022.

77. A informação pode ser acessada em: <http://www.nyulawglobal.org/globalex/>. Acesso em: 20.8.2022.

em que se poderá organizar o raciocínio para a elaboração de uma contribuição em pesquisa jurídica. Existem formas de se pensar a respeito das informações extraídas das fontes do direito. Neste sentido é que se apresentam as duas principais linhas, uma respondendo por um enfoque investigativo mais acentuado (zetética jurídica), outra respondendo por um enfoque mais direcionado à obtenção de respostas e à solução de problemas prático-jurídicos (dogmática jurídica).

A zetética jurídica (do grego *zetéin* = procurar, inquirir) se opõe à dogmática jurídica (do grego *dokein* = doutrinar) na medida em que com estas categorias é possível distinguir duas principais preocupações da ciência jurídica[78]. Ambas as preocupações são complementares, o que não exclui a necessidade de se distinguirem entre si, e isso porque se torna fundamental definir as linhas de pesquisa jurídica possíveis e existentes como guia de orientação para temas monográficos. Não se trata de discutir somente se se está a construir uma pesquisa (dissertação, tese ou monografia) teórica ou experimental[79]; a discussão vai além dessas preocupações, apesar de encampá-las. Mais que isso, a escolha de uma abordagem ou de um enfoque determina reflexos diretos e imediatos sobre a dinâmica metodológica a ser adotada no trabalho.

Numa primeira linha de preocupação, chamada zetética, vinculam-se as seguintes ideias: pensamento pelo pensamento; interpretação pela interpretação. Isso ganha relevo no campo do direito na exata medida da diferença dos exercícios racionais zetético (*zetéin*) e dogmático (*dogma*); o zetético se detém em sua própria caminhada

---

78. A lição é de Ferraz Júnior, *Introdução ao estudo do direito*: técnica, decisão, dominação, 1999, p. 41.

79. "Uma tese teórica é aquela que se propõe atacar um problema abstrato, que pode já ter sido ou não objeto de outras reflexões: natureza da vontade humana, o conceito de liberdade, a noção de papel social, a existência de Deus, o código genético" (Eco, *Como se faz uma tese*, 14. ed., 1998, p. 11). Em certos casos, o material de pesquisa é um fenômeno real (fruto da experimentação ou da observação) ou livros/textos (fruto da interpretação, da reflexão, da leitura). Cf. Eco, *Como se faz uma tese*, 14. ed., 1998, p. 35 e 77.

especulativa sem fim e o dogmático procura e produz (*poietiké*) resultados. Na zetética, o raciocínio é exercido em si e por si; na dogmática, a interpretação é exercida com vistas a uma resposta, a uma decisão. Numa segunda linha de preocupação, chamada dogmática, acentua-se, portanto, a obtenção de respostas legais ou científico-doutrinais para necessidades operacionais do sistema jurídico.

Assim, um mesmo fenômeno jurídico pode ser abordado, segundo essas perspectivas, de duas formas diversas: 1) Numa perspectiva dogmática, o tema "pena de morte" conduz a uma discussão de direito penal, por meio da qual se estudam as condições legais e as condições constitucionais (art. 5º, XLVII, da CF/88: Não haverá "pena de morte, salvo em caso de guerra declarada...") de aplicação da pena de morte em território nacional, sua competência, sua forma, o momento, o *iter* a ser seguido. Dessa reflexão extrair-se-á uma resposta jurídico-dogmática que satisfará determinadas necessidades imediatas e práticas a respeito do assunto. Esse tipo de preocupação encontra certos limites invencíveis, que são os umbrais da discussão de cunho dogmático. 2) Numa perspectiva zetética, abrir-se-ão perspectivas infinitas para a discussão da pena de morte, os fundamentos da pena, a possibilidade de exercício desse tipo de atitude coercitiva sobre a vida do cidadão, a discussão de valores, o debate acerca dos limites do exercício da *potestas* estatal, a eficácia social do temor criado pela implantação dessa medida. Esse tipo de preocupação não se esgota facilmente, e costuma abrir campo para um sem-fim de outras reflexões.

5.1. Método e linha zetética de pesquisa jurídica

Trata-se de uma linha de pesquisa que visa desenvolver a consciência histórica, social, filosófica e cultural das práticas jurídicas. Deve-se dizer que visa desenvolver a consciência em torno das linhas temporal e cultural que estão a perpassar as práticas jurídicas. A axiologia presente na escolha de conteúdos de lei, os percursos históricos, as erronias do legislador, os reflexos benéficos ou maléficos da sanção sobre a população, a eficácia/ineficácia dos poderes e das autoridades no exercício de suas funções... estão a esclarecer o que foi, o que é, tudo com vistas ao que será. Dessa forma, capacita-se o raciocínio para a crítica e a reflexão em torno do direito. A linha de pesquisa em tela visa, enfim, a fomentar o pensamento reflexivo, questionador e crítico sobre práticas e conceitos jurídicos. Aqui a preocupação gira em torno dos valores, dos fins e dos meios de se realizarem as práticas jurídicas.

A metodologia documental, para o estudo de fontes históricas, a metodologia empírica, para o estudo de fenômenos sociais, estatísticos ou aplicativos, bem como a metodologia exegética, para o estudo de linhas de pensamento, reflexão e crítica teórico-filosófica, são as prioridades dessa linha de pesquisa.

A linha zetética possui as seguintes bifurcações: 1) zetética empírica pura (fenômenos sociais e comportamentos humanos são aqui preocupação fundamental): sociologia do direito; antropologia jurídica; etnologia jurídica; história do direito; psicologia jurídica; politologia jurídica; economia política; 2) zetética empírica aplicada (atuação condicionada do direito como instrumento prático e social): psicologia forense; criminologia; penalogia; medicina legal; política legislativa; 3) zetética analítica pura (pressupostos e fundamentos são aqui preocupações centrais): filosofia do direito; lógica formal das normas; metodologia jurídica; 4) zetética analítica aplicada (a instrumentalidade material e formal do direito é aqui a preocupação central): teoria geral do direito; lógica do raciocínio jurídico[80].

5.2. Método e linha dogmática de pesquisa jurídica

A linha de pesquisa da técnica ou dogmática jurídica visa a propor estudos pormenorizados, aprofundados e verticalizados sobre temas de atualidade e relevância para a melhor instrumentalização das práticas jurídicas. Assim, o bom conhecimento de conflitos de normas, antinomia, de ciências dogmáticas inovadoras, de problemas práticos diretamente relacionados às profissões e à aplicação diária do direito se destacam neste veio teórico. A linha de pesquisa prioriza a metodologia que se abeira do texto legislativo, lastreada em

---

80. Cf. Ferraz Júnior, *Introdução ao estudo do direito*: técnica, decisão, dominação, 1999, p. 46.

métodos específicos de interpretação (método sistemático; método lógico-gramatical; método comparativo; método histórico...), para a devida adequação e solução de problemas práticos jurídicos, unida à necessidade de discussão exegética de inúmeras contribuições doutrinárias construídas em torno do tema sob pesquisa. As nuanças entre os ramos (direito público, direito privado...) produz uma diferenciação sensível de princípios de regras, de raciocínio... Deve-se, ao se praticar pesquisa jurídica nesta linha, atentar para essas diferenças.

Ademais, deve-se dizer que a linha dogmática de pesquisa científica possui as seguintes bifurcações: 1. direito internacional: 1.1. direito internacional público (direito internacional penal; direito diplomático; direito espacial; direito comunitário...); 1.2. direito internacional privado; 2. direito nacional: 2.1. direito público (direito constitucional; direito urbanístico, direito ambiental; direito administrativo; direito do Estado; direito econômico-financeiro; direito penal; direito processual penal; direito civil; direito processual civil...); 2.2. direito privado (direito civil; direito comercial); direito social (direito do trabalho, direito previdenciário...).

6. Novos horizontes da pesquisa jurídica

Agora que já se estudaram as linhas zetética e dogmática de pesquisa jurídica, deve-se fazer uma ponderação antes de se partir em direção a questões mais práticas, instrumentais e normativas da pesquisa jurídica. Esta ponderação tem a ver com os horizontes da pesquisa, com a ramificação dos saberes e com os campos de trabalho existentes. E isso porque, sempre que se imagina que a ciência estagnou, em verdade, está-se apenas diante de um "remanso da maré do conhecimento". Em breve, novas ondas agitarão o imenso mar do saber jurídico. Bastará uma mudança legislativa, para termos os saberes jurídicos completamente modificados. Bastará, ademais, uma transformação cultural ou social dos costumes e das práticas, para termos impactos significativos nos conceitos, na validade ou na interpretação dos direitos. Bastará uma modificação da técnica para sentir-se a profunda mudança dos riscos sociais, e, com isso, até o surgimento de um novo ramo do Direito. Na medida em que, pois, as leis mudam, a aplicação do direito muda, as interpretações se diferenciam, sempre novos saberes jurídicos abastecerão novos horizontes de pesquisa.

Por isso, quando se começa a elaborar uma pesquisa e se debruça com a necessidade de levantar fontes e escolher áreas/ temas de pesquisa, normalmente, o(a) pesquisador(a) é assaltado(a) com esse tipo de pergunta: "será que ainda há o que pesquisar, depois de todos os estudos já realizados até o presente momento?". Se, em certos momentos, pode-se achar que os horizontes de pesquisa se esgotaram, e que já "cansaram" as perspectivas de trabalho de investigação, talvez, estar diante de temas convencionais de pesquisa não seja algo tão estimulante para o estopim de um novo estudo. Esse tipo de questionamento costuma se dar quando o(a) pesquisador(a), na área do Direito, evoca temas como: "Das cláusulas abusivas no Direito do Consumidor"; "Responsabilidade civil"; "Dolo e culpa no Direito Penal"; "Da reconvenção"; "Das causas de nulidade do contrato"; "Modalidades de licitação no Direito Administrativo". Aqui, tem-se a impressão de que a pesquisa jurídica não pode caminhar além, o que não é verdade.

Assim, ao lado das fronteiras já conhecidas, e dos caminhos mais explorados pelos estudos, surgem sempre fronteiras e metodologias paralelas, que abrem caminhos muito profícuos de estudo e pesquisa, de inovação e vanguarda. Se imaginarmos temas, agora, como: "Inteligência Artificial e Produção de Decisões Judiciais"; "Direito e internet"; "Direito e feminismo"; "Teorias contemporâneas do Direito Penal"; "Direito e relações étnico-raciais"; "Justiça e equidade"; "Desenvolvimento humano e políticas sociais"; "Democracia deliberativa, legalidade e desenvolvimento social"; "Dano moral coletivo"; "Decisão e repercussão geral"; "Raciocínio jurídico e lógica aplicada"; "Sustentabilidade e proteção jurídica socioambiental"; "Direito das famílias"; "Transparência e Direito Administrativo contemporâneo"; "Políticas sociais e direito ao desenvolvimento"; "Direito à tradição e povos quilombolas"; "Povos Indígenas e Direito à Tradição"; "Direito das novas tecnologias", para ficarmos apenas em alguns exemplos, há sempre uma grande variedade de conexões possíveis a serem desenvolvidas pela pesquisa jurídica.

Assim, os temas mais convencionais, ou seja, aqueles mais evidentemente explorados, e para os quais existe ampla literatura consolidada, geralmente, alvo de cursos estruturados, aulas de especialização, ou objeto de debate corrente na doutrina, em função de sua indispensável presença no conhecimento jurídico básico, não devem ofuscar os horizontes de pesquisa mais abertos, mais vanguardistas e mais interdisciplinares. Esses se oferecem como possibilidades de estudos que levam o saber jurídico a níveis mais aprofundados em dimensões, geralmente, pouco exploradas, ou menos exploradas, se comparados com os estudos mais convencionais. No entanto, deve-se advertir que quanto maior a inovação e a originalidade da pesquisa, maior será o desafio de lidar com a insegurança na abordagem do tema, além da escassez de fontes de estudo confiáveis, e já estabilizadas, com base nas quais se possa apoiar o desenvolvimento da pesquisa. Assim, explorar novos horizontes pode ser convidativo, mas deve sempre solicitar do(a) pesquisador(a) a atitude mais cuidadosa, na busca de embasamento e séria dedicação no que se inicia e empreende.

7. Método, pesquisa individual e grupos de pesquisa

A plataforma de *Grupos de Pesquisa do CNPq* identifica um crescimento expressivo da notificação de existência, criação, manutenção e produção de resultados de *Grupos de Pesquisa* nas diversas áreas do conhecimento; aqui, registram-se 37.640 grupos, reunindo potencialmente até 199.566 pesquisadores[81]. Especificamente, na área do Direito, espalhados por Universidades, Centros Universitários e Faculdades isoladas, em todo o país, tendo-se especialmente presente o arco dos últimos 30 anos. Os dados mais recentes revelam a existência de 1.203 *Grupos de Pesquisa* (2014), coexistindo com 3.448 *Linhas de Pesquisa* (2016), reunindo potencialmente até 9.699 pesquisadores.[82] Somente a *Faculdade de Direito da UnB* informa a

---

81. A este respeito: <http://lattes.cnpq.br/web/dgp/censo-atual/>. Acesso em 24.4.2023.

82. Os dados são apresentados no Diretório de Grupos de Pesquisa do CNPq, através do *link*: <http://lattes.cnpq.br/web/dgp/por-area2>. Acesso em: 13.3.2020.

existência de, ao menos, 32 grupos de pesquisa identificados, institucionalizados e certificados para sua atuação, dentro de seu âmbito institucional.[83] Isso é revelador do crescimento da *cultura de pesquisa* na área do Direito, algo que não somente era um fenômeno raro e isolado, por se tratar de área das Ciências Sociais voltada para carreiras profissionais, como também um indicador dos resultados de investimentos de políticas públicas de pesquisa para o desenvolvimento da área do Direito e de seus saberes.

Esses indicadores são importantes para que se possa divisar, com mais clareza, a diferença entre a *pesquisa individual* e a *pesquisa em grupo*. A *pesquisa individual* pode ser desenvolvida, centrada no processo de orientação, no planejamento de objetivos e nas tarefas individuais do(a) pesquisador(a) (leitura, escrita, produção de relatórios, coleta de informações, desenvolvimento de técnicas de pesquisa). A *pesquisa individual* pode ou não estar associada a Bolsa de Pesquisa (modalidade individual), mas é preferencialmente desenvolvida, quando, sobretudo, o perfil da pesquisa requer do(a) pesquisador(a) uma dedicação pessoal indelegável. A *pesquisa em grupo* tem perfil coletivo, gera maior nível de compartilhamento de informações e produz crescimento interindividual e diálogo partilhado na produção do conhecimento. As tarefas são subdivididas e as dinâmicas envolvem um ambiente de corresponsabilidade, que, para funcionar, deve estar centrado num genuíno esforço pelo conhecimento e no entendimento harmônico entre pesquisadores(as). A *pesquisa em grupo* pode ou não estar associada a Bolsa de Pesquisa (modalidade institucional ou grupo de pesquisa), mas é preferencialmente desenvolvida quando existe uma demanda por trabalho coletivo, com a previsão de resultados planejados como coletivos, em que a vocação para a partilha do conhecimento funciona como eixo de trabalho e metodologia de desenvolvimento do conhecimento. Aliás, por sua natureza, os grupos de pesquisa se estruturam em torno de uma liderança de pesquisa (um(a) ou mais pesquisadores(as) experientes e titulados(as), tematicamente orientados dentro de um preciso

---

83. Os dados estão disponíveis em: <http://www.fd.unb.br/>. Acesso em: 13.3.2020.

campo de trabalho (exs.: Direito e Democracia; Constituição e Direitos Fundamentais; Novas Tecnologias e Direito; Regulação Econômica e Mercados; Jurisdição e Hermenêutica), realizando-se por encontros (semanais; quinzenais; mensais) e dinâmicas de trabalho de pesquisa (leituras; levantamento de textos; produção de dados; apresentação de seminários; produção de notícias; desenvolvimento de capítulos de livros; produção em coautoria de textos; debates com integração de pesquisadores; desenvolvimento de iniciações científicas, mestrados e doutorados; etc.).

Um dos fatores interessantes que estimulam a existência de *Grupos de Pesquisa*, dentro do âmbito das IES, se deve ao fato de criarem um *ambiente interno de pesquisa*, ou seja, favorecerem um ambiente dinâmico, ativo, de ensino-pesquisa, com preocupação epistemológica de desenvolvimento de uma *cultura de estudo, pesquisa e investigação científica* orientada e aprofundada. Assim, os *Grupos de Pesquisa* acabam sendo um *recurso complementa*r de significativa importância, quando se trata de pensar a relação entre o papel da sala de aula, e o perfil de aprendizado que gera (conhecimento oral e genérico), e o papel dos grupos de pesquisa, e o perfil de aprendizado que geram (conhecimento personalizado, aprofundado e fundado em tarefas específicas de envolvimento ativo do pesquisador e de tarefas de pesquisa).

As IES somente têm a se beneficiar com a iniciativa de estudantes e professores(as), quando pretendem espontaneamente criar *espaços de pesquisa*, contando com o apoio institucional, com a certificação, com o reconhecimento dos *resultados da produção* dos Grupos de Pesquisa ativos. Evidentemente, a existência de *Grupos de Pesquisa* é importante para avaliações externas, mas não é tarefa simples sua gestão e, muito menos, sua persistência no tempo, tendo em vista a sobrecarga de tarefas que, normalmente, acossam a vida universitária, seja para estudantes, seja para professores(as). O ideal é que *Grupos de Pesquisa* sejam criados com objetivos específicos, estejam tematicamente circunscritos, se estruturem através de um planejamento com compartilhamento de tarefas e tenham prazo para executar suas atividades, produzindo resultados identificáveis. A existência de *Grupos de Pesquisa* de impacto acadêmico e intelectual, com relevância nacional e internacional, com resultados que geram efetiva transformação dos saberes jurídicos, é o que mais especificamente se pode esperar como o ápice do desempenho de suas funções.

8. Método e organização da pesquisa científica

Uma vez conhecidas as fontes jurídicas e determinada a forma de abordagem do tema escolhido, deve-se passar para a fase de organização da pesquisa científica. E, desde logo, deve-se dizer que a organização da pesquisa científica, enquanto atividade racional e sistemática,[84] precisa ser feita na base do planejamento de pesquisa.[85] Assim, essa fase não se inicia sem o auxílio e a orientação de um experiente docente, que haverá de guiar e disciplinar os passos do pesquisador em direção a uma pesquisa original[86]. O diálogo entre orientador(a) e orientando(a)s é muito importante. Especialmente na fase inicial de construção do projeto de pesquisa ou, ainda, de definição da própria área de interesse, esse diálogo é ainda mais decisivo[87].

Para que se organize a pesquisa científica, deve o pesquisador elaborar um minucioso projeto, que será a escolta metodológica de

---

84. "Como toda atividade racional e sistemática, a primeira exige que as ações desenvolvidas ao longo de seu processo sejam efetivamente planejadas" (Gil, *Como elaborar projetos de pesquisa*, 6. ed., 2019, p. 3).

85. "Assim, nessa concepção, o planejamento da pesquisa pode ser definido como o processo sistematizado mediante o qual se pode conferir maior eficiência à investigação para em determinado prazo alcançar o conjunto das metas estabelecidas" (Gil, *Como elaborar projetos de pesquisa*, 6. ed., 2019, p. 3).

86. "Restará sempre que, para ser significativa, uma pesquisa deve ser original" (Laville, Dionne, *A construção do saber*: manual de metodologia da pesquisa em ciências humanas, 2007, p. 108).

87. "A escolha de um tema de pesquisa, e especialmente a formulação de um problema de pesquisa, caminham *pari passu* com a escolha de um orientador. Muitas vezes, o orientador contribui decisivamente para a definição do tema de pesquisa de seus orientandos, especialmente dos menos experientes. A relação entre aluno e orientador é, por isso, fundamental. A qualidade do trabalho acadêmico de um jovem pesquisador dependerá expressamente de acompanhamento e diálogo constantes com o orientador" (Queiroz, *Monografia jurídica*: passo a passo, 2015, p. 37).

suas conquistas de conhecimento[88]. Isso porque nele estarão expostas as principais preocupações, intenções e metodologias do trabalho de pesquisa e investigação temática. Assim um projeto de pesquisa deverá ter, pelo menos, os seguintes elementos: título do trabalho; justificativa da escolha do tema; importância e relevância do tema; objeto do trabalho científico; metodologia de abordagem do objeto; fixação do cronograma de atividades; bibliografia específica.[89] No geral, a experiência de organização, início e construção do projeto de pesquisa passa pela necessidade de desenhar um primeiro esboço do trabalho, a partir de um sumário provisório[90], que irá se reconfigurar ao longo do desenvolvimento da pesquisa, até ganhar a versão final do trabalho concluído. Mas este aparece como sendo apenas um dos primeiros passos dessa longa jornada.

As etapas seguintes à da elaboração do projeto de pesquisa observarão a cronologia de trabalho fixada, desenvolvendo-se paulatinamente na medida da evolução da pesquisa científica. Desde o início das atividades práticas de pesquisa à conclusão do trabalho, o importante a grifar é o rigor e a disciplina na condução das atividades científicas. Deve-se proceder nessas etapas de estudo e levantamento de dados: ao fichamento de obras; à execução da pesquisa

---

88. "O pesquisador deve organizá-los, podendo descrevê-los, transcrevê-los, ordená-los, codificá-los, agrupá-los em categorias... Somente então ele poderá proceder às análises e interpretações que o levarão às suas conclusões" (Laville, Dionne, *A construção do saber*: manual de metodologia da pesquisa em ciências humanas, 2007, p. 197).

89. "O projeto deve, portanto, especificar objetivos da pesquisa, apresentar a justificativa de sua realização, definir a modalidade de pesquisa e determinar os procedimentos de coleta e análise de dados. Deve, ainda, esclarecer acerca do cronograma a ser seguido no desenvolvimento da pesquisa e proporcionar a indicação dos recursos humanos, materiais e financeiros necessários para assegurar o êxito da pesquisa" (Gil, *Como elaborar projetos de pesquisa*, 6. ed., 2019, p. 3).

90. "Um sumário feito nesse momento inicial será provavelmente preliminar: o aprofundamento da pesquisa, bem como da própria redação do texto, indicará modificações necessárias" (Queiroz, Feferbaum, Apontamentos sobre a redação e o texto do trabalho acadêmico, *in Metodologia jurídica*: um roteiro prático para trabalhos de conclusão de curso (Queiroz; Feferbaum, orgs.), 2012, p. 355).

de campo; à redação do texto ou relatório científico; à revisão ortográfica, sintática, lógica e gramatical do texto; revisão semântica, conceitual e sistemática do texto. Neste momento, está-se em fase de conclusão de atividades, e diante de resultados concretos da prolongada atividade de levantamento e análise de recursos científicos.

9. Método, disciplina e dedicação à pesquisa

Não há um segredo para a produção de um bom trabalho científico. Após diversos anos lendo e relendo monografias de conclusão de curso, dissertações de Mestrado, teses de Doutorado, avaliando concursos públicos, orientando acadêmicos, percebe-se que a produção de um bom trabalho de pesquisa tem muito do empenho pessoal dedicado à formação, à leitura e à disciplina, para ficar em aspectos mais gerais da produção de um texto científico. A leitura fornece um arcabouço geral de visão de mundo, que é fundamental para estruturar o pensamento e a lógica com a qual se escreve. O ato de escrita não brota naturalmente de nossas mãos, ainda que atualmente se queira abreviar muito dos esforços de formação, compensando-os com a presença onipotente do Sr. Google, ou substituindo a leitura de livros pela leitura de tabloides, *sites* e *blogs*. Um texto correto é, antes de tudo, fruto de tudo aquilo que se leu, e não teve diretamente que ver com o objeto imediato de pesquisa. Daí ser importante estimular, na formação do jurista, a leitura da literatura, o conhecimento das artes, a sensibilidade pela estética, o desbravamento das ciências sociais, o conhecimento do estado da arte das ciências que contornam a preocupação da pesquisa para, por fim, se avançar na leitura da produção científica diretamente relacionada ao tema. Para isso, é necessário tempo, amadurecimento, vontade e disciplina.

Existem métodos de leitura, métodos de busca do conhecimento e métodos de aprendizagem. Não há, neste campo, uma fórmula universal que possa funcionar do mesmo modo para todas as pessoas. Cada indivíduo se adapta a um sistema, e alguns caminham bem com a cobrança mensal de relatórios pelo orientador do trabalho de pesquisa, outros preferem o autodidatismo, outros têm aprendizagem oral facilitada, e, por isso, se inscrevem e frequentam cursos, e, ainda, outros preferem o silêncio da madrugada para folhear textos e redigir com concentração. Mais uma vez, repita-se, não existe uma fórmula que caiba para todos, mas algo é comum enquanto exigência: disciplina e cuidado, dedicação e empenho, pois quem busca acaba encontrando. Chame-se a atenção para o fato de que possuir uma biblioteca pessoal, ou ter a possibilidade de frequentar uma boa biblioteca pública ou particular, e disciplinar horários para o uso do material de pesquisa preparando fichamentos[91] e organizando o material de pesquisa, servem como importantes balizas para o processo de construção do próprio caminho em pesquisa.

Ainda que se saiba muito, é imprescindível, para todo trabalho científico, que se expresse bem aquilo que se conhece. Muitas vezes, certos pesquisadores dedicam muito tempo às tarefas iniciais da pesquisa e, de repente, se deparam com um prazo institucional expirado (prazo de conclusão do TCC, prazo de inscrição de um artigo num congresso, prazo para depósito de dissertação ou tese), de modo que a atenção com o prazo, a previsão de um cronograma de atividades e uma organização disciplinada das tarefas da pesquisa (que livros ler, quais dados recolher, que entrevistas realizar, quais livros priorizar etc.) devem-se concatenar com muita justeza com a tarefa da escrita e da produção propriamente do texto científico. Uma coisa é certa: nunca se pode deixar para escrever o trabalho no final, pois se corre o risco de ter acumulado grande material de pesquisa sem que se consiga confeccionar o texto final. O ato de escrita deve acompanhar

---

91. A importância dos fichamentos para apoiar a preparação e o desenvolvimento de uma pesquisa é algo destacado por Antonio Carlos Gil: "A confecção de fichas evita problemas muito comuns, como os esquecimentos de referências bibliográficas ou da autoria de uma citação importante ou a indisponibilidade da informação contida num livro ou periódico obtido por empréstimo. Assim, convém estabelecer um sistema de fichamento com a finalidade de:

a) identificação das obras consultadas;

b) anotação das ideias que surgiram durante a leitura;

c) registro dos conteúdos relevantes das obras consultadas;

d) registro dos comentários acerca das obras;

e) organização das informações para a organização lógica do trabalho" (Gil, *Como elaborar projetos de pesquisa*, 6. ed., 2019, p. 56).

o pesquisador sempre, assim como o olhar atento para a realidade do entorno. Ademais, deve-se ressaltar que, a pretexto de se dedicar a estudar, preterir as tarefas de formatação e os rigores de constituição do processo de citação, referenciamento de livros na bibliografia; menosprezar a metodologia da produção do texto, em nome de desprezo às formalidades do trabalho, é uma das piores formas-pensamento para atravessar a mentalidade do pesquisador; trabalhos bem avaliados, academicamente, são sempre trabalhos refletidos e inovadores, mas sobretudo cuidadosos, tanto em seu conteúdo quanto em sua forma.

10. Método e estrutura do trabalho científico

10.1. A formulação do problema e da hipótese de trabalho

O processo de maturação de um texto científico é longo. Seja ele uma monografia de láurea, seja ele uma dissertação de mestrado, uma tese de doutorado, uma pesquisa temática, sempre haverá a necessidade constante de revisão, reflexão, redimensionamento da estrutura final do texto por meio do qual se busca exteriorizar os resultados científicos alcançados.

Esse longo processo de maturação de um tema se dá sobretudo em função do fato de que, uma vez escolhido, o pesquisador se lança no procedimento de levantamento de dados, ou seja, inicia-se um processo de tateamento do tema. Ao tatear uma realidade do ponto de vista científico, então, o pesquisador passa a enfrentar obstáculos sucessivamente mais sutis, que o fazem buscar ainda mais e mais informações, sem com isso poder desbordar da proposta e do enfoque propostos como tema de pesquisa. Daí a importância crucial da preocupação com o recorte e a delimitação da pesquisa[92], algo que se cinzela não sem esbarrar em dificuldades significativas. À medida que se conhecem as dimensões teórico-científicas de determinado

---

92. "Chama-se recorte o procedimento metodológico pelo qual os contornos de um assunto de interesse são ajustados para 'caber' nas limitações (epistemológicas e práticas) de uma pesquisa" (Queiroz, *Monografia jurídica*: passo a passo, 2015, p. 26).

problema, passa-se a posicionar adequadamente o que seja cada quadrante em que se desdobra, e, dessa forma, consegue-se a almejada precisão científica.

Para que todo esse percurso inicial seja possível, sempre se deve partir de um projeto de pesquisa, que irá detalhar: a) a hipótese de trabalho; b) a metodologia de pesquisa; c) a linha de pesquisa ou de abordagem a ser empregada no trabalho; d) o objeto da pesquisa; e) os principais problemas suscitados pelo objeto de pesquisa; f) os objetivos pretendidos pela pesquisa; g) os resultados esperados; h) a contribuição à ciência e a inovação que se pretende; i) a previsão de um cronograma de trabalho; j) as referências bibliográficas. Ao final deste livro, no item IX, se poderá consultar mais detalhes para a formulação de um projeto de pesquisa.

No entanto, aqui, vale enfatizar dois aspectos importantes, aos quais se deve dedicar a atenção, no que concerne aos primeiros movimentos de desenvolvimento de uma pesquisa científica, quais sejam: i) a formulação do problema de pesquisa; ii) a formulação da hipótese de pesquisa. Sem que estes dois itens iniciais sejam vencidos, fica difícil alcançar a precisão científica, assim como fica difícil encaminhar os primeiros passos da pesquisa científica, inclusiva para a formulação do projeto de pesquisa.

A formulação do problema de pesquisa deve ocupar os primeiros esforços do pesquisador. Costuma-se afirmar que a formulação do problema de pesquisa deve se dar na forma de pergunta, devendo ser claro e preciso, em busca de uma possível solução a ser encontrada ao longo da pesquisa científica.[93] Assim, são exemplos de problemas de pesquisa, formulados para os primeiros movimentos em direção a uma pesquisa científica: "O raciocínio jurídico pode conduzir à verdade judicial?"; "Quais as razões da crise do direito moderno?"; "Qual o conceito de justiça na filosofia do direito de Axel Honneth?";

---

93. "A experiência acumulada pelos pesquisadores possibilita ainda o desenvolvimento de certas regras práticas para a formulação de problemas científicos, como: a) o problema deve ser formulado como pergunta; b) o problema deve ser claro e preciso; c) o problema deve ser empírico; d) o problema deve ser suscetível de solução; e) o problema deve ser delimitado a uma dimensão viável" (Gil, *Como elaborar projetos de pesquisa*, 6. ed., 2019, p. 10).

"Existe um direito à modificação corporal garantido pelos Direitos da Personalidade no Brasil?"; "Qual o tratamento que a jurisprudência de países como Alemanha, Espanha, Portugal e Brasil confere aos limites à liberdade de expressão?"; "A que disciplina o Direito Penal submete os crimes contra a honra? Quais as suas modalidades? Quais as sanções aplicáveis?"; "A jurisprudência brasileira reconhece a predominância do princípio da afetividade no Direito de Família?"; "Quantos são os casos de derrota judicial de comunidades indígenas no Brasil, por meio de decisões judiciais, em debates sobre territórios indígenas em disputa?".

Além da formulação do problema de pesquisa, é necessário identificar uma hipótese de pesquisa[94]. A hipótese de pesquisa consiste na antecipação da possível resposta ao problema de pesquisa, e que, geralmente, é formulada na etapa inicial da pesquisa, com vistas a auxiliar no processo de encaminhamento das demais etapas e no desenvolvimento do levantamento de materiais de pesquisa. Ao final da execução da pesquisa, se a hipótese se confirmar, ela se transforme na solução do problema de pesquisa, com a diferença de que agora, ao final da pesquisa, ela se converteu numa explicação racional, embasada e sustentada pelo conjunto de todas as conclusões alcançadas e fundamentadas ao longo do desenvolvimento do texto científico.[95]

Assim, se estas preocupações iniciais forem vencidas, e bem construídas, as próximas etapas, que envolvem o desenvolvimento do trabalho científico, sua redação e sua exteriorização se tornam apenas um desdobramento lógico dos primeiros passos dados no projeto de pesquisa.

---

94. "As ideias simples são hipóteses de trabalho, conceito de trabalho, que deverão ser revistos para receberem o seu justo papel epistemológico" (Bachelard, *O novo espírito científico*, 2020, p. 143).

95. "Por hipótese entende-se uma suposição ou explicação provisória do problema. Essa hipótese, que em sua forma mais simples consiste numa expressão verbal que pode ser definida como verdadeira ou falsa, deve ser submetida a teste. Se em decorrência do teste for reconhecida como verdadeira, passa a ser reconhecida como resposta ao problema" (Gil, *Como elaborar projetos de pesquisa*, 6. ed., 2019, p. 16).

10.2. A redação, a formatação e a estrutura final do texto científico

Uma vez alcançada a precisão científica na compreensão do tema, partir-se-á para a sua exteriorização, para a sua formatação textual, para a sua apresentação pública, para a comprovação e defesa, e estas deverão testificar exatamente o alcance dessa adequada e precisa compreensão do tema alcançada. Isso pode ser verificado num texto científico de muitas formas, a saber: criação de um estilo próprio de escrever e descrever fatos, opiniões, normas, fenômenos, relações, conceitos[96]; linguagem e definição científicas[97]; utilização apropriada de literatura temática nacional e estrangeira; distribuição dos argumentos contrários e favoráveis na discussão do tema; traçado histórico e situação que fomenta e justifica o debate do tema escolhido; sustentação problematizada de uma postura crítica a respeito do tema; busca e exposição das causas do fenômeno estudado; uso

---

96. Deve-se esforçar o pesquisador por neutralizar a manifestação puramente pessoal de seu juízo, expondo suas ideias e contribuições por meio de uma linguagem mais objetiva, recorrendo a expressões definidas e preparadas para essa finalidade: *"Eu ou nós?* Deve-se, na tese, introduzir as opiniões próprias na primeira pessoa? Deve-se dizer "penso que..."? Alguns acham isso mais honesto do que apelar para o *noi majestatis*. Não concordo. Dizemos "nós" por presumir que o que afirmamos possa ser compartilhado pelos leitores. Escrever é um ato social: escrevo para que o leitor aceite aquilo que proponho. Quando muito, deve-se procurar evitar o pronome pessoal recorrendo a expressões mais impessoais, como "cabe, pois, concluir que", "parece acertado que", "dever-se-ia dizer", "é lícito supor", "conclui-se daí que", "ao exame desse texto percebe-se que" etc. Não é necessário dizer "o artigo que citei anteriormente", ou "o artigo que citamos anteriormente", basta dizer "o artigo anteriormente citado". Entretanto é válido escrever "o artigo anteriormente citado nos demonstra que", pois expressões assim não implicam nenhuma personalização do discurso científico" (Eco, *Como se faz uma tese*, 14. ed., 1998, p. 120).

97. "Os termos se tornam mais claros e compreensivos ao serem definidos. Definir é fazer conhecer o conceito que temos a respeito de alguma coisa, é dizer o que a coisa é, sob o ponto de vista da nossa compreensão. Evidentemente, para que a nossa definição seja certa e verdadeira é condição imprescindível que o nosso conceito da coisa esteja de acordo com o que ela realmente é" (Rudio, *Introdução ao projeto de pesquisa científica*, 1981, p. 25).

do método adequado ao tipo de pesquisa e à área em que se situa o tema; formulação de respostas e contribuições originais para o tema; entre outros índices de qualidade do texto científico.

Mas, dentre esses citados elementos, o que mais demonstra maturidade no conhecimento do tema, na escolha e no uso do método e no alcance da precisão necessária é a estruturação do trabalho. A estrutura de um texto científico demonstra o envolvimento que as várias partes da pesquisa mantêm entre si. É a estrutura do trabalho científico que denuncia a organização que se dá aos vários elementos coligidos, recolhidos e interpretados por meio da pesquisa. Portanto, a distribuição desses elementos textualmente não é aleatória nem arbitrária; modifica-se na medida do avanço da maturidade da discussão, até que se chegue a uma formatação final e definitiva.

De qualquer forma, se é a maturidade temática que define o alcance da estrutura final de um trabalho científico, existem também exigências mínimas a respeito da organização e da distribuição das partes do trabalho. Assim, a estrutura definitiva e correta de um trabalho científico-acadêmico deverá guiar-se pelas seguintes orientações:

1) elementos pré-textuais: capa; folha de rosto (título e subtítulo; autor; data; local; Faculdade; Universidade); errata; termo de aprovação; dedicatória; agradecimento; epígrafe; resumo (*abstract; résumé; resumen; zusammenfassung*); sumário (numeração de páginas em algarismos romanos, exceto a folha de rosto, que não recebe numeração); lista de figuras; lista de tabelas; lista de abreviaturas e símbolos;

2) texto propriamente dito (numeração de páginas em algarismos arábicos): introdução; delimitação temática; metodologia adotada; histórico do tema; desdobramentos em partes e capítulos; conclusão;[98]

---

[98] "A conclusão, da mesma forma, para que possa ser digna deste nome, deverá limitar-se a rememorar os argumentos construídos e as análises de dados empreendidas ao longo do corpo do trabalho" (Queiroz, Feferbaum, Apontamentos sobre a redação e o texto do trabalho acadêmico, *in Metodologia jurídica*: um roteiro prático para trabalhos de conclusão de curso (Queiroz; Feferbaum, orgs.), 2012, p. 359).

3) elementos pós-textuais (numeração de páginas em algarismos arábicos): anexos ou apêndices; glossário; referências bibliográficas; índice remissivo; capa[99].

11. Método e corpo do trabalho científico

O corpo ou desenvolvimento de um trabalho científico se caracteriza por possuir uma específica composição e preocupação[100]. O corpo do trabalho deve retratar o conhecimento a respeito do tema acumulado ao longo de uma vasta pesquisa[101]. Assim, deve partir por motivar o leitor acerca do *start* das pesquisas, conduzindo-o

---

99. Cf. Universidade Federal do Paraná, *Normas para apresentação de trabalhos*: teses, dissertações e trabalhos acadêmicos, 1996, p. 3, e, também, Universidade Estadual Paulista, *Normas para publicações da UNESP*: dissertações e teses – do trabalho científico ao livro, 1994, v. 4, p. 20. Também, NBR 14724:2001 da ABNT. Consulte-se, também, Laville, Dionne, *A construção do saber*, 2007, p. 256.

100. Em um trabalho científico deve-se tomar extremo cuidado para não incorrer nos seguintes erros metodológicos que conspurcam pesquisas inteiras: o ecletismo, o reducionismo e o dualismo:

"O ecletismo como patologia metodológica pode ser definido pelo uso de conceitos fora dos seus respectivos esquemas conceituais e sistemas teóricos, alterando os seus significados" (Oliveira Filho, Teoria das explicações científicas, regras metodológicas e a metodologia das ciências sociais, *in Plural:* Revista do Programa de Pós-Graduação em Sociologia, n. 2, 1995, p. 111).

"O reducionismo se apresenta de várias formas, e a mais facilmente detectável é a naturalista. Consiste em adotar procedimentos das ciências naturais como modelo para as ciências sociais, por exemplo, os da física ou da biologia. As correntes positivistas desde o século passado têm adotado tal naturalismo" (p. 112).

"A situação dos dualistas será mais complicada. Abandonam às ciências da natureza as concepções empiristas e positivistas, restringindo seus enunciados metodológicos, explicitamente críticos das posturas mencionadas, acentuando características que distinguem e isolam as ciências sociais das demais ciências" (p. 115).

101. "O pesquisador que chega ao final de sua pesquisa encontra-se diante de uma grande quantidade de material documental. Esta é a substância de seu relatório de pesquisa. Ele se servirá dela para construir uma demonstração eficaz e, para isso, começa por estabelecer um projeto" (Laville, Dionne, *A construção do saber*: manual de metodologia da pesquisa em ciências humanas, 2007, p. 254).

paulatinamente ao aprofundamento e à complexização da discussão do tema abordado.

Ademais, a linguagem deve ser escorreita a ponto de abeirar-se do esmero linguístico, do respeito às regras gramaticais e ortográficas, porém sem o imperativo da manutenção de um formalismo exacerbado que confunde cientificidade com obscuridade. As regras de linguagem, uma vez obedecidas, conferem um lustro ainda maior ao trabalho temático desenvolvido; é certo que se esta não é a principal preocupação do jurista, ao menos deve ele estar consciente de que é a sua principal ferramenta de trabalho. Um texto científico é um texto preciso na colocação dos termos, pesquisado no arranjo do tema e de seus desdobramentos, mas não obscuro. Objetividade e transparência das etapas da pesquisa, no relatório de pesquisa, são exigências próprias da prática científica.[102] Pode-se, com clareza, afirmar que a redação do texto de um projeto de pesquisa deve apresentar as seguintes características: impessoalidade; objetividade; clareza; precisão; coerência; concisão; simplicidade.[103]

A obra que relata as aquisições científicas de uma pesquisa deve acusar originalidade, conclusividade, sistematicidade, não podendo significar mera recolha de opiniões de diversos autores sobre um único tema. Sua linguagem própria é a formal, apesar de ser dispensável qualquer rococó linguístico, espelhando uma lógica do todo que permita ao leitor reconhecer o fio condutor da discussão levada a cabo por intermédio da obra. Para tanto é necessário delimitar o tema, a área de conhecimento, e a própria metodologia adotada deve figurar explícita no texto, sobressaindo-se a necessidade de rigor na busca, na organização e na apresentação das fontes de pesquisa utilizadas.

---

102. "Dito de outra forma, queremos conhecer todos os fatores que levou em conta, que discutiu, que objetivou para si mesmo, quando da concepção e realização da pesquisa; desejamos conhecê-los todos, desejamo-los transparentes, para poder julgar a pesquisa e o valor das conclusões. Objetivação e transparência, eis os dois princípios associados de um relatório de pesquisa" (Laville, Dionne, *A construção do saber*: manual de metodologia da pesquisa em ciências humanas, 2007, p. 238).

103. Cf. Gil, *Como elaborar projetos de pesquisa*, 6. ed., 2019, p. 163-164.

Ademais, uma outra parte importante do corpo do trabalho, além do esmero linguístico, é a lógica e a linha de argumentação seguida. Partindo-se de uma proposta de estudo e investigação, formula-se uma tese ou hipótese a desenvolver e persegue-se esse objetivo com a necessária acuidade e com a profundidade demandada. A escolha de uma linha de argumentação não é um processo acessório à formulação da tese, mas sim a própria constituição da tese formulada por meio de estratégias e técnicas de abordagem e desdobramento do tema.

Portanto, a robusta e convincente, mas não redundante ou cansativa, linha de argumentos que se há de tecer em torno de uma hipótese formulada como objetivo a ser perseguido pelo trabalho investigativo de pesquisa científica há de primar: pela coerência; pela integralidade; pela seletividade... Assim, o trabalho de pesquisa efetuado deverá retratar o conjunto de esforços do pesquisador para a efetivação de seus objetivos científicos. Dessa maneira, os esforços do pesquisador, em seu conjunto, deverão retratar rigor acadêmico, apuro científico e neutralidade na investigação.[104]

12. Método e citação no trabalho científico

As notas de rodapé contendo citações são de grande utilidade na construção de uma pesquisa científica e devem seguir os padrões ABNT, NBR 10.520/2002[105]. A partir dessa norma brasileira, em sua

---

104. "Já o texto acadêmico deve utilizar linguagem sóbria e equilibrada, expor os fatos de forma ampla e fiel à realidade, sem omissões ou distorções, além de conduzir a argumentação com imparcialidade e espírito crítico. Os atributos básicos do texto acadêmico podem ser assim resumidos: (i) neutralidade e independência do autor; (ii) informação correta e completa; (iii) indicação das fontes de pesquisa; (iv) análise crítica e abrangente; (v) argumentação lógica e racional; e (vi) propostas construtivas e realistas" (Pinto Junior, Pesquisa jurídica aplicada no mestrado profissional, *in Metodologia da pesquisa em Direito*: técnicas e abordagens para elaboração de monografias, dissertações e teses (Queiroz; Feferbaum, coords.), 2019, p. 43).

105. Sobre as notas de rodapé:

"a) As notas servem para indicar as fontes das citações.

versão de 2023, sabe-se que os sistemas de citação são dois: o numérico e o autor-data[106]. Isso porque a pesquisa sempre se detém na análise de informações retiradas de diversas fontes de informação, que precisam ser expostas, de divergências de opiniões sobre um tema, que precisam ser analisadas e diferenciadas, de uma pluralidade muito grande de doutrinas específicas sobre o tema e anteriores ao trabalho de pesquisa efetuado, que precisam ser expostas, compreendidas e referidas. Se seu uso excessivo prejudica a leitura do texto, sua escassez denota a despreocupação do autor na elaboração reflexiva e dialética do tema abordado[107]. Por isso, o uso das citações deve ser constante e criterioso, como forma de revelação de que o pesquisador se refere às fontes de pesquisa, ademais de guardar o devido respeito e diferenciação entre as suas ideias e as dos outros, devendo-se evitar o uso de paráfrases e resumos de textos alheios.[108]

---

b) As notas servem para acrescentar ao assunto discutido no texto outras indicações bibliográficas de reforço.

c) As notas servem para remissões internas e externas.

d) As notas servem para introduzir uma citação de reforço.

e) As notas servem para ampliar as afirmações que se fez no texto.

f) As notas servem para corrigir as afirmações do texto.

g) As notas podem servir para a tradução de uma citação que era essencial fornecer em língua estrangeira...

h) As notas servem para pagar as dívidas" (Eco, *Como se faz uma tese*, 1998, p. 131).

106. "De acordo com a norma brasileira (ABNT, 2002b), existem dois sistemas que orientam a forma como as citações devem ser indicadas no texto: o numérico e o autor-data. O pesquisador deve optar por um desses sistemas e aplicá-los ao longo de todo o relatório" (Bittar, Côrtes, Oliveira, Normas técnicas para a apresentação de relatórios de pesquisa, *in Metodologia jurídica*: um roteiro prático para trabalhos de conclusão de curso (Queiroz; Feferbaum, orgs.), 2012, p. 391).

107. "Encontram-se poucos relatórios de pesquisa sem citações nem referências a outros escritos. É por meio delas que se manifestam, em grande parte, os processos de objetivação e transparência" (Laville, Dionne, *A construção do saber*: manual de metodologia da pesquisa em ciências humanas, 2007, p. 259).

108. "As citações diretas cumprem essa função naturalmente, ao marcar, com aspas ou margem recuada, o início e fim das ideias alheias. Mas paráfrases e resumos representam um risco, já que a demarcação tipográfica não existe. Assim, é

As notas de rodapé podem ser bibliográficas, conforme se destinem a indicar a fonte de leitura da qual se retira uma indicação, um pensamento, uma ideia, uma hipótese, uma explicação, ou explicativas, ou seja, do próprio autor, conforme se destinem a explicitar um conceito, prestar esclarecimento, dirimir eventuais más interpretações do texto[109]. A nota de rodapé cumpre várias funções apêndices ao texto principal[110].

As notas de rodapé, em que se inserem as referências que se julgam necessárias, porém acessórias ao texto, podem aparecer na própria página em que se faz a citação, no final do capítulo, ou no final da obra, e devem ser numeradas progressivamente por capítulo ou tendo-se em vista a continuidade da obra em sua inteireza. Dá-se preferência à nota de rodapé que apareça na própria página da citação, mas se se pretender construir um texto mais limpo, objetivo e de fácil e rápida leitura, podem-se lançar as notas de rodapé para o final do capítulo respectivo. Ademais, quando da citação em nota de rodapé de um autor ou obra, é facultativa a inclusão de todos os elementos que aparecem necessariamente na referência bibliográfica; nas notas de rodapé, a informalidade e a liberdade do autor são maiores que na bibliografia, que deve seguir os padrões da NBR da ABNT n. 6.023/2002.

---

má prática de escrita, com possíveis implicações de violação ética, o recurso excessivo a paráfrases de modo a tornar difícil ao leitor separar, dentro do texto, o que é pensamento original do autor e o que são ideias de terceiros por ele incorporadas" (Queiroz, Ética e pesquisa jurídica, in Metodologia da pesquisa em Direito: técnicas e abordagens para elaboração de monografias, dissertações e teses (Queiroz; Feferbaum, coords.), 2. ed., 2019, p. 538).

109. Cf. Universidade Estadual Paulista, Normas para publicações da UNESP: dissertações e teses – do trabalho científico ao livro, v. 4, 1994, p. 52.

110. "As notas de rodapé devem ser utilizadas no momento em que o pesquisador considera necessário inserir uma explicação adicional ao seu relatório, mas sem comprometer o foco principal das discussões propostas ao longo do texto.

Em geral, as notas de rodapé apresentam comentários, esclarecimentos, explanações ou sugestões de leituras. No caso de indicação de literatura complementar, deve-se colocar a referência completa da obra na nota" (Bittar, Côrtes, Oliveira, Normas técnicas para a apresentação de relatórios de pesquisa, in Metodologia jurídica: um roteiro prático para trabalhos de conclusão de curso (Queiroz; Feferbaum, orgs.), 2012, p. 389).

Em regra, a citação que se faz por meio de nota de rodapé prescinde de uma exposição detalhada da fonte bibliográfica, podendo-se sintetizar ao máximo as informações sobre a obra citada (ex.: Eco, *Como se faz uma tese*, 1998, p. 85-93)[111]. As informações poderão limitar-se ao grupo de elementos imprescindíveis para que se recuperem facilmente o autor e a obra na bibliografia, pois esta sim deverá representar uma fonte detalhada e completa de informações a respeito dos livros, artigos, autores (ex.: ECO, Umberto. *Como se faz uma tese*. 14. ed. Tradução de Gilson Cesar Cardoso de Souza. São Paulo: Perspectiva, 1998).

Não existem regras rígidas sobre a formulação de citações encartadas em notas de rodapé, mas é útil que se refira às regras da citação aduzidas por Umberto Eco[112]. O importante é que a nota de

---

111. Acerca de o uso do título de obra, em referência de rodapé, ser em negrito ou em itálico, é esclarecedor o trecho a seguir: "O título é usualmente grafado em negrito ou em itálico, mas a norma da ABNT (2002b) permite sê-lo em negrito, itálico ou sublinhado, desde que seja uniforme em todo o documento. Importante é que, além de padronizado, o título seja destacado tipograficamente na referência. Internacionalmente, a forma itálica é mais usual, embora no Brasil o negrito venha se tornando aparentemente predominante" (Queiroz, *Monografia jurídica*: passo a passo, 2015, p. 153).

112. São as seguintes as regras:

"Regra 1 – Os textos objeto de análise interpretativa são citados com razoável amplitude.

Regra 2 – Os textos de literatura crítica só são citados quando, com sua autoridade, corroboram ou confirmam afirmação nossa.

Regra 3 – A citação pressupõe que a ideia do autor citado seja compartilhada, a menos que o trecho seja precedido e seguido de expressões críticas.

Regra 4 – De todas as citações devem ser claramente reconhecíveis o autor e a fonte impressa ou manuscrita.

Regra 5 – As citações de fontes primárias devem de preferência ser colhidas da edição crítica ou da edição mais conceituada.

Regra 6 – Quando se estuda um autor estrangeiro, as citações devem ser na língua original. Esta regra é taxativa em se tratando de obras literárias.

Regra 7 – A remissão ao autor e à obra deve ser clara.

Regra 8 – Quando uma citação não ultrapassa duas ou três linhas, pode-se inseri-la no corpo do parágrafo entre aspas duplas.

rodapé esteja adequadamente relacionada com o texto principal, não sendo dissonante com relação a este, além de respeitar o original do autor consultado e citado.

Há alguns termos, algumas abreviaturas e algumas palavras em latim que são recursos ou ferramentas para a enunciação de citações, conforme o caso: *Ibidem* ou *Ibid.* (na mesma obra); *Idem* ou *Id.* (do mesmo autor); *Op. cit.* (na obra citada); *Loc. cit.* (no lugar citado); *Et seq.* (seguinte ou que se segue); *Passim* (aqui e ali; em vários trechos ou passagens); Cf. (confira); *Apud* (citado por).

Existem múltiplas abreviaturas utilizadas na citação em textos de nota de rodapé. A seguir estar-se-á a indicar quais são as mais comuns de um texto científico, numa grande listagem[113], a saber:

anon. – anônimo

art. – artigo de lei

l. – livro

cap. – capítulo; plural caps.

col. – coluna; plural coll.

cf. – confrontar

ed. – edição

e.g. – (*exempli gratia*) por exemplo

p. ex. – por exemplo

fig. – figura; plural figs.

fl. – folha (fol., foll. ou f. e ff.)

ibid. – ou também *ibidem*, no mesmo lugar (isto é, mesma obra e mesma página; se for a mesma obra mas não a mesma página, então é *op. cit.*, seguido da pág.)

i.e. – (*id est*) isto é, quer dizer

infra – abaixo

Regra 9 – As citações devem ser fiéis.

Regra 10 – Citar é como testemunhar num processo" (Eco, *Como se faz uma tese*, 1998, p. 121-23).

113. Cf. lista apresentada por Umberto Eco, *Como se faz uma tese*, 1998, p. 156-157. É de observar, contudo, que nesta obra seguimos as normas da ABNT (NBR 6023).

loc. cit. – lugar citado
MS – manuscrito; plural MSS
NB – note bem
n. – nota
NS – nova série
nº – número
op. cit. – obra citada
p. – página, também pág.; plural pp. e págs.
par. – parágrafo
pseud. – pseudônimo
f e v – frente e verso (página ímpar e página par)
s.d. – sem data
s.l. – sem local
seg. – seguinte; plural ss.
sec. – seção
sic – assim (escrito assim mesmo pelo autor que estou a citar; pode ser utilizado quer como medida de prudência, quer como sublinhado irônico no caso de erro significativo)
N. do A. – Nota do autor
N. do T. – Nota do tradutor
q. – quadro
tab. – tabela
tr. – tradução, também trad.
v. – ver
v. – verso; plural vv.
vs. – (*versus*) em oposição a
viz. – (*videlicet*) quer dizer
vol. – volume; plural vols.

12.1. Método e técnicas de citação

Como forma de facilitar a tarefa do pesquisador, podem-se enumerar alguns exemplos de citações textuais por notas de rodapé que sirvam para a ilustração do procedimento citatório:

- **Exemplo 1:** Este exemplo enfatiza o modo de citação que é muito usual em *Ciências Sociais*, e que está baseado numa forma abreviada e rápida de citação, seguindo o modelo *Autor-Data*, devendo ser expressa em maiúscula de acordo com a NBR 10520 de 2023 (FONTANILLE, 2016), diretamente lançado sobre o texto principal, sem a necessidade de abrir uma nota de rodapé:

Do ponto de vista da *Semiótica da Marca*, pode-se dizer que se trata de um *corpo-marcado* pela distinção negativa nas interações sociais (FONTANILLE, 2016, p. 133), tornando-se por isso um *corpo-segregado*, gravado pela *insígnia* da pobreza e do desprezo social. O *corpo-excluído* é um corpo (socialmente) transformado; ele é uma construção da sociedade, na medida em que sobre ele recaem todas as suas ausências, falhas e mazelas, contando-se também com a indiferença dos demais cidadãos.

- **Exemplo 2**: Este exemplo enfatiza a necessidade de apresentação de uma bibliografia complementar inserida na nota de rodapé. Trata-se de uma citação bibliográfica, portanto:

Nas pretensões deste escrito, não obstante a formação de um grande arsenal de reflexões, comentários e linhas de pensamento a partir de A. J. Greimas, as aplicações jurídicas existentes, à exceção das reflexões e análises de E. Landowski[114], não são abundantes[115].

---

114. Principalmente, os trabalhos que seguem: Pour une approche sémiotique et narrative du droit, *Droit prospectif: Revue de Recherche Juridique*, Colloque International de Sémiotique Juridique, n. 2, p. 39-70, 11-13 mars 1986; Vérité et véridiction en droit, in *Le discours juridique*: langage, signification et valeurs, *Droit et société: Revue Internationale de Théorie du Droit et de Sociologie Juridique*, n. 8, p. 45-59, 1988; Statut et pratiques du texte juridique, *in Lire le droit*: langue, texte, cognition, 1992, p. 441-455; *La sociedad figurada*: ensayos de sociosemiótica, trad. Gabriel Hernández Aguilar, Ana Maria del Gesso Cabrera, Raquel Gutiérrez E., Sergio Lira Coronado, Óscar Moraña, Luisa Ruiz Moreno, México: Universidad Autónoma de Puebla/Fondo de Cultura Económica, 1993.

115. A referência monográfica de análise do discurso jurídico deve recair sobre os estudos empreendidos por François Paychère, *Théorie du discours juridique*: essai sur les apports des sciences du langage à la théorie générale du droit, thèse de Doctorat présentée à l'Université Paris-II, 1990, que, como Fernando Souto de Castro (*Para uma análise sociossemiótica e semiolinguística de aspectos do discurso jurídico brasileiro, a liberdade e o Estatuto da Criança e do Adolescente*, tese de Doutorado

- **Exemplo 3**: Este exemplo enfatiza a necessidade de apresentação de um melhor posicionamento da matéria, da melhor exposição das ideias e dos termos utilizados no texto principal. Trata-se de uma citação explicativa, portanto:

> O que se quer extrair deste tipo de reflexão é que a *discursividade-contra*[116] é propriamente aquela que se releva para uma análise do discurso jurídico-decisório, uma vez que esta aponta para a linguagem da conflituosidade, que, de uma forma ou de outra, é a matéria-prima do discurso decisório judicial contencioso.

- **Exemplo 4**: Este exemplo enfatiza a diversidade de fontes de pesquisa para a denúncia de uma posição teórica assumida. Ademais, no lugar de se posicionar a referência textual em nota de rodapé, dá-se ênfase ao texto da canção no meio do próprio texto principal. Trata-se de uma citação de cunho bibliográfico e que ilustra o tema em debate, valendo-se de um apoio musical no contexto brasileiro:

> A discriminação, ainda que muitas vezes não notória, é um fato incontestável em nossa sociedade. Não só os meios de comunicação, os pensadores e sociólogos têm denunciado este fato, mas também as poesias de nosso tempo, a pintura, a escultura, o teatro, o cinema, e, sobretudo, as canções, a exemplo do que fazem Caetano Veloso e Gilberto Gil:
>
> "Quando você for convidado pra subir no adro
> da Fundação Casa de Jorge Amado
> pra ver do alto a fila de soldados, quase todos pretos

---

apresentada ao Curso de Pós-Graduação em Linguística do Departamento de Linguística da Faculdade de Filosofia, Letras e Ciências Humanas da Universidade de São Paulo, 1997, v. 1 e 2) engaja-se na proposta de estudo semiótico-jurídico na linha metodológica da *Escola de Paris*.

116. A presença de um interlocutor de ideias é o estímulo próprio para o aperfeiçoamento da *ars inveniendi*, ou seja, à invenção de problemas e propostas problemáticas a ser dialogicizadas no espaço retórico dos argumentos. Já foi afirmado que um novo modelo de comunicação deposita o estímulo comunicacional não tanto no ato elocutivo do sujeito ativo da mensagem discursiva, mas sobretudo no ato decodificativo do sujeito passivo da mensagem discursiva.

dando porrada na nuca de malandros pretos
de ladrões mulatos e outros quase brancos
tratados como pretos
só pra mostrar aos outros quase pretos
(e são quase todos pretos)
e aos quase brancos pobres como pretos
como é que pretos, pobres e mulatos
e quase brancos quase pretos de tão pobres são tratados
e não importa se os olhos do mundo inteiro
possam estar voltados para o largo
onde os escravos eram castigados
e hoje um batuque um batuque
com a pureza de meninos uniformizados de escola secundária em dia de parada
E a grandeza épica de um povo em formação nos atrai, nos deslumbra e estimula..."

(GIL, Gilberto; VELOSO, Caetano. Haiti. *Tropicália 2*. São Paulo: PolyGram, 1997. 1 disco compacto (42 min; 05 seg): digital, estéreo. 518178-2. Faixa 1).

12.2. Método e bibliografia do trabalho científico

Tendo-se já dissertado a respeito das formas e técnicas de elaborar citações científicas, é mister deter a análise na investigação das formas de apresentação de referências bibliográficas[117].

As referências bibliográficas constituem importante medidor da cientificidade de um trabalho de pesquisa. É a partir de sua leitura que se pode identificar o campo de trabalho e os instrumentos

---

117. A preocupação fundamental aqui é a adequação à NBR 6023:2002 da Associação Brasileira de Normas Técnicas (ABNT), que é o Fórum Nacional de Normalização, cujas regras dimensionam o trabalho científico. A referida norma revogou a NBR 6023:2000.

utilizados pelo pesquisador. É também da leitura das referências bibliográficas que se pode depreender que houve determinado tipo de escolha ideológica no tratamento do tema, ou, ainda, que se optou pela doutrina ou pela escola de pensamento de um autor etc. Assim, a bibliografia passa a significar o espelho da investigação elaborada pelo pesquisador no sentido de conhecer o tema e o objeto de trabalho.

Não são as referências bibliográficas mero repositório de livros sobre o tema, nem uma coletânea de citações de textos desconexos entre si. As referências são um caleidoscópio de leituras diretas que estiveram a guiar o autor na elaboração da obra (TCC, dissertação de Mestrado, tese de Doutorado...). Assim é que se pode medir que a presença de um livro (texto, artigo, *site*, fita de vídeo...) na bibliografia atesta conhecimento dele, pelo que o autor pode ser cobrado. Na mesma medida, a ausência de um livro (texto, artigo, *site*, fita de vídeo...) na bibliografia atesta desconhecimento dele, pelo que o autor também pode ser cobrado. Daí por que as exíguas e parcas referências bibliográficas podem atestar carência de aprofundamento de leitura no conhecimento do tema; o trabalho científico demanda dedicação mínima aceitável para sua construção equilibrada. Os cuidados com a construção das referências bibliográficas são capitais para a definição científica do trabalho.

Então, o que colocar na bibliografia? A resposta não pode ser outra: toda leitura direta que concorreu para a feitura do trabalho científico, tenha sido citada em nota de rodapé ao longo do trabalho ou não. O texto citado nas referências bibliográficas é aquilo sem o que a pesquisa não seria a mesma, pois participou diretamente para o tratamento do tema.

É certo que para cada tema de pesquisa existem referências mínimas obrigatórias de estudo, que orientador e orientando devem conjuntamente se esforçar por compilar, e que deverão aparecer na bibliografia final da pesquisa. É sempre recomendado que o autor estrangeiro seja consultado na edição original de seu trabalho (no inglês, no francês, no alemão, no espanhol, ou no latim, no grego, no aramaico). No entanto, na ausência ou impossibilidade do alcance a essas fontes de pesquisa, é mister o recurso a traduções autorizadas e apropriadas da obra do autor pesquisado.

Na construção de uma bibliografia deve-se seguir este esquema convencional primordial:

1. sobrenome do autor (em caixa alta, seguido de vírgula – ADORNO,);

2. nome do autor (em caixa baixa, porém em maiúsculas as iniciais, seguido de ponto – Sérgio.);

3. título da obra (em itálico [considerando-se que o negrito, apesar de previsto na NBR 6023:2002, vem caindo em desuso nos meios acadêmicos, tendo-se tornado inusual a sua utilização], sem aspas, seguido de ponto; se houver subtítulo, não se utiliza o itálico – *Os aprendizes do poder*: o bacharelismo liberal na política brasileira.);

4. edição (só indicar a partir da segunda edição, seguida de ponto);

5. cidade de publicação (em maiúsculas, seguida de dois pontos – Rio de Janeiro:);

6. editora (em maiúsculas, seguida de vírgula – Paz e Terra,);

7. ano de publicação (ano relativo à última edição da obra, seguido de ponto – 1988.).

Assim, observada essa ordem, e seguidos esses conselhos primordiais, ter-se-á a configuração final, que se apresenta da seguinte forma dentro do conjunto de referências bibliográficas:

ADORNO, Sérgio. *Os aprendizes do poder*: o bacharelismo liberal na política brasileira. Rio de Janeiro: Paz e Terra, 1988.

Num outro exemplo:

BITTAR, Eduardo C. B. *Semiotics, law & art:* between Theory of Justice and Theory of Law. Switzerland: Springer, 2021.

Alguns erros comuns devem ser evitados quando da elaboração da lista de referências bibliográficas: escassez de autores; referência a autores não lidos ou não estudados; uso de aspas no título da obra; uso de sublinhado para destacar o título da obra; uso de maiúsculas no título da obra, salvo para a palavra inicial do título e para nomes próprios; falta de menção ao tradutor de obra estrangeira; uso inadequado de pontuação; distribuição incorreta dos elementos da referência bibliográfica; falta de organização dos autores por ordem alfabética; outros.

Porém, a essas regras gerais de apresentação de uma obra num conjunto de referências bibliográficas seguem algumas outras regras que obedecem a peculiaridades específicas de determinadas obras. Obras de autoria coletiva, artigos constantes de revistas, publicações de congressos e eventos, obras das quais não constam elementos fundamentais (edição, ano de publicação e outros) devem ter um detalhamento em apartado, devido às necessidades específicas que guardam, existindo as seguintes preocupações:

I – Quanto à nacionalidade da obra:
• Em caso de obra nacional:
FERRAZ JÚNIOR, Tércio Sampaio. *Introdução ao estudo do direito*: técnica, decisão, dominação. 2. ed. São Paulo: Atlas, 1994.

• Em caso de obra estrangeira no original:
DUBOUCHET, Paul. *Sémiotique juridique*: introduction à une science du droit. Paris: PUF, 1990.

• Em caso de obra estrangeira traduzida:
KELSEN, Hans. *Teoria pura do direito*. 4. ed. Tradução de João Baptista Machado. Coimbra: Arménio Amado, 1976.

II – Quanto à autoria da obra:
• Em caso de obra anônima:
ORDEM, desemprego e caos urbano. São Paulo: Armando Olimpio, 1978.

• Em caso de pseudônimo:
FIDALGO, Poeta (Antonio Maria Barbosa). *Poesias coligidas*. São Paulo: Canoeira, 1976.

• Em caso de obra de autoria singular:
ECO, Umberto. *Como se faz uma tese*. 14. ed. Tradução de Gilson Cesar Cardoso de Souza. São Paulo: Perspectiva, 1998.

• Em caso de obra de autoria coletiva:
• Para dois autores:

HENRIQUES, Antonio; MEDEIROS, João Bosco. *Monografia no curso de direito*: trabalho de conclusão de curso: metodologia e técnicas de pesquisa, da escolha do assunto à apresentação gráfica. 2. ed. São Paulo: Atlas, 1999.

• Para três ou mais autores:

ABRÃO, Carlos Henrique; ÁLVARES, Manoel; BOTTESINI, Maury Ângelo *et al*. *Lei de execução fiscal comentada e anotada*: *Lei 6.830, de 22.09.1980*: doutrina, prática, jurisprudência. São Paulo: Revista dos Tribunais, 1997.

Quando, portanto, houver mais de três autores, deve-se citar três deles e, em seguida, acrescentar a abreviatura "e outros" em latim (et al.).

• Em caso de obra de autoria coletiva com um coordenador ou organizador:

BITTAR, Carlos Alberto (Org.). *O direito de família e a Constituição de 1988*. São Paulo: Saraiva, 1989.

CAHALI, Yussef Said (Coord.); CHAVES, Antonio; AZEVEDO, Antonio Junqueira de, *et al*. *Responsabilidade civil*: doutrina e jurisprudência. São Paulo: Saraiva, 1984.

CAMPOS, Haroldo de (Org.); FENOLLOSA, Ernest; EISENSTEIN, Sierguéi, *et al*. *Ideograma:* lógica, poesia e linguagem. 3. ed. São Paulo: EDUSP, 1994.

• Em caso de participação em obra coletiva:

SANTOS, Regina Beatriz Tavares da Silva Papa dos. Responsabilidade civil do médico na inseminação artificial. In: BITTAR, Carlos Alberto (Coord.). *Responsabilidade civil médica, odontológica e hospitalar*. São Paulo: Saraiva, 1991. p. 33-58.

• Em caso de autores e obras antigos:

AUGUSTIN, Saint. *Oeuvres complètes. Dialogues philosophiques (Contra Academicos. De beata vita. De ordine)*. Bibliothèque augustinienne. Tradução de R. Jolivet. Paris: Desclée, De Brouwer et Cie., 1948.

ROUSSEAU, Jean-Jacques. *Lettre à d'Alembert*. Paris: Garnier Frères/Flammarion, 1967.

• Em caso da autoria ser atribuída a uma entidade:

UNIVERSIDADE DE SÃO PAULO. *Catálogo de teses da Universidade de São Paulo*, 1992. São Paulo, 1993. 467 p.

III – Quanto à natureza pública (normas, códigos, decisões judiciais):

• Em caso de resoluções:

BRASIL. Conselho Federal de Educação. Resolução n. 16, de 13 de dezembro de 1984. Dispõe sobre reajustamento de taxas, contribuições e semestralidades escolares e altera a redação do art. 5º da Resolução nº 1, de 14 de janeiro de 1983. Presidente: Lafayette de Azevedo Pondé. *Diário Oficial [da República Federativa do Brasil]*, Brasília, 13 dez. 1984. Seção 1, p. 190-191.

• Em caso de legislação:

BRASIL. Lei n. 8.069, de 13 de julho de 1990. Dispõe sobre o estatuto da criança e do adolescente e dá outras providências.

BRASIL. Decreto-Lei n. 2.423, de 7 de abril de 1988. Estabelece critérios para pagamento de gratificações e vantagens pecuniárias aos titulares de cargos e empregos da Administração Federal direta e autárquica e dá outras providências. *Diário Oficial [da República Federativa do Brasil]*, Brasília, v. 126, n. 66, p. 6009, 8 abr. 1988. Seção 1, pt. 1.

• Em caso de legislação em meio eletrônico:

BRASIL. Lei n. 9.887, de 7 de dezembro de 1999. Altera a legislação tributária federal. *Diário Oficial da República Federativa do Brasil*, Brasília, DF, 8 dez. 1999. Disponível em: <http://www.in.gov.br/mp_leis/leis_texto.asp?Id=LEI%209887>. Acesso em: 22 dez. 1999.

• Em caso de edição especial de uma legislação:

BRASIL. Constituição da República Federativa do Brasil: promulgada em 5 de outubro de 1988. Obra coletiva da autoria da Editora Saraiva com a colaboração de Antonio Luiz de Toledo Pinto, Márcia Cristina Vaz dos Santos Windt e Luiz Eduardo Alves de Siqueira. 24. ed. atual. e ampl. São Paulo: Saraiva, 2000.

• Em caso de legislação codificada e editada:

BRASIL. *Código Civil*. Organização dos textos, notas remissivas e índices por Juarez de Oliveira. 46. ed. São Paulo: Saraiva, 1995.

• Em caso de jurisprudência:
BRASIL. Supremo Tribunal Federal. Deferimento de pedido de extradição. Extradição n. 410. Estados Unidos da América e José Antonio Fernandez. Relator: Ministro Rafael Mayer. 21 de março de 1984. *Revista Trimestral de Jurisprudência* [Brasília], v. 109, p. 870-879, set. 1984.

• Em caso de súmula:
BRASIL. Supremo Tribunal Federal. Súmula n. 14. Não é admissível por ato administrativo restringir, em razão de idade, inscrição em concurso para cargo público. *In*: _____. São Paulo: Associação dos Advogados do Brasil, 1994. p. 16.

IV – Quanto à inserção da obra em uma revista ou periódico:

• Em caso de anais, eventos, colóquios, encontros... como publicação integral:
COLÓQUIO INTERNACIONAL DA *INTERNATIONAL ASSOCIATION FOR THE SEMIOTICS OF LAW*: DIREITO OFICIAL, CONTRACULTURA E SEMIÓTICA DO DIREITO, 13, 1997, São Paulo. *Anais...* São Paulo: IASL, 1997. 540 p.

• Em caso de Congresso Científico em meio eletrônico:
CONGRESSO DE INICIAÇÃO CIENTÍFICA DA UFPe, 4, 1996, Recife. *Anais eletrônicos...* Recife: UFPe, 1996. Disponível em: <http://www.propesq.ufpe.br/anais/anais.htm>. Acesso em: 21 jan. 1997.

• Em caso de anais, eventos, colóquios... quando se quer destacar a participação especial de um autor ou de um artigo:
ORLANDO FILHO, José; LEME, Edson José de A. Utilização agrícola dos resíduos da agroindústria canavieira. In: SIMPÓSIO SOBRE FERTILIZANTES NA AGRICULTURA BRASILEIRA, 1984, Brasília. *Anais...* Brasília: EMBRAPA, Departamento de Estudos e Pesquisas, 1984. p. 451-475.

• Em caso de artigo em jornais:
BITTENCOURT, Alberto. A crise dos meios de comunicação. *Jornal do Brasil*, Rio de Janeiro, 5 fev. 2000. Caderno A, p. 3.

• Em caso de artigo em revistas ou periódicos especializados:

TOURINHO NETO, F. C. Dano ambiental. *Consulex – Revista Jurídica*, Brasília, DF, ano 1, n. 1, p. 18-23, fev. 1997.

COUTINHO, Jorge. Essencialidade e existencialidade em Santo Agostinho. *Revista Portuguesa de Filosofia* (Santo Agostinho no XVI centenário da sua conversão e baptismo), Braga, Faculdade de Filosofia, v. 44, p. 17-37, jan./mar. 1988.

• Em caso de parte de coletânea:

ROMANO, G. Imagens da juventude na era moderna. In: Levi, G.; SCHMIDT, J. (Org.). *História dos jovens 2:* a época contemporânea. São Paulo: Companhia das Letras, 1996. p. 7-16.

• Em caso de artigo em meio eletrônico:

SILVA, M. M. L. Crimes da era digital. Rio de Janeiro, nov. 1998. Seção Ponto de Vista. Disponível em: <http://www.brazilnet.com.br/contexts/brasilrevistas.htm>. Acesso em: 23.5.2023.

V – Quanto ao suporte físico da obra:

• Em caso de música impressa:

SANTANA, José Acácio (Org.). *Canções alemãs.* Florianópolis: Ed. UFSC, 1986. Música impressa.

• Em caso de gravações audiovisuais e musicais:

BUARQUE, Chico. *Francisco.* Rio de Janeiro: RCA, 1987. 1 disco (21 min): 331/3 rpm, microssulco, estéreo, 7140001.

DE VOLTA para o futuro. Direção de Robert Zemeckis. Universal City Studios: CIC, 1985. 1 videocassete (115 min): son., color., VHS.

• Em caso de entrevistas:

MARINHO, Roberto. *Entrevista concedida pelo Presidente da Fundação Roberto Marinho.* Rio de Janeiro-São Paulo, 15 fev. 1997.

• Em caso de palestras:

BITTAR, Carlos Alberto. *Dano moral na ruptura de noivado.* Palestra proferida na OAB/SP, São Paulo, 25 jul. 1991.

• Em caso de imagem em movimento (filme, DVD, videocassete e outros):

OS PERIGOS do uso do agrotóxico. Produção de Jorge Ramos de Andrade. São Paulo: CERAVI, 1983. 1 videocassete.

• Em caso de documento iconográfico (pintura, gravura, ilustração, fotografia, desenho técnico, diafilme, transparência e outros):
KOBAYASHI, K. *Doença dos xavantes.* 1980. 1 fotografia.

• Em caso de documento iconográfico (pintura, gravura, ilustração, fotografia, desenho técnico, diafilme, transparência e outros) em meio eletrônico:
STOCKDALE, René. *When's recess?* [2002?]. 1 fotografia, color. Disponível em: <http://www.webshots.com/g/d2002/1-nw/20255.html>. Acesso em: 13.1.2023.

VI – Quanto à especialidade da obra, à falta de um elemento indicativo ou confusão de informações sobre a obra (sempre deverá ser indicada a data ou de publicação ou de impressão etc.):

• Em caso de data de publicação duvidosa:

[1971 ou 1972] para um ano ou outro

[1981?] para data provável

[ca.1960] para data aproximada

[197-] para década certa

[18-] para século certo

[18-?] para século provável

• Em caso de edição aumentada, revista, atualizada: 2. ed. rev. aum. atual.

• Em caso de edição estrangeira: 5th.

• Em caso de não haver indicação do local de publicação: [S.L.] = *Sine Loco.*

• Em caso de duas ou mais cidades de publicação:
Deve-se indicar a cidade que aparecer mais destacada, ou usar hífen (Rio de Janeiro-São Paulo).

• Em caso de não haver indicação do editor: [s.n.] = *sine nomine.*

• Em caso de duas ou mais editoras: Atlas/Cultrix.

• Em caso de texto em meio eletrônico:

KOOGAN, A.; HOUAISS, A. (Ed.). *Enciclopédia e dicionário digital 98*. Direção geral de André Koogan Breikmam. São Paulo: Delta: Estadão, 1998. 5 CD-ROM. Produzida por Videolar Multimídia.

• Em caso de tese não publicada:

BITTAR, Eduardo C. B. *Semiótica do discurso jurídico*. São Paulo: 1999. 695 f. Tese (Doutorado em Filosofia do Direito). Faculdade de Direito, Universidade de São Paulo, São Paulo.

• Em caso de se tratar de obra monográfica ou trabalho acadêmico:

MORGADO, Luis Fernando Alencastro. *Reestruturação dos valores pedagógicos*. 2001. 64 f. Monografia (Especialização) – Faculdade de Pedagogia, Universidade Ibirapuera, São Paulo, 2001.

• Em caso de obra em processo de publicação:

MACEDO, Egberto. *A ordem do discurso burguês*: discussão da ideologia burguesa brasileira. No prelo.

• Em caso de obra bíblica:

BÍBLIA. Português. *Bíblia sagrada*. Tradução de João Ferreira de Almeida. Brasília: Sociedade Bíblica do Brasil, 1969.

• Em caso de repetição do mesmo autor, com obras diferentes, na lista de referências bibliográficas, substituir por traço sublinear equivalente a seis espaços e ponto:

JAEGER, Werner. *Aristóteles*: bases para la historia de su desarrollo. Tradução de José Gaos. México: Fondo de Cultura Económica, 1992.

_____. *Paideia*: los ideales de la cultura griega. Tradução de Joaquín Xirau. México: Fondo de Cultura Económica, 1946.

• Em caso de publicação periódica como um todo:

REVISTA BRASILEIRA DE GEOGRAFIA. Rio de Janeiro: IBGE, 1939. Trimestral. Absorveu Boletim Geográfico do IBGE. Índice acumulado, 1939-1983. ISSN 0034-723X.

13. Método, *Internet* e pesquisa

A *Internet* pode ser vista como ferramenta de pesquisa[118], na medida em que representa um grande acervo de dados e informações. Assim é que ela figura, seja como ferramenta, seja como campo de pesquisa[119]. O grande desafio da informação hoje já não é a sua carência, mas a sua seleção pela qualidade, fidedignidade, veracidade, segurança, honestidade e precisão. A vulgarização do uso indiscriminado e a cultura do *google it* pode ser vista como o seu desvio. Nessa rede mundial pode-se comprar e vender produtos, consultar catálogos, estudar temas, conhecer instituições, assim como recolher informações relevantes e outros subsídios para a formação e elaboração de uma pesquisa científica[120]. Na grande trama de páginas e *links*, pode-se garimpar preciosas informações, legislação, dados institucionais, dados estatísticos, bibliotecas, notícias atuais, resultados de outras pesquisas, artigos, revistas internacionais, que, sem dúvida nenhuma, só podem enriquecer a atividade de pesquisa e levantamento de dados[121].

---

118. "A internet é uma ferramenta de pesquisa fantástica, muito prática e útil inclusive para trabalhos acadêmicos no campo do Direito, apesar de ter sua potencialidade negligenciada com frequência" (Queiroz, Beicker, Como a internet pode me ajudar na execução da pesquisa?, *in Metodologia jurídica*: um roteiro prático para trabalhos de conclusão de curso (Queiroz; Feferbaum, orgs.), 2012, p. 315).

119. A distinção é feita por Rafael Queiroz e Marina Feferbaum: "A internet pode desempenhar pelos menos duas funções centrais no desenvolvimento e na execução de um trabalho acadêmico: ser utilizada como *ferramenta* ou como *campo* de pesquisa" (Queiroz, Beicker, Como a internet pode me ajudar na execução da pesquisa?, *in Metodologia jurídica*: um roteiro prático para trabalhos de conclusão de curso (Queiroz; Feferbaum, orgs.), 2012, p. 315).

120. Sobre a *Internet*, sua importância e seus recursos, consulte-se Severino, *Metodologia do trabalho científico*, 21. ed., 2000, p. 133-142.

121. É interessante dizer que existem *sites* exclusivamente dedicados à pesquisa, onde se pode encontrar referências às instituições que favorecem e estimulam a pesquisa no País, a saber: <http://www.fapesp.br (São Paulo)>; <http://www.cnpq.br (Brasil)>; <http://prossiga.br (Brasil e seus demais Estados)>, entre outros. Ademais, atualmente, podem-se encontrar inúmeros *sites* com fartas informações jurídicas.

Porém, deve-se advertir o navegador que se vale da rede de que a seleção dos *sites* de onde recolhe dados de estudo científico deve ser criteriosa.[122] Este vasto mundo virtual pode estar cheio de armadilhas ao pesquisador. Isto é importante de ser dito, principalmente às novas gerações, muito acostumadas com estas ferramentas. Isso porque, por vezes, pode-se estar diante de *sites* que contenham informações inidôneas, falseadas ou equivocadas. Nada pode assegurar a veracidade das informações ali contidas, salvo a elevada estima e a seriedade à qual se vincula a instituição ou órgão de onde provêm as informações lançadas na *Internet*. Assim, em última instância, quanto a saber se é ou não útil a *Internet*, há que considerar que sim, mas a cautela na verificação do conteúdo das informações é necessária. Daí a cautela recomendada pelos metodólogos da pesquisa, quanto ao uso da internet, não obstante suas facilidades[123]. Deve o pesquisador precaver-se em face dos erros e deficiências do sistema, nunca se utilizando da *Internet* como única fonte de consulta e pesquisa; deve ratificar as informações em outras fontes, entrecruzando os dados, as afirmações, as estatísticas recolhidas na rede.

Para a ciência, acredita-se que a *Internet* é um grande celeiro de informações que podem ser disponibilizadas para pesquisadores, estudantes, estudiosos, permanente e ininterruptamente, sem barreiras de espaço nem de tempo, de modo a facilitar a transmissão do conhecimento. A respeito dos princípios da *Internet* no Brasil,

---

122. "Alguns portais jurídicos não têm nada disso, e com um agravante adicional: não há constrangimento de espaço físico que os obrigue a ser seletivos em relação ao material que recebem, já que tudo 'cabe' na internet. Por tudo isso, recomenda-se muito cuidado com o uso desse tipo de material, que não deve, de forma alguma, protagonizar a bibliografia de um trabalho científico, embora possa ser consultado com proveito por quem está à caça de problemas relevantes de pesquisa" (Queiroz, Como encontrar um tema dentro de minha área de pesquisa, *in Metodologia da pesquisa em Direito*: técnicas e abordagens para elaboração de monografias, dissertações e teses (Queiroz; Feferbaum, coords.), 2. ed., 2019, p. 60).

123. "O principal deles é verificar a confiabilidade da fonte da qual os dados foram obtidos" (Queiroz, Beicker, Como a internet pode me ajudar na execução da pesquisa?, *in Metodologia jurídica*: um roteiro prático para trabalhos de conclusão de curso (Queiroz; Feferbaum, orgs.), 2012, p. 333).

consulte-se http://www.cgi.br. Os resultados de pesquisas de institutos estrangeiros e centros universais de pesquisa podem ser buscados na rede, o que abre portas antes inviabilizadas em função de carências econômicas, por exemplo, de países com pouco investimento em transporte e circulação de pesquisadores pelo mundo.

Em suma há que vislumbrar na *Internet* um importante mecanismo de globalização da informação, o que só pode concorrer para o maior avanço das ciências e dispersão de suas conquistas, desde que a seletividade e o critério acompanhem o investigador. Em particular, uma ferramenta tem servido de auxílio à comunidade acadêmica, que se serve da internet para o apoio à investigação científica: o Google Acadêmico e suas diversas funcionalidades.[124]

Na medida em que se pensa numa linguagem informática, que unifica o transporte das informações mundialmente, deve-se pensar que se está formado um grande banco de dados internacional que unifica o acesso e a divulgação do conhecimento. Neste sentido a Internet se transforma numa grande fonte de dispersão de informações, as quais ganham relevo inclusive para o maior alcance da ciência e de seus progressos.

Pode-se, por esse meio, de forma rápida e econômica, acessar notícias de fatos, ocorrências e conquistas das mais distantes localidades, antes, quiçá, somente acessíveis se veiculadas por mecanismos de comunicação de massa ou pela viagem e verificação locais das ocorrências. A rede encurta distâncias, dispersa dados e celeriza informações.

A citação dos *sites* pesquisados e utilizados para a elaboração de uma pesquisa monográfica deve vir referida na bibliografia, em meio a outros materiais de estudo e consulta, e deve aparecer, em ordem alfabética, de acordo com o que segue:

<http://www.sdh.gov.br>

---

[124]. "A grande vantagem deste mecanismo é de varrer exclusivamente *sites* acadêmicos. Como em outros mecanismos de busca, o Google Acadêmico ordena os resultados por ordem de relevância, e um dos principais critérios é a frequência da citação dos autores na literatura acadêmica" (Gil, *Como elaborar projetos de pesquisa*, 6. ed., 2019, p. 53).

Isso demonstra que o pesquisador se debruçou sobre este *site* e dele retirou informações relevantes e substanciais para a elaboração de seus estudos. Mas não se deve esquecer que quando se trata de informações fugazes, que são retiradas diuturnamente, é recomendável que se faça a citação do *site* em nota de rodapé, indicando a data da consulta, o horário e, inclusive, o *link* de onde foi extraída a referência. Ademais, quando se tratar de um conjunto de informações tão determinantes para os resultados da pesquisa que não se possa delas prescindir para compreendê-los, então deverá constar, ao final do trabalho, um anexo, onde se disporão impressas as páginas da Internet consultadas, o que facilita muito a leitura conjunta do trabalho elaborado com base nelas.

Se um artigo de autoria identificável foi consultado diretamente na Internet[125], deve-se proceder a sua citação na bibliografia de acordo com a seguinte esquemática:

KELLY, R. Electronic publishing at APS: its not just online journalism. *APS News OnLine*, Los Angeles, nov. 1996. Disponível em: http://www.aps.org/apsnews/1196/11965.html. Acesso em: 25 nov. 1998.

ARRANJO tributário. *Diário do Nordeste OnLine*, Fortaleza, 27 nov. 1998. Disponível em: http://www.diariodonordeste.com.br. Acesso em: 28 nov. 1998.

14. Método, ciência e plataformas digitais

À carreira das preocupações e orientações contidas no item anterior, relativas ao uso da *Internet* e suas facilidades, abre-se a possibilidade de se compreender que, fundamentalmente, a ciência do século XXI vem se tornando a ciência das plataformas digitais. Especialmente, se for considerado o elevado número de *Revistas Científicas*, mundialmente reconhecidas, que são disponibilizadas na *Internet*, isso fica ainda mais evidente. De alguma forma, nas últimas décadas, os conteúdos científicos (presentes e passados) vieram aos poucos migrando para a sua versão digital, de modo que uma parte considerável do conhecimento científico de nossos tempos se acumula através de plataformas digitais.

---

125. Cf. NBR 6023:2002 da ABNT, sobre documento de acesso exclusivo em meio eletrônico (item 7.5.6, p. 3).

As plataformas digitais são dispositivos informatizados que estabilizam dados, de modo a torná-los disponíveis, em graus de abertura e fechamento controlados (*Open Access; Limited Access; Only for Subscribers*), permitindo a virtualização de conteúdos científicos. De forma geral, a comunidade científica mundial vem comunicando o resultado de suas pesquisas, através de plataformas digitais (exs.: *Duke Law Journal; Journal of Legal Analysis; European Journal for Law and Economics*). Assim, o processo de digitalização da ciência contemporânea tem implicado a disponibilização de acervos e conteúdos produzidos no passado, mas vem significando, cada vez mais, a transferência completa da produção científica para o campo das *Revistas Científicas* digitais.

A partir de agora, mais do que nunca, a pesquisa científica é dependente do acesso a conteúdos disponibilizados através da *Internet*, por meio de plataformas digitais. De um lado, o aspecto mais positivo desse processo é a acessibilidade digital, de modo global, da produção do conhecimento científico. Isso significa que acervos que antes eram alvo do conhecimento do *arquivo*, agora, migram para o âmbito da *plataforma*, facultando uma disponibilização que franqueia o acesso ao conhecimento científico sem fronteiras. De outro lado, o maior desafio parece ser a pluralização, a dispersão e a multiplicação de plataformas digitais, de forma a criar um ambiente difuso de produção do conhecimento científico. Soma-se a este desafio, o fato da ciência mundial, muitas vezes, implicar o acesso a um sem-número de *Journals*, muitos dos quais exigem a subscrição com custos financeiros que dificultam o acesso aos conteúdos. Por isso, agora, mais do que nunca, as políticas de biblioteconomia migram para o esforço de promover o acesso gratuito e amplo à comunidade científica de pesquisadores, de modo a facultar e favorecer o acesso a conteúdos relevantes, especialmente quando os assuntos são relacionados aos interesses das diversas áreas do Direito.

15. Método e simbologia metodológica

A simbologia (abreviaturas, tabelas, figuras, esquemas, imagens, siglas, catálogos...) é um recurso útil, cujo uso também deve ser feito sob medida e com moderação. Não se pode creditar exacerbada fé à simbologia, pois o fetiche dos símbolos e das abreviaturas é o pavor do leitor, o terror do decodificador na relação de comunicação. Dessa forma, a simbologia deve aparecer de modo claro, padronizado, referencial, sempre seguida de uma tabela que relaciona o código utilizado à sua significação. O formalismo que medra nos meios jurídicos é um dos motivos da falta de transparência da linguagem do jurista, de modo que só se pode recomendar ao praticante da linguagem jurídica moderação no uso desse instrumental, dessas ferramentas que se disponibilizam para a facilidade no manejo e na construção de um texto jurídico.

A listagem de uma simbologia jurídica concorre para a uniformização de procedimentos citatórios e para a decodificação de mensagens abreviadas correntemente utilizadas na literatura jurídica. Daí a motivação de sua inserção nesta parte da obra, com vistas ao aperfeiçoamento dos conhecimentos metodológico-jurídicos:

Uma tabela de referência a respeito dos meses do ano e sua abreviação, em diversas línguas, parece útil como forma de indicar como deverão constar da referência bibliográfica os dados que localizam no tempo a obra e sua publicação[126]:

Português	Francês	Inglês	Espanhol	Italiano	Alemão
janeiro	janvier	January	enero	gennaio	Januar
jan.	jan.	Jan.	enero	genn.	Jan.
fevereiro	février	February	febrero	febbraio	Februar
fev.	fév.	Feb.	feb.	febbr.	Feb.
março	mars	March	marzo	marzo	März
mar.	mars	Mar.	marzo	mar.	März
abril	avril	April	abril	aprile	April
abr.	avril	Apr.	abr.	apr.	Apr.
maio	mai	May	mayo	maggio	Mai
maio	mai	May	mayo	magg.	Mai
junho	juin	June	junio	giugno	Juni
jun.	juin	June	jun.	giugno	Juni
julho	juillet	July	julio	luglio	Juli
jul.	juil.	July	jul.	luglio	Juli

---

126. Cf. Universidade Federal do Paraná, *Normas para apresentação de trabalhos*: teses, dissertações e trabalhos acadêmicos, 1996, p. 41-42. Esta lista de abreviatura dos meses está devidamente abrangida pela NBR 6023/2000 da Associação Brasileira de Normas Técnicas (ABNT), p. 19.

agosto	août	August	agosto	agosto	August
ago.	août	Aug.	agosto	ag.	Aug.
setembro	septembre	September	septiembre	settembre	September
set.	sept.	Sept.	sept.	sett.	Sept.
outubro	octobre	October	octubre	ottobre	Oktober
out.	oct.	Oct.	oct.	ott.	Okt.
novembro	novembre	November	noviembre	novembre	November
nov.	nov.	Nov.	nov.	nov.	Nov.
dezembro	décembre	December	diciembre	dicembre	Dezember
dez.	déc.	Dec.	dic.	dic.	Dez.

Além desta tabela, deve-se apresentar, a seguir, uma lista de abreviaturas, que dirijam funcional e operacionalmente o leitor quando do exercício prático de sua pesquisa científica, seja para compreender, seja para remeter a fontes de pesquisa por meio de siglas simplificadas e práticas (códigos, leis, atos processuais, tribunais, revistas, fontes de pesquisa e outros). A título de exemplo das siglas mais convencionais da área do Direito, e para que se tenham presentes alguns exemplos, podem-se citar: AC (Apelação Cível); Ajuris (Revista da Associação dos Juízes do Rio Grande do Sul); CDC (Código de Defesa do Consumidor); IBCCRIM (Instituto Brasileiro de Ciências Criminais); STF (Supremo Tribunal Federal).

Cada trabalho científico também pode criar o seu sistema de símbolos, desde que sejam claramente identificados por um Sumário de Siglas e Códigos internos adotados no trabalho. Na área da Lógica, por exemplo, é muito comum que os *símbolos* sejam mobilizados como tradutores de *unidades lógicas* (∩; →; V). A medida certa para o uso da simbologia no interior do trabalho científico não está na *hipercodificação* do trabalho científico. Se o trabalho científico for tido como *linguagem*, a sua exatidão científica e a simplificação trazida pelo uso de códigos são aspectos que podem (e devem) ser explorados pelos pesquisadores, não se recomendando apenas o seu uso exagerado, que pode gerar a impenetrabilidade e a incompreensibilidade do conteúdo do trabalho.

16. Método, gráficos e estatísticas

É pouco usual a pesquisa, no âmbito da ciência do Direito, que envolva o uso de gráficos. Seu uso é bastante comum nas pesquisas em ciências humanas com forte caráter empírico e/ou estatístico. Há várias hipóteses de trabalho em que, mesmo no âmbito da pesquisa jurídica, o uso de gráficos, em diversas de suas formas, tenha grande utilidade: na antropologia do Direito, quando se estão estudando dados relativos à população indígena; na sociologia do Direito, quando se estão estudando dados de fome, pobreza e desigualdades sociais; na ciência política, envolvendo dados populacionais relacionados aos investimentos públicos e deliberações de políticas sociais; em debates ligados à criminologia, para trabalhar taxas de encarceramento, políticas criminais, dados censitários da população carcerária.

Assim, verifica-se que a chance de o pesquisador ter de se valer com acerto de dados empíricos é grande, a depender da área de estudo, o que cobra que estes tenham que ser rigorosamente coletados ou, ao menos, se não coletados, citados adequadamente no relatório de pesquisa (é sempre necessário citar a fonte, o *site*, o relatório, a tabela, os gráficos originais responsáveis pela produção da informação), a partir de fontes de estudos estatísticos rigorosas. As fontes do Instituto Brasileiro de Geografia e Estatística – IBGE (www.ibge.gov.br), do IME-USP, do Ministério da Justiça – MJ, de Secretarias de Estado (SDH-PR, por exemplo), bem como de Comissões Governamentais (Comissão de Anistia, por exemplo), de Centros de Estatística Oficiais são sempre recomendadas para campos específicos e temáticos, cabendo ao pesquisador avaliar a qualidade dos dados apresentados e trabalhar criticamente a forma de sua produção, o método de sua construção e o caráter rigoroso de sua significação.

Há várias modalidades de gráficos – sendo muito comum a modalidade de gráfico em formato de *pizza* – que podem ser utilizados, mas é sempre recomendado que sua utilização seja dosada, apropriada e muito clara, sempre lembrada a necessidade de rigor na produção/citação dos dados, para que não haja distorções de leitura na interpretação deles[127]. Ademais, o uso de gráficos pode aparecer entremeado

---

127. "No caso dos gráficos, é importante que sua forma seja o mais eloquente possível. Pode-se escolher assim, de acordo com a necessidade, entre as diversas formas de gráfico, das quais as principais são o histograma (gráfico em colunas) a curva, o gráfico em pizza. Em todos os casos, deve-se ter um cuidado particular com as escalas" (Laville, Dionne, *A construção do saber*: manual de metodologia da pesquisa em ciências humanas, 2007, p. 267).

ao texto narrativo da pesquisa, desde que bem situado, ambientado e interpretado. Quando o seu uso não for adequado em meio à narrativa do texto, tendo em vista tratar-se de um volume considerável de quadros, dados, números, estatísticas e gráficos que poderiam comprometer e onerar a compreensão do texto de pesquisa, pode-se recorrer à estratégia de localizar os gráficos no final do trabalho, num Anexo. A seguir apresenta-se alguns exemplos:

Exemplo 1: Taxa de Criminalidade

Gráfico 1: Taxa de Criminalidade por Trimestre – Ano 2015

Exemplo 2: Categorias de desempenho do trabalho manual por série

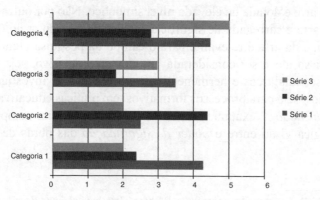

Gráfico 2: Categorias de desempenho do trabalho manual por série – 2015

Exemplo 3: População Indígena

População residente, segundo a situação do domicílio e condição de indígena – Brasil 1991/2010

	1991	2000	2010
Total (1)	146.815.790	169.872.856	190.755.799
Não indígena	145.986.780	167.932.053	189.931.228
Indígena	294.131	734.127	817.963
Urbana (1)	110.996.829	137.925.238	160.925.792
Não indígena	110.494.732	136.620.255	160.605.299
Indígena	71.026	383.298	315.180
Rural (1)	35.818.961	31.947.618	29.830.007
Não indígena	35.492.049	31.311.798	29.325.929
Indígena	223.105	350.829	502.783

Fonte: IBGE, Censo Demográfico 1991/2010

Nota: Considerou-se como população residente não indígena as categorias de 1 a 4 do quesito da cor ou raça. Para comparação com os Censos Demográficos de 1991 e 2000, deve-se considerar a categoria 'indígena' do quesito da cor ou raça.

(1) Inclusive sem declaração de cor ou raça.

Fonte: <http://indigenas.ibge.gov.br/pt/graficos-e-tabelas-2>. Acesso em: 13 jun. 2015.

17. Método, arte e imagens

A arte é dotada de elevado nível simbólico. Não por outro motivo, a arte é carregada de significações. Nesse sentido, a *potência semiótica* da arte é relevante para o campo da pesquisa científica e, por isso, deve ser considerada um elemento decisivo, seja para processos analíticos e hermenêuticos, em práticas de investigação científica, seja para processos formativos, em práticas educativas. A *arte-educação*,[128] exatamente por isso, costuma ser um campo de estratégica visão entre o *poder de significação* das obras de arte

---

[128]. A este respeito, consulte-se Barbosa, *Arte-educação no Brasil*, 7. ed., 2012.

(fotografias; pinturas; curtas-metragens; arquitetura; etc.) e os processos didático-pedagógicos. É, por isso, verdadeiro afirmar que o *texto artístico*[129] tem muito a dizer para vários campos do saber.

Na área do Direito, no entanto, não é usual o trabalho com *textos artísticos*. É certo que, durante muito tempo, seja por força da tradição positivista na compreensão do Direito, ressecado em legislação, seja por força da pobreza dos métodos de ensino, centrados no estudo da legislação, seja por força da carência de interdisciplinaridade, estando a visão de mundo da área fechada recursivamente sobre si mesma, o trabalho com o uso de *textos artísticos* foi *subexplorado* e, porque não, até mesmo *desdenhado*. Em parte, isso se deve ao fechamento das fronteiras do conhecimento do Direito, até mesmo enquanto Ciência do Direito, ao universo dos conflitos sociais, da burocracia de Estado e da cultura de legalismo. Em parte, isso também se deve à tradição de relativo preconceito com novas fronteiras do conhecimento, com saberes artísticos e com estudos semióticos. Esse cenário vem se alterando, muito recentemente, especialmente à carreira das linhas de pesquisa, dos estudos e da divulgação mais ampla do chamado *Direito & Arte*,[130] que tem florescido de forma criativa no âmbito do Direito, seja no Brasil, seja no mundo,[131] gerando, com isso, um outro grau de legitimação das *formas artísticas* para os campos de pesquisa do Direito.

De qualquer forma, no atual contexto, vive-se inigualável processo de construção social da *cultura da imagem*, especialmente considerando o impacto das novas tecnologias, das redes sociais e das facilidades eletrônicas. Assim, existe todo um *universo simbólico* franqueado ao conhecimento, e que pode, se apropriadamente utilizado, se traduzir num *arcabouço cultural* valioso para o desenvolvimento

---

129. "Um signo é a correlação de uma forma significante com uma (ou com uma hierarquia de) unidade que definimos como significado. Nesse sentido, o signo é sempre semioticamente autônomo em relação aos objectos a que pode ser referido" (Eco, *O signo*, 1990, p. 150).

130. A este respeito, consulte-se Franca Filho, Leite e Filho (coords.), *Antimanual de Direito & Arte*, 2016.

131. Douzinas, Nead, Introduction, *in Law and the image*: the authority of art and the aesthetics of law (Douzinas; Nead, editors), 1999, p. 1-15.

da pesquisa científica na área do Direito. É, assim, que o uso e a análise de *imagens* em trabalhos científicos na área do Direito podem se referir às tarefas de: a) ilustrar a compreensão de fatos e situações históricas; b) fomentar o cultivo da memória histórica de certos eventos relativos a violações de direitos humanos; c) permitir análises iconológicas; d) captar singularidades sociais; e) denunciar situações de violência; entre outras possíveis funções e aplicações.

É certo que o uso das imagens deve ser feito de modo selecionado, criterioso e oportuno, sendo a *imagem* apenas uma *manifestação semiótica* a mais, num contexto mais abrangente de estudo, em que o estudo bibliográfico e o uso de outras fontes de pesquisa devem acompanhá-la. Diante do amplo franqueamento de imagens aberto pelo mundo digital, ainda maior cuidado e rigor é exigido do(a) pesquisador(a), no tocante ao respeito a valores éticos, a direitos de imagem e a direitos autorais, que possam estar em conflito com as exigências da pesquisa metódica, racional e criteriosa. Por isso, recomenda-se, juntamente com a captação da imagem, o uso de *legenda*, em que se indiquem os dados fundamentais de referência, como: autoria da imagem; conteúdo da imagem; descritivo da obra; autoria da obra de arte; data da obra de arte; museu ou local de exposição da obra de arte.[132] A legenda deve estar logo abaixo da imagem e deve acompanhá-la de modo explícito, garantindo-se ao leitor um imediato acesso ao descritivo, pois a *imagem* sem sua referência, muitas vezes, perde grande parte de seu *poder de significação*, pela falta de informações suficientes para a sua compreensão, inserida num contexto histórico.

---

132. Um excelente exemplo do uso e da aplicação da imagem para a interpretação filosófica do Direito, encontra-se na obra de Costas Douzinas e Lynda Nead, intitulada *Law and the image*. Nesta obra, na página 22, encontra-se uma importante imagem para a iconologia da justiça, seguida de sua legenda: Figure 1.3.: "The Fool Ties the Eyes of Justice" from Sebastian Brant, *La nef des folz du monde* (Lyon, 1497), fig. 3. Bibliothèque Nationale, Paris (Jay, Must justice be blind?: the challenge of images to the law, *in Law and the image*: the authority of art and the aesthetics of law (Douzinas; Nead, editors), 1999, p. 19-35).

A título de exemplo, pode-se verificar na imagem abaixo, de alta significação para o campo da *iconologia da justiça*,[133] uma forma de se apresentar o uso da *imagem* na pesquisa em Direito:

Legenda: *Equal Justice under Law, Supreme Court Building*, 1935. First Street, Washington, DC, United States of America.
Foto: pyo. Arquivo Pessoal.

---

133. O *site* da Suprema Corte dos EUA contém informações relevantes a respeito da história do monumento e de seus significados. Pode ser acessado em: <https://www.supremecourt.gov/visiting/visiting.aspx>. Acesso em: 21.3.2019.

VIII – MÉTODO E ROTEIRO INSTRUTIVO DA PESQUISA CIENTÍFICA

O presente roteiro instrutivo de uma pesquisa visa a fornecer ao leitor uma sequência de informações que correspondem às diversas etapas necessárias para o desenvolvimento de um trabalho científico, desde a fase de germinação até a de apresentação e exposição. Assim, o que se encontrará versado neste tópico são as diversas etapas, descritas minuciosamente, de construção da pesquisa científica.

O sucesso e o bom desempenho, em termos de resultados, não é fruto apenas da qualidade do trabalho de pesquisa. Envolve, neste ponto, também, a capacidade de planejamento e organização do pesquisador, no sentido de alcançar objetivos de pesquisa. Por isso, a organização da pesquisa e suas etapas não representam apenas meios diante de um fim, mas a *forma* que possibilita a emergência de *resultados*[1].

A organização da pesquisa dá-se por etapas, seguindo-se uma sequência elementar que costuma observar a seguinte estrutura, partindo do estado de desconhecimento do tema até sua mais desenvolta compreensão: A) escolha do tema de pesquisa; B) levantamento do material de pesquisa; C) leitura preliminar do material de pesquisa; D) formulação do projeto; E) leitura e exegese aprofundada do material de pesquisa; F) redação do trabalho. Esse esquematismo

---

1. "O bom resultado de uma pesquisa depende da organização de uma série de atividades como pesquisa bibliográfica, redação do trabalho, leitura das fontes, e esse é um ponto fundamental: o tempo de que se dispõe" (Acca, Como organizar meu tempo agora que já sei o tema que pretendo desenvolver? Concebendo um projeto de pesquisa como um plano de ação, *in Metodologia jurídica*: um roteiro prático para trabalhos de conclusão de curso (Queiroz; Feferbaum, orgs.), 2012, p. 253).

básico pode estar entremeado por outras fases, inclusive necessárias para determinados tipos de pesquisa científica, que somente vêm a rechear ainda mais a estrutura mínima a partir da qual se desenvolve a pesquisa científica. De qualquer forma, é este o *minimum* do qual se parte para a descrição, etapa por etapa, do desenvolvimento de uma pesquisa científica, como a seguir se faz.

1. Fase exploratória da pesquisa

- *Identificação de preferências pessoais por área de conhecimento*: no momento de reflexão acerca das preferências pessoais, deve-se proceder de modo a selecionar aquilo que corresponderá a uma identificação do pesquisador com o objeto de pesquisa[2]. Todo esforço de pesquisa retrata um empenho de conhecimento, que será tanto melhor e maior quanto maior afinidade houver entre o pesquisador e o objeto de pesquisa. Toda pesquisa corresponde a um envolvimento do pesquisador com aquilo que está sob a mira de sua análise. Nessa identificação, muitos fatores estão concorrendo ao mesmo tempo; além da afinidade com a área, da desenvoltura com questões da área, do relacionamento profissional e/ou prática com a questão temática, da instigação científica, do inconformismo teórico, da vontade de trazer algo novo ao setor, muitas vezes a escolha da área vem determinada pela carência de estudos no setor. Cumpre ao pesquisador, juntamente com seu orientador, por vezes auxiliado por profissionais da área, depurar essa sensibilidade de saber identificar sobre qual objeto de pesquisa haverá de se deter.

- *Escolha do campo de pesquisa e do método respectivo*: superada a fase de identificação da afinidade com este ou aquele

---

[2]. "Na realidade, o pesquisador não pode, frente aos fatos sociais, ter essa objetividade, apagar-se desse modo. Frente aos fatos sociais, tem preferências, inclinações, interesses particulares: interessa-se por eles e os considera a partir de seu sistema de valores" (Laville, Dionne, *A construção do saber*: manual de metodologia da pesquisa em ciências humanas, 2007, p. 34).

grupo de disciplinas, deve-se proceder à avaliação do campo de pesquisa a ser enfrentado, bem como à seleção dos métodos disponíveis para o tratamento do problema. Para os grupos de disciplinas das ciências naturais, normalmente, os testes laboratoriais, as análises microscópicas, a observação de reações físico-químicas... são pontos de apoio metodológico para o tratamento do campo de pesquisa. Para os grupos de disciplinas das ciências humanas, há que ressaltar a importância da leitura de textos bibliográficos, o exame de estatísticas oficiais, o levantamento de documentos históricos, o estabelecimento de hipóteses[3], a interpretação de normas administrativas ou jurídicas, a seleção de jurisprudências e decisões, a coleta de opiniões e entrevistas... como recursos disponíveis para a abordagem do problema. Essa escolha é determinante para os resultados de pesquisa.

- *Determinação da especificidade do assunto a ser tematizado e identificação da exequibilidade do tema*: todo assunto a ser abordado pertence a um gênero de estudos, o qual deve ser conhecido pelo pesquisador. No entanto, feita a escolha da área de conhecimento, do campo de pesquisa e da metodologia, deverá o pesquisador desenvolver esforços no sentido de alcançar o máximo possível a especificidade do objeto de pesquisa. Partindo do grande gênero de conhecimento em direção ao tema de trabalho, procede-se do geral para o particular, do abrangente ao específico (direito civil → responsabilidade civil → reparação civil por danos morais → quantificação do dano moral → critérios jurisprudenciais para a quantificação do dano moral). O assunto eleito para ser abordado carece de especificação, da descrição de sua importância, de detectação de seu contexto e da metodologia de tratá-lo, reduzindo-o a um

---

3. "A hipótese, como dissemos, é o ponto de chegada de todo o primeiro movimento de um itinerário de pesquisa. Torna-se, em seguida, o ponto de partida do segundo movimento, indicando a direção a seguir para que se possa resolver o problema de partida, verificar sua solução antecipada" (Laville, Dionne, *A construção do saber*: manual de metodologia da pesquisa em ciências humanas, 2007, p. 124).

problema a ser debatido. Isso determina a própria exequibilidade do tema, pois de nada adianta formular uma pesquisa extremamente abrangente e ampla sem que seja possível alcançar seus resultados, coletar e ler toda a bibliografia que abrange, drenar as múltiplas informações sobre o tema... Assim, na determinação da escolha do tema, deve-se praticar um corte metodológico que permita que a especificidade e o aprofundamento façam frente à generalidade e à superficialidade. Então, a boa formulação de perguntas iniciais, o correto afunilamento do tema, a estruturação de um projeto de pesquisa claro e bem delimitado haverão de facilitar a execução da pesquisa nas etapas seguintes. Neste sentido, a observação a respeito dos grandes debates jurídicos de um determinado momento pode ser um bom indicador para iniciar a delimitação de um tema de pesquisa.[4]

- *Coleta de dados, informações e levantamento bibliográfico preliminar de tratamento do tema*: corresponde ao levantamento de dados relevantes para o tratamento do tema, ou seja, à coleta de todas as informações disponíveis e acessíveis das quais pode se servir o pesquisador acerca do tema, podendo-se identificar: a) dados primários: nunca antes coletados: amostras; consulta de documentos oficiais e/ou originais; observação; entrevistas...; b) dados secundários: já coletados e documentados: bibliografia... A fase de coleta de dados está entremeada à própria fase de conhecimento e escolha do próprio tema, isto porque se inicia a tatear um determinado tema procedendo à leitura e à coleta de materiais sobre ele, na medida do interesse despertado. Não é qualquer tipo de dado que pode ser aplicado a uma pesquisa científica, devendo-se,

---

4. "A pergunta ou problema que serão tema de pesquisa devem refletir um objeto relevante para a discussão acadêmica. *O fato de um tema ser objeto de frequentes discussões entre pesquisadores e juristas é um bom indicativo de sua relevância enquanto pauta de investigação*" (Queiroz, Como encontrar um tema dentro de minha área de pesquisa, *in Metodologia da pesquisa em Direito*: técnicas e abordagens para elaboração de monografias, dissertações e teses (Queiroz; Feferbaum, coords.), 2. ed., 2019, p. 58).

durante a escolha das fontes de pesquisa, determinar a origem da informação, a oficialidade da informação, o veículo de divulgação da informação... É a partir desse inventário de dados e informações que surgirão as ideias para a construção (analítica, crítica, exegética...) do trabalho científico. Note-se que, atualmente, na própria tarefa de pesquisa e coleta de dados necessários à sua execução, o(a) pesquisador(a) conta com o apoio da Lei de Acesso à Informação (Lei n. 12.527/2011), para facilitar o processo de acesso ao que for de fundamental importância para a pesquisa, especialmente, para pesquisas jurídicas[5]. Ademais, nessa fase de coleta de dados, é de decisiva importância a frequência a Bibliotecas, Centros de Pesquisa, Banco de Dados, Acervos[6];

- *Elaboração do pré-projeto de pesquisa*: formação de um esboço preliminar de trabalho, ainda em estado rudimentar, com

---

5. A Lei n. 12.527/2011 traz definições e procedimentos importantes para a obtenção de informações. Em específico, o art. 4º define: "Para os efeitos desta Lei, considera-se: I – informação: dados, processados ou não, que podem ser utilizados para produção e transmissão de conhecimento, contidos em qualquer meio, suporte ou formato; II – documento: unidade de registro de informações, qualquer que seja o suporte ou formato; III – informação sigilosa: aquela submetida temporariamente à restrição de acesso público em razão de sua imprescindibilidade para a segurança da sociedade e do Estado; IV – informação pessoal: aquela relacionada à pessoa natural identificada ou identificável; V – tratamento da informação: conjunto de ações referentes à produção, recepção, classificação, utilização, acesso, reprodução, transporte, transmissão, distribuição, arquivamento, armazenamento, eliminação, avaliação, destinação ou controle da informação; VI – disponibilidade: qualidade da informação que pode ser conhecida e utilizada por indivíduos, equipamentos ou sistemas autorizados; VII – autenticidade: qualidade da informação que tenha sido produzida, expedida, recebida ou modificada por determinado indivíduo, equipamento ou sistema; VIII – integridade: qualidade da informação não modificada, inclusive quanto à origem, trânsito e destino; IX – primariedade: qualidade da informação coletada na fonte, com o máximo de detalhamento possível, sem modificações".

6. "Bibliotecas de instituições de ensino devem ser o primeiro local de sua pesquisa. Tanto quanto seja possível, o aluno deverá buscar sempre cobrir todas as bibliotecas a que tiver acesso, como as de sua instituição ou das bibliotecas públicas da região" (Queiroz, Beicker, Como encontrar, organizar e estudar os textos necessários para seu trabalho, *in Metodologia jurídica*: um roteiro prático para trabalhos de conclusão de curso (Queiroz; Feferbaum, orgs.), 2012, p. 273).

as principais intenções de trabalho, e as principais linhas daquilo que corresponderá à investigação e à pesquisa propriamente ditas. Nesse pré-projeto já deverão estar identificadas as linhas mestras de trabalho, a bibliografia lida, os problemas e preocupações despertados pelo tema de pesquisa e possíveis sugestões de título para a identificação do trabalho científico. Trata-se aqui de um ponto de partida, de uma referência mínima a partir da qual se deve iniciar o processo de formalização da pesquisa, que deve caminhar lenta e organizadamente.

- *Fichamento mínimo de obras, leituras e dados coletados*: início das leituras orientadas e dirigidas para atingir o foco de trabalho anteriormente detectado, com vistas a conhecer o tema para acerca dele poder tecer comentários e identificar suas principais matrizes e contextos histórico, analítico e temático. O fichamento (eletrônico ou manual) é a prática de pesquisa que permite o arquivo e a custódia dos dados coletados sobre o tema, ao longo do processo de revisão de literatura especializada no tema[7], de modo que o pesquisador possa agrupar sobre ele informações sistematizadas e com controle de origem, evitando perda de informações e desmantelamento de dados por desorganização.

2. Fase inicial da orientação no desenvolvimento da pesquisa

- *As tarefas do orientador*: a procura pelo orientador de pesquisa, por parte do orientando, deve, basicamente, estar pautada pela referência que o docente desempenha no que tange a uma área de conhecimento ou a uma linha de pesquisa, um campo teórico, à investigação de um autor, ou ramo da

---

7. "Fazer a revisão da literatura em torno de uma questão é, para o pesquisador, revisar todos os trabalhos disponíveis, objetivando selecionar tudo o que possa servir em pesquisa. Nela tenta encontrar essencialmente os saberes e as pesquisas relacionadas com sua questão; deles se serve para alimentar seus conhecimentos, afinar suas perspectivas teóricas, precisar e objetivar seu aparelho conceitual" (Laville, Dionne, *A construção do saber*: manual de metodologia da pesquisa em ciências humanas, 2007, p. 112).

ciência do direito. É claro que a primeira busca do orientando deve ser consigo mesmo, ou seja, a descoberta relativa a qual ramo do conhecimento se pretende dedicar. Por isso, a fase de escolha do orientador deve se seguir a uma preliminar etapa de investigações, e quiçá, de elaboração de um pré-projeto. É sempre bom que se procure um determinado docente-orientador, contando em mãos com um rascunho de intenções, objetivos, propósitos e expectativas de pesquisa. É claro que a construção da relação de orientação pode envolver o próprio processo de descoberta do objeto de pesquisa, algo que não é tão incomum na área acadêmica. Mas, em geral, é a partir da descoberta do campo em que se quer pesquisar (motivado no fato de que o orientando trabalha com o tema, tem predileção por estudar o tema, dá preferência por estudar o que não conhece tanto, entre outros motivos) que chega-se ao docente-orientador. Não raras vezes, ocorre de alguns professores serem capazes de mobilizar tanto a sua área, que nos despertam para um ramo do conhecimento; assim, o processo de orientação pode surgir de uma relação de empatia pessoal, uma vez que certas pessoas têm a capacidade de, por serem carismáticas, inteligentes, sérias, formadoras, dedicadas e fraternais mobilizar a atenção e o interesse para certos temas de estudo. É claro que a personalidade das pessoas envolvidas numa relação de orientação é importante. Por isso, a partir do estabelecimento do laço de pesquisa, deve-se permitir nascer uma relação de trabalho, harmonia e confiança mútua entre orientador e orientando. Isto é importante e saudável, até mesmo determinante para os resultados do processo de investigação. Por isso, as tarefas do orientador passam a ser as de acolhimento, coordenação, orientação, indicação de tarefas, correção de desvios, aprumando o projeto do orientando, permitindo-lhe chegar a desenvolver uma pesquisa com grande segurança metodológica e sucesso nos resultados, sem contar a satisfação pessoal do percurso de pesquisa. As reuniões de orientação devem ser produtivas, a ponto de gerar a sensação de que o orientando encontra o rumo do andamento de seu trabalho, a cada nova indicação bibliográfica, correção metodológica ou indicação de caminho a seguir.

- *As tarefas do orientando*: investigar, ler, redigir, procurar, dedicar-se, empreender, inovar e criar são verbos que se aplicam à forma de dedicação que o orientando deve ter quando se volta para a pesquisa acadêmica. Mas, deve-se ter a consciência de que o trabalho de pesquisa e o processo de descoberta, são processos acompanhados e supervisionados por um diretor de teses, por um orientador, por um coordenador. Isso porque não é fácil a parturição das ideias, não é simples o processo de criação, não é descomplicada a passagem do conhecimento da mente para o papel (ou para o computador). Todo o processo precisa do assessoramento metodológico, do conhecimento específico e da habilidade profissional que o orientador possui, aí considerada a sua experiência na área da investigação e da pesquisa acadêmica. Porém, aqui segue uma observação importante, o apoio que o orientador confere é apenas um direcionamento, pois o trabalho é, e sempre será, do próprio orientando. Muitas vezes, vê-se o orientando esperando a postura do orientador de quem se poderá aguardar que o caminho das pedras seja por ele enfrentado. Em verdade, no máximo, algumas facilitações podem ser conseguidas na supervisão, mas a autoria preserva seu caráter, pois a demonstração do empenho, da dedicação e da pesquisa são fundamentais para a prossecução das atividades de pesquisa. Caso contrário, não haveria inovação na ciência, se novas inteligências não brotassem como fruto de novas investidas no mundo do conhecimento, da cultura e da descoberta.

3. Fase de formação do projeto de pesquisa

- *Planejamento das atividades para o desenvolvimento da pesquisa*: superada a fase anterior, durante o tempo em que se ganha maturidade no tratamento do tema, deve-se procurar planificar as estratégias pelas quais o pesquisador se desincumbirá da tarefa de pesquisa. Essa planificação é importante para que a pesquisa não sofra fraturas e não se desenvolva de modo assistemático, com desperdício de tempo, de informação e de esforços. Mais consciente da dimensão da pesquisa, do volume de leituras e dados a serem tratados, o pesquisador poderá melhor se organizar para enfrentar seus desafios. O planejamento será a ferramenta de auto-organização que deverá encontrar a melhor forma de se corporificar através de um cronograma de pesquisa[8], que nunca deve ser fruto da efetiva capacidade de *pré-visão* por parte do(a) pesquisador(a) da forma como distribuirá a relação tempo/trabalho de pesquisa. Trata-se de um instrumento para o rigoroso alcance do objetivo de pesquisa, que acaba por se plasmar no projeto de pesquisa.

- *Elaboração do projeto de pesquisa*: alcançada a maturidade e a certeza da identificação do objeto de pesquisa, quando sobre ele se reuniram informações suficientes para que o pesquisador saiba diferenciá-lo de outros objetos correlatos, saiba identificar o grupo de problemas temáticos que o cercam, saiba caracterizá-lo cientificamente dentro da área de conhecimento pertinente, conheça as diversas fontes disponíveis para discutir o objeto de pesquisa, o histórico da desenvoltura do tema, sugere-se a elaboração do projeto de pesquisa. Ele será o guia das atividades durante a execução da pesquisa. A estrutura do projeto de pesquisa segue este esquematismo: 1) capa do projeto: título do trabalho; nome do pesquisador; nome do orientador; área de pesquisa; nome do curso; 2) conteúdo do projeto: 2.1) introdução (exposição sumária sobre o tema do trabalho e o objeto de pesquisa, descrevendo as principais dificuldades que cercam o trabalho, bem como os problemas centrais da abordagem); 2.2) justificativa da escolha do tema (descrição das ambições da pesquisa, delimitação de seu objeto, justificativa da escolha do título do trabalho e do tema de abordagem); 2.3) importância do tema escolhido (descrição da atualidade, da necessidade, da originalidade e do estado atual da produção científica sobre ele);

---

8. "Essa tarefa se cumpre por um cronograma da pesquisa" (Queiroz, *Monografia jurídica*: passo a passo, 2015, p. 70).

2.4) metodologia de pesquisa (instrumentos, recursos e meios disponíveis para a abordagem do tema, cuja definição metodológica figura como item de destaque); 2.5) plano de trabalho (exposição dos capítulos e partes do trabalho, entrelaçados às principais leituras bibliográficas relativas a cada etapa da pesquisa); 2.6) cronograma de atividades (descrição das fases e do cumprimento das metas de pesquisa durante o período de vigência e desenvolvimento do trabalho científico); 2.7) bibliografia (composta por relação de referências iniciais, que se avolumarão e progredirão ao longo do próprio progresso da pesquisa)[9].

4. Fase de execução do trabalho científico

O trabalho de pesquisa é executado no tempo, com prazo de duração determinado por agências de fomento à pesquisa, por regras institucionais das Faculdades, por prioridades de uma agenda de trabalho comum de vários pesquisadores(as) ou de objetivo comum a ser alcançado por grupo de pesquisa.

Isso impõe ao pesquisador(a) a tarefa de se organizar, elegendo prioridades e tarefas, dentro dos curtos prazos previstos para a execução do projeto de pesquisa. Assim, o projeto de pesquisa terá de ser transformado em resultado de pesquisa, o mais das vezes, dentro do período de 1 ano de vigência do cronograma de atividades do projeto de pesquisa.

É interessante que o pesquisador(a) se organize para executar o cronograma de pesquisa em duas etapas fundamentais, que correspondem a dois grandes ciclos de pesquisa, a saber, os seis primeiros meses, e os seis últimos meses de pesquisa e trabalho. Durante a primeira etapa (seis primeiros meses), o(a) pesquisador(a) deve ter sido capaz de vencer as tarefas mais elementares da pesquisa, como: levantamento bibliográfico e pesquisa das fontes constantes do projeto de pesquisa; elaboração de fichamentos de leitura; leitura e análise das fontes de pesquisa; encerrando-se a primeira etapa com uma reunião de orientação (reunião parcial). Durante a

---

9. A respeito, *vide* Marchi, *Guia de metodologia jurídica*, 2009, p. 83 e s.

segunda etapa de pesquisa, o(a) pesquisador(a) deve ter sido capaz de vencer as tarefas mais profundas da pesquisa, como: leitura e análise das fontes de pesquisa; redação e formatação do trabalho de pesquisa; elaboração do relatório final; revisão e entrega do relatório final; encerrando-se a segunda etapa com uma reunião de orientação (reunião final).

Isto pode ser visto através do cronograma abaixo, que auxilia na tarefa de organizar as etapas de desenvolvimento da execução do projeto de pesquisa no tempo:

Atividade/ Período	1º e 2º meses	3º mês	4º mês	5º mês	6º mês	7º mês	8º e 9º meses	10º mês	11º e 12º meses
Levantamento Bibliográfico e Pesquisa de Fontes	X	X							
Fichamentos de Leitura	X	X	X	X	X				
Reunião de Orientação						X			X
Leitura e Análise das Fontes de Pesquisa	X	X	X	X	X	X	X	X	
Redação e Formatação do Trabalho Científico			X	X	X	X	X	X	
Elaboração do Relatório Final							X	X	X
Revisão e Entrega do Relatório Final								X	X

É evidente, no entanto, que as etapas planejadas muitas vezes se cruzam, não sendo estanque o movimento interno de nenhum planejamento de pesquisa. O importante é que o cronograma – ainda que seja lido com flexibilidade e com dinamismo pelo(a) pesquisador(a) e pelo orientador(a) – seja capaz de conduzir a pesquisa em direção ao pleno alcance dos objetivos contidos no projeto e também capaz de facilitar a tarefa de organizar a distribuição das tarefas de pesquisa (inicialmente projetadas) contidas no projeto de pesquisa, em direção ao relatório final.

5. Fase de textualização do trabalho científico

- *Composição do trabalho científico*: a redação de um trabalho científico deve ser cuidadosa, precisa, objetiva e qualificada. Por isso, o trabalho científico não deve ser fruto de um único jorro de ideias, mas, também, o início da redação do trabalho científico não precisa aguardar a reunião da totalidade dos textos de consulta e dos materiais de pesquisa[10]. A redação vai se estabelecendo, numa relação com o papel ou com a tela do computador, que é lenta e progressiva[11]. Sua construção é paulatina, na medida das consultas, das pesquisas, das leituras, da extração de citações, da consulta a documentos... que se forem fazendo ao longo do tempo determinado para o alcance do objetivo no projeto de pesquisa. Normalmente, esse tempo é de um a dois anos, dependendo do perfil da pesquisa e da sua ambição (monografia, dissertação, tese). Assim, o trabalho científico não será fruto de uma única, mas de diversas redações, que hão de ser aperfeiçoadas gradativamente ao longo da própria evolução da pesquisa. Por vezes, as conclusões podem contradizer as próprias pretensões iniciais, aumentando ou diminuindo ainda mais o objeto de pesquisa. Mas o que importa é a seriedade com a qual veio sendo conduzida ao longo das diversas fases de sua estruturação.

---

10. "Não é necessário ler todos os textos acerca do tema proposto para iniciar a redação. O pesquisador tende a adiar o início da redação com a intenção de ler cada vez mais" (Acca, Como organizar meu tempo agora que já sei o tema que pretendo desenvolver? Concebendo um projeto de pesquisa como um plano de ação, *in Metodologia jurídica*: um roteiro prático para trabalhos de conclusão de curso (Queiroz; Feferbaum, orgs.), 2012, p. 264).

11. Com isso, concordam todos os metodólogos, a exemplo deste trecho, com a recomendação de Rafael Queiroz e Marina Feferbaum: "Muito mais fácil do que escrever um texto de, digamos, 50 páginas de uma só vez só é escrever um texto bem mais curto – de 5 páginas, por exemplo – e então aprofundar-lhe sucessivamente em níveis de complexidade crescente, que o levarão às mesmas 50 páginas" (Queiroz, Feferbaum, Apontamentos sobre a redação e o texto do trabalho acadêmico, *in Metodologia jurídica*: um roteiro prático para trabalhos de conclusão de curso (Queiroz; Feferbaum, orgs.), 2012, p. 353).

- *Principais características do trabalho científico*: o trabalho científico pode ser identificado por uma série de características que ficam claramente dispostas aos olhos daqueles que efetivamente diferenciam a qualidade da pesquisa aprofundada e tratada metodologicamente. Neste passo, dever-se-á identificar quais são os fatores necessários para conjugar os resultados adequados para a expressão da pesquisa científica: 1) originalidade: corresponde à inovação trazida pelo trabalho, que não se restringe ao resumo ou à coleção de opiniões sobre um tema; é algo diferente do puro vanguardismo, ou da pura busca de temas de moda com linguagem de moda; 2) sistematicidade: ao enfrentar o tema, o pesquisador deverá manter uma linha lógica seguida, um fio condutor, como ponto de apoio para as investigações que faz sobre a temática; por mais diversificadas que sejam as incursões que faz ao longo de seu trabalho sobre temáticas afins, deve procurar manter o pensamento orientado e sistematizado durante toda a pesquisa; 3) linha argumentativa: uma linha argumentativa deve ser seguida (dentro da linha de pensamento de um autor, de uma corrente filosófica, de uma metodologia, de uma postura crítica e contestatória...), abeirando-se da máxima abordagem possível da integralidade de temas e desdobramentos do objeto de pesquisa, da máxima adequação com o objeto de pesquisa e da máxima seletividade possível das fontes específicas de pesquisa relativas ao tema; 4) conclusividade: a pesquisa, não obstante sua característica questionadora, deve apresentar certa conclusividade sobre o que aborda, dentro da proposta inicial, cumprida dentro dos dados consultados; 5) estrutura mínima de expressão do trabalho científico: a pesquisa deve contar com partes mínimas pelas quais se expressa o conhecimento do tema, que são as seguintes: introdução; delimitação temática; demonstração da metodologia adotada e de sua pertinência de aplicação; escorço histórico que demonstre consciência dos precedentes sobre o tema; desdobramento em partes e capítulos, com o aprofundamento necessário; conclusão, com a síntese dos esforços de pesquisa desenvolvidos; bibliografia, com a expressão das fontes consultadas e dos documentos coligidos para a expressão de certa opinião sobre o tema.

- *Itens de destaque do trabalho científico*: a pesquisa científica não deve espelhar mera compilação de opiniões, nem simples reunião ilógica de fragmentos textuais, nem um conhecimento superficial e inocente do tema de pesquisa, nem mera opinião do autor em desconexão com a produção científica antecedente sobre o tema. Alguns cuidados devem ser tomados quando o trabalho científico se encontra na fase de expressão e exteriorização (redação), por isso se identificam os itens de destaque, representando ingredientes que a pesquisa deve espelhar e exprimir, o que se detecta facilmente a partir da leitura do trabalho científico: criação de um estilo de linguagem próprio (o estilo é livre, desde que se respeitem regras mínimas da língua natural e da linguagem científica); domínio do assunto (o grau de conhecimento se mede pelo que foi agregado ao trabalho em termos de dados e informações e da maturidade de análise); linguagem e definição científicas (para a abordagem de questões técnicas e específicas, o uso apropriado dos termos científicos é algo de suma importância); bom uso da literatura sobre o tema (ampla literatura, nacional e estrangeira, serve de base para as reflexões alcançadas pelo pesquisador); pesquisa extensa, inclusive das divergências de ideias entre os autores (não se pode construir uma análise científica excluindo de sua apreciação aquilo que dista da opinião do pesquisador, pois será o combate às opiniões contrárias que conferirá maior força e certeza à tese esboçada pelo pesquisador), para conhecimento dos argumentos contrários e favoráveis à tese discutida; erística no tratamento do tema e de suas controvérsias (estudo crítico das divergências de teorias e teses sobre a questão proposta, o que deve transparecer durante toda a redação do trabalho científico escrito); traçado histórico explorado, no sentido de identificar o porquê do *status* do tema (o conhecimento dos precedentes sobre o tema é de capital importância para que se demonstre um mínimo conhecimento de questões atinentes); postura crítica e sustentada em face do tema (a posição desarmada e acrítica está sempre suscetível de maior fragilidade, o que não pode ocorrer no campo científico); busca e exposição das causas do fenômeno (não a mera descrição do fenômeno, mas a identificação e o conhecimento de suas causas, razões, sentidos e consequência compõem a perfeição de sua exploração temática); método adequado ao tema (proporcional, adequado, apropriado e bem explorado; trata-se do instrumento e dos recursos dos quais se valeu o pesquisador para abordar a realidade de sua pesquisa); qualidade textual máxima (apuro linguístico, correção de ortografia e de erros de digitação, regras de formatação, distribuição de informações ao longo do texto, organização dos tópicos do trabalho são elementos importantes para a averiguação da dedicação ao trabalho científico); inovações trazidas ao tema (a não restrição do pesquisador às opiniões anteriormente proferidas sobre o tema é algo louvável na apreciação do trabalho científico); observância das regras da ABNT (Normas NBR 6023:2000, para referências bibliográficas, e NBR 14274:2011, para a apresentação de trabalhos acadêmicos), além das demais normas mais específicas (NBR 6034:2004, para índice; NBR 6027:2003, para sumário; NBR 6028:2003, para resumo; NBR 12225:2004, para lombadas; e, por fim, a NBR 6024:2012, para numeração de documentos); na formatação do trabalho (usando-se o padrão da NBR 14724:2001, texto em papel formato A4 (21,0 cm × 29,7 cm), digitado ou datilografado somente no anverso da folha, letra do texto n. 12, letra do rodapé ou de citações extensas n. 10, espaço 1,5 entre linhas, numeração de páginas em algarismos arábicos contadas desde a folha de rosto e expressas a partir da primeira folha do texto no canto superior direito da folha a 2 cm da borda superior), isto porque as regras formais espelham a seriedade com a qual o pesquisador soube sistematizar as informações e os dados, expressando-os adequadamente dentro de parâmetros nacionais e internacionais para a pesquisa científica.

6. Fase de avaliação do trabalho científico

Após a sua elaboração, todo trabalho científico passa por alguma forma de avaliação, que vai da Banca de Qualificação à Banca de Defesa (TCC; Mestrado; Doutorado), até à avaliação de resultados por Agências de Fomento à Pesquisa, quando se trate de apresentação de Relatório (Parcial ou Final) de Projeto de Pesquisa Científica de IC, de Mestrado, de Doutorado ou Pós-Doutorado. A rotina do sistema educacional e, por consequência, a rotina do sistema de pesquisa são a da produção científica, seguida da avaliação. É certo que não somente a produção científica deve estar marcada pela *qualidade*, mas também o processo de avaliação deve ser justo e transparente, sabendo-se que decisões acerca do mérito científico podem afetar o investimento de recursos, o direcionamento de políticas de área, o desenvolvimento da formação de estudantes, a carreira de pesquisadores e a carreira de profissionais. Por isso, a avaliação deve, ao máximo possível, ser marcada pela imparcialidade, justiça e adoção de critérios claramente identificados, sob pena de comprometer-se a credibilidade da própria avaliação.[12]

Um trabalho científico de qualidade é aquele que cumpriu todas as etapas de planejamento, produção e execução, sendo depositado ou entregue dentro do prazo e das exigências formais da instituição, obtendo-se ao final o alcance dos objetivos almejados pelo plano de trabalho e/ou projeto de pesquisa. Se a seriedade, o comprometimento e o rigor acompanharam todas as etapas (planejamento, produção e execução), com escorreita relação de orientação, o resultado esperado normalmente será o produto de toda a preparação contida nas etapas anteriores. Assim, alguns indicadores que podem auxiliar no processo de avaliação de um trabalho científico são os seguintes: i) cumprimento do Plano de Trabalho e alcance das metas de pesquisa;

---

12. "É importante que a avaliação da produção científica tenha esclarecidos e públicos os seus critérios, a fim de que os estudiosos não tenham projetos de qualidade e importância social trocados por 'politicagens' e preferências regionais ou institucionais" (Freitas, Maria Helena de Almeida. Avaliação da produção científica: consideração sobre alguns critérios, *in Psicol. Esc. Educ.*, vol. 2, n. 3, 1998. Disponível em: <http://www.scielo.br>. Acesso em: 26.7.2019).

ii) clareza quanto à formulação do problema, justificativa da escolha do tema e da forma de abordagem da hipótese de trabalho; iii) atualidade e relevância do tema de pesquisa; iv) qualidade na redação, cuidado na revisão textual e emprego adequado de linguagem técnica e científica; v) rigor na aplicação do método de pesquisa em correlação com o alcance dos objetivos do trabalho; vi) uso adequado da pesquisa de dados, fontes e informações; vii) flexibilidade para adequar e corrigir os rumos do trabalho, diante de eventuais dificuldades encontradas ao longo do percurso de pesquisa e execução do plano de trabalho, sem comprometer os resultados; viii) revisão de literatura especializada (nacional e internacional), a respeito do tema, de forma extensiva, atualizada e/ou suficiente; ix) emprego de citações científicas e uso adequado de parâmetros de referências; x) uso de conceitos teóricos, filosóficos ou científicos com consistência, clareza e precisão; xi) uso adequado de fundamentação do raciocínio; xii) respeito às normas técnicas de redação de trabalhos científicos; xiii) uso de raciocínio e de comunicação capaz de externar os resultados com apuro, precisão e clareza; xiv) relevância e contribuição para a ciência, para a especialidade ou para a temática abordada, dos resultados, das conclusões e/ou das inovações obtidos por meio da pesquisa científica. Assim, um trabalho científico é avaliado por sua forma e por seu conteúdo, na medida em que a versão final do trabalho acaba por apresentar como resultado uma fusão de ambas as dimensões.

Além da avaliação de resultados de um projeto de pesquisa, também é importante dizer algumas palavras sobre os processos de avaliação que, atualmente, acompanham a vida do pesquisador(a), em diversas de suas fases, tendo em vista o aprimoramento dos sistemas de avaliação levados adiante pelo MEC e pela CAPES. Neste sentido, a avaliação da produção científica pode estar marcada por critérios *quantitativos* e por critérios *qualitativos*. Os critérios *quantitativos* não discutem o mérito da produção científica de um(a) Docente/Pesquisador(a), sendo apenas numéricos, e estão centrados em períodos temporais de avaliação (institucional e/ou externa). Os critérios *qualitativos* entram no mérito dos trabalhos avaliados, devendo-se, no entanto, estar pautados por elementos objetivos de avaliação, que evitam ao máximo que disputas metodológicas/conceituais/ideológicas possam interferir na justiça dos resultados da avaliação. Daí, a importância dos critérios *qualitativos* serem construídos com base em elementos objetivos. A seguir, podem ser apresentados alguns indicadores objetivos de avaliação da produção científica que sinalizam pelo destaque e pela qualidade da produção científica: i) avaliação positiva do Comitê Assessor de Agência de Fomento à Pesquisa Científica, com indicação de publicação; ii) indicação da Banca de Defesa para a publicação do trabalho científico; iii) aprovação do resumo do trabalho para apresentação em Congresso e/ou Evento Científico Nacional dotado de Comissão Científica; iv) aprovação do resumo do trabalho para apresentação em Congresso e/ou Evento Científico Internacional dotado de Comissão Científica; v) aprovação de artigo/trabalho em Periódico/Revista Nacional, dotada de *Peer Review* e Qualis; vi) aprovação de artigo/trabalho em Periódico/Revista Internacional, dotada de *Peer Review* e Qualis; vi) publicação de livro com selo editorial de renome na área do Direito; vii) publicação de livro com Prefácio de especialistas na área do conhecimento que é objeto do trabalho científico; viii) utilização dos resultados da pesquisa como fonte-base para a construção de políticas públicas, de políticas legislativas ou projetos de intervenção jurídica e social; ix) mensuração do *h-index* elevado de artigo/trabalho científico, em termos de *fator de impacto* na comunidade científica; x) indicação ou aprovação em concurso de estudos/artigos/pesquisas; xi) aprovação em premiação institucional, nacional ou internacional.

IX – MÉTODO E OUTRAS MODALIDADES DE TRABALHOS CIENTÍFICOS

1. As modalidades de trabalhos científicos

Este livro procura enfocar a abordagem, a análise e a compreensão do papel da ciência, do conhecimento científico, da metodologia da pesquisa, dos procedimentos de produção de pesquisa científica e da construção da monografia no campo do Direito. Certamente, a atenção principal é voltada para este tipo de trabalho científico, que é decisivo para a monografia de conclusão de curso, na Graduação, para a monografia de final de curso, na Especialização, e para a dissertação de Mestrado e a tese de Doutorado, na pós-graduação *stricto sensu*. No entanto, isso não pode fazer olvidar que, um pouco para além da modalidade da monografia jurídica, o pesquisador da área do Direito poderá fazer uso, ou ainda, ser exigido a apresentar, resultados de estudos e pesquisas, através de várias outras modalidades de trabalhos científicos.

Assim, vale a pena conhecer um pouco mais de perto as demais modalidades de trabalhos científicos, e as regras que presidem sua mais precisa função e seus mais definidos contornos conceituais. Desde logo, é importante, antes que se possa avançar na compreensão de cada uma das modalidades, elencá-las e identificá-las: artigos científicos; projetos de pesquisa; *pôsteres*; *papers*; fichamentos; apresentações de trabalhos; relatórios científicos. Essa relação não exaure as modalidades de trabalhos científicos, mas procura somente apresentar aquelas que são mais usuais. A seguir, pode-se avançar no sentido de analisar cada uma das modalidades, em específico.

2. Artigos científicos

A modalidade de trabalho científico que mais de perto se assemelha à estrutura da monografia é a dos artigos científicos. E, de fato, tudo o que anteriormente se disse a respeito da monografia, seja em termos de forma, seja em termos de conteúdo, também se pode, de certa forma, aproveitar para a construção de artigos científicos. No entanto, os artigos científicos guardam certas peculiaridades no processo de preparação, na forma e na finalidade, que valem ser ressaltadas.

Os artigos científicos são redigidos para identificar de forma sucinta resultados de pesquisas e investigações que procuram promover o avanço do conhecimento científico em determinado ramo da ciência[1]. No Direito, costuma-se reservar uma monografia jurídica para uma investigação mais aprofundada sobre determinado assunto, fazendo com que o artigo científico seja redigido para identificar uma conquista que é sucintamente relatada. Mas o fato de ser mais sucinta a abordagem, e não tão extensiva, não faz com que se deva perder nem o rigor nem a qualidade. Aliás, a redação, o nível de exigência e o formato dependerão muito do veículo (*revista científica*) no qual o artigo científico será publicado. Nesse ponto, vale dizer que CAPES criou um sistema, intitulado QUALIS CAPES, constante da *Plataforma Sucupira*[2], que procura avaliar com constância os periódicos de todas as áreas do conhecimento (áreas de avaliação), inclusive do Direito, pontuando e ranqueando os veículos de publicação (virtuais e/ou impressos), conforme um processo de aprovação

---

1. "O artigo científico é, antes de tudo, um meio de diálogo acadêmico: é o instrumento pelo qual um pesquisador comunica ao restante da comunidade acadêmica algum achado novo, ou conclusão importante a que chegou, preferencialmente por meio de veículos de publicação especificamente destinados a esse fim, como são os periódicos científicos" (Queiroz, Ferfebaum, Formatos possíveis de trabalhos de conclusão, *in Metodologia jurídica*: um roteiro prático para trabalhos de conclusão de curso (Queiroz; Feferbaum, orgs.), 2012, p. 47).

2. Esse sistema pode ser consultado em: <https://sucupira.capes.gov.br/sucupira/public/consultas/coleta/veiculoPublicacaoQualis/listaConsultaGeralPeriodicos.jsf>. Acesso em: 27.3.2017.

qualitativa que faz com que os veículos sejam avaliados com notas (C, B5, B4, B3, B2, B1, A2, A1).

Essa pontuação é decisiva para a avaliação da qualidade da produção do(a) pesquisador(a), ou ainda, muito utilizada para a avaliação da qualidade da produção de todo um corpo docente de um programa de pós-graduação. Ainda é importante dizer que, além da pontuação, cada veículo (*revista científica*) possui um enfoque, um público e uma proposta editorial, que precisam ser bem conhecidos, antes que se envie o artigo para publicação. Isso ajuda a que o veículo mantenha uma linha editorial, privilegiando a avaliação de inclusão de artigos, em conformidade com determinado perfil, previamente anunciado e divulgado como base do trabalho editorial. Assim, ao submeter um artigo científico para publicação, o(a) pesquisador(a) deve estar atento(a) a essas questões.

Mas artigos científicos são escritos, dizia-se anteriormente, visando à divulgação de resultados parciais ou totais, de aspectos que fazem o conhecimento atual sobre determinado tema ou ramo do conhecimento avançarem. Publica-se um artigo considerando-se, por exemplo, a atualidade de uma questão (Ex.: "Os efeitos da crise econômica sobre os contratos de gestão pública no Município de Itaboraí"), a mudança de um marco normativo (Ex.: "A conciliação no Novo CPC"), a interpretação de uma situação de fato (Ex.: "A proteção jurídica das comunidades indígena Kaiowá em face dos índices de suicídio na região de MS"), o resultado de uma leitura sistemática de um autor que é referência na área do conhecimento (Ex.: "O conceito de democracia em Rainer Forst"), o surgimento de um novo instituto jurídico (Ex.: "A Ação Direta de Constitucionalidade: aspectos jurídicos e políticos"), os resultados de um trabalho de grupo (Ex.: "As ações de memória e verdade da ONG BRIDGES, de 2007 a 2017: estudo de caso"), entre outras motivações.

Os aspectos formais que orientam a redação dos artigos científicos, do ponto de vista de sua estrutura, são os seguintes: título e subtítulo; nome do(as) autor(a/es) e titulação; sumário; resumo (língua portuguesa); resumo (língua estrangeira: *abstract; résumé; riassunto; Zusammenfassung; resumen*); palavras-chave (língua portuguesa); palavras-chave (língua estrangeira: *keywords; mots-clés; parole chiave; Schlüsselwörter; palabras clave*); introdução; desenvolvimento (itens e subitens); conclusões; bibliografia. No que tange ao tamanho do artigo científico, isso é variável, conforme as exigências dos diversos veículos, sendo, em média, atualmente, exigidos que os artigos contenham de 20 a 30 páginas de desenvolvimento. Em geral, as operações de submissão de artigos estão normalizadas em páginas na *internet*, exigindo-se procedimentos de submissão, sendo sua avaliação feita sem contato direto com o(a) editor(a), garantindo-se uma revisão cega de identificação da autoria (*Double Blind Review*), evitando-se com isso qualquer tipo de avaliação pessoal, para que os conteúdos sejam avaliados por critérios objetivos (Ex.: pertinência do artigo ao perfil editorial; observância das regras editoriais e exigências formais; qualidade da redação linguística; estrutura lógica do artigo; grau de inovação científica; autor(a/es) e especialistas consultado(a)s; qualidade da pesquisa científica), e de forma a mais isenta possível, sem acepção (positiva ou negativa) da pessoa do(a) pesquisador(a).

Quanto mais elevada a qualidade da Revista, mais rigorosa é a avaliação e mais difícil a aprovação do artigo científico. E isso se deve ao fato não somente de o prestígio do veículo beneficiar quem ali publica, mas também ao fato de a credibilidade e o fator de impacto da Revista trazerem ao artigo a repercussão proporcional ao nível de exigência em que se encontra. As exigências mais elevadas e rigorosas costumam cobrar, para a aceitação da publicação do artigo científico, a compatibilidade com os seguintes critérios: i) uma boa estrutura de desenvolvimento; ii) o uso de uma terminologia criteriosa e precisa; iii) a devida apresentação do problema científico e a forma de abordá-lo; iv) a capacidade de explicitar uma linha metodológica adotada e sua respectiva base na literatura de área estabelecida; v) a atualidade da abordagem; vi) a robusta fundamentação dos argumentos científicos adotados; o grau de inovação e de originalidade que agregam conhecimentos novos à área temática.

Enfim, a produção de um artigo não é uma tarefa fácil. Essa tarefa é ainda mais complexa, a depender do nível de complexidade do tema abordado, do rigor exigido no processo de avaliação pela Revista Científica destinatária da produção do artigo científico ou do nível de publicação em que se encontre o(a) pesquisador(a). Especialmente, quando se tem em conta que a produção de um artigo não se resume à tarefa de pesquisa prévia de conteúdos a serem publicados nem à tarefa de redação do artigo. Para que se tenha presente a complexidade da tarefa, vale registrar o conjunto de etapas para a publicação de um artigo científico: i) etapa de planejamento de publicação de artigo científico; ii) etapa de definição do tema e do objeto da publicação; iii) etapa de pesquisa e levantamento de referências; iv) etapa de redação do artigo científico; v) etapa de formatação do artigo científico, seguindo as diretrizes da *Revista Científica*; vi) etapa de submissão do artigo científico, seguindo os procedimentos virtuais da *Revista Científica*; vii) etapa de aguardo para a avaliação científica por pares; viii) etapa de revisão do artigo científico (somente em casos cabíveis), à luz das considerações dos pareceristas; ix) etapa de ressubmissão do artigo científico; x) etapa de publicação do artigo científico; xi) etapa de divulgação da publicação, para conhecimento da comunidade científica ou de eventuais interessados no tema do artigo científico.

A redação de um artigo pode ser um empreendimento trabalhoso e que consome uma enorme quantidade de tempo, para o que o(a) pesquisador(a) deve estar prevenido(a) e consciente. A preparação de um artigo, envolvendo as tarefas iniciais de planejamento (i), definição (ii), pesquisa (iii) e redação (iv), pode consumir de 4 semanas (30 dias) a 3 meses (90 dias), em boas condições; em condições revezes (somada a outras tarefas concomitantes), a tarefa pode consumir de 3 meses (90 dias) a 6 meses (180 dias). Mas, quando se considera a totalidade do percurso de um artigo científico, com o cumprimento de todas as etapas, seja para *Revistas Científicas* nacionais, seja para *Revistas Científicas* internacionais, este é um empreendimento que pode levar de 3 meses (90 dias) a 6 meses (180 dias), de 8 meses (240 dias) a até 12 meses (365 dias). Se o(a) pesquisador(a) tem a necessidade de apresentar resultados, no contexto em que se encontra, visando à apresentação de um relatório de pesquisa, ou algo semelhante, é de decisiva importância a tarefa de planejar, contando com revezes no processo editorial de revisão, análise e aceitação de sua produção científica. Os pesquisadores mais experientes conhecem muito bem essas dificuldades, as tarefas aí implicadas e as formas de estabelecer condições para lidar com atrasos, impossibilidade de demonstração de resultados e a tarefa exaustiva de ressubmissão de um artigo científico rejeitado. Isso demonstra que, apesar de os artigos científicos serem a forma mais amplificada de divulgação da produção científica, isso não significa que a publicação de qualidade se faça sem que se enfrente a agrura das tarefas que estão implicadas no universo da produção científica.

3. Projetos de pesquisa

O projeto de pesquisa é o principal instrumento de proposição de novas investigações científicas, especialmente contando com financiamento público ou privado, visando ao desenvolvimento de uma proposta temática, a ser executada dentro de um período de tempo determinado, para ser futuramente avaliada pela produção de resultados objetivos. O projeto de pesquisa deve conter todos os elementos necessários para que a comissão avaliadora, ou o(a) parecerista, possa identificar seus potenciais internos, em conexão com critérios objetivos de avaliação e prioridades de incentivo à pesquisa que orientam o trabalho de uma instituição, Faculdade, Universidade, ou, ainda, agência de fomento à pesquisa (FAPESP; CNPq; CAPES)[3]. O projeto de pesquisa é cabível para propostas que vão desde o nível de iniciação científica (IC) até o nível de pós-doutorado (PD), de forma que é um instrumento importante de proposição científica. Sua função é a de permitir a avaliação de uma proposta, avaliada pelo mérito científico nela contido, bem como, permitir o desenvolvimento da pesquisa científica, ainda no nível da *formulação de hipóteses de trabalho, de objetos de pesquisa, de abordagens científicas ou de metodologias científicas*. É, assim, o principal canal de entrada no universo da pesquisa científica criteriosa, institucionalizada e financiada.

No entanto, apesar do nome despretensioso ("projeto de pesquisa"), a ideia de "projeto", enquanto conjunto de ideias em estado de esboço, e que serão testadas e desenvolvidas em momento posterior, em verdade, deve-se atentar ao fato de que um bom projeto de

---

[3]. "Esses destinatários compartilham a característica de que esperam obter, por meio da leitura do seu projeto, um entendimento claro e detalhado sobre o que você pesquisará e como você o fará, visando avaliar o mérito e a viabilidade da investigação proposta" (Queiroz, *Monografia jurídica*: passo a passo, 2015, p. 66).

pesquisa, enquanto documento, deve revelar, antes de tudo, um considerável domínio da temática ou do objeto de pesquisa. Assim, o "projeto" não é um mero "conjunto de intenções", ou ainda, um "agregado de informações esparsas" sobre o tema de pesquisa. O projeto de pesquisa, quando se submete à avaliação, implica que o(a/s) pesquisador(a/es) já se encontra(m) em nível avançado de coleta de material de pesquisa, de interesse e observação do assunto objeto da pesquisa, que conhece(m) as principais referências que já cuidaram da temática, e que está(ão) maduro(a/s) para iniciar um trabalho de pesquisa científica sobre o tema. Esse cuidado é importante, ficando como recomendação a necessidade de que o "projeto" seja incubado durante determinado período de tempo, período este suficiente para que esteja claro aos olhos do(a/s) pesquisador(a/es) e do(a) orientador(a), antes de ser submetido à apreciação alheia: a) a hipótese de trabalho; b) a metodologia de pesquisa; c) a linha de pesquisa ou de abordagem a ser empregada no trabalho; d) o objeto da pesquisa; e) os principais problemas suscitados pelo objeto de pesquisa; f) os objetivos pretendidos pela pesquisa; g) os resultados esperados; h) a contribuição à ciência e a inovação que se pretende; i) a previsão de um cronograma de trabalho; j) as referências bibliográficas.

O projeto de pesquisa é regrado pela norma da ABNT (NBR 15.287/2005), que recomenda a seguinte estrutura: *elementos pré-textuais* (capa; folha de rosto; autor(a/es); orientador(a); título; subtítulo; tipo de projeto de pesquisa; nome da entidade a que deve ser submetido; local; ano; lista de ilustrações; lista de tabelas; lista de abreviaturas e siglas; lista de símbolos; sumário); *elementos textuais* (metodologia; desenvolvimento – itens e subitens); *elementos pós-textuais* (referências bibliográficas; glossário; apêndice). É claro que essa estrutura formal geral poderá ser melhor adequada ao perfil do projeto, bem como a outras exigências específicas que possam constar de regras da instituição, da Faculdade, da Universidade, ou, ainda, da agência de fomento. Por isso, o(a/s) pesquisador(a/es) deve(m) estar atento(a/s) a específicas qualidades que se possam somar a essa estrutura mais geral. Ademais, neste mesmo livro, no Capítulo VIII (Método e Roteiro Instrutivo da Pesquisa Científica), especificamente no item 3 (Fase de formação do projeto de pesquisa), poderão ser encontrados maiores detalhes sobre o processo de preparação do projeto de pesquisa.

Ainda do ponto de vista da redação, preparação e formatação do projeto de pesquisa, deve-se advertir que ele deve ter redação científica rigorosa e precisa, sendo, no entanto, o enorme desafio da preparação do projeto de pesquisa atingir os pontos identificados acima, tendo de ser desenvolvido num espaço relativamente limitado, geralmente, exigindo-se 25 a 30 páginas de tamanho. Os cuidados na redação e proposição de um projeto de pesquisa giram em torno de aspectos relativos ao uso da língua, ao uso dos termos técnicos da área pesquisada, devendo-se deixar clara em sua estrutura a identificação dos objetivos, bem como a mensuração futura de resultados esperados.

4. Fichamentos

A rigor, o fichamento não é pesquisa, mas serve como um importante instrumento de observação das etapas de uma pesquisa científica[4]. Assim, o fichamento costuma ser solicitado para que um(a) orientador(a) possa averiguar o andamento do processo e das etapas de construção de um trabalho acadêmico, individual ou coletivo, de uma pesquisa de iniciação científica, ou, ainda, de uma fase da elaboração de uma dissertação ou tese de doutorado.

O fichamento, sabendo-se de sua função de controle do *processo* e das *etapas* de produção do conhecimento, deve expressar a síntese de ideias, de estudos e/ou de levantamento de materiais de pesquisa[5]. Por isso, deve-se dizer, existem várias modalidades de fichamentos, cumprindo vários tipos de funções na vida acadêmica ou escolar[6].

---

4. "Chamamos de fichamento um conjunto de métodos e técnicas que compreende diversas ações, corporificadas, ao final, em documentos chamados 'fichas', que sintetizam informações relevantes sobre os materiais consultados, lidos e estudados em nossas pesquisas" (Queiroz, *Monografia jurídica*: passo a passo, 2015, p. 113).

5. "O fichamento pode ser definido como uma forma de investigação que se caracteriza pelo ato de fichar (registrar) todo o material necessário à compreensão de um texto ou tema" (Franco, *Como elaborar trabalhos acadêmicos nos padrões da ABNT*, 2. ed., 2011, p. 41).

6. A esse respeito, consultem-se as seis modalidades em Mezzaroba, Monteiro, *Manual de metodologia da pesquisa no Direito*, 2003, p. 219-234.

Aqui, apenas se procurará fornecer um modelo geral aplicável às várias modalidades, que devem ser adaptadas conforme as exigências específicas, seja do(a) orientador(a), seja da Faculdade, seja da Universidade à qual pertença(m) o(a/s) pesquisador(a/es). Esse modelo geral pode seguir a seguinte estrutura: título da ficha; autor(a/es) da ficha; conteúdo da ficha (item; subitem); avaliação crítica; conclusões; bibliografia consultada (referência completa, nos termos da ABNT); local de consulta (Biblioteca; Instituto; Centro de Pesquisa; local de entrevista; observatório; entidade pública; pesquisa de campo *in locu*); data da ficha[7].

Esse rol interno de subdivisões pode ser alargado, mesmo se elaborado em fichas de papel, ou de computador, na medida da função que deverá cumprir. Assim, para um registro científico mais rigoroso do(a/s) pesquisador(a/es), mesmo que não implique a apresentação a alguém ou a algum órgão, serve para *preservar a informação, guardar um registro científico, guardar a memória* de algo que será de decisiva importância em fase posterior, por exemplo, na fase de redação de um artigo científico, de uma monografia, de uma dissertação ou de uma tese de doutorado, correndo-se o risco de que detalhes e especificidades pudessem se perder, caso não fossem imediatamente registradas, descritas, controladas, documentadas e analisadas. Se o fichamento for apresentado, por exemplo, na forma de um seminário em sala de aula, sua extensão poderá ser ainda mais expressiva, contendo dados e elementos que são próprios de uma apresentação de seminário acadêmico. Mas, se o fichamento for apresentado de forma a ser controlado apenas pelo(a) orientador(a), este poderá seguir a tarefa de *demonstrar os avanços da pesquisa, a qualidade da informação coletada, o cumprimento da etapa de pesquisa planejada conforme um projeto científico*, de forma a ser capaz

---

[7]. "A atenção dispensada durante o processo de anotação das informações evita que se tenha de recorrer novamente ao original consultado, que, muitas vezes, foi tomado emprestado da biblioteca ou de um amigo ou familiar e, portanto, estando na fase final dos trabalhos, terá grande probabilidade de já ter sido devolvido" (Hironaka (coord.) et al., *O ensino jurídico e a produção de teses e dissertações*, 2008, p. 94).

de oferecer condições de controle do andamento de uma parte da pesquisa científica. Independentemente de qualquer coisa, é sempre recomendável que o fichamento cumpra duplo papel: registrar com objetividade e detalhamento e trazer a elaboração subjetiva e crítica do(a/s) pesquisador(a/es).

5. Apresentações de trabalhos

É usual o recurso à apresentação de trabalho, ao longo da vida acadêmica de um(a) estudante. Assim, não há quem não tenha passado por algum tipo de avaliação, durante o processo de formação em Direito, sem que haja tido oportunidades de elaborar a apresentação de um trabalho, seja de forma isolada, seja ao lado de outros estudantes, nos trabalhos em grupo. Aliás, esse tipo de metodologia de ensino, que provoca o processo de formação, principalmente na área do Direito, a que as ferramentas de ensino-aprendizagem estejam à disposição de um processo de estímulo à proatividade do(a) estudante, bem como ao diálogo na formação jurídica, são de fundamental importância para a definição da própria qualidade do processo de preparação para os desafios da vida prática e da vida acadêmica no âmbito do Direito.

Por isso, a apresentação de trabalho, seja em sala de aula, instituição de pesquisa, seminário, evento ou atividade científica, academia científica, depende de vários fatores para a obtenção de bons resultados. Trata-se da soma de um trabalho de conteúdo qualificado, refletido num planejamento de apresentação, o que pode envolver a boa combinação entre os membros do grupo no que tange à divisão de tarefas e ao grau de compromisso com a apresentação do trabalho, exposto de forma didática completa (Ex.: *power point*; lousa; recursos audiovisuais), capaz de ser comunicado de forma a atingir o seu público. A apresentação de trabalho deve ser vista como uma unidade de conteúdo, em diálogo com a proposta mais ampla da disciplina, do curso de graduação ou pós-graduação, do evento ou da atividade científica, sendo capaz de informar todos os elementos centrais e decisivos para a compreensão do papel desempenhado pelo(a/s) pesquisador(a/es) no momento de exposição pública. Por isso, a apresentação precisa ser bem preparada e planejada previamente[8], para evitar atropelos de última hora.

Entre outras coisas a se destacar, está a questão da estratégia da apresentação, que pode envolver atividades sensíveis prévias ou posteriores (trecho de filme, de curta-metragem, referência a uma obra de arte, citação de um trecho de poesia, apresentação de um recorte de jornal), conectando a apresentação formulada em lousa ou recurso audiovisual, com explicações orais, e, por fim, conclusivas. Do ponto de vista formal, a apresentação de trabalho precisa ter: nome da instituição; nome do(a) pesquisador(a) ou grupo de pesquisadores; agência de fomento; título da apresentação; conteúdo subdividido em partes; conclusões; bibliografia; convite final ao diálogo e esclarecimentos[9]. Diante desse tipo de apresentação, o cálculo do tempo disponível acaba sendo decisivo para a distribuição das tarefas e a devida relação entre o peso que se dá aos diversos itens e subitens que serão abordados na apresentação do trabalho.

6. Pôsteres

Outra modalidade importante de trabalho científico é o *pôster*. A apresentação de *pôster* tem sido um instrumento de crescente utilidade em eventos e congressos científicos. Geralmente, o *pôster* não é apresentado de forma isolada, mas numa sala de *pôsteres*, ainda que as sessões de exibição e apresentação possam ser com horário definido, ou, ainda, realizadas em salas isoladas, justamente para que o conteúdo fique exposto durante todo o evento/congresso científico para o conhecimento o mais amplo possível do público frequentador.

Em termos de definição, o *pôster* é uma comunicação de resultados científicos e deve ser construído com foco nisso, sendo importante ressaltar que vem acompanhado da exposição oral e sustentação do

---

8. Cf. Franco, *Como elaborar trabalhos acadêmicos nos padrões da ABNT*, 2. ed., 2011, p. 68-69.

9. "A apresentação do estudante deveria se ocupar, principalmente, em mostrar uma boa compreensão e uso adequado do método, pois este é, geralmente, o objeto central da aprendizagem" (Laville, Dionne, *A construção do saber*: manual de metodologia da pesquisa em ciências humanas, 2007, p. 246).

conteúdo do *pôster* (5 a 10 minutos), por parte de seu(sua/s) autor(a/es). O formato do *pôster* não é algo indiferente nem irrelevante[10], e sim determinante, pois influencia na capacidade de comunicar os resultados, devendo-se observar os seguintes parâmetros gerais: título do evento/congresso científico; título da apresentação (fonte: Arial 36); nome do(a/s) autor(a/es) (fonte: Arial 30, negrito); nome da instituição (Faculdade; Universidade; órgão de fomento científico); resumo (finalidade do *pôster* e objeto da apresentação); objetivos (objetivos almejados pela pesquisa científica); metodologia científica (identificação do método utilizado para alcançar os resultados); resultados (resultados objetivos obtidos); avaliação (avaliação crítica dos resultados); conclusões (breve exposição do processo de produção e alcance dos resultados); referências (bibliografia; base de pesquisa).

No que tange à forma do *pôster*, algumas advertências são importantes: a medida média do *pôster* é de 1,20 m x 0,80 cm, ou, ainda, de 1,20 m x 0,90 cm; os resultados não devem vir expostos apenas de forma narrativa ou textual, devendo ser expostos por meio de textos e imagens, gráficos, dados, estatísticas, esquemas, fotos, produtos; não adianta tentar colocar todo o conteúdo de um texto narrativo num *pôster*, porque o conteúdo se tornará ilegível e o excesso de informações poderá confundir o leitor; o tamanho da fonte do texto deve ser legível para uma pessoa que se encontre de 1 m a 2 m de distância do *pôster*, recomendando-se, geralmente, que a fonte seja de tamanho padrão (Arial, 24; Times New Roman, entre 18 e 26); é importante usar cores, figuras, fotografias, gráficos, esquemas, tabelas, para comunicar da forma mais direta e clara os resultados; é necessário que o *pôster* venha acompanhado de um cordão para que possa ser pendurado no local do evento/congresso científico. No entanto, deve-se destacar que essas recomendações são genéricas, devendo o(a) pesquisador(a) se informar a respeito das regras e medidas que serão aceitas pelo evento, de modo que é importante observá-las para que não haja a rejeição do trabalho científico, simplesmente porque se encontra fora dos padrões e exigências do evento científico. Muitas

---

10. A respeito, consultar: <http://www.swarthmore.edu/NatSci/cpurrin1/posteradvice.htm>. Acesso em: 27.3.2017.

vezes, a impressão do *pôster* é feita pelo(a) pesquisador(a), mas pode acontecer de o *pôster* ser enviado previamente à organização do evento, que se incumbe de imprimi-lo de forma padrão e dispô-lo no local de exposição de *pôsteres*, mantendo-se com isso uma padronização rigorosa da área de exposição do evento/congresso científico.

Finalmente, é importante que o *pôster* seja rigoroso, preciso, claro, mas convidativo, comunicativo, com clara disposição visual dos dados e resultados, existindo muitos modelos de disposição gráfico-visual dos elementos textuais em sua relação com cores e imagens, através de modelos de *templates* que podem ser aplicados para a produção de um bom trabalho. Seja para a preparação do *pôster*, seja para a preparação da apresentação oral do *pôster*, recomenda-se um esforço de planejamento e de preparação[11] para que o sucesso da expressão dos resultados esteja à altura do próprio processo de preparação, pesquisa e produção dos resultados científicos que chegam ao conhecimento público, ao debate e à divulgação científica.

7. Papers

Os *papers* são trabalhos científicos mais sucintos, cuja estrutura segue de perto a forma dos artigos científicos, sendo geralmente apresentados em Anais de Congressos Científicos[12], ou, ainda, sendo exigidos como aproveitamento de créditos de disciplinas de pós-graduação[13].

Da mesma maneira como se apresentou, anteriormente, a forma dos artigos científicos, os *papers* demandam: título e subtítulo; nome

---

11. "Planejar encurta distância, otimiza a pesquisa, a coleta, a leitura e releitura e, por fim, a redação. Planejar contribui para a melhoria do fluxo de informações e de ideias" (Hironaka (coord.) et al., *O ensino jurídico e a produção de teses e dissertações*, 2008, p. 93).

12. "A comunicação científica define-se como a informação que se apresenta em congressos, simpósios, reuniões, academias e sociedade científica" (Franco, *Como elaborar trabalhos científicos nos padrões da ABNT*, 2. ed., 2011, p. 85).

13. Cf. Mezzaroba, Monteiro, *Manual de metodologia da pesquisa no Direito*, 2003, p. 238 e 247.

do(a/s) autor(a/es) e titulação; sumário; resumo (língua portuguesa); resumo (língua estrangeira; *abstract; résumé; riassunto; Zusammenfassung; resumen*); palavras-chave (língua portuguesa); palavras-chave (língua estrangeira: *keywords; mots-clés; parole chiave; Schlüsselwörter; palabras clave*); introdução; desenvolvimento (itens e subitens); conclusões; bibliografia. No entanto, as regras do evento/ congresso científico definirão muito os limites do trabalho, pois as medidas de um *paper* são, geralmente, menores que as medidas dos artigos científicos, tendo-se em vista o espaço de tempo das apresentações dos *papers* (10 minutos a 25 minutos) e o limite do tamanho da publicação dos Anais do Congresso, para que se possam apresentar e publicar trabalhos muito extensos.

Acima de tudo, o *paper* deve ter a qualidade de ser um texto de *comunicação*, podendo, por isso, ter virtudes orais de *leitura pública* e *apresentação de conteúdos científicos*, com destacado enfoque em questões centrais e pontuais relevantes, podendo-se deixar de lado os aspectos relativos à introdução do tema e todo o caminho percorrido para a chegada aos aspectos nucleares do objeto estudado ou pesquisado. Assim, o *paper*, quando comparado com um artigo científico, apesar das semelhanças, deve ter mais acentuada a sua função de um *documento de apresentação de resultados*, deixando-se de lado a mais ampla extensão que marca a redação de um artigo científico, por exemplo, muito carregado de citações, notas de rodapé e demais exigências formais da produção científica escrita e voltada para veículos específicos (*revistas científicas*). Por isso, o(a/s) pesquisador(a/es) deve(m) estar atento(a/s) às definições e aos parâmetros que a programação do evento divulga com antecedência, na página na *internet* do evento, para estar ciente(s) das regras que orientarão a admissão e a seleção dos trabalhos que hão de compor a programação científica.

8. Relatórios científicos

Existem vários tipos de relatórios científicos, por isso, desde logo, é necessário esclarecer os sentidos do termo, seus usos e suas aplicações. A norma da ABNT (NBR 10719, 1989) trata especificamente do relatório técnico-científico, ou seja, do documento que "...

relata formalmente os resultados ou progressos obtidos em investigação de pesquisa e desenvolvimento ou que descreve a situação de uma questão técnica ou científica. O relatório técnico-científico apresenta, sistematicamente, informação suficiente para um leitor qualificado, traça conclusões e faz recomendações". Essa modalidade de documento deve conter todas as informações relevantes para a apuração de um período (parcial/total) de pesquisa, devendo ser redigido da forma mais completa possível, para oferecer ao(à/s) avaliador(a/es) as condições de averiguação das etapas da construção de uma pesquisa científica. Para este tipo de relatório técnico-científico, deve-se seguir as recomendações de estrutura e forma contidas na NBR 10719, 1989.

Mas, se analisado de forma mais ampla, o relatório científico serve, geralmente, para *apurar resultados de um período* de investigação científica, ou, ainda, para *sistematizar informações* sobre a produção acadêmica. É uma prática usual para bolsistas e pesquisador(a/es) que desenvolvem atividades científicas financiadas por agências oficiais de fomento à pesquisa (FAPESP; FAPERJ; FAPEMIG; CNPq; CAPES) ou por programas de desenvolvimento de pesquisa internos às Universidades, geralmente ligados às Pró-Reitorias de Pesquisa, com financiamento privado ou público.

Também, relatórios acadêmicos são solicitados, ao longo da vida acadêmica, para docentes de universidades públicas ou particulares, sendo recorrente o uso do relatório acadêmico periódico como forma de *sistematização, controle* e *balanço* da *produção científica*, das *atividades de ensino, pesquisa, cultura* e *extensão*, bem como do *perfil de trabalho* que vem sendo desenvolvido pelo corpo docente de uma instituição, de um departamento, de uma unidade de ensino, de um centro de pesquisa, de uma faculdade.

Tanto os relatórios técnico-científicos quanto os relatórios científicos em geral, como os relatórios acadêmicos, devem permitir a *identificação objetiva de resultados*, a *sistematização da produção do(a/s) pesquisador(a/es)* e à *indução à autorreflexão crítica* sobre o período de pesquisa (ou de trabalho acadêmico) e suas conquistas, durante um determinado período de tempo específico. Deve, por isso, conduzir a uma reavaliação do *projeto planejado* ao *projeto executado*, demonstrando quais *objetivos foram alcançados*, ou *quais foram modificados*, ao longo do percurso de descobertas científicas e de trabalho acadêmico[14].

Por isso, o relatório de pesquisa deve conter: capa (título; subtítulo; cidade; instituição; nome do(a/s) pesquisador(a/es); número do processo); sumário; introdução (com normativas e exigências institucionais aplicáveis); conteúdo e desenvolvimento (itens e subitens); resultados; balanço; sistematização quantitativa de resultados; síntese conclusiva). A rigor, o relatório científico não é um documento elaborado para ser divulgado ou publicizado, sendo variável o grau de sigilo cabível, servindo, o mais das vezes, como instrumento de avaliação do desempenho, seja para a avaliação parcial de uma concessão de bolsa de pesquisa, para a avaliação final de uma concessão de bolsa de pesquisa ou para a verificação do alcance de resultados tal como identificados no projeto de pesquisa inicialmente desenhado. É possível que um relatório científico esteja tão bem redigido, desenhado e concebido que possa, eventualmente, receber a apreciação que indique que seu conteúdo deve ser publicizado, por exemplo, na forma de artigos científicos, ou na forma de um livro, esta que passa a ser uma tarefa adicional do(a/s) pesquisador(a/es), enquanto medida opcional, em fase posterior à aprovação do relatório científico.

---

14. Cf. Franco, *Como elaborar trabalhos acadêmicos nos padrões da ABNT*, 2. ed., 2011, p. 97-98.

X – MÉTODO E OS ESPAÇOS DE DIVULGAÇÃO DA PESQUISA CIENTÍFICA

1. O poder de influência da pesquisa científica

A pesquisa científica é um importante foco de mobilização do sentido na vida social. Especialmente na modernidade, a pesquisa científica deve fornecer os subsídios a partir dos quais a orientação de ações, a solução de problemas e a explicação de fenômenos se manifestam concretamente. É assim que a ciência colabora para a racionalização social, aliás, seguindo-se de perto o que a esse respeito afirmar o filósofo alemão Jürgen Habermas, em sua obra *Técnica e Ciência como ideologia*.[1]

Assim, o poder de influência da pesquisa científica, aparentemente, é invisível, se formos observar apenas o cotidiano das relações sociais. Mas, com um olhar mais abrangente, então se torna possível compreender que o poder de influência da pesquisa científica gera uma massa de compreensão a respeito da qual se tem acesso, através do conjunto dos "achados científicos", e que permite a geração de uma extensão do sentido de mundo, presente em um determinado momento histórico. E, dessa maneira, nos instruímos, transmitimos informações, damos explicações, ensinamos, repetimos práticas, sempre fundados em "achados científicos" que sustentam o conjunto das práticas sociais modernas.

Assim, o conhecimento é algo que mobiliza o desenvolvimento social e a transformação das mentalidades e das práticas. Ora, é

---

1. "A racionalização progressiva da sociedade depende da institucionalização do progresso científico" (Habermas, *Técnica e ciência como ideologia*, 2001, p. 45).

dessa forma que um sistema de práticas e de justificações apenas dura enquanto um novo sistema de explicações não oferece melhores justificações do que aquelas anteriores. Seguindo-se de perto o que afirma Thomas S. Kuhn,[2] em sua obra *A estrutura das revoluções científicas*, a estrutura das revoluções científicas identifica, de período em período, a constância de mudanças paradigmáticas no interior das explicações científicas. Isso aponta, de um lado, para a ideia de que a ciência não é estática, e, por isso, a investigação científica caminha no sentido da derrogação dos conhecimentos anteriores. Isso aponta, também, de outro lado, para a ideia de que a ciência não funciona com base na mera cumulação de conhecimentos,[3] mas, também, por vezes, na base da disputa de visões de mundo e de linhas teóricas, invocando-se a ideia de rupturas em continuidades cognitivas.

A disseminação, a divulgação e o *fazer-saber* da ciência é, neste sentido, uma tarefa importante, atinente aos resultados (parciais ou totais) do desenvolvimento da pesquisa científica. Daí, a tarefa de refletir a respeito das formas, dos espaços de divulgação da pesquisa científica. Daí, também, a tarefa de refletir a respeito da troca e da interação geradas a partir dos espaços de debate e divulgação científica, considerando-se que a comunidade científica se congrega (setorialmente) a partir de um determinado *locus* de intercâmbio científico. Esses espaços são espaços não só de divulgação, disseminação e debate, mas também, espaços de legitimação e aparição dos modelos de explicação predominantes, numa determinada época histórica. Isso é importante, para o quadro das ciências em geral, mas igualmente importante para o quadro mais específico da Ciência do Direito.

---

2. "...consideramos revoluções científicas aqueles episódios de desenvolvimento não cumulativo, nos quais um paradigma mais antigo é total ou parcialmente substituído por um novo, incompatível com o anterior" (Kuhn, *A estrutura das revoluções científicas*, 7. ed., 2003, p. 125).

3. "Certamente a ciência (ou algum empreendimento talvez menos eficaz) poderia ter-se desenvolvido dessa maneira totalmente cumulativa" (Kuhn, *A estrutura das revoluções científicas*, 7. ed., 2003, p. 129).

2. As arenas, os foros e os espaços nacionais de debate em pesquisa científica

Este livro, através dos itens e capítulos anteriores, procurou apresentar os conceitos de ciência, as práticas metodológicas, a linguagem científica, os limites da pesquisa científica, as instruções técnicas da pesquisa científica, bem como as modalidades de apresentação e disseminação do conhecimento produzido pela Ciência do Direito. Ora, uma imensa massa de produção de conhecimento – considerando-se o volume de monografias, dissertações, teses, estudos para artigos científicos e *papers* – deve encontrar o seu foro legítimo de expressão, daí, neste item, procurar-se tratar especificamente das diversas formas de encontros científicos que possuem como finalidade a tarefa de auxiliar na qualificação do conhecimento científico na área do Direito.

Seguindo-se de perto a definição de evento científico oferecida pela CAPES, pode-se dizer que: "Evento Científico é uma atividade que tem como objetivos: reunir especialistas e interessados em determinadas áreas do saber para discussão de temas que atendam a preocupações comuns, com vistas à atualização e ao progresso da pesquisa científica em uma área; divulgar resultados de pesquisa dos pesquisadores e colocá-los em debate com vistas à qualificação e validação no âmbito da comunidade científica; incentivar o desenvolvimento de campos de pesquisa ainda emergentes; promover a formação de pesquisadores por meio da interação de pesquisadores e profissionais e grupos de pesquisa com interesse na área".[4] Assim, o conhecimento científico encontra em eventos científicos as condições ideais para a sua manifestação, sabendo-se que estes são foros para:

(i) favorecer a reunião de pesquisadores(as) interessados(as) num campo da ciência do Direito;

(ii) estimular e qualificar o debate público de conclusões científicas e pesquisas em desenvolvimento;

(iii) fortalecer a formação de uma esfera pública acadêmica, dentro de uma especializada área da ciência do Direito;

---

4. Cf. <https://www.capes.gov.br/images/documentos/>. Acesso em: 21.10.2020.

(iv) promover a disseminação de conhecimentos científicos;

(v) permitir a formação de profissionais e pesquisadores(as) em determinado ramo da ciência do Direito.

A inserção da produção científica desenvolvida no Brasil em ambientes de debate científico, em arenas, foros e espaços acadêmicos, é de fundamental importância para a estabilização do conhecimento, a validação de resultados de pesquisa, a oferta do conhecimento à disposição da comunidade científica e para a criação de ambientes plurais e democráticos de debate acadêmico-científico. As arenas, foros e espaços de debate em pesquisa científica eram escassos, especialmente para a área do Direito, se for considerado o arco temporal anterior aos últimos trinta (30) anos.

No entanto, nestas últimas décadas, o crescimento vem sendo exponencial, muito à carreira dos investimentos e verbas que facilitaram o financiamento e a expansão das atividades científicas, para as diversas ciências, mas, inclusive, para a Ciência do Direito, em diversas de suas áreas de projeção e campos de atuação. Também, por consequência da expansão do ensino jurídico, seja na graduação, seja na pós-graduação, ampliando-se, por consequência, a demanda por formação continuada e a construção de espaços de acolhida para a atualização profissional e para a troca de conhecimentos entre pessoas da mesma área ou ramo do Direito.

As arenas, os foros e os espaços de debate acadêmico em pesquisa agregam aos(as) pesquisadores(as) uma importante dimensão, especificamente concernente à apresentação e à demonstração de resultados. Assim, há muitos motivos e inúmeros méritos na tarefa de formação de eventos científicos na área do Direito, devendo-se destacar a capacidade de significar espaços de interlocução, considerando-se a situação dos diversos profissionais, professores e estudantes, em situações geográficas muito distantes (desprovidas de acesso ao conhecimento técnico), em situações de distância entre universidades diferentes (sabendo-se que as Universidades possuem distância de região a região, que colocam pesquisadores em condições de isolamento), em situações de desconexão entre a produção do conhecimento local e o nacional (sabendo-se que da troca entre genuínas contribuições científicas podem surgir parcerias em pesquisa e colaborações científicas).

No geral, a preservação da pesquisa em seu ambiente local de desenvolvimento acaba por impedir que o(a) pesquisador(a) faça ressoar os resultados de seus estudos para além das fronteiras de sua instituição, de seu centro de pesquisa ou de seu PPG. Igualmente, indo além das fronteiras de sua Cidade, de seu Município ou de seu Estado, poderá o(a) pesquisador(a) integrar-se a redes de outros(as) pesquisadores(as) que estão trabalhando com as mesmas questões, ou com questões conexas, nos estudos e investigações científicas.

Mas o importante de levar as pesquisas para os ambientes de divulgação e debates é que elas se tornem referências para outros(as) pesquisadores(as), estudantes, docentes e público interessado. Além disso, a participação, ou até mesmo a freqüência constante a esses espaços, permite agregar conhecimento, técnica e interlocução ao conhecimento científico, favorecendo-se com isso a própria abordagem desenvolvida pelo(a) pesquisador(a), que se enriquece ao receber avaliações, críticas e ao exercer a capacidade de argumentar e apresentar resultados em caráter público. A apresentação de argumentos e visões diversas daquelas que estão sendo estudadas pelo(a) pesquisador(a) favorece o crescimento e a qualidade da pesquisa em andamento ou, até mesmo, para aquelas já finalizadas, a revisitação dos resultados. É próprio da ciência o compartilhamento, a interlocução e a apresentação de resultados, e tanto a apresentação das pesquisas fortalece os foros científicos, quanto estes fortalecem as pesquisas em andamento, resultando num processo de trocas contínuas, em ambiente epistemológico fértil ao conhecimento, cujo resultado é a melhoria de áreas inteiras do conhecimento científico, em todo o país.

Aí está um aspecto importante desse tema. Um país tão diverso, tão vasto e, ao mesmo tempo, um país onde a cultura do Direito ainda possui tantos desafios, requer exatamente a criação de várias arenas, foros e espaços acadêmico-científicos de debates. Estes devem possuir dimensão institucional, dimensão local, dimensão regional, dimensão nacional e dimensão internacional.

3. As modalidades de eventos científicos na área do Direito

O(A) pesquisador(a) deve estar atento, e acompanhar com dinamismo, o deslocamento dos foros e arenas que representam os espaços de pesquisa, debate e consolidação do conhecimento. Atualmente, são várias as instituições que já se consolidaram e se celebrizaram como espaços de discussão, apresentação de resultados e debates científicos e filosóficos, como a SBPC,[5] a ANPOF,[6] a ANPOCS,[7] a ANDHEP,[8] a ABRAFi[9] e o CONPEDI.[10] Algumas dessas instituições, que acolhem os(as) pesquisadores(as), respectivamente, nas grandes áreas, da *Filosofia*, das *Ciências Sociais*, dos *Direitos Humanos*, da *Filosofia do Direito* e das *pesquisas em Direito*, já registram mais de 40 (quarenta) encontros anuais realizados, como é o caso da ANPOCS, tendo-se consolidado em rigor, metodologia, qualidade, tradição e elevado nível de construção do conhecimento. Em outras áreas do conhecimento aplicado e especializado do Direito, igualmente, se pluralizam os espaços de diálogo, troca de conhecimentos, *networking*, discussão e construção de novos parâmetros para os desafios das respectivas áreas do conhecimento e da atuação prática, a exemplo das áreas do *Direito do Trabalho*,[11] do *Direito Comercial*,[12] do *Direito das Famílias*,[13] do *Direito Administrativo*.[14] O importante

---

5. Para mais informações, pode-se consultar o *site* da SBPC, disponível em: <http://portal.sbpcnet.org.br/>. Acesso em: 10.9.2018.

6. Para mais informações, pode-se consultar o *site* da ANPOF, disponível em: <http://anpof.org/portal/index.php/>. Acesso em: 10.9.2018.

7. Para mais informações, pode-se consultar o *site* da ANPOCS, disponível em: <https://anpocs.com/>. Acesso em: 10.9.2018.

8. Para mais informações, pode-se consultar o *site* da ANDHEP, disponível em: <http://www.andhep.org.br/>. Acesso em: 10.9.2018.

9. Para mais informações, pode-se consultar o *site* da ABRAFI, disponível em: <http://filosofiadodireito.org.br/site/>. Acesso em: 10.9.2018.

10. Para mais informações, pode-se consultar o *site* da CONPEDI, disponível em: <https://www.conpedi.org.br/>. Acesso em: 10.9.2018.

11. A este respeito, o Congresso de Direito do Trabalho, disponível em: <https://www.ltreditora.com.br/event/59congltr/>. Acesso em: 10.9.2018.

12. A este respeito, o Congresso de Direito Comercial, disponível em: <https://www.congressodireitocomercial.org.br/site>. Acesso em: 10.9.2018.

13. A este respeito, o Congresso de Direito das Famílias, disponível em: <http://www.ibdfam.org.br/noticias/6616>. Acesso em: 10.9.2018.

14. A este respeito, o Congresso de Direito Administrativo, disponível em: <http://ibda.com.br/hotsite2019/>. Acesso em: 10.9.2018.

desses foros é que sejam plurais, qualificados e favoráveis à formação de uma *esfera pública* acadêmico-científica.

A área do Direito é prolífica na multiplicação de eventos. No entanto, nem todos os eventos na área do Direito alcançam as exigências, as formalidades e o rigor exigidos de eventos científicos. A multiplicação de eventos na área do Direito tem muito a ver com a própria natureza do Direito, que se expressa como um conhecimento sobre a legislação, e que tem caráter técnico-operacional, de interesse imediato de ser consumido e apropriado pelos profissionais que se encontram em atuação no mercado de trabalho. Por isso, nem todos os eventos são científicos, podendo inclusive alcançar altíssimo nível de qualidade, mais se prestando a serem eventos de natureza técnica. Os eventos técnicos na área do Direito costumam atrair o interesse e a atenção, sobretudo, de um público profissional com atuação prática num determinado campo do Direito.

Assim, vale a pena verificar que os eventos científicos reúnem o que a pesquisa em Direito, a Ciência do Direito e a experiência prática na atuação do Direito conseguiram reunir de melhor, no tratamento daquele campo de trabalho ou área do conhecimento, conformando-se a uma programação formalmente de acordo com exigências parametrizadas para a organização, o planejamento e a realização de eventos científicos. Os eventos científicos costumam atrair a atenção de estudantes, pós-graduandos, pesquisadores(as), docentes, juristas, podendo-se em sua programação encontrar a possibilidade, inclusive, de publicação de trabalhos científicos, apresentação de pôsteres e outras formas de comunicação científica.

Por isso, a seguir, serão estudadas as diversas modalidades de eventos científicos, e a específica conformação que podem ter, no sentido de colaborar para o fortalecimento, a disseminação e o aprimoramento da Ciência do Direito:

(i) *Congresso*: o Congresso é uma modalidade de evento científico, com elevado grau de compromisso com a pesquisa científica e com os resultados da produção de um determinado ramo do Direito, marcado pela periodicidade, regularidade de sua programação, elevado nível de seus convidados e/ou especialistas e pela garantia de formalidade na estrutura que define o desenvolvimento da programação científica. O Congresso pode ser local, regional, nacional ou internacional, a depender de sua projeção, dos convidados e do público-alvo. A frequência semestral, anual, bianual a um determinado Congresso deve fornecer ao seu auditório a percepção de que há atualização, avanços na pesquisa e/ou descobertas relevantes, o estado atual dos debates científicos e de seus(suas) protagonistas, num determinado ramo do Direito. Geralmente, se organizam contando com Conferências de abertura e encerramento, com Mesas-Redondas que veiculam tematicamente abordagens focais, além de Grupos de Trabalho nos quais são expostos e apresentados os trabalhos científicos produzidos pelos inscritos. No *site* da UNICAMP, o Congresso se encontra definido da seguinte forma: "reunião ou encontro de entidades de classe ou associações para a apresentação de conferências. Os congressos podem ser científicos ou técnicos".[15] Por sua vez, a CAPES apresenta a seguinte definição para a modalidade de evento científico intitulada de Congresso: "Reunião ou encontro de pesquisadores e/ou profissionais com interesse em pesquisa acadêmica com vistas à apresentação de resultados de pesquisa em andamento, de desenvolvimentos em uma dada linha de pesquisa ou estado da arte em um dado campo ou tópico de interesse. Pode incluir várias atividades, tais como mesas-redondas, conferências, simpósios, palestras, comissões, painéis e minicursos, entre outras".[16]

(ii) *Simpósio*: o Simpósio tem a natureza de ser mais uma reunião científica de especialistas, com vistas a colocar em debate um determinado tema, especialmente considerado o caráter inconcluso das pesquisas a respeito da área. No *site* da UNICAMP, o Simpósio se encontra definido da seguinte forma: "reunião de iniciativa de determinada classe técnica, artística ou científica para debates ligados a um assunto científico e a discussão de tema afim a seus interesses.

---

15. Cf. <http://www.reitoria.unicamp.br/manualdeeventos/eventos/proto--eventos_cientificos.shtml>. Acesso em: 10.9.2018.

16. Cf. <https://www.capes.gov.br/images/documentos/>. Acesso em: 10.9.2018.

O Simpósio é derivado da Mesa-Redonda; nele os participantes não debatem entre si".[17] De acordo com a CAPES, Simpósio é uma "reunião de iniciativa de determinada comunidade científica em torno de um assunto específico com vistas a agregar resultados e considerações de modo a promover avanço no sentido de sua clarificação. Pesquisadores convidados apresentam suas considerações e/ou resultados sobre o tema, para debate amplo com um público com interesses comuns".[18]

(iii) *Seminário*: através da organização de um Seminário se procura, sobretudo, a disseminação do conhecimento acumulado, e que será veiculado a título de divulgação a um público interessado no tema da proposta do seminário, sabendo-se que a difusão em si é capaz de gerar o conhecimento necessário buscado pelo público-alvo. No *site* da UNICAMP, o Seminário se encontra definido da seguinte forma: "reunião de um grupo de estudos que centraliza debates de assuntos expostos pelos participantes. Trata-se de uma exposição oral para participantes que possuam algum conhecimento prévio do assunto a ser debatido".[19] De acordo com a CAPES, Seminário é definido como uma "Reunião de um grupo de estudos/pesquisa em torno de um tópico exposto oralmente por um ou mais dos participantes, usualmente relativo à pesquisa em andamento a ser discutida pelos participantes".[20]

(iv) *Encontro*: Um Encontro é, sobretudo, uma modalidade de evento científico que tem a tarefa de reunir uma comunidade científica. Na definição dada pela CAPES, Encontro é uma "reunião de iniciativa de determinada comunidade científica na qual pesquisadores, docentes, estudantes de pós-graduação e de graduação

---

17. Cf. <http://www.reitoria.unicamp.br/manualdeeventos/eventos/proto--eventos_cientificos.shtml>. Acesso em: 10.9.2018.

18. Cf. <https://www.capes.gov.br/images/documentos/>. Acesso em: 10.9.2018.

19. Cf. <http://www.reitoria.unicamp.br/manualdeeventos/eventos/proto--eventos_cientificos.shtml>. Acesso em: 10.9.2018.

20. Cf. <https://www.capes.gov.br/images/documentos/>. Acesso em: 10.9.2018.

ou outros profissionais têm a possibilidade de apresentar seus resultados de pesquisa e relatos de experiências em determinada área ou tema para colocá-los em debate, com vistas a qualificá-los e validá-los. Nos encontros também pode haver atividades, tais como mesas-redondas, conferências, palestras, painéis, minicursos, entre outras atividades de atualização e divulgação com vistas ao avanço da área, bem como debates sobre temas relevantes, atuais e polêmicos no âmbito da área".[21]

(v) *Colóquio*: o Colóquio é uma modalidade de encontro científico em que predomina maior informalidade no desenvolvimento da programação científica, criando-se espaços de diálogo e oportunidades de troca de conhecimento em contextos mais abertos e plurais. A seriedade da programação, a qualidade dos participantes e a curta duração são capazes de fornecer as condições para que o Colóquio represente um foro científico de importante proporção. Na definição fornecida pela CAPES, o Colóquio é um "evento de menor porte do que um Encontro, com vistas a intensificar o diálogo de pesquisadores, alunos e/ou profissionais em torno de um tópico ou questão específica, de modo a promover avanço no entendimento deste ou gerar questões a serem investigadas como continuidade".[22]

Estas são as modalidades mais usuais de eventos científicos promovidos na área do Direito. É certo que esta relação não é exauriente, nem contém todas as modalidades de eventos (Fórum; *Workshops*; Ciclos de Debates; Semana; Jornada; Feira). É certo, também, que nem sempre a utilização desses nomes corresponde ao título que se costuma atribuir a determinado evento. Mas o mais importante é que o evento seja criteriosamente organizado, planejado e executado, oferecendo-se qualidade da atividade, o que envolve inúmeros aspectos, como: entidade organizadora; comissão organizadora; comissão científica; processo de seleção de textos científicos;

---

21. Cf. <https://www.capes.gov.br/images/documentos/>. Acesso em: 10.9.2018.

22. Cf. <https://www.capes.gov.br/images/documentos/>. Acesso em: 10.9.2018.

divulgação e comunicação; financiamento; palestrantes; periodicidade; anais do evento; formato dos textos dos anais; idiomas; entre outros. O Qualis eventos procuraria, exatamente, oferecer alguns parâmetros e critérios para a avaliação das atividades científicas organizadas pelas diversas áreas, de modo a favorecer o aumento de qualidade das atividades, inclusive a da área do Direito.[23]

4. O intercâmbio da pesquisa nacional em ambiente internacional

A inserção da produção científica desenvolvida no Brasil ainda permanece um desafio. Mas o sistema de produção científica global está crescendo, e o futuro aponta para a ampliação e para a expansão do setor de publicação científica internacional, com o aumento e a diversificação das bases de dados e dos *Journals* especializados. A diversidade de países publicando em enorme quantidade é grande (a exemplo de China, EUA e Alemanha), e os meios de publicação estão se digitalizando, aumentando também a integração dos meios de divulgação da pesquisa científica, a consolidação de dados comparados sobre a pesquisa científica, a integração dentro da comunidade científica e a cooperação acadêmica global. A posição da produção do Brasil no cenário global não é ruim, e somente vem crescendo em quantidade e em impacto.[24] Mais do que isso, atualmente se pode afirmar, com clareza, que a pesquisa brasileira colabora com 205

---

23. Apesar de inoperante atualmente, os critérios da CAPES são importantes para estabelecer parâmetros e referências para a área. A este respeito, consulte-se <https://www.capes.gov.br/>. Acesso em: 21.10.2019.

24. "O Brasil assume uma posição boa no ranque da produção científica mundial, com 2,8% da produção de documentos. Em termos de documentos científicos produzidos (28 mil em 2012), estamos em posição privilegiada, ocupado a 16ª posição, entre os países desenvolvidos (Scimago, 2012), com 0,15 documento por doutor, um índice na mesma ordem de grandeza dos Estados Unidos, com 315 mil, ou França, com 57 mil documentos científicos. A mesma posição é notável quando se considera o índice de citação" (Soares, Contradições na pesquisa e pós-graduação no Brasil, *in Revista de Estudos Avançados da USP*, 32 (92), 2018, p. 290).

países diferentes, em todo o mundo, conforme resultado do Relatório produzido pela *Web of Science* para a CAPES.[25]

Mas a tarefa de internacionalização do conhecimento não é simples. Requer disposição para dialogar com foros globais, compostos de pessoas com formações diferentes e culturas diversas, vindo de tradições jurídicas específicas, dentro de procedimentos e critérios de participação muitas vezes seletivos. Por isso, superar estes desafios e barreiras é levar a Ciência brasileira para além de fronteiras e limites atualmente estabelecidos, fortalecendo a legitimidade e a visibilidade das práticas epistemológicas (estabelecidas e em formação) produzidas no país. Mas, ao fazê-lo, o(a) pesquisador(a) deverá estar atento(a) para o fato de que, em ambiente global, existem *open access publishers* de perfil predatório, que devem ser evitados.[26]

Aqui, se devem considerar as inúmeras barreiras a serem vencidas na tarefa da internacionalização da produção científica brasileira. Essas barreiras vão da falta de financiamento a pesquisadores(as) brasileiros(as) à prevenção da comunidade internacional para com a produção científica (incluindo, autores, referências e concepções) de países em desenvolvimento, como é o caso do Brasil. Aqui se podem apontar: a barreira dos idiomas de publicação em revistas de reputação; a diferença entre conceitos, categorias e práticas acadêmicas; déficits de ensino e de modelos epistemológicos; a diferença entre referências e bases teóricas; o despreparo metodológico, diante das rigorosas exigências aplicadas às *Revistas* de elevada reputação;[27] a

---

25. "Pesquisadores brasileiros colaboram com acadêmicos de todo o mundo. No período de seis anos, 2013-2018, brasileiros foram coautores de trabalhos de pesquisadores de 205 países, o que representou aproximadamente um terço de todos os trabalhos da Web of Science com autores brasileiros" (Web of Science Group, *A pesquisa no Brasil*: promovendo a excelência, Análise preparada para a CAPES pelo *Grupo Web of Science*, 2019, p. 11).

26. A lista de *publishers* predatórios podem ser encontrada em: <http://beallslist.weebly.com>. Acesso em: 20.5.2021.

27. "As exigências de qualidade, as pesquisas de fronteira e as dificuldades de publicação em língua inglesa e em revistas indexadas tornaram mais reduzida

flutuação e variedade de critérios estrangeiros para a formatação e avaliação de *papers* (afora a ABNT, as Revistas adotam algo em torno de 1.500 outras modalidades de padronização e normalização acadêmicas); o autopreconceito da comunidade acadêmica nacional quanto à "exportabilidade" da pesquisa nacional à comunidade acadêmica global; a falta de apoio institucional à inserção internacional da pesquisa brasileira; a falta de conhecimento do perfil dos *International Journals*; a inadaptação aos padrões e rigores de normalização internacionais; a falta de preparo e de hábito para enfrentar as múltiplas tarefas exigidas pelas plataformas de submissão de artigos em *Journals*; a falta de orientação profissionalizada na área do Direito; a baixa representatividade em estatísticas gerais de produção científica global; a falta de tradição em pesquisa científica; os múltiplos fatores sociais, econômicos, políticos e culturais que formam a atitude infensa em face dos investimentos e estruturas requeridos para o desenvolvimento das ciências.

Ademais, o(a) pesquisador(a) deverá ter atenção aos fatores estressores no exterior, que podem pesar contra a tarefa de pesquisa e ao desempenho de objetivos traçados para a execução de um projeto de pesquisa, como: a) a xenofobia; b) a instabilidade dos recursos de pesquisa; c) o desconhecimento e/ou incompatibilidade com as regras de pesquisa locais; d) o ambiente competitivo com pesquisadores estrangeiros; e) a qualidade (mais hostil ou mais propícia) do ambiente de pesquisa no qual se insere o(a) pesquisador(a).

Se esses fatores estão aí, mais ou menos presentes a cada área do conhecimento, é hora de começar a alterar esse quadro e a superar essas barreiras. Tudo isso que foi dito, torna para a área do Direito a tarefa ainda mais desafiadora, pois a tradição jurídica brasileira é de origem *romano-germânica* e representa uma forma *latino-americana*

---

proporcionalmente nossa produção científica. Certamente ocorreu nesse período de mudanças uma imensurável parcela de resultados científicos perdidos, por sua incompatibilidade com os novos padrões internacionais" (Soares, Contradições na pesquisa e pós-graduação no Brasil, *in Revista de Estudos Avançados da USP*, 32 (92), 2018, p. 305).

muito específica de *regulação jurídica*. Ora, o *Direito brasileiro* – ao qual se dedica a Ciência do Direito no Brasil – está voltado para a compreensão da *legislação local-nacional*, diante dos desafios reais locais, que em muito diferem dos desafios de outras realidades nacionais. É certo, no entanto, que o uso da experiência regulatória – em contexto globalizado, e especialmente valorizada a leitura de Direito Comparado – pode ser compartilhado de um país a outro, de uma cultura a outra, de uma tradição jurídica a outra. Porém, a capacidade de levar o Direito brasileiro – ou a Teoria do Direito brasileira, ou os *cases* brasileiros, ou as soluções da dogmática jurídica brasileira – como referência ao exterior adiciona algum nível a mais de complexidade, na já tão difícil tarefa de construção do conhecimento em ambiente global.

Pode-se, assim, nas tarefas de internacionalização, fazer referência a centros de excelência em pesquisa e produção do conhecimento, em várias partes do mundo, junto aos quais se podem inserir em cursos de pós-graduação, em formações episódicas, em atividades de pesquisa, de interlocução, interconexão e produção integrada, a exemplo dos mencionados no mapa abaixo:

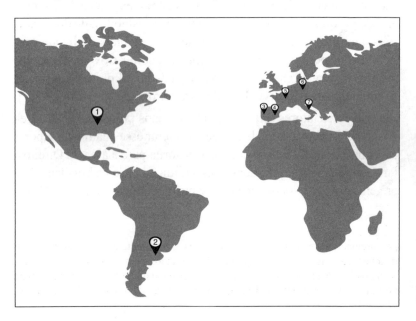

1) Estados Unidos – Indiana – *University of Notre Dame – Klau Center for Civil and Human Rights* (Direitos Humanos);[28]

2) Argentina – Buenos Aires – *Faculdad de Direito – Universidad de Buenos Aires – Instituto de Investigaciones Jurídicas y Sociales Ambrogio Lucas Gioja* (Filosofia Analítica);[29]

3) Portugal – Lisboa – Faculdade de Direito – Universidade de Lisboa (Direito de Propriedade Intelectual);[30]

4) Espanha – Alicante – *Facultad de Derecho – Universidad de Alicante* (Teoria da Argumentação);[31]

5) França – Paris – *Université de Paris 2 Panthéon-Assas* (Direito Administrativo);[32]

6) Alemanha – Heidelberg – *Universität Heidelberg* (Direito Civil);

7) Itália – Bologna – *Centro Interdepartamentale di Ricerca in Storia del Diritto, Filosofia, Sociologia del Diritto e Informatica Giuridica* (Direito e Literatura).[33]

5. A mobilidade internacional de pesquisadores

A mobilidade internacional tem papel relevante na formação de pesquisadores, seja em nível de graduação, seja em nível de pós-graduação. É através da mobilidade internacional que se pode cursar disciplinas no exterior, seguindo regulamentos universitários específicos, se pode acessar períodos de pesquisa e investigação

---

28. A respeito, consulte-se: <https://klau.nd.edu>. Acesso em: 6.4.2019.

29. A este respeito, consulte-se: <http://www.derecho.uba.ar/investigacion/inv_inst_gioja.php>. Acesso em: 6.4.2019.

30. A este respeito, consulte-se: <http://www.udireito.com/2018>. Acesso em: 6.4.2019.

31. A este respeito, consulte-se: <https://web.ua.es/es/argumentacionjuridica>. Acesso em: 6.4.2019.

32. A este respeito, consulte-se: <https://www.u-paris2.fr/fr/formations/offre-de-formation/masters>. Acesso em: 6.4.2019.

33. A este respeito, consulte-se: <http://www.cirsfid.unibo.it>. Acesso em: 6.4.2019.

científica, vinculadas a projetos de pesquisa ou, até mesmo, desenvolver parcial ou integralmente estudos preparatórios de Mestrado, Doutorado e Pós-Doutorado. Em alguns casos, instituições de excelência em pesquisa também acolhem professores e *visiting researchers* para períodos de aprofundamento de estudos, desenvolvimento de pesquisas em parceria intercultural e protocolos universitários comuns. Esta é não somente uma tendência consolidada dos Programas de Pós-Graduação nos últimos 10 anos (2008-2018), inclusive, registrada no *Documento de Área da CAPES* (2019),[34] como também uma fronteira a ser aprimorada e aprofundada, de agora em diante.

A troca de ideias, o progresso científico, a aquisição de novos saberes, o debate internacional, o intercâmbio de informações, a qualificação profissional, as parcerias inter-universitárias, a conexão cultural, o aprimoramento de competências técnicas em pesquisa, a ampliação dos horizontes do conhecimento, a inovação em paradigmas científicos, a busca de legitimidade internacional à Ciência nacional são favorecidas pela mobilidade internacional de estudantes, pesquisadores e docentes. O Brasil vem ampliando os investimentos nas últimas décadas em várias áreas do conhecimento (Bolsas CAPES graduação e pós-graduação no exterior: 1998, n. 1.867; para 2015, n. 40.330), sob a influência do processo de globalização.[35] Isso vem

---

34. "Por indução da Área, a internacionalização tem evoluído da mobilidade acadêmica para outros mecanismos como: (a) o aumento de publicações em periódicos estrangeiros ou de publicações no idioma inglês; (b) o incentivo à inserção de periódicos nacionais em bases indexadoras internacionais; (c) celebração de convênios de cooperação acadêmica com centros de excelência no exterior, transformando iniciativas pontuais em intercâmbios de docentes e discentes, agora marcados pelo exercício regular da docência pelos professores brasileiros, pela publicação de trabalhos conjuntos ou em veículos estrangeiros, pela cotutela e dupla titulação de discentes; (d) a formação de redes internacionais de pesquisa, com a entrega de produtos específicos, resultantes de pesquisas de longa duração; (e) o incentivo à concorrência por linhas de financiamento de pesquisa no Brasil e no exterior; (f) publicações conjuntas de pesquisadores nacionais e estrangeiros em periódicos indexados" (MEC-CAPES, *Documento de Área – Direito*, 2019, item 2.5., p. 17).

35. Cf. Lomba, A mobilidade internacional acadêmica: características dos percursos de pesquisadores brasileiros, *in Sociologias*, n. 44, 2017, p. 312-313.

permitindo, por exemplo, que alguns(mas) pesquisadores(as) brasileira(s) se destaquem entre os melhores e os mais influentes do mundo, como se vem noticiando por alguns veículos da mídia.[36] Certamente, os destinos de mobilidade internacional coincidem com os países centrais na produção do conhecimento e que concentram instituições de ensino e pesquisa de excelência ligadas a recursos materiais e simbólicos relevantes para cada área do conhecimento (Estados Unidos, Grã-Bretanha, França, Alemanha, Canadá, Itália, Austrália, Espanha, Portugal, China), variando de área para área do conhecimento.[37]

Na área do Direito, este movimento em direção à mobilidade internacional de estudantes, pesquisadores e professores vem coincidindo com os esforços por consolidação da pós-graduação em Direito,[38] com o aumento da oferta de recursos e incentivos à pesquisa por agências de fomento (CAPES; CNPq; FAP's)[39] e com a consolidação de setores especializados em mobilidade internacional nas IES através de convênios e protocolos de internacionalização, seja em nível de graduação, seja em nível de pós-graduação. Considerando-se o volume de estudantes na área do Direito, o número de IES atualmente existentes e a multiplicidade de fronteiras de trabalho existentes nas diversas áreas do Direito, o movimento de expansão já sentido em todas as áreas do conhecimento[40] só pode trazer benefícios à área do Direito e, por isso, deve continuar sua expansão.

---

36. Maciel, Doze pesquisadores brasileiros estão entre os mais influentes do mundo, in *EBC Agência Brasil*, 2018, p. 1.

37. Cf. Lombas, A mobilidade internacional acadêmica: características dos percursos de pesquisadores brasileiros, in *Sociologias*, n. 44, 2017, p. 323-325.

38. Cf. Santos, A internacionalização da pós-graduação em Direito, in *Revista Consultor Jurídico*, 2017, p. 1.

39. "Nos últimos 10 (dez) anos, essa mobilidade alargou-se para os discentes, o que foi favorecido por uma política de incentivos por meio de bolsas oferecidas por agências nacionais ou estrangeiras" (MEC-CAPES, *Documento de Área – Direito*, 2019, item 2.5., p. 16-17).

40. Cf. Lombas, A mobilidade internacional acadêmica: características dos percursos de pesquisadores brasileiros, in *Sociologias*, n. 44, 2017, p. 313-314.

Neste campo, o desafio sempre presente será o da reabsorção dos(as) pesquisadores(as), no conflito entre a repatriação de saberes e o êxodo de cientistas/pesquisadores brasileiros, diante dos períodos de refluxo das condições de trabalho, de mudanças nas políticas setoriais em ciência e tecnologia e dos investimentos no setor.

CONCLUSÕES

Após este *excursus* por meio do qual se procurou desenvolver os principais traços da pesquisa científica, sobretudo quando aplicada à área do conhecimento jurídico, deve-se dizer que a investigação que se desenvolveu teve por fito não unicamente recensear as formas de produzir ciência e de praticá-la em determinado momento socio--cultural. Muito menos, esta obra não se limitou a ofertar ao leitor um aparato técnico de fórmulas para escrever um texto monográfico. Mais que isso, objetivou cercar o fenômeno da pesquisa, incluindo em suas perspectivas os aspectos que estão em torno do problema, aspectos políticos, jurídicos, socioeconômicos, ideológicos, filosóficos... de modo a conferir um tratamento crítico à pesquisa, instrumentalizando, portanto, o leitor para uma vivência mais dinâmica e completa da pesquisa, de seu meio e de seus meandros.

Fertilizando as diversas dimensões porque se espraia a temática é que se conferiu à discussão um pendor reflexivo-formativo, capaz de engendrar nas consciências contemporâneas a importância e a responsabilidade da pesquisa científica de modo geral. Assim é que não se poderia omitir, numa investigação deste naipe, reflexões sobre a formação intelectual da obra, passando-se então por aspectos relevantes de discussão sobre a produção dos saberes, o método e as ciências, a ritualização das práticas de saber, a apresentação formal do saber, a proteção jurídica do saber e da criação, os limites do exercício do saber... o que se fez visando a um resultado amplificado sobre o conceito de pesquisa e sua problemática.

Sobretudo quando se faz da atividade de pesquisa científica um procedimento racional de busca de dados e informações, de interpretação e organização sistemática destes, a ela se atribui a tarefa de alavancar o crescimento cultural, técnico e científico. Engajada e compromissada que está com as causas sociais, propugnou-se a natureza teleológica das atividades científicas como atividades de cunho social. Esse tipo de proposta faz com que a ciência se apresente como instrumento mais que científico, e, por via de consequência, passa a se inscrever como atividade ético-social de compromisso público.

Desse modo, as conclusões deste trabalho não podem encerrar-se senão com a simples indicação das anteriormente circunscritas pretensões teóricas e explicativas da obra. A consciência de todo da presente reflexão permite ao leitor colecionar informações de total pertinência no momento em que se vê investido do dever, ou mesmo do poder, de praticar ciência por suas próprias mãos. A orientação, não se resumindo a aspectos técnicos, passa, portanto, a servir de guia àquele que se embrenha na imensidão dos conhecimentos passíveis de ser submetidos à prova, ao teste, à interpretação, à cognição, à explicação e à crítica racionais.

DECÁLOGO DO PESQUISADOR

De modo sintético, pode-se apresentar algumas recomendações, que se extraem de toda a reflexão levada a cabo durante a exposição da obra, com vistas à formação de um conjunto de preceitos direcionados ao pesquisador. Pode-se mesmo formular algo, a que se atribui o título de Decálogo do pesquisador, objetivando a formação de um código de prescrições éticas direcionado ao conjunto de todos aqueles que se dedicam, de modo ocasional ou integral, à pesquisa científica. Essas prescrições, formuladas no imperativo, visam a estimular o pesquisador à manutenção da consciência ética que o liga a seu compromisso social e profissional enquanto exerce suas atividades e experimentos de pesquisa.

Durante o curso da obra procurou-se enfatizar a importância da ciência, mas também se delineou que toda prática científica possui limites (ideológicos, materiais, éticos, jurídicos...). Procurou-se demonstrar que a criação é um ente subjetivo, ao mesmo tempo que público. Instrumentalizou-se, inclusive, a prática de pesquisa, com o objetivo de proporcionar as dimensões de trabalho tecnicamente correto ou adequado. Fornecendo uma visão geral das diversas angularidades da ciência, inclusive demonstrando suas ambiguidades, pode-se compreendê-la de modo mais completo. Compreender a ciência significa perceber que, ao mesmo tempo que pode acrescentar à humanidade, pode prejudicar a humanidade.

Daí a necessidade de se esculpirem, ilustrativamente, as recomendações seguintes, que resumem as preocupações já inseridas no contexto deste livro:

1. jamais cesses de desbravar as sendas do conhecimento, consciente que estás da infinitude do trabalho científico e de sua importância para a humanidade;

2. jamais permitas que interesses escusos atravessem os ideais científicos de todo empreendimento de que participes direta ou indiretamente;

3. jamais descuides da ética na manipulação das fontes de pesquisa, evitando causar danos a outrem, ou mesmo extrair conhecimentos em prejuízo alheio, lesando direitos autorais ou trapaceando projetos de terceiros, sabendo que todo empreendimento científico possui como limite a dignidade humana;

4. aposta na esperança não do brilho ou do *glamour* de teus escritos, mas na esperança de que teus estudos possam iluminar mentes e formar consciências;

5. esparge teus conhecimentos, não os reservando somente para teu deleite pessoal, mas difundindo-os aos que te cercam;

6. fomenta o estudo naqueles que ainda não se estimularam a desbravar os domínios da ciência e do conhecimento;

7. contribui com tua pesquisa para a solução de carências sociais e para o desenvolvimento de tua nação;

8. evita que tua linguagem se torne o empecilho para o acesso e a leitura, ou o entendimento, de tuas posturas teóricas;

9. evita afirmar aquilo de que não estás convicto, e faz de tua palavra o instrumento para a elucidação crítica e construtiva das questões que abordas;

10. persiste no ideal que te alimenta a buscar o que ainda não se conhece, ou a aperfeiçoar o que já se fez, com vistas ao amadurecimento dos saberes humanos e à progressão das perspectivas científicas, e engrandece tuas técnicas de pesquisa e estudo, com vistas à obtenção de sempre melhores resultados.

BIBLIOGRAFIA

ACCA, Thiago dos Santos. Como organizar meu tempo agora que já sei o tema que pretendo desenvolver? Concebendo um projeto de pesquisa como um plano de ação. *In*: *Metodologia jurídica*: um roteiro prático para trabalhos de conclusão de curso (Orgs. Rafael Mafei Rabelo Queiroz; Marina Feferbaum). São Paulo: Saraiva, 2012, p. 251-267.

ALBERTI, Verena. *Manual de história oral*. 3. ed. Rio de Janeiro: FGV, 2013.

ALVAREZ, Luciana; RIGHETTI, Sabine; GAMBA, Estâvão. Minoria dos cursos de direito consegue formar a maioria dos seus estudantes. *In*: *Folha de S.Paulo*. Disponível em: <https://ruf.folha.uol.com.br/2019/>. Acesso em: 31.12.2019.

ALVES, Alaôr Caffé. *Lógica*: pensamento formal e argumentação. Elementos para o discurso jurídico. São Paulo: EDIPRO, 2000.

ARE, Mario. *L'oggetto del diritto di autore*. Milano: Giuffrè, 1963.

ARENDT, Hannah. *A condição humana*. Rio de Janeiro: Forense Universitária, 1988.

ASCENSÃO, José de Oliveira. *Direito de autor e direitos conexos*. Coimbra: Coimbra Ed., 1992.

ATIENZA, Manuel. *Filosofía del derecho y transformación social*. Madrid: Trotta, 2017.

AYER, A. J. *Lenguaje, verdad y lógica*. Tradução de Marcial Suárez. Barcelona: Marínez Roca, 1977.

BACHELARD, Gaston. *O novo espírito científico*. Tradução de António José Pinto Ribeiro. Lisboa: Edições 70, 2020.

_____. *A epistemologia*. Tradução de Fátima Lourenço Godinho e Mário Carmino Oliveira. Lisboa: Edições 70, 2006.

BARBOSA, Ana Mae. *Arte-educação no Brasil*. 7. ed. São Paulo: Perspectiva, 2012.

BARBOSA, Maria Aparecida. *Léxico, produção e criatividade*: processos de neologismo. 3. ed. São Paulo: Plêiade, 1996.

_____. Terminologização, vocabularização, cientificidade, banalização: relações. *Acta semiotica et linguistica*. São Paulo: SBPL, v. 7, p. 25-44, 1998.

BARBOTIN, E. La signification de l'oeuvre. *In*: *L'homme et ses oeuvres*: Actes du IX Congrès des Sociétés de Philosophie de Langue Française, Aix-en-Provence: PUF, n. 3, p. 144-148, 1957.

BARILLI, Renato. *Corso di estetica*. Bologna: Il Mulino, 1989.

BARTHES, Roland. *Elementos de semiologia*. 10. ed. Tradução de Izidoro Blikstein. São Paulo: Cultrix, s.d.

BENJAMIN, Walter. Rua de mão única. *In*: *Obras escolhidas*, v. II. Trad. Rubens Rodrigo Torres Filho. São Paulo: Brasiliense, 2000.

BETTETINI, Gianfranco. *Cinema*: lingua e scrittura. Milano: Bompiani, 1978.

BITTAR, Carla Bianca; CÔRTES, Lara Barbosa Quadros; OLIVEIRA, Yonara Dantas de. Normas técnicas para a apresentação de relatórios de pesquisa. *In*: *Metodologia jurídica*: um roteiro prático para trabalhos de conclusão de curso (Orgs. Rafael Mafei Rabelo Queiroz; Marina Feferbaum). São Paulo: Saraiva, 2012, p. 365-401.

BITTAR, Carlos Alberto. A arte por computador e o direito de autor. *Revista de Informação Legislativa*, ano 25, n. 99, p. 161-182, jul./set. 1988.

_____. *A lei de software e seu regulamento*. Rio de Janeiro: Forense Universitária, 1988.

_____. A lei do *software*. *Revista de Informação Legislativa*, ano 25, n. 98, abr./jun. 1988.

_____. A reforma oficial do ensino jurídico no Brasil. *Revista da Faculdade de Direito da USP*, v. 90, p. 85-88, 1995.

_____. Contornos atuais do direito de autor. 2. ed. rev., atual. e aum. de conformidade com a Lei 9.610/98, por Eduardo C. B. Bittar. São Paulo: Revista dos Tribunais, 1999.

_____. *Curso de direito autoral*. Rio de Janeiro: Forense Universitária, 1988.

_____. *Direito de autor*. 2. ed. Rio de Janeiro: Forense Universitária, 1994.

_____. *Direito de autor na obra feita sob encomenda*. São Paulo: Revista dos Tribunais, 1977.

_____. *Direitos da personalidade*. 2. ed. 1994; 3. ed. rev., aum., atual. por Eduardo C. B. Bittar. Rio de Janeiro: Forense Universitária, 1999.

_____. O aprimoramento da proteção aos direitos de autor na reprografia e a necessidade de retorno do domínio público remunerado. *Revista de Informação Legislativa*, ano 22, n. 88, out./dez. 1985.

_____. O direito de autor e o impacto das novas técnicas. *RT*, ano 83, v. 701, p. 13-16, mar. 1994.

_____. *O direito de autor nos meios modernos de comunicação*. São Paulo: Revista dos Tribunais, 1989.

_____. *Reparação civil por danos morais*. 3. ed. atual. por Eduardo C. B. Bittar. São Paulo: Revista dos Tribunais, 1999.

_____. Reprografia e direito de autor. *Revista de Informação Legislativa*, ano 20, n. 80, out./dez. 1983.

BITTAR, Carlos Alberto; BITTAR FILHO, Carlos Alberto. *Tutela dos direitos da personalidade e dos autorais nas atividades empresariais*. São Paulo: Revista dos Tribunais, 1993.

BITTAR, Eduardo C. B. *Linguagem jurídica*. São Paulo: Saraiva, 2001.

_____. *Monografia jurídica*: instruções práticas e conselhos técnicos. São Paulo: UNIMARCO, 2001.

_____. *Direito e ensino jurídico*: legislação educacional. São Paulo: Atlas, 2001.

_____. *Metodologia da pesquisa jurídica*: teoria e prática da monografia no curso de direito. São Paulo: Saraiva, 2001.

_____. *Democracia, justiça e emancipação social*. São Paulo: Quartier Latin, 2012.

BITTAR, Eduardo C. B., Semiotics of Law, Science of Law and Legal Meaning: analysis of the status of legal dogmatics, *in Signata* [Online], n. 13, 2022. Acesso em: 20.10.2022. Disponível em: <http://journals.openedition.org/signata/4129>.

BITTAR, Eduardo C. B.; ALMEIDA, Guilherme Assis de. *Curso de filosofia do direito*. São Paulo: Atlas, 2001.

BLEICHER, Josef. *Hermenêutica contemporânea*. Tradução de Maria Georgina Segurado. Rio de Janeiro: Edições 70, 1992.

BOBBIO, Norberto. *Derecho y lógica*. Tradução de Alejandro Rossi. México: Universidad Nacional Autónoma de México, 1965.

BOLZAN, José. *Habermas*: razão e racionalização. Ijuí: Unijuí, 2005.

BOSI, Ecléa. Cultura de massa e cultura popular. Leituras de operárias. *In*: *Metodologia das ciências humanas* (Org. Paulo de Salles Oliveira). São Paulo: Hucitec/UNESP, 1998. p. 199-219.

BOTOMÉ, Silvio Paulo. O problema da pesquisa em ciência: características e origem como partes integrantes e definidoras do processo de fazer ciência. *Veritas: Revista Trimestral de Filosofia e Ciências Humanas da PUCRS*, Porto Alegre, v. 38, n. 152, p. 625-633, dez. 1993.

BRANDI, Cesare. *Segno e immagine*. Palermo: Aesthetica Ed., 1986.

BRUYNE, Paul de; HERMAN, Jacques; SCHOUTHEETE, Marc de. *Dinâmica da pesquisa em ciências sociais*. 5. ed. Tradução de Ruth Joffily. Rio de Janeiro: Francisco Alves, 1991.

BUCCI, Maria Paula Dallari. *Direito administrativo e políticas públicas*. São Paulo: Saraiva, 2002.

BUCCI, O. *Interesse pubblico e diritto di autore*. Padova: Dott. Antonio Milani, 1976.

BURGELIN, Pierre. L'oeuvre du philosophe. *In*: *L'homme et ses oeuvres*: Actes du IX Congrès des Sociétés de Philosophie de Langue Française, *Revue des Études Philosophiques*, n. 3, 2-5 sept. 1957.

BUYSSENS, Eric. *Semiologia e comunicação linguística*. Tradução de Izidoro Blikstein. São Paulo: Cultrix, s.d.

CAIRES, Luiza. Nos países desenvolvidos, o dinheiro que financia a Universidade é público: nas Universidades dos Estados Unidos, 60% dos recursos vêm do governo; nas da Europa, 77%. *In*: *Jornal da USP*. Disponível em: <https://jornal.usp.br/>. Acesso em: 13.12.2019.

CANEVACCI, Massimo. *Antropologia da comunicação visual*. Tradução de Julia M. Polinésio e Vilma de Katinsky B. de Souza. São Paulo: Brasiliense, 1990.

CANUTO, Sylvio Roberto Accioly; OTTA, Emma; MAGALHÃES, Ana Paula Tavares; ALBUQUERQUE, Hamilton Brandão Varela de; ONUCHIC, Luiz Fernando. *Guia de Boas Práticas Científicas*. São Paulo: Universidade de São Paulo: Pró-Reitoria de Pesquisa da USP, 2019. Disponível em: <http://prp.usp.br/>. Acesso em: 5.11.2021.

CAPELLA, Juan-Ramon. *El derecho como lenguaje*: un análisis lógico. Barcelona: Ariel, 1968.

CAPES. *Documento de Área 2013*. Coordenação de Aperfeiçoamento de Pessoal de Nível Superior. Diretoria de Avaliação. Brasília: Capes, 2013.

CARRIÓ, Genaro R. *Notas sobre derecho y lenguaje*. 2. ed. Buenos Aires: Abeledo-Perrot, 1976.

CASTRO, Celso A. Pinheiro de. *Sociologia aplicada ao direito*. São Paulo: Atlas, 2001.

CASTRO, Fernando Souto de. *Para uma análise sociossemiótica e semiolinguística de aspectos do discurso jurídico brasileiro*: a liberdade e o Estatuto da Criança e do Adolescente. Tese (Doutorado em Letras). Departamento de Linguística, Faculdade de Filosofia, Letras e Ciências Humanas da Universidade de São Paulo. São Paulo, 1997. v. 1 e 2.

CHAUI, Marilena. *Convite à filosofia*. 9. ed. São Paulo: Ática, 1997.

_____. Notas sobre cultura popular. *In*: *Metodologia das ciências humanas* (Org. Paulo de Salles Oliveira). São Paulo: Hucitec/UNESP, 1998. p. 165-182.

CHEVALIER, Jean; GHEERBRANT, Alain. *Dictionnaire des symboles*: mythes, rêves, coutumes, gestes, formes, figures, couleurs, nombres. Paris: Ed. Robert Laffont/Jupiter, 1982.

CÓDIGO DE BOAS PRÁTICAS CIENTÍFICAS. Disponível em: <http://www.fapesp.br/boaspraticas/FAPESP>. Acesso em: 8.10.2014.

COELHO, Fábio Ulhoa. *Lógica jurídica*: uma introdução. São Paulo: EDUC, 1992.

COELHO NETTO, J. Teixeira. *Semiótica, informação e comunicação*: diagrama da teoria do signo. São Paulo: Perspectiva, 1980.

CONSAE (Consultoria de Assuntos Educacionais). *Boletim de Direito Educacional*, ano XXV, n. 1, jan. 2000.

_____. *Boletim de Direito Educacional*, ano XXV, n. 2, fev. 2000.

COQUET, Jean-Claude. *Sémiotique*: l'École de Paris. Paris: Hachette, 1982.

CORNU, Gérard. *Linguistique juridique*. Paris: Montchrétien, 1990.

COSTA, Nelson Nery. Monografia final: exigência de graduação em curso de Direito. *In*: *OAB Ensino Jurídico*: balanço de uma experiência. Brasília: OAB, Conselho Federal, 2000. p. 173-209.

COURTÉS, Joseph. *Du lisible au visible*: introduction à la sémiotique du texte et de l'image. Bruxelles: De Boeck Université, 1995.

_____. *Introdução à semiótica narrativa e discursiva*. Tradução de Norma Backes Tasca. Coimbra: Almedina, 1979.

CROCE, Benedetto. *Breviario di estetica*. 2. ed. Milano: 1992.

DAMIÃO, Regina Toledo; HENRIQUES, Antonio. *Curso de português jurídico*. 8. ed. São Paulo: Atlas, 2000.

DE MATTIA, Fábio Maria. *Estudos de direito de autor*. São Paulo: Saraiva, 1975.

DEMO, Pedro. *Ciência, ideologia e poder*: uma sátira às ciências sociais. São Paulo: Atlas, 1988.

_____. *Introdução à metodologia da ciência*. 2. ed. São Paulo: Atlas, 1987.

_____. *Aprender como autor*. São Paulo: Atlas, 2015.

DESCARTES, René. *Discurso do método*. Tradução de Marcio Pugliese e Norberto de Paula Lima. São Paulo: Hemus, s.d.

DINIZ, Maria Helena. *A ciência jurídica*. 3. ed. São Paulo: Saraiva, 1995.

_____. *Compêndio de introdução à ciência do direito*. São Paulo: Saraiva, 1988.

_____. *Curso de direito civil*. 10. ed. São Paulo: Saraiva, 1994.

D'ONOFRIO, Salvatore. *Metodologia do trabalho intelectual*. São Paulo: Atlas, 1999.

DOUZINAS, Costas; NEAD, Lynda, Introduction. In: *Law and the image*: the authority of art and the aesthetics of law (DOUZINAS; NEAD, editors), Chicago, The Universtiy of Chicago Press, 1999, p. 1-15.

DUBOUCHET, Paul. *La pensée juridique avant et après le Code Civil*. 3. ed. Paris: L'Hermès, 1994.

_____. *Sémiotique juridique*: introduction à une science du droit. Paris: PUF, 1990.

DUBY, Georges; ARIÈS, Philippe. *História da vida privada*. Tradução de Hildegard Feist. São Paulo: Companhia das Letras, 1992.

DUDZIAK, E. A. Quem financia a pesquisa brasileira? Um estudo sobre o Brasil e a USP. São Paulo: SIBiUSP, 2018. Disponível em: <http://www.sibi.usp.br/. Acesso em: 5.11.2021.

DUFOUR, Alfred. Le paradigme scientifique dans la pensée juridique moderne. *In*: *Théorie du droit et science* (Dir. Paul Amselek). Paris: PUF, 1994. p. 147-167.

DURKHEIM, Émile. As regras do método sociológico. *In*: *Metodologia das ciências humanas* (Org. Paulo de Salles Oliveira). São Paulo: Hucitec/UNESP, 1998. p. 29-51.

DUTRA, Delamar José Volpato. *Razão e consenso em Habermas:* a teoria discursiva da verdade, da moral, do direito e da biotecnologia. 2. ed. rev. e ampl. Florianópolis: UFSC, 2005.

ECO, Umberto. *Como se faz uma tese.* 14. ed. Tradução de Gilson Cesar Cardoso de Souza. São Paulo: Perspectiva, 1998.

_____. *Interpretação e superinterpretação.* Tradução de Martins Fontes. São Paulo: Martins Fontes, 1993.

_____. *La struttura assente.* Milano: Bompiani, 1989.

_____. *Lector in fabula.* Milano: Bompiani, 1989.

_____. *Opera aperta*: forma e indeterminazione nelle poetiche contemporanee. Milano: Bompiani, 1993.

_____. *O signo.* 4. ed. Tradução de Maria de Fátima Marinho. Lisboa: Presença, 1990.

_____. *Os limites da interpretação.* São Paulo: Perspectiva, 1995.

_____. *Semiótica e filosofia da linguagem.* Tradução de Mariarosaria Fabris e José Luis Fiorin. São Paulo: Ática, 1991.

_____. *Tratado geral de semiótica.* 2. ed. São Paulo: Perspectiva, 1991.

_____. *O signo.* Tradução de Maria de Fátima Marinho. 4. ed. Lisboa: Editorial Presença, 1990.

FARIA, José Eduardo; CAMPILONGO, Celso Fernandes. *A sociologia jurídica no Brasil.* Porto Alegre: Sergio A. Fabris, Editor, 1991.

FERNANDES, Florestan. O folclore de uma cidade em mudança. *In*: *Metodologia das ciências humanas* (Org. Paulo de Salles Oliveira). São Paulo: Hucitec/UNESP, 1998. p. 53-80.

FERRAZ JÚNIOR, Tercio Sampaio. *A ciência do direito*. 2. ed. São Paulo: Atlas, 1980.

_____. *Direito, retórica e comunicação*: subsídios para uma pragmática do discurso jurídico. Tese (Livre-Docência em Filosofia do Direito). Departamento de Filosofia e Teoria Geral do Direito da Faculdade de Direito da Universidade de São Paulo. São Paulo, 1973.

_____. *Função social da dogmática jurídica*. Tese. Departamento de Filosofia e Teoria Geral do Direito da Faculdade de Direito da Universidade de São Paulo. São Paulo, 1978.

_____. *Introdução ao estudo do direito*: técnica, decisão, dominação. São Paulo: Atlas, 1988; 2. ed. São Paulo: Atlas, 1994.

FERRAZ JÚNIOR, Tercio Sampaio; PEREIRA, Oswaldo Porchat; PRADO JR., Bento. *A filosofia e a visão do mundo*. São Paulo: Brasiliense, 1981.

FINANCE, Joseph de. Remarques sur l'emploi des mots *créer* et *création*. In: *L'homme et ses oeuvres*: Actes du IX Congrès des Sociétés de Philosophie de Langue Française, Aix-en-Provence: PUF, n. 3, p. 69-72, 1957.

FLOCH, Jean-Marie. *Petites mythologies de l'outil et de l'esprit*: pour une sémiotique plastique. Paris-Amsterdam: Hadès/Benjamin, 1985.

FOUCAULT, Michel. *A ordem do discurso*. Aula inaugural no Collège de France, pronunciada em 2 de dezembro de 1970. Trad. Laura Fraga de Almeida Sampaio. São Paulo: Loyola, 1996.

FRANÇA, R. Limongi. *Manual de direito civil*. 3. ed. São Paulo: Revista dos Tribunais, 1975. v. 1; 1969. v. 4.

FRANCA FILHO, Marcílio Toscano; LEITE, Geilson Salomão; FILHO, Rodolfo Pamplona (Coords.). *Antimanual de Direito & Arte*. São Paulo: Saraiva, 2016.

FRANCO, Jeferson José Cardoso. *Como elaborar trabalhos científicos nos padrões da ABNT*. 2. ed. Rio de Janeiro: Ciência Moderna, 2011.

FREIRE, Paulo. *Educação como prática da liberdade*. 26. ed. São Paulo: Paz e Terra, 2002.

_____. *Pedagogia da autonomia*: saberes necessários à prática educativa. 25. ed. São Paulo: Paz e Terra, 1996.

_____. *Pedagogia da esperança*: um reencontro com a pedagogia do oprimido. 9. ed. Rio de Janeiro: Paz e Terra, 1992.

_____. *Pedagogia do oprimido*. 35. ed. São Paulo: Paz e Terra, 2003.

_____. *Educação e atualidade brasileira*. 2. ed. São Paulo: Cortez/ Instituto Paulo Freire, 2002.

FREITAS, Juarez. Direito e lógica: uma visão aberta. *Veritas: Revista Trimestral da PUCRS*, Porto Alegre, v. 33, n. 129, p. 77-80, mar. 1988.

FREITAS, Maria Helena de Almeida. Avaliação da produção científica: consideração sobre alguns critérios. *In: Psicologia Escolar Educacional*, vol. 2, n. 3, Campinas, 1998. Disponível em: <http://www.scielo.br>. Acesso em: 26.7.2019.

GADAMER, Hans-Georg. *Verdade e método*: traços fundamentais de uma hermenêutica filosófica. 2. ed. Tradução de Flávio Paulo Meurer. Rio de Janeiro: Vozes, 1998.

GALAY, Jean-Louis. *Philosophie et invention textuelle*: essai sur la poétique d'un texte kantien. Paris: Éditions Klincksieck, 1977.

GIL, Antonio Carlos. *Como elaborar projetos de pesquisa*. 6. ed. São Pau-lo: Atlas, 2019.

GRANGER, Gilles-Gaston. *A ciência e as ciências*. Tradução de Roberto Leal Ferreira. São Paulo: UNESP, 1994.

_____. *Pensée formelle et sciences de l'homme*. Paris: Éditions Aubier-Montaigne, 1967.

GREIMAS, Algirdas Julien. *Sémantique structurale*: recherche de méthode. Paris: Libr. Larousse, 1966.

_____. *Semiótica e ciências sociais*. Tradução de Álvaro Lorencini e Sandra Nitrine. São Paulo: Cultrix, 1976.

_____. *Sobre o sentido II*. Tradução de Dilson Ferreira da Cruz. São Paulo: EDUSP, 2014.

GREIMAS, Algirdas Julien; COURTÉS, Joseph. *Sémiotique*: dictionnaire raisonné de la théorie du langage. Paris: Hachette, 1993.

GRZEGORCZYK, Christophe; MICHAUT, Françoise; TROPER, Michel. *Le positivisme juridique*. Bruxelles: LGDJ, 1992.

GUÉRIN, Michel. *O que é uma obra*. Tradução de Cláudia Schilling. Rio de Janeiro: Paz e Terra, 1995.

GUERRA FILHO, Willis Santiago. Estatuto epistemológico da pesquisa em direito. *Notícia do Direito Brasileiro*, Brasília: Universidade de Brasília, n. 5, p. 197-208. jan./jul. 1998.

HABA, Enrique P. Sciences du droit: quelle science? Le droit en tant que science: une question de méthode. *Droit et science: Archives de Philosophie du Droit*, Sirey/CNRS, n. 36, p. 165-175, 1991.

HABERMAS, Jürgen. *A ética da discussão e a questão da verdade*. Tradução de Marcelo Brandão Cipolla. São Paulo: Martins Fontes, 2004.

_____. *A inclusão do outro*: estudos de teoria política. Tradução de George Spencer; Paulo Astor Soethe. São Paulo: Loyola, 2002.

_____. *Verdade e justificação*: ensaios filosóficos. Tradução de Milton Camargo Mota. São Paulo: Loyola, 2004.

_____. *Técnica e ciência como ideologia*. Tradução de Artur Morão. Lisboa: Edições 70, 2001.

HART, Herbert L. A. *O conceito de direito*. Tradução de A. Ribeiro Mendes. Lisboa: Fundação Calouste Gulbenkian, 1986.

HERVADA, Javier; MUÑOZ, Juan Andres. *Derecho*. Pamplona: Ed. Universidad de Navarra, 1984.

HIRONAKA, Giselda Maria Fernandes Novaes (coord.); SELES, Ada Santos; PINTO, Roseli Carlos; PINTO, Rosemeire Carlos. *O ensino jurídico e a produção de teses e dissertações*. São Paulo: Blucher, 2008.

HJELMSLEV, Louis. *Ensaios linguísticos*. Tradução de Antônio de Pádua Danesi. São Paulo: Cultrix, 1991.

HUISMAN, Denis. *L'esthétique*. Paris: PUF, 1961.

IBRI, Ivo Assad. *Kósmos noetós*: a arquitetura metafísica de Charles Sanders Peirce. São Paulo: Perspectiva/Holón, 1992.

JACKSON, Bernard S. Sémiotique et études critiques du droit. *In*: *Le discours juridique*: langage, signification et valeurs. *Droit et société: Revue Internationale de Théorie du Droit et de Sociologie Juridique*, n. 8, p. 61-71, 1988.

JACOB, André. *Introdução à filosofia da linguagem*. Tradução de Lígia de Castro Simon. Portugal: Rés, 1984.

JAKOBSON, Roman. *Linguística e comunicação*. Tradução de Izidoro Blikstein e José Paulo Paes. São Paulo: Cultrix, 1995.

JANSON, H. W. *História da arte*. 5. ed. Tradução de J. A. Ferreira de Almeida, Maria Manuela Rocheta Santos e Jacinta Maria Matos. São Paulo: Martins Fontes, 1992.

JAY, Martin, Must justice be blind?: the challenge of images to the law, *In*: *Law and the image*: the authority of art and the aesthetics of law (DOUZINAS; NEAD, editors), Chicago, The Universtiy of Chicago Press, 1999, p. 19-35.

JOLIVET, Régis. *Curso de filosofia*. 18. ed. Tradução de Eduardo Prado de Mendonça. Rio de Janeiro: Agir, 1990.

JORNAL DA UNIVERSIDADE DE SÃO PAULO. *Iniciação Científica*: um modelo a ser copiado. São Paulo: Coordenadoria de Comunicação Social, 13 a 19 maio 2002, p. 5.

JUNQUEIRA, Eliane Botelho. *Faculdades de direito ou fábricas de ilusões?* Rio de Janeiro: Letra Capital/IDES, 1999.

KALINOWSKI, Georges. La sémiotique juridique. *Droit prospectif: Revue de Recherche Juridique*, Colloque International de Sémiotique Juridique, Aix-en-Provence: Presses Universitaires de Aix-en-Provence, n. 2, p. 111-165, 11-13 mars 1986.

_____. *Lógica del discurso normativo*. Tradução de Juan Ramon Capella. Madrid: Tecnos, 1975.

_____. *Introducción a la lógica jurídica*: elementos de semiótica jurídica, lógica de las normas y lógica jurídica. Buenos Aires: Eudeba, 1973.

_____. Sur les langages respectifs du législateur, du juge et de la loi. *Archives de Philosophie du Droit* (Le langage du Droit), Paris, Sirey, v. XIX, p. 63-74, 1974.

_____. La logique juridique et son histoire. *Archives de Philosophie du Droit*, Paris, Sirey/CNRS, v. 27, p. 275-289, 1982.

KELSEN, Hans. *Teoria pura do direito*. 4. ed. Tradução de João Baptista Machado. Coimbra: Arménio Amado Ed., 1976.

KEVELSON, Roberta. *The law as a system of signs*. New York-London: Plenum Press, 1988.

KNEALE, William; KNEALE, Marta. *O desenvolvimento da lógica*. 3. ed. Tradução de M. S. Lourenço. Lisboa: Fundação Calouste Gulbenkian, 1991.

KRISTEVA, Julia. *Semiotica 1. Semiótica 2*. 2. ed. Tradução de José Martin Arancibia. Madrid: Fundamentos, 1981.

KUHN, Thomas S. *A estrutura das revoluções científicas*. Tradução de Beatriz Vianna Boeira e Nelson Boeira. 7. ed. São Paulo: Perspectiva, 2003.

LAMY, Pierre. Signification métaphysique de notre activité créatrice. *In*: *L'homme et ses oeuvres*: Actes du IX Congrès des Sociétés de Philosophie de Langue Française, Aix-en-Provence: PUF, n. 3, juil./sept. 1957.

LANDOWSKI, Eric. *La sociedad figurada*: ensayos de sociosemiótica. Trad. Gabriel Hernández Aguilar, Ana Maria del Gesso Cabrera, Raquel Gutiérrez E., Sergio Lira Coronado, Óscar Moraña, Luisa Ruiz Moreno. México: Universidad Autónoma de Puebla/Fondo de Cultura Económica, 1993.

_____. Pour une approche sémiotique et narrative du droit. *Droit prospectif*: *Revue de Recherche Juridique*, Colloque International de Sémiotique Juridique, Aix-en-Provence: Presses Universitaires de Aix-en-Provence/PUF, n. 2, p. 39-70, 11-13 mars 1986.

_____. Statut et pratiques du texte juridique. *In*: *Lire le droit*: langue, texte, cognition (Dir. Danièle Bourcier et Pierre Mackay). Paris: LGDJ/CNRS, 1992. p. 441-455.

_____. Vérité et véridiction en droit. *In*: *Le discours juridique*: langage, signification et valeurs. *Droit et société*: *Revue Internationale de Théorie du Droit et de Sociologie Juridique*, n. 8, p. 45-59, 1988.

_____. Sémiotique du Droit: interdisciplinarité et pertinence. *In*: *Revue Interdisciplinaire d'Études Juridiques*, 21, 1988, p. 125-134.

LARENZ, Karl. *Metodologia da ciência do direito*. 2. ed. Tradução de José Lamego. Lisboa: Fundação Calouste Gulbenkian, 1989.

LAVILLE, Christian; DIONNE, Jean. *A construção do saber*: manual de metodologia da pesquisa em ciências humanas. Revisão técnica e adaptação por Lana Mara Siman. Porto Alegre: Artmed; Belo Horizonte: UFMG, 2007.

LENOBLE, Jacques. *Droit et communication*: la transformation du droit contemporain. Paris: Les Éditions du Cerf, 1994.

LOMBAS, Maria Luiza de Santana. A mobilidade internacional acadêmica: características dos percursos de pesquisadores brasileiros. *In*: *Sociologias*, ano 19, n. 44, Porto Alegre, jan./abr. 2017, p. 308-333. Disponível em: <www.scielo.br>. Acesso em: 4.2.2019.

LOPES, Ivã Carlos; BEIVIDAS, Waldir. Veridicção, persuasão, argumentação: notas numa perspectiva semiótica [*Veridiction, persuasion and argumentation*]. *In*: *Todas as Letras: Revista de Língua e Literatura*, 09, 2007, p. 32-41.

MACEDO, Magda Helena Soares. *Manual de metodologia da pesquisa jurídica*. Porto Alegre: Sagra Luzzatto, 2000.

MACHADO, Gloreni Aparecida (Org.). *Iniciação científica em direito*: a experiência da Faculdade de Direito da Unb. Brasília: Universidade de Brasília, 2000.

MACIEL, Camila. Doze pesquisadores brasileiros estão entre os mais influentes do mundo. *In*: *EBC Agência Brasil*, p. 1. Disponível em: <https://agenciabrasil.ebc.com.br/geral/noticia/2018-12/doze-

pesquisadores-brasileiros-estao-entre-os-mais-influentes-do-mundo>. Acesso em: 7.2.2019.

MAGNANI, José Guilherme Cantor. Festa no pedaço. Cultura popular e lazer na cidade. *In*: *Metodologia das ciências humanas* (Org. Paulo de Salles Oliveira). São Paulo: Hucitec/UNESP, 1998. p. 183-197.

MARCHI, Eduardo C. Silveira. *Guia de metodologia jurídica*: teses, monografias e artigos. 2. ed. São Paulo: Saraiva, 2009.

MARCONI, Marina de Andrade. *Metodologia científica para o curso de direito*. São Paulo: Atlas, 2000.

MARQUES, Claudia Lima. A crise científica do direito na pós-modernidade e seus reflexos na pesquisa. *Arq. Minist. Just.*, 50 (189), p. 49-64, jan./jun. 1998.

MARTINET, André. *Elementos de linguística geral*. 8. ed. Tradução de Jorge Morais Barbosa. São Paulo: Martins Fontes, 1978.

MARTINS, Estevão C. de Rezende. O problema da objetividade nas ciências sociais. *Revista Brasileira de Filosofia*, São Paulo: Instituto Brasileiro de Filosofia, v. XXXIV, p. 147-172, abr./maio/jun.1984.

MÁYNEZ, Eduardo García. *Lógica del juicio jurídico*. México: Fondo de Cultura Económica; Universidad Autónoma de México, 1995.

MAZZARESE, Tella. *Logica deontica e linguaggio giuridico*. Padova: CEDAM, 1989.

MEC; CAPES. *Documento de Área – Direito*. Brasília: Diretoria de Avaliação, 2019.

MEHL, Lucien. Essai de synthèse: une science du droit pour penser les pratiques du texte. *In*: *Lire le droit*: langue, texte, cognition (Dir. Danièle Bourcier et Pierre Mackay). Paris: LGDJ/CNRS, 1992. p. 465-476.

MEIHY, José Carlos Sebe B.; RIBEIRO, Suzana L. Salgado. *Guia prático de história oral*. São Paulo: Contexto, 2011.

MELLO, Jozé Barbosa. *Síntese histórica do livro*. 2. ed. São Paulo: Ibrasa/Instituto Nacional do Livro, 1979.

MELO, Eliana Meneses de. Discurso jornalístico e discurso jurídico: sujeito e poder e sujeito-do-poder. *Acta semiotica et linguistica*, São Paulo: Plêiade/SBPL, v. 7, p. 163-168, 1998.

MELO FILHO, Álvaro. Didática do raciocínio jurídico. *Revista da Faculdade de Direito da Universidade Federal do Ceará*, Ceará, UFCE, v. 28, n. 01, p. 97-105, jan./jun. 1987.

METZ, Christian. *Essais sémiotiques*. Paris: Klincksieck, 1977.

MEZZAROBA, Orides; MONTEIRO, Cláudia Servilha. *Manual de metodologia da pesquisa no Direito*. São Paulo: Saraiva, 2003.

MILLARD, Eric. *Théorie générale du droit*. Paris: Dalloz, 2006.

MILL, John Stuart. *A lógica das ciências morais*. Tradução de Alexandre Braga Massella. São Paulo: Iluminuras, 1999.

MONTORO, André Franco. *Estudos de filosofia do direito*. 3. ed. São Paulo: Saraiva, 1999.

MORA, José Ferrater. *Diccionario de filosofía*. 4. ed. Buenos Aires: Sudamericana, 1958.

MORENTE, Manuel García. *Fundamentos de filosofía*. 8. ed. Tradução de Guilhermo de la Cruz Coronado. São Paulo: Mestre Jou, 1980.

MÜLLER, Friedrich. *Discours de la méthode juridique*. Tradução de Olivier Jouanjan. Paris: PUF, 1996.

MUMFORD, Lewis. *Arte y técnica*. Buenos Aires: Nueva Visión, 1957.

NALINI, José Renato; CARLINI, Angélica (Coords.). *Direitos humanos e formação jurídica*. Rio de Janeiro: Forense Universitária, 2010.

NASCIMENTO, Edmundo Dantès. *Lógica aplicada à advocacia*: técnica de persuasão. 4. ed. São Paulo: Saraiva, 1991.

NATTIEZ, J. J. (Org.). *Problemas e métodos de semiologia*. Tradução de Luísa Azuaga Rebelo. Lisboa: Edições 70, s.d.

NAZO, Georgette N. (Coord.). *A tutela jurídica do direito de autor.* São Paulo: Saraiva, 1991.

NUNES, Luiz Antonio Rizzatto. *Manual da monografia jurídica.* 2. ed. São Paulo: Saraiva, 1999.

OAB Recomenda: um retrato dos cursos jurídicos. Brasília: OAB, Conselho Federal, 2001.

OLIVEIRA, Manfredo Araújo de. *Reviravolta linguístico-pragmática na filosofia contemporânea.* São Paulo: Loyola, 1996.

OLIVEIRA FILHO, José Jeremias de. Teoria das explicações científicas, regras metodológicas e a metodologia das ciências sociais. *Plural:* Revista do Programa de Pós-Graduação em Sociologia, São Paulo: USP/CAPES/CNPq, n. 2, p. 109-117, 1995.

PAIS, Cidmar Teodoro. Aspectos de uma tipologia dos universos de discurso. *Revista Brasileira de Linguística*, v. 7, n. 1, p. 43-65, 1984.

_____. *Conditions sémantico-syntaxiques et sémiotiques de la productivité systémique, lexicale et discursive.* Paris: Université de Paris/Sorbonne/Atélier National de Reproduction des Thèses, 1993.

_____. Semiótica do direito e semiótica das culturas. *Anais do 13º Colóquio Internacional da Associação Internacional de Semiótica Jurídica*. São Paulo, Departamento de Filosofia e Teoria Geral do Direito da Faculdade de Direito da Universidade de São Paulo, 1997. p. 325-335.

_____. Texto, discurso e universo de discurso. *Revista Brasileira de Linguística*, São Paulo, v. 8, p. 135-164, 1995.

PALMA, Juliana Bonacorsi de; FEFERBAUM, Marina; PINHEIRO, Victor Marcel. Meu trabalho precisa de jurisprudência? Como posso utilizá-la? *In*: *Metodologia jurídica*: um roteiro prático para trabalhos de conclusão de curso (Orgs. Rafael Mafei Rabelo Queiroz; Marina Feferbaum). São Paulo: Saraiva, 2012, p. 137-173.

_____. Meu trabalho precisa de jurisprudência? Como posso utilizá-la?. *In*: *Metodologia da pesquisa em Direito*: técnicas e abordagens para elaboração de monografias, dissertações e teses (QUEIROZ,

Rafael Mafei Rabelo; FEFERBAUM, Marina, coords.), 2. ed., São Paulo, Saraiva, 2019, p. 99-128.

PAYCHÈRE, François. Actes de langage et droit. *In*: *Mémoire pour le Diplôme d'Études Avancés de Philosophie du Droit*. Université de Droit, Économie et Sciences Sociales de Paris-Sorbonne, 1993.

_____. *Théorie du discours juridique*: essai sur les apports des sciences du langage à la théorie générale du droit. Thèse de Doctorat soutenue publiquement à l'Université Paris-II. Paris, 1990.

PÊCHEUX, Michel. *Semântica e discurso*: uma crítica à afirmação do óbvio. Trad. Pulcinelli Orlandi, Lourenço Chacon Jurado Filho, Manoel Luiz Gonçalves Corrêa, Silvana Mabel Serrani. Campinas: Ed. da Unicamp, 1988.

PEIRCE, Charles Sanders. *Semiótica*. 2. ed. São Paulo: Perspectiva, 1995.

PELLEGRINI, Luís Fernando Gama. *Direito de autor e as obras de arte plástica*. São Paulo: Revista dos Tribunais, 1979.

PERELMAN, Chaïm; TYTECA, L. Olbrechts. *Traité de l'argumentation*: la nouvelle réthorique. 3. ed. Bruxelles: Institut de Sociologie/ Éditions de l'Université de Bruxelles, 1976.

PETERS, F. E. *Termos filosóficos gregos*: um léxico histórico. 2. ed. Trad. Beatriz Rodrigues Barbosa. Lisboa: Fundação Calouste Gulbenkian, 1983.

PETRI, Maria José Constantino. *Argumentação linguística e discurso jurídico*. São Paulo: Plêiade, 2000.

PIGNATARI, Décio. *Semiótica da arte e da arquitetura*. São Paulo: Cultrix, 1995.

_____. *Semiótica e literatura*. 3. ed. São Paulo: Cultrix, 1987.

PINTO, Álvaro Vieira. *Ciência e existência*: problemas filosóficos da pesquisa científica. Rio de Janeiro: Paz e Terra, 1979.

PINTO JUNIOR, Mario Engler. Pesquisa jurídica aplicada no mestrado profissional. *In*: *Metodologia da pesquisa em Direito*: técnicas e aborda-gens para elaboração de monografias, dissertações e teses

(QUEIROZ, Rafael Mafei Rabelo; FEFERBAUM, Marina, coords.), 2. ed., São Paulo, Saraiva, 2019, p. 37-52.

POPPER, Karl. *A lógica da pesquisa científica*. Tradução de Leonidas Regenberg e Octanny Silveira da Mota. São Paulo: Cultrix/EDUSP, 1993.

QUEIROZ, Rafael Mafei Rabelo. *Monografia jurídica*: passo a passo. Rio de Janeiro: Forense. São Paulo: Método, 2015.

_____. Como encontrar um bom tema dentro de minha área de interesse? *In*: *Metodologia jurídica*: um roteiro prático para trabalhos de conclusão de curso (Orgs. Rafael Mafei Rabelo Queiroz; Marina Feferbaum). São Paulo: Saraiva, 2012, p. 54-79.

_____. Como encontrar um tema dentro de minha área de pesquisa. *In*: *Metodologia da pesquisa em Direito*: técnicas e abordagens para elaboração de monografias, dissertações e teses (QUEIROZ, Rafael Mafei Rabelo; FEFERBAUM, Marina, coords.), 2. ed., São Paulo, Saraiva, 2019, p. 55-70.

_____. Ética e pesquisa jurídica. I: *Metodologia da pesquisa em Direito*: técnicas e abordagens para elaboração de monografias, disser-tações e teses (QUEIROZ, Rafael Mafei Rabelo; FEFERBAUM, Marina, coords.), 2. ed., São Paulo, Saraiva, 2019, p. 535-551.

_____. O uso da internet para localização de fontes da pesquisa jurídica. *In*: *Metodologia da pesquisa em Direito*: técnicas e abordagens para elaboração de monografias, dissertações e teses (QUEIROZ, Rafael Mafei Rabelo; FEFERBAUM, Marina, coords.), 2. ed., São Paulo, Saraiva, 2019, p. 193-212.

_____; BEICKER, Flávio. Como a internet pode me ajudar na execução da pesquisa? *In*: *Metodologia jurídica*: um roteiro prático para trabalhos de conclusão de curso (Orgs. Rafael Mafei Rabelo Queiroz; Marina Feferbaum). São Paulo: Saraiva, 2012, p. 313-347.

_____; BEICKER, Flávio. Como encontrar, organizar e estudar os textos necessários para seu trabalho. *In*: *Metodologia jurídica*: um roteiro prático para trabalhos de conclusão de curso (Orgs. Rafael Mafei Rabelo Queiroz; Marina Feferbaum). São Paulo: Saraiva, 2012, p. 269-294.

_____; FEFERBAUM, Marina. *Metodologia jurídica*: um roteiro prático para trabalhos de conclusão de curso. São Paulo: Saraiva, 2012.

_____; FEFERBAUM, Marina (Coords.). *Metodologia da pesquisa em Direito*: técnicas e abordagens para elaboração de monografias, dissertações e teses. 2. ed. São Paulo: Saraiva, 2019.

_____; FEFERBAUM, Marina. Apontamentos sobre a redação e o texto do trabalho acadêmico. *In*: *Metodologia jurídica*: um roteiro prático para trabalhos de conclusão de curso (Orgs. Rafael Mafei Rabelo Queiroz; Marina Feferbaum). São Paulo: Saraiva, 2012, p. 349-363.

_____; FEFERBAUM, Marina. Formatos possíveis de trabalhos de conclusão. *In*: *Metodologia jurídica*: um roteiro prático para trabalhos de conclusão de curso (Orgs. Rafael Mafei Rabelo Queiroz; Marina Feferbaum). São Paulo: Saraiva, 2012, p. 37-52.

RASTIER, François. *Sens et textualité*. Paris: Hachette, 1989.

REALE, Miguel. *Lições preliminares de direito*. 22. ed. São Paulo: Saraiva, 1995.

_____. *O direito como experiência*: introdução à epistemologia jurídica. São Paulo: Saraiva, 1968.

RELATÓRIO DA COMISSÃO DE INTEGRIDADE DE PESQUISA DO CNPQ. Disponível em: <http://www.cnpq.br/documents/10157/28927840-2b8f-43b9-8962-522cefa74dda>. Acesso em: 16.11.2014.

RIBEIRO, Ludmila Mendonça Lopes; VILAROUCA, Márcio Grijó. Quando devo fazer pesquisa por meio de entrevistas, e como fazer. *In*: *Metodologia jurídica*: um roteiro prático para trabalhos de conclusão de curso (Orgs. Rafael Mafei Rabelo Queiroz; Marina Feferbaum). São Paulo: Saraiva, 2012, p. 211-238.

RICOEUR, Paul. *Do texto à ação*: ensaios de hermenêutica II. Tradução de Alcino Cartaxo e Maria José Sarabando. Porto: Rés, s.d.

_____. Entre herméneutique et sémiotique. *Nouveaux Actes Sémiotiques* (Dir. A. J. Greimas), Limoges: Presses Universitaires de l'Université de Limoges, n. 7, p. 3-19, 1990.

_____. *O conflito das interpretações*: ensaios de hermenêutica. Tradução de Hilton Japiassu. Rio de Janeiro: Imago, 1978.

_____. *Teoria da interpretação*: o discurso e o excesso de significação. Trad. Artur Morão. Lisboa: Edições 70, s.d.

RIGHETTI, Sabine. Ciências humanas levam Brasil à elite da produção científica. *In*: *Folha de S.Paulo*, Ilustríssima. Disponível em: <https://www1.folha.uol.com.br/ilustrissima/2019/06/ciencias-humanas-levam-brasil-a-elite-da-producao-cientifica.shtml>. Publicado em: 15.6.2019. Acesso em: 25.7.2019.

_____. USP é a melhor universidade do país; Unicamp ganha 2º Lugar no RUF 2019. *In*: *Folha de S.Paulo*. Disponível em: <https://ruf.folha.uol.com.br/2019/>. Acesso em: 31.12.2019.

RODRIGUES, Horácio Wanderlei (Org.). *Ensino jurídico para quem?* Florianópolis: Fundação Boiteux, 2000.

RODRÍGUEZ-AGUILUA, Cesáreo. *El lengaje jurídico*. Barcelona: Bosch, 1969.

ROUSSEAU, Jean-Jacques. *Discours sur les sciences et les arts*: discours sur l'origine de l'inégalité. Paris: Flammarion, 1992.

RUDIO, Franz Victor. *Introdução ao projeto de pesquisa científica*. 5. ed. Petrópolis: Vozes, 1981.

RUIZ, João Álvaro. *Metodologia científica*. 4. ed. São Paulo: Atlas, 1996.

RUSSO, Marisa. Ética e integridade na ciência. *In*: *Estudos Avançados*. Revista IEA/USP. São Paulo, vol. 28, n. 80, jan./abr., 2014, p. 189-198.

SAINT-PRIX, Félix Berriat. *Manuel de logique juridique*. 4. ed. Paris: Plon, s.d.

SALDANHA, Nelson. A difusão da escrita e a origem do direito: a hipótese da origem gráfica do direito. *Revista Trimestral de Jurisprudência dos Estados*, São Paulo, n. 14 (78), p. 9-14, jul. 1990.

SANTAELLA, Lucia. *Metodologia semiótica*: fundamentos. Tese (Livre-Docência). Pontifícia Universidade Católica de São Paulo. São Paulo: 1993.

SANTOS, Boaventura de Sousa. *Introdução a uma ciência pós-moderna*. Rio de Janeiro: Graal, 1989.

_____. *Reconhecer para libertar*: os caminhos do cosmopolitismo multicultural. Rio de Janeiro: Civilização Brasileira, 2003.

SANTOS, Gustavo Ferreira. A internacionalização da pós-graduação em Direito. *In*: Revista Consultor Jurídico, 24 abril 2017. Disponível em: <https://www.conjur.com.br>. Acesso em: 4.2.2019.

SAUSSURE, Ferdinand de. *Cours de linguistique générale*. Édition critique préparée par Tullio Mauro. Paris: Payot, 1994.

SCHOPENHAUER, Arthur. *A arte de escrever*. Tradução de Pedro Süssekind. Porto Alegre: LP&M Ed., 2007.

SEBEOK, Thomas A.; ECO, Umberto. *Il segno dei tre*: Holmes, Dupin, Peirce. Milano: Bompiani, 1983.

SÉRIAUX, Alain. La notion de doctrine juridique. *Droits: Revue Française de Théorie Juridique*: doctrine et recherche en droit, Paris: PUF, n. 20, p. 65-74, 1995.

SEVERINO, Antônio Joaquim. *Metodologia do trabalho científico*. 21. ed. São Paulo: Cortez, 2000.

SILVA, Angela Moreira Domingues da. Como devo fazer pesquisa em arquivos históricos?. *In*: Metodologia da pesquisa em Direito: técnicas e abordagens para elaboração de monografias, dissertações e teses (QUEIROZ, Rafael Mafei Rabelo; FEFERBAUM, Marina, coords.), 2. ed., São Paulo, Saraiva, 2019, p. 303-333.

SILVA, De Plácido e. *Vocabulário jurídico*. 2. ed. São Paulo: Forense Universitária, 1967. v. 3.

SILVA, Fabiano Couto Corrêa da. *Gestão de dados científicos*. Rio de Janeiro: Interciência, 2019.

SOARES, Paulo César, Contradições na pesquisa e pós-graduação no Brasil. *In*: Revista de Estudos Avançados da USP, n. 32 (92), São Paulo, Universidade de São Paulo, IEA-USP, 2018, p. 289-313.

SOURIOUX, Jean-Louis; LERAT, Pierre. *Le langage du droit*. Paris: PUF, 1975.

SOUZA, Paulo Nathanael Pereira de. *LDB e educação superior*: estrutura e funcionamento. 2. ed. São Paulo: Pioneira, 2001.

SOUZA JUNIOR, José Geraldo (Org.). *Educando para os direitos humanos:* pautas pedagógicas para a cidadania na Universidade. Porto Alegre: Síntese, 2004.

_____. *A prática jurídica na Unb:* reconhecer para emancipar. Brasília: Unb, 2007.

SPINOLA, Aracy Witt de Pinho. Metodologia do trabalho científico em ciências ambientais. *In*: *Curso interdisciplinar de direito ambiental* (Org. Arlindo Philippi Jr. e Alaôr Caffé Alves). São Paulo: Manole, Universidade de São Paulo, 2005. p. 914-941.

TEIXEIRA, Elizabeth. *As três metodologias*: acadêmica, da ciência e da pesquisa. Belém: CEJUP, 1999.

TEIXEIRA DOS SANTOS, N. P. *A fotografia e o direito de autor*. São Paulo: LTr, 1977.

TELLES JÚNIOR, Goffredo. *O direito quântico*: ensaio sobre o fundamento da ordem jurídica. São Paulo: Max Limonad, s.d.

TERRÉ, François. *Introduction générale au droit*. 10. ed. Paris: Dalloz, 2015.

TIMSIT, Gérard. La science juridique, science du texte. *In*: *Lire le droit*: langue, texte, cognition (Dir. Danièle Bourcier et Pierre Mackay). Paris: LGDJ/CNRS, p. 457-464, 1992.

_____. *Les noms de la loi*. Paris: PUF, 1991.

TODOROV, Tzvetan. *Os gêneros do discurso*. Tradução de Elisa Angotti Kossovitch. São Paulo: Martins Fontes, 1980.

TREVES, Renato. Métodos de pesquisa empírica. *In*: *Sociologia e Direito* (Org. Cláudio Souto e Joaquim Falcão). São Paulo: Pioneira, 1999.

TROPER, Michel. Entre science et dogmatique, la voie étroite de la neutralité. *In*: *Théorie du droit et science* (Dir. Paul Amselek). Paris: PUF, 1994. p. 310-325.

ULMANN, Stephen. *Semântica*: uma introdução à ciência do significado. 5. ed. Tradução de J. A. Osório Mateus. Lisboa: Fundação Calouste Gulbenkian, 1987.

UNIVERSIDADE ESTADUAL PAULISTA. Coordenadoria Geral de Bibliotecas. *Normas para publicações da UNESP*: dissertações e teses – do trabalho científico ao livro. São Paulo: UNESP, 1994. v. 4.

UNIVERSIDADE FEDERAL DO PARANÁ. Biblioteca Central. *Normas para apresentação de trabalhos*: teses, dissertações e trabalhos acadêmicos. 6. ed. Curitiba: Ed. UFPR, 1996. 6 v.

_____. *Normas para apresentação de documentos científicos*. Curitiba: Ed. UFPR, 2001. v. 1 a 10.

VAQUERO, Álvaro Núñez. Five models of legal science. *In: Revus: Journal for Constitutional Theory of Law*, 19, 2013, p. 53-81.

VAN HOECKE, Mark; OST, François. Legal doctrine in crisis: towards a European legal science. *In: Legal Studies*, 18(2), 1998, p. 197-215.

VARGAS, Milton. *História da ciência e da tecnologia no Brasil*: uma súmula. São Paulo: Humanitas FFLCH/USP, 2001.

VEGA, José Antonio. *Derecho de autor*. Madrid: Tecnos, 1990.

VENTURA, Deisy. *Monografia jurídica*: uma visão prática. 2. ed. Porto Alegre: Livraria do Advogado, 2002.

VERGER, Jacques; CHARLE, Christophe. *História das universidades*. Trad. Élcio Fernandes. São Paulo: UNESP, 1996.

VIANA, Oliveira. *Instituições políticas brasileiras*. 6. ed. São Paulo: José Olympio, 1955.

VILANOVA, Lourival. *As estruturas lógicas e o sistema do direito positivo*. São Paulo: Max Limonad, 1977.

VILLA, Vittorio. La science juridique: entre descriptivisme et constructivisme. *In: Théorie du droit et science* (Dir. Paul Amselek). Paris: PUF, 1994. p. 281-291.

WARAT, Luis Alberto. *Semiótica y derecho*. Buenos Aires: Eikón, s.d.

WARAT, Luis Alberto; MARTINO, Antonio Anselmo. *Lenguaje y definición jurídica*. Buenos Aires: Cooperadora de Derecho y Ciencias Sociales, 1973.

WATANABE, Edson H. A não linearidade entre a criação de quem copia e de quem é copiado. *In: Estudos Avançados*. Revista IEA/USP. São Paulo, vol. 28, n. 80, jan./abr., 2014, p. 199-212.

WEBER, Max. A "objetividade" do conhecimento na ciência social e na ciência política. *In: Metodologia das ciências humanas* (Org. Paulo de Salles Oliveira). São Paulo: Hucitec/UNESP, 1998. p. 81-137.

WEB OF SCIENCE GROUP. A pesquisa no Brasil: promovendo a excelência. *In: Análise preparada para a CAPES pelo Grupo Web of Science*, Clarivate Analytics Company, 2019, p. 1-49. Disponível em: <https://www.periodicos.capes.gov.br>. Acesso em: 28.12.2019.